张振超 张 辉 主编

新时代民办高校
三全育人理论与实践

郑州大学出版社

**图书在版编目（CIP）数据**

新时代民办高校三全育人理论与实践／张振超，张辉
主编. -- 郑州：郑州大学出版社，2024.6
ISBN 978-7-5773-0365-9

Ⅰ. ①新… Ⅱ. ①张…②张… Ⅲ. ①民办高校 - 教
育工作 - 研究 - 中国 Ⅳ. ①G648.7

中国国家版本馆 CIP 数据核字（2024）第 105134 号

新时代民办高校三全育人理论与实践
XINSHIDAI MINBAN GAOXIAO SAN QUAN YUREN LILUN YU SHIJIAN

| | | | |
|---|---|---|---|
| 策划编辑 | 宋妍妍 | 封面设计 | 王　微 |
| 责任编辑 | 宋妍妍　马云飞 | 版式设计 | 苏永生 |
| 责任校对 | 宋妍妍 | 责任监制 | 李瑞卿 |

| | | | |
|---|---|---|---|
| 出版发行 | 郑州大学出版社 | 地　　址 | 郑州市大学路 40 号（450052） |
| 出 版 人 | 孙保营 | 网　　址 | http://www.zzup.cn |
| 经　　销 | 全国新华书店 | 发行电话 | 0371-66966070 |
| 印　　刷 | 新乡市豫北印务有限公司 | | |
| 开　　本 | 787 mm×1 092　mm　1／16 | | |
| 印　　张 | 21.25 | 字　　数 | 443 千字 |
| 版　　次 | 2024 年 6 月第 1 版 | 印　　次 | 2024 年 6 月第 1 次印刷 |

| | | | |
|---|---|---|---|
| 书　　号 | ISBN 978-7-5773-0365-9 | 定　　价 | 68.00 元 |

新时代民办高校三全育人理论与实践
# 作者名单

主　　编　张振超　张　辉

副 主 编　周　静　奚少敏　谭丽婷

# 前　言

在 21 世纪的曙光下，人类社会正以前所未有的速度向前迈进。科技革命、工业革命、信息革命接踵而至，深刻改变着世界的面貌。教育，作为人类社会进步的基石，同样面临着前所未有的挑战与机遇。在这个风起云涌的新时代，如何培养能够适应未来社会发展需要的人才，已成为全球教育领域共同关注的焦点。

作为世界上最大的发展中国家，我国教育事业的发展承载着民族的希望与未来。民办高等教育，作为中国特色社会主义教育事业的重要组成部分，肩负着培养创新型人才、推动社会进步的重要使命。在新时代背景下，如何更好地贯彻党的教育方针，落实立德树人根本任务，培养"德智体美劳"全面发展的社会主义建设者和接班人，已成为民办高等教育必须回答的时代课题。

"三全育人"理念，正是在这样的背景下应运而生。它强调全员育人、全程育人、全方位育人，旨在通过整合各方资源，形成育人合力，为学生提供更加全面、系统的教育支持。这一理念不仅符合时代发展的要求，更是对未来教育发展趋势的深刻洞察和前瞻性思考。

本书正是基于这样的背景和前瞻性思考而展开的研究。我们希望通过梳理和总结新时代背景下民办高校在"三全育人"方面围绕"十大育人"体系（课程育人、科研育人、实践育人、文化育人、网络育人、心理育人、管理育人、服务育人、资助育人、组织育人）的理论探索和实践经验，为民办高等教育质量的提升和人才培养模式的创新提供有益的参考和启示。

本书分为理论篇和实践篇两大部分。理论篇主要从理论上对"三全育人"及"十大育人"体系的内涵、理论基础和实施路径进行深入探讨，旨在明确核心理念和基本原则，为实践篇提供坚实的理论支撑。实践篇则通过具体案例的形式，展示了民办高校在"三全育人"理念指导下围绕"十大育人"体系所开展的创新实践和取得的成效，旨在为广大读者提供生动的实践经验和可借鉴的操作模式。

在编写过程中，我们始终坚持理论与实践相结合的原则，力求做到内容全面、观点新颖、方法科学、操作性强。同时，我们也非常注重案例的选取和剖析，以期通过具体的实践案例来展示"三全育人"理念在民办高校中的生动实践。

通过本书的出版,我们希望能为民办高等教育领域的研究者和实践者提供一本有价值的参考书籍,为推动我国民办高等教育事业的发展贡献一份力量。同时,我们也期待与广大读者共同探讨和实践新时代背景下民办高校"三全育人"的新理念、新路径,为培养更多优秀人才贡献智慧和力量。

展望未来,随着科技的不断进步和社会的快速发展,教育将面临更多的挑战和机遇。我们将继续关注民办高等教育领域的新动态、新趋势,不断深化对"三全育人"理念的研究和实践,为推动民办高等教育质量的提升和人才培养模式的创新做出更大的贡献。

最后,感谢各位专家和读者的支持与关注!让我们携手共进,为民办高等教育的繁荣发展贡献我们的力量!同时,我们也希望本书的出版能够引起更多人对民办高等教育和"三全育人"理念的关注和研究,共同推动我国高等教育事业的蓬勃发展。

# 目 录

1

理论篇

# 德学引领·理实融合·多维赋能 完善"一核心三工程十育人"大思政育人体系

广州工商学院党委书记　张振超　奚少敏

## 一、基本情况

广州工商学院制定了《关于新时代加强和改进思想政治工作的实施意见》《推进"十大育人"体系工作实施方案》等,为进一步强化学校思政工作系统性要素耦合度、激发整体性聚合力、通畅各部门协同以及平衡各单位的资源分布,学校强化党委统一领导、党政齐抓共管、牵头部门抓总、教务和人事等相关部门联动、特色鲜明的全员全程全方位思政工作体系;扎实推进"三全育人"体制机制建设,深化"十大育人"体系专项工作,推动日常思想政治教育、思政课程、课程思政同向同行,完善了"德学引领·理实融合·多维赋能:一核心三工程十育人"大思政育人体系。

## 二、主要做法

（一）围绕"一个核心",用好价值引领"牵引力"

以"德学"教育为核心,打造"德学引领,五进育人"德育体系,即以加强德育队伍建设、加强德育实践载体建设、加强心理健康教育和服务、提升网络思政育人成效等为关键,以"进课室聆听一堂启蒙讲座、进图书馆阅读一本红色经典、进实验实训室讲好一次中国故事、进体育场馆完成一项体育竞赛、进社会参加一次志愿服务"的"五进实践"为路径,通过德育课堂、德育比赛、德育实践等,将德育渗透到育人的每一环节。

（二）实施"三大工程",画好理实融合"同心圆"

"强基、润心、竞进"立足提升学生知识水平、人文素养、实践能力,聚力培养理实融合的时代新人。

一是强基以提升知识水平。全面推行思想政治理论课建设创新工程,深入推动习近平新时代中国特色社会主义思想进课堂、进教材、进头脑;推进课程思政改革,强化知识体系与思政教育的深度融合;建立健全理想信念、校史校情、心理健康、诚信感恩、体美劳等日常思政教育,形成思政元素与综合知识交织交融、相辅相成的良好局面。

二是润心以提升人文素养。建设新时代党员讲习所、大学生思想政治教育基地等,强化党史国情等红色文化教育;激活学生社团育人功能,建设沁雅园、桃李园等文化景观,加大校园原创文化艺术创作活动的扶持力度,举办"传统文化艺术节""狮峰山下音乐节"等,创作《五进之歌》《狮峰山下》等歌曲和易班熊、小青龙等IP,推进中华优秀传统文化、校园文化资源与专业教育融合;开展大学生网络文化节、优秀网络教育作品展等,打造"党史故事汇""云打卡""榜样的力量"等网络文化品牌。

三是竞进以提升实践能力。定期举办大学生讲思政课公开课,大学生书画艺术作品展,红色歌曲合唱大赛,外文讲好中国故事系列配音、演讲、朗诵比赛等,形成比赛、示范、反思、提升"四位一体"竞赛模式,将学生参赛成果纳入学分体系,做到以赛促学、以赛促教、寓教于赛;构建暑期社会实践、第二课堂实践、创新创业实践、合作办学实践、志愿服务实践"五位一体"全方位立体式实践育人体系,协同推进科研育人与实践育人,促进学生知识内化与能力外显,着力提高学生实践能力和创新品格。

### (三)融通"十大育人",打好多维赋能"组合拳"

学校致力于推动所有学院结合人才培养目标和自身学科优势,指导各单位精准把握课程育人、科研育人、实践育人、文化育人、网络育人、心理育人、管理育人、服务育人、资助育人、组织育人的"十大育人"体系在育人目标上的内在耦合,以"突出重点、抓出特点、创出亮点"的思路,重点发挥组织育人的主阵地、服务育人的新抓手、实践育人的大舞台功能,推动"十大育人"联动互动。

一是汇聚组织育人力量。以"党组织引领""党支部创新""党性锤炼"凝练组织育人品牌,以加强党建培"根",以强化思政铸"魂",开展青年理论学习提升工程,创建"党建思政融合体""校园党旗飘扬计划""花匠4+N:红色文化筑梦工程"等特色品牌;发挥好学生党支部、团委、学生会学生工作"三驾马车"的"领头雁"作用和贴近同学、覆盖广泛的组织优势,打造若干个"我为同学做实事"服务项目,帮助同学解决急难愁盼问题,建立服务同学项目执行情况和同学满意度调研评估机制,不断提升同学满意度、大局贡献度和社会认可度;改进和加强学生社团建设管理工作,充分挖掘学生社团在繁荣校园文化中的优势作用,常态化举办具有青年特征、广工商特色、主题鲜明、健康有益、服务学生成长成才的社团文化活动。

二是凝练服务育人精品。将"五育"元素融入社区思政,立足于教育部"一站式"

学生社区综合管理模式建设自主试点单位建设工作,打造党建引领、知行兼修、师生共处、因材施教、各具特色的"一站式"学生社区11个,建立"学校—学院—班级—宿舍"和"社区—楼宇—楼层—寝室"的双线四级社区管理模式,将学生社区打造成为集学生思想教育、师生交流、文化活动、生活服务于一体的"一站式"教育学习生活园地,实现学生社区管理智能化、服务精准化,赋能大学生思想教育新生态。

三是打造实践育人范式。围绕"实践树德、实践增智、实践健体、实践育美、实践强劳"的育人理念,以做到促进学生成长、提升学校育人成效以及服务地方经济社会发展三方受益为落脚点,依托"青萌学院、青益计划、青研中心"三青模式,即青萌学院以课程选修和专项培训赋能学生、青益计划链接资源丰富大学生实践内容、青研工程为学生搭建科研启蒙、交流交融、学科竞赛、创新创业平台,培育具有时代底蕴、标杆站位、工商特色的"青萌样板";同时结合"校政企村馆"党建共建计划,精准对接地方政府、群众需求和学生专业能力,推动课内与课外良性互动、理论与实践相互融合,努力培养服务地方经济社会发展的高素质应用型人才。

# 三、工作成效

## (一)学校人才培养与地方需求契合度更高

学校以"对接地方优势产业,服务广东发展大局"为导向,将学科专业建设与地方经济发展结合起来,强化共生共荣的校地关系,深化校地校企合作和人才培养模式改革,获批广东省高校思政课区域协同创新中心承建单位,主动发挥咨政建言、社会服务和对外传播等方面的作用,带领师生深入基层乡村一线,把调研报告和论文写在祖国大地上,多个资政建议与服务成果被地方采纳与使用,获全国大学生"三下乡""返家乡"社会实践优秀调研报告、省级大学生调研报告类竞赛一等奖多个。

## (二)学校思政教育理实融合更加紧密

学校引导学生在广阔的社会实践中接受深刻教育,提高认知水平和实践能力,定期开展新时代文明实践、乡村振兴、大学生社区计划等实践教学,在社会实践中检验学生理论学习的成效,学生获广东省青年大学生"百千万工程"突击队行动优秀项目等省级奖项100余项;同时深入探索项目化的实践教学方式,组织师生团队积极申报社会实践和志愿服务专项立项,获批教育部、团中央社会实践志愿服务专项立项10余个,获全国"三下乡"优秀团队和全国高校社会实践百强团队等。

## (三)学校思政育人特色更加明显

学校不断提升思想政治教育工作科学化水平,"德学引领,五进育人"获广东省高等教育教学成果一等奖、广东高校校园文化建设优秀成果一等奖等,得到中国教育部、光明日报等的报道,学校德育著作入选教育部思政司德育成果文库,师生作品获教育部高校网络教育优秀作品二等奖和广东省教育系统党史学习教育优秀宣传成果特等奖等。学校注重打造品牌,树立标杆,凝练思政工作的特色做法与优秀经验,思想政治教育工作案例入选广东省教育系统党史学习教育典型案例、获中共广东省委教育工委、广东省教育厅思想政治教育工作案例一等奖多个。

# 四、经验启示

一是学校要把思想政治教育工作贯穿于人才培养全过程,着力构建以思政课为核心,各类课程与思政课程同向同行,同频共振的大思政课程体系,切实推进思想政治教育、专业教育和实践教育深度融合,培养更多扎根南粤大地的高素质应用型人才。

二是学校要不断深化和拓展思政课的内涵和外延,将思政"小课堂"和社会"大课堂"有机融合起来,要坚持理论和实践相统一,要引导大学生走向社会、深入基层,拜群众为师、向群众学习,在社会实践中检验理论学习的成效,实现理论学习、社会实践和能力提升的有机统一。

三是学校要注重展示思想政治教育工作守正创新的实践成果,通过案例评析、经验分享等,集中反映思政育人的新思路、新解法、新经验,形成体现时代要求,符合学生需求的经验做法与优秀案例,强化正向激励,凝聚培育时代新人的工作合力。

# 提升师德师风素养　践行"三全育人"使命

广州工商学院　张辉名师工作室　张　辉

教育兴则国家兴,教育强则国家强。习近平总书记指出:"培养什么人、怎样培养人、为谁培养人是教育的根本问题,也是建设教育强国的核心课题。"党的十八大把"立德树人"明确为教育的根本任务;党的十九大强调要"落实立德树人根本任务";党的二十大指出全面贯彻党的教育方针,落实立德树人根本任务。加快建设教育强国,就要坚持把立德树人作为教育的中心环节。作为一名高校教师,落实立德树人根本任务,最关键的是"打铁先要自身硬",不断提升自身的师德师风素养,牢牢把握育人为本、德育为先的要求,把"三全育人"、教书育人贯穿教育教学全过程,真正将立德树人根本任务落实落细落地。

## 一、德高为范,以德为先是核心

"士有百行,以德为首。"古往今来,那些汗青流芳的先贤圣师,无不把对道德的追求放在至高无上的位置。实际上,学生往往也是"度德而师""择善从之"的。所以,教师只有严格遵守《新时代高校教师职业行为十项准则》,师德高尚、为人师表,才能确立自己在教育中的地位,也才能成为学生心目中社会规范、道德的化身,从而实现立德树人、"三全育人"的功效。

### (一)尽职尽责,为人师表

教师职业是崇高的。因为教师这一职业是造福子孙、造福社会、造福人类的伟大事业,肩负着教育人、塑造人的神圣使命。因此,人们把最美好的词汇都送给了教师:"国将兴,必贵师而重傅"(荀子);教师是"太阳底下最光辉的职业"(夸美纽斯),是"人类灵魂的工程师"(加里宁)。教师职业的崇高性,要求我们对自己的工作要有高度的责任心。因为我们不是在生产产品,而是在培育活生生的人。所以,既然选择了教师这一行,就等于选择了奉献。我们要实现自身的价值,就应该做蜡烛、做蜜蜂、做园丁……作为一名普通的高校教师,我们虽然做不到蜡烛、蜜蜂、园丁那么崇高,但我们应该本着对待学生亦师亦友、对待教学精益求精、对待工作尽心尽力的高度责任感来从教。

塑造他人灵魂的人,首先自己要有高尚的灵魂。孟子曰:"教者必以正。"叶圣陶指出:"教育工作的全部工作就是为人师表。"苏联教育家加里宁说:"教师的世界观、他的品行、他的生活、他对每一现象的态度都这样或那样地影响着全体学生……他应该感觉到,他的一举一动都处在最严格的监督之下,世界上任何人也没有受着这样严格的监督。"这表明,教师在学生面前表现出来的一切言论、行为、品性,都会在学生的心灵上留下痕迹,都会对学生起着熏陶、感染甚至感召的作用。教师如何塑造自己,就是在如何塑造学生。所以,自古以来,严于律己、以身作则、为人师表就成为教师的传统美德。市场经济负效应诱发的拜金主义、享乐主义、个人主义、功利主义等现象对一些大学生产生了深刻的影响,此时,作为高校教师更应该在思想、道德、学术、言行、仪表、风纪等方面做出表率,为人师表。用美的语言、美的行为和美的心灵来教育影响学生,用榜样的力量、人格的魅力来感召和激励学生。教育无小事,教师无小节。要学生做的,自己首先要做到;禁止学生做的,自己坚决不做。教师的一言一行,一举一动都应是学生学习的模范。比如做到上课不迟到,不听到铃声不下课,课堂上不接手机、不发短信,课间不吃餐点,不随意给学生提分,等等。"其身正,不令而行",教师只有处处严谨自律,以身立教、为人师表,以教人者教己,才能教人。

(二)甘于平凡,乐在其中

教师的工作是平凡的。既没有特别丰厚的物质待遇,也没有轰轰烈烈、举世皆知的辉煌业绩。课上课下,白天夜晚,教师总是在默默地向学生倾洒着心血和汗水。

教师的工作虽平凡,但教师的工作最快乐!也就是说,教师的快乐和幸福不仅仅是物质待遇、生活待遇的满足,更重要的是精神审美的意蕴。学生道德成长,学业进步,进而对社会做出贡献,都是教师生命意义的确证。我们虽不敢太多地企盼"得天下英才而教育之""桃李满天下"的人生之乐,可是我们应该学会去体验,上课时看到我们用知识和热情唤起同学们那一双双思索的眼神、一张张赞许的笑脸、一个个踊跃参与时所带来的喜悦和充实!体会师生双方在互动之中抛弃一切世俗的、外在的各种顾忌,沉浸在教学相长、教学创造过程之中的"孔颜乐处"的境界。

泰戈尔有句话说得好:"果的事业是尊贵的,花的事业是甜美的;但是让我做叶的事业吧,叶是谦逊地专心地垂着绿荫的。"正因为我们有了对教师工作的认识与热爱,才会有克服困难的力量,才能在工作的艰辛中体验到无穷的乐趣,苦在其中,乐在其中,扎实奉献。

### （三）关爱学生，诲如春风

教育是爱的共鸣，是心与心的呼应。"教育上的水是什么？就是情，就是爱。教育没有了情爱，就成了无池的水，任你四方形也罢，圆形也罢，总逃不了一个空虚。"（《中外教育名言集萃》）热爱学生是指教师要关心爱护全体学生，尊重学生人格，平等、公正地对待学生。现在的高校教师离学生渐行渐远了。大学生应该自立，大学教师教学科研任务繁重，大学教师应该多为社会服务，广泛从事第二职业等种种观念都为我们远离学生找到借口。殊不知，爱是人的一种基本需要。当代大学生离开父母来到大学独立学习生活，他们大都是独生子女，他们没经历过风雨磨砺，他们面临着经济、家庭、学业、交友、就业等诸多压力，因而，他们时常会感到悲观、失望、苦闷、抑郁，甚至一遇到挫折就会觉得活着没有意思。这时他们迫切希望得到关爱。此时，教师爱一个学生就等于培养一个学生；讨厌一个学生，也就意味着可能毁掉一个学生。所以，高校教师也要培育、激发爱生情感。

凡是教师缺乏爱的地方，无论品格还是智慧都不能充分自由地发展，只有真心实意地关爱学生，才会精雕细刻地塑造他们的灵魂。作为教师除了要了解学生的学习状况，更要主动了解关心学生的思想、生活、身心健康、交友交往、家庭生活、贫困状况、就业状况等。台湾学者高震东先生说："爱自己的孩子是人，爱别人的孩子是神"。我们应把对自己孩子的思念、牵挂、期望、嘱托之情都无保留地传达给所教的学生。例如，为了关爱学生，我们可以把自己的手机号码、QQ、微信、电子信箱公布给所任课班级的学生；还可以利用课间、课后和学生谈心；利用课余或休息时间参加学生的社团活动；开设心理学选修课及各种学术专题讲座给予学生学习、生活、心理等方面的指导……这样做虽然要花费许多精力，但能得到学生信赖，能帮得上学生，就会感到很欣慰、很幸福。通过以上多种方式的沟通交流，用心灵去与学生对话，学生就产生了对老师的亲近感和敬慕心理，在这种情况下他们就会把老师当作可信赖的人，愿意吐露真情，也自觉地接受教师的指导、教育和劝告。可见，我们只有真心实意地关爱学生，用真才实学教导学生，以真知灼见感染学生，才能真正成为学生求知道路上的同路人，精神成长上的引领者；也才能使学生"亲其师""信其道""循其步"，以至达到"敬而受教"的境地。

### （四）教书育人，课程思政

目前在高校的教学实践中，有些人人为地把教书与育人割裂开来。出现了只教书不育人的倾向，育人被摆在了可有可无的地位。当前有些学生存在的有知识没技能、有文化没智慧、有规范没道德、有理想没行动、有激情没思想、有文凭没水平、有基础没灵性、有个性没人性、有生命没活力等违反常理的现象，或许与割裂教书与育人，只重教书、不重育人有重要关系。"师者,所以传道、授业、解惑也。"韩愈在《师说》中,把传道放在首位。传道,即教学生做一个具有社会道德的人,具有高尚品质的人,这样的人,才能为社会、为他人造福。传道者是人师,授业解惑者是经师,集经师与人师为一体,"师德文章,堪为师表",才谓名师,才谓大师。所以,21世纪教师应该是"经师与人师同求"的。可是现在仍有教师存在着"育人只是思政课教师的事、只是班主任辅导员的事、只是政工干部的事"的片面认识。

习近平总书记指出:"思想政治理论课要坚持在改进中加强,提升思想政治教育亲和力和针对性,满足学生成长发展需求和期待,其他各门课都要守好一段渠、种好责任田,使各类课程与思想政治理论课同向同行,形成协同效应。"教育部《高等学校课程思政建设指导纲要》强调:"全面推进课程思政建设,就是要寓价值观引导于知识传授和能力培养之中,帮助学生塑造正确的世界观、人生观、价值观,这是人才培养的应有之义,更是必备内容。这一战略举措,影响甚至决定着接班人问题,影响甚至决定着国家长治久安,影响甚至决定着民族复兴和国家崛起。"因此,我们只有既教书又育人,落实课程思政,才能使学生树立正确的三观,使他们掌握为人之本的精神支撑。所以说,育人是全员、全程、全方位的工程。尤其是专业课教师,学生们是很钦佩那些学术造诣深厚的专业教师的。所以,专业课教师不仅要传授知识,更要传授你们把知识融化于生命,进而转化为生命所具有的德性与思想。这样,大家携手,既教书又育人,"文以载道"、课程思政,才能为社会培养和造就能够堪当民族复兴大任的时代新人。

### (五)文人相亲,携手共进

人有亲情、友情与爱情三大情感需要。亲人会故去,爱人会背弃,如果一个人再没有朋友的话,那可真的会陷入最纯粹、最可怜的孤独。所以,教师的同事之情是否深厚,关系到我们工作的成效和生活的质量。大家知道,教育是一种群体协调性很强的职业劳动。一个学生的成长需要多学科教师以及管理人员、服务人员的共同付出;一门课程的建设也需要所有学科教师的携手努力;一个科研项目的完成更需要小组团队的协同攻关……如此种种,如果没有教师间的坦诚合作,高校教学科研管理等诸项工作就都难以开展了。所以,我们在工作中一方面要以主人翁态度对待学校和院系的各项工作,另一方面也应注重营造同事间互尊互学、相互支持、紧密配合、文人相亲的和谐氛围。一花独放不是春,百花齐放春满园。高校教师只有在工作交往中谦和好礼、与人为善,文人相亲、携手共进,才能取得敬人者人恒敬之,助人者人恒助之的双赢效果。

# 二、学高为师,终身学习是保障

　　玉不琢,不成器;人不学,不知道。终身学习不仅是教师完善自我的基本手段,更是我们承担起立德树人、"三全育人"使命的必然选择。当今时代,急功近利、临阵磨枪成了一些学生首选的学习方式,甘于寂寞、寒窗苦读的影子渐行渐远。胸无点墨,混迹社会,腰缠万贯者大有人在,但我们无法想象,更不能容忍一个滥竽充数的教师堂而皇之立于那些求知若渴者目光聚集的神圣讲台。如果我们大学教师也是物欲涌动、心浮气躁的话,那么学生们真的会迷失生活的方向,找不到心灵的栖居之所,甚至会丢掉现实生活中的立身之本。所以,一位好的教师,必然是一个发愤忘食,不知老之将至的教师;一所好的学校,必然是一个崇尚学习、锐意创新的学校。

　　教学与学术的生命力在于创新。一个墨守成规的教师对于学生创造性的发展无疑是一种近乎灾难的障碍。现今的师生关系已不仅仅满足"一桶水"和"一杯水"这一"量"的关系,其"水"之"质"已被看得非常重要。教育的改革与发展,要求教师必须更新理念、增强素质、完善结构、创新教学。只有不断地锐意创新,才能使教师这桶"水"常换常新,保质保量,从而肩负起为祖国培养合格人才的重任。

## (一)更新理念,增强素质

　　理念是先导,它决定着行动的方向。英国教育家怀海特说:"一所学校的理想与其说是知识,不如说是力量;学校的目标是把一个孩子的知识转变为成人的力量。"所以,真正的教育是启发、是引导、是合作、是发掘;真正的教师在传输知识、培养技能、教书育人的同时,还要指导学生学会找寻自我、发展特长、开发潜能、富于创造。只有这样,我们培养的学生才能从应试教育下单一的知识传承者转变为素质教育下社会财富的创造者。

　　高校教师要创造性地开展教学,还需要不断增强自身的素质。大学教师应具备的基本素质有思想道德素质、科学文化素质、身心素质等。目前在教学工作中,一些教师忽略了政治素质、文化素质和心理素质的培养。

　　所谓政治素质就是解决教师的方向问题。无论你是搞什么专业的,对社会主义(马克思主义)都要真学、真信、真教、真做,增强"四个意识"、坚定"四个自信"、做到"两个维护"。要坚持教学的主导性、方向性原则。有的教师为了赢得学生的掌声,就主张要"少讲理论,多讲故事,讲实用、讲外国、抨时弊;少点政治,多些讨论,听音乐、看图片、观录像"。这实质上是市场化和极端消费主义在教育上的体现。学术研究无禁区,课堂讲授有纪律。高校各学科教师都要始终与党和国家的方针政策、与大学的育人目标保持一致。

所谓文化素质就是解决教师的精神支柱问题。人总是要有点精神的。教师工作平凡又艰辛,如果没有点精神追求,面对物质利益诱惑,势必会出现校内教学敷衍了事、校外工作频于忙碌的状况。精神支柱怎么立?这就需要高校教师主动增强文化自信,不断提高自身的文化素质,多读书、多学习,弘扬中华优秀传统文化,用好红色文化,发展社会主义先进文化,吸收借鉴世界优秀文化,贯通古今、文理相渗。俗话说,博观而约取,厚积而薄发。如果在教学中我们能够将天文地理、琴棋书画、山水花草、文体娱乐运用自如,既能传递专业高才的精深,又能展现饱学之士的渊博,尤其是体现出我们志趣高雅、富有品位的深厚人文底蕴,自然就会让学生感受到教师用爱诠释着的学问通彻、敦品励行的精神境界。而教师的精神、人格影响是会使学生受用终生的。

所谓心理素质就是解决教师的生活态度问题。生活的道路不平坦,教师的发展也不会一帆风顺。在生活工作中我们常常会遇到诸如工资收入少、经济压力大,职称评定难、工作强度高等困难,也会遇到诸如同事之间失和、陌生人之间冷漠,辛苦付出后被误解、取得成绩后被嫉妒等委屈……解决这些问题的关键在于心态。"人生贵有胸中竹,经得艰难考验时。"面对种种波折、不顺,我们应该笑然以对。因为无论遇到什么问题,都要相信人心向善,好人总比恶人多,办法总比问题多,而且,我们也没时间烦恼。因为,对家人我们想尽好自己的本分;和学生之间,我们有解答不完的问题、参加不完的活动;在单位我们想和同事共同努力,让教学科研上层次、上台阶。在有做不完的工作的同时,我们还要挤时间享受生活!因为自然的淳朴、音乐的悠扬、文学的激荡、戏曲的婉约和体育的激情都能带给我们无尽的精神愉悦!"宠辱不惊,看庭前花开花落;去留无意,望天空云卷云舒。"面对工作任务我们多尽心,面对名声权力我们少贪心,自然能够笑对生活、乐观向上,也必定会以自身健康的心态来感染、影响自己的学生。

## (二)完善结构,创新教学

知识是大学教师为师从教的基本条件,也是开展科学研究的前提条件。教师的知识结构绝不可能是单一性的,而应当具有复合性和多向性的特点。现在教师们都比较注重本专业学科知识的学习,但往往忽略了完成教学任务必须具备的条件性知识(教育学、心理学、社会学、伦理学、美学、教学论、教学法……)和实践性知识(理科实验、劳动技术、学工、学农、学军、社会实践、外语、计算机……)的学习。

能力是大学教师顺利完成教学任务所必需的主观条件。能力的高低直接决定着教学效果的好坏。在众多能力之中,教师最重要的基本功就是上好课,即要不断提高课堂教学能力。它主要包括三大环节:一是课堂教学准备,包括教学目标的确定、教学大纲的处理、教材的研析、辅助材料的选择、教学组织形式的选择、多媒体教学课件的制作、教案的编写(教学理念与目标、教学重点与难点、教学方法与准备、课时安排、教学过程、课后作业及课后思考题、教学参考资料)等。二是课堂教学过程,包括目标明确、内容正确(基、精、新、深)、教法得当(讲授法、研讨法、辩论法、咨询法、项目法、案例法、实验法、自由工作法、引导文法、角色扮演法、任务设计法、头脑风暴法、反思法、模拟法等)、形式合理(全班教学、小组教学、个别教学、多媒体教学)、过程完整(课程导入、课程内容呈现、课程小结)调动学生。三是课程教学评价,即每上完一节课后,教师都要进行自我总结、自我反思,找出问题和不足,提出改进课堂教学的方法和措施。大学教师最重要的基本功就是能够上好每一节课。上好每节课需要我们潜心学科研究、完善知识结构、创新教学方法、提高教学能力。在众多能力之中,课堂教学能力最为关键。课堂教学能力强才能使我们的课堂充满哲理、充满智慧、充满情趣、充满诗意,也才能使我们的教学不假、不空,可信、可为。

### (三)术业专攻,精雕细琢

钱伟长说:"你不上课,就不是老师;你不搞科研就不是好老师。科研反映你对本学科是否清楚。教学没有科研做底子,就是一个没有观点的教育、没有灵魂的教育。"学术研究是办大学的另一目的,因而大学教师应重视对学科专业的研究和总结,由再现型向研究型转变,时刻关注现实和学科教学的发展前沿,以科研促教学,不断提高自己的科研能力和学术水平,成为学术研究的专家和学者。

搞科研就要遵守学术道德。教师的学术道德最重要的就是要实事求是,要敢于批评与自我批评。目前在高校学术界却有学霸一方,老虎屁股摸不得的现象。作为中国的知识分子肩负着三大使命:一是智慧的传播者;二是社会良心的坚守者;三是对真理与神圣的怀疑者、批判者。如果高校教师都在学术上陷入文人相轻、浮躁喧哗、畸形病态的状态,怎能担当起传道、授业、解惑的重任? 又如何堪为师表呢?

搞科研还需要坚守,需要精雕细琢。科研无法一蹴而就,需要长期潜心积累,磨砺咀嚼寂寞的勇气以及执着学术的毅力。所以,大学教师只要学会坚守,坚守自己的学术观点,尊重他人的学术观点,在研究的艰辛与坚持的快乐中一定能够提升自身的学术水平。

育苗有志闲逸少,润物无声辛苦多。尽管工作忙碌辛劳,但我们距离博览古今中外典籍的饱学之士、勤练教书育人技艺的专业高才、深谙教育教学规律的教育行家还相差甚远。作为高校教师,我们应该在自己的教学实践中积极落实立德树人根本任务,践行"三全育人"教育使命,以做学问躬行实践的"世范"精神,以做人以身作则的"师表"楷模,以对学生诲人不倦的"师爱"情怀,为高校事业的发展,为培养德智体美劳全面发展的高素质人才做出应有的贡献!

**参考文献:**

[1]吴春燕."以德为行、以学为上"是高校师生成长的基石:专访广东技术师范学院党委书记邝邦洪教授[N].光明日报,2008-04-08.

[2]张辉.论"以德为行、以学为上"在教书育人中的应用[J].广东技术师范学院学报,2010(05):100-103.

# 高质量发挥思政课程立德树人关键作用

广州工商学院马克思主义学院　张辉名师工作室　范金良

党的十八大以来,习近平总书记高度重视思政课建设,发表了一系列重要讲话,为新时代高校思政课建设提供了根本遵循。他多次强调,教育的根本问题是培养什么人,怎样培养人和为谁培养人。教育的根本任务是立德树人。党的二十大报告明确指出:"全面贯彻党的教育方针,落实立德树人根本任务,培养德智体美劳全面发展的社会主义建设者和接班人。"我们必须把落实立德树人作为学校的立命之本,坚持全员育人、全程育人、全方位育人,在注重培养学生的专业知识和实际技能的同时,要更加注重学生思想政治品德的培养。要站在拥护"两个确立"、增强"四个意识"、坚定"四个自信"、做到"两个维护"的高度,充分认识到落实立德树人根本任务是培养学生坚定马克思主义信仰,立志做中国特色社会主义建设者和可靠接班人的迫切需要;是推进全面建设社会主义现代化强国的迫切需要;是贯彻习近平新时代中国特色社会主义思想,引导学生在新时代伟大实践中建功立业的迫切需要。思政课是落实立德树人根本任务的关键课程,它不仅是知识传授的平台和载体,更是价值引领的主渠道和主阵地,直接影响着学生的理想信念、价值理念和道德观念。把下一代教育好、培养好,要从学校抓起、从娃娃抓起,在大中小学循序渐进、螺旋上升地开设思想政治理论课。只有坚持把立德树人作为根本任务,全面贯彻党的教育方针,充分发挥思政课的主渠道和主阵地作用,全面推动党的创新理论进教材、进课堂、进头脑,才能解决好培养什么人、怎样培养人、为谁培养人这个根本问题。思政课作用不可替代,思政课教师队伍使命光荣、责任重大,必须以对党和人民高度负责的态度,讲好思政课,高质量发挥好思政课程立德树人关键作用。

## 一、在筑牢理论根基上坚定信仰

世界上对人影响最大的力量不是金钱、权力,而是信仰的力量、理想信念的力量。理想信念是人的精神之钙,理想信念的坚定源自于理论上的成熟和清醒。"理论只要彻底就能说服人"，"理论一经掌握群众就变成巨大的物质力量"，"真正的铜墙铁壁是什么？是群众，是千百万真心实意拥护革命的群众，这是真正的铜墙铁壁，是什么力量都不能战胜，完全不能战胜的"。这些都深刻揭示了理论基础的极端重要性。理论上的成熟和清醒是信仰坚定的压舱石，一个人不可能用自己不清楚的东西去指导实践、约束言行。思政课教学的根本任务就是引导学生系统掌握马克思主义基本原理和马克思主义中国化理论成果，了解党史、新中国史、改革开放史、社会主义发展史、中华民族发展史，认识世情、国情、党情，深刻领会习近平新时代中国特色社会主义思想，培养运用马克思主义立场观点分析和解决问题的能力；自觉践行社会主义核心价值观，尊重和维护宪法法律权威，识大局、尊法治、修美德；矢志不渝听党话跟党走，争做社会主义合格建设者和可靠接班人。"思政课教学涉及马克思主义哲学、政治经济学、科学社会主义，涉及经济、政治、文化、社会、生态文明和党的建设，涉及改革发展稳定、内政外交国防、治党治国治军，涉及党史、国史、改革开放史、社会主义发展史，涉及世界史、国际共运史，涉及世情、国情、党情、民情，等等。这样的特殊性对教师综合素质要求很高。"这就要求我们思政课教师必须具备扎实的马克思主义理论基础，有坚定的理想信念，有渊博知识和教学艺术，让有信仰的人去讲信仰。

在思政课教学中，要引导学生清醒地认识到，我们中国共产党人之所以能够始终坚守为中国人民谋幸福、为中华民族谋复兴的初心和使命，就是源自于对马列主义的忠诚和信仰；源自于对时代主题和历史使命的担当；源自于对人民群众的无限热爱。一百多年来，我们党始终不渝坚守马克思主义的信仰，历经千辛万苦，付出巨大牺牲，创造了感天动地、彪炳史册的光辉业绩，迎来了中华民族从站起来到富起来强起来的飞跃。其中重要的原因就是有坚定的理想信念，要让学生从中国共产党人的伟大实践中，领悟马克思主义的精髓、感受真理的力量、筑牢理论根基、坚定信仰之魂。

习近平新时代中国特色社会主义思想是对马克思列宁主义、毛泽东思想、邓小平理论、"三个代表"重要思想、科学发展观的继承和发展，是当代中国马克思主义、二十一世纪马克思主义，是中华文化和中国精神的时代精华，是党和人民实践经验和集体智慧的结晶，是中国特色社会主义理论体系的重要组成部分，是全党全国人民为实现中华民族伟大复兴而奋斗的行动指南，必须长期坚持并不断发展。推进习近平新时代中国特色社会主义思想进教材、进课堂、进头脑，是思政课教学核心中的核心、重点中的重点，要突出习近平新时代中国特色社会主义思想的思政课教学体系中的核心地位，力求讲深、讲透、讲活，让学生真学、真信、真懂、真用，做到入心入脑、融会贯通。这是筑牢理论之基、坚定共产党人信仰的根本，也为高质量做好思政课教学指明了方向，注入了强大的精神动力。

## 二、在聚焦根本任务上补齐短板

习近平总书记指出："我们正在为实现'两个一百年'奋斗目标而努力。未来30年，我们培养的人要能够完成'两个一百年'的伟业。这就是教育的历史责任。我们党立志于中华民族千秋伟业，必须培养一代又一代拥护中国共产党领导和我国社会主义制度、立志为中国特色社会主义事业奋斗终身的有用人才。"做好思政课教学要聚焦这一根本任务，对照习近平总书记的要求和中央决策部署，对照时代的呼唤和学生的期盼，坚持高标准严要求，认真查找在思政课教学中存在的问题。"思政课建设中的一些问题亟待解决。有的地方和学校对思政课重要性认识还不够到位；课堂教学效果还需要提升，教学研究力度需要加大、思路需要拓展；教材内容还不够鲜活，针对性、可读性、实效性有待增强；教师选配和培养工作还存在短板，队伍结构还要优化，整体素质还要提升；体制机制还有待完善，评价和支持体系有待健全，大中小学思政课一体化建设需要深化；民办学校、中外合作办学思政课建设还相对薄弱；各类课程同思政课建设的协同效应还有待增强，教师的教书育人意识和能力还有待提高，学校、家庭、社会协同推动思政课建设的合力没有完全形成，全党全社会关心支持思政课建设的氛围不够浓厚。"在具体教学工作中，还应查找在马克思主义基本理论课与新时代结合不紧密，感染力、穿透力不强，对学生吸引力不大的问题。习近平新时代中国特色社会主义思想研究不够深入，进课堂力度不大，没有做到全覆盖问题。从党史、新中国史、改革开放史、社会主义发展史、中华民族史中挖掘理想信念教育，爱党、爱国、爱民的情感教育元素力度不够，对学生震撼力不足的问题。在教学方式方法上，研讨式、互动式、情景式、体验式等创新形式比重不大，质量不高，教学实效性、针对性不强等问题。要系统加强思政课教材、学科、课程建设，推进教学方式方法的创新与改革，不断提高自身的素质和能力，有针对性、有实效地解决存在问题，补齐短板，高质量做好思政课教学。

## 三、在注重教学实效上提升质量

对于思政课教学来说，工作成果的检验主要是看学生能否学深悟透马克思主义基本理论，掌握马克思主义的立场、观点和方法，牢固树立马克思主义的世界观、人生观和价值观，提高分析问题和解决问题的能力。教师要做到政治有高度，理论有深度，对学生情感有温度。要提高教学的理论性、思想性、亲和力和针对性，让真理的力量像春风化雨、润物无声般滋润学生的心田。要用通俗易懂的语言，结合生动具体的社会实践，用感人的事例去讲授马克思主义基本原理，让学生愿意听、听得懂，能够内化于心、外化于行。要把习近平新时代中国特色社会主义思想贯穿教学工作的全过程,对习近平总书记的指示要求、中央重大战略决策部署等,教师要先学一步、学深一层,结合学生的思想实际,深入研究思考,能够用理论深度、实践导向、世界眼光、历史维度去阐述习近平新时代中国特色社会主义思想,开发出高质量思政精品课。在课堂讲授和研讨教学中把理论知识和党性教育与情感教育有机结合,通过系统讲授和理论探讨,来引导学生探寻理论真谛。

推进教学方式创新,努力改进手段和方法,充分运用现代技术手段,让思政课活起来。要坚持政治性和学理性相统一,坚持建设性和批判性相统一,坚持理论性和实践性相统一,坚持统一性和多样性相统一,坚持主导性和主体性相统一,坚持灌输性和启发性相统一,坚持显性教育和隐性教育相统一。要拓展主阵地与主渠道结合,校内与校外结合,理论与实践结合,做到理念创新、手段创新、工作创新,把思政课上出味道、上出效果,打造成学生真心喜爱、终身受益的"金课",打造成"四个自信"的播种机。要优化提升研讨式、互动拟式、情感式等教学方式,确保教学效果。做到课程育人,用真情实感打动学生,达到激动一阵子、管用一辈子的效果。从伟大的建党精神和中国共产党精神谱系中深度挖掘生动感人的事例,用这些事例去教育引导学生,让学生受到震撼,激发起爱党、爱社会主义、爱国家、爱民族的真情实感。思政课教师要做到"六要",还要有家国情怀,心里装着国家和民族,在党和人民的伟大实践中关注时代、关注社会、汲取养分、丰富思想。要有传道情怀,对马克思主义理论教育事业投入真情实感,对思政课教育教学有执着追求。要有仁爱情怀,把对家国的爱、对教育的爱、对学生的爱融为一体,心中始终装着学生,让思政课成为一门有温度的课。思政课教师要认认真真学习,堂堂正正做事,清清白白做人,用高尚的品德、渊博的学识、良好的作风、高超的讲课艺术去赢得学生。要有思想境界,语言也要有感染力,让学生从思政课教学中能感受到人生的启迪。要秉持对每一位学生负责的态度、坚守人民教师的职业操守,以立德树人为根本任务,注重教学实效,不断提升教学水平,高质量发挥思政课程立德树人的关键作用。

# "三全育人"理念提升民办高校思政课实效性探索

## ——以思想道德与法治课程为例

广州工商学院马克思主义学院　张辉名师工作室　彭艺格

高校思想政治理论课(以下简称"思政课")是落实立德树人根本任务的关键课程。对于民办高校而言,提升思政课育人实效性更是达成任务的关键所在。"三全育人"作为新时代高等教育发展的战略要求,既是习近平总书记关于教育重要论述的理论阐发,也是推进高校思政工作一体化建设的现实需要。如何克服民办高校思政课教学目前存在的现实困境,采取"三全育人"理念作为切入点提升教育教学实效是具有可行性实施路径的。

## 一、"三全育人"理念的内涵

"三全育人"是指全员育人、全过程育人、全方位育人。深入研究"三全育人"理念的内涵,对于改进思政课教育教学,构建高校思想政治工作建设大格局,落实立德树人根本任务具有重要意义。梳理"三全育人"之间的逻辑关系可以看出,全员育人强调的是实施主体,是最具能动性的育人元素,是实施育人行为的基础和前提;全过程育人强调的是实施环节,是最具可塑性的育人元素,是落实育人理念的载体和依托;全方位育人强调的是实施成效,是最具延展性的育人元素,是达成育人实效的拓展和保障。

### (一)全员育人是基础和前提

全员育人从广义上讲是指高校全体教职工都应参与到育人工作当中,通过多种途径对大学生进行思想政治教育。它要求包括专兼职思想政治工作在内的高校全体教职工,都要强化育人意识与责任担当,在各自的岗位上充分发挥主观能动性,形成"全员"合力的育人共同体。所以在全员育人理念的指导下,思想政治工作实施主体不仅包括党员领导干部、思政课教师、辅导员班主任等党建和思政工作者,还应包含全体专业课教师、管理教辅行政教师和后勤服务人员,还应囊括校外资源,形成多元一体结构的全员育人实施主体。

## （二）全过程育人是载体和依托

全过程育人是指将立德树人根本任务融入学校教育教学、学生成长成才、教师成长发展的全过程，推进大中小学一体化建设发展。它要求将立德树人根本任务贯彻落实在教育教学全过程的方方面面，需要落实在思政课程建设、专业课程建设、理论与实践教学建设、校园文化建设等各个环节，同时在教育教学的每个环节也要体现育人理念。所以全过程育人不仅包括实施教育教学的"全过程"，也包括高校办学的"全过程"，更是要求覆盖学生成长成才的"全过程"。

## （三）全方位育人是拓展和保障

全方位育人是指充分利用各种教育资源和多样化形式，实现立德树人育人工作的协同联动。它要求全社会作为广义上的主体共同参与到育人行为中来，从课上课下、线上线下、校内校外、理论实践等多维度来保障育人成效的达成。所以通过营造全社会共同参与育人的全方位育人大气候，共筑互通互融的"大思政"格局，才能更好地增强思政工作的整体性，以拓展育人的广度、深度，为培养时代新人提供坚实保障。

通过对"三全育人"理念内涵的梳理，可以看出它们三者的关系密不可分、缺一不可、相辅相成、互通互融。在"三全育人"理念的指导下，高校思想政治教育工作从单一性、专业性、理论性的教育教学，逐步向多样性、融合性、发展性进行转变。"三全育人"理念生动体现了新时代下对高素质人才培养的现代化要求，将"三全育人"理念作用于提升高校思政课的实效性研究既是当前教育环境的时代需要，也是符合学生学情的应有之意。

# 二、民办高校思政课教学面临困境

目前民办高校思政课教学存在实质性困境，学生对思政课兴趣不高，学习浅显泛化，学习态度和观点流于形式表面的情况实际存在。以思想道德与法治课程（以下简称"德法课"）为例，从教学内容、教学方法、考评方式三个方面，来阐述当前民办高校在思政课教学上面临的现实问题。结合"三全育人"教育理念和高校课程建设"两性一度"的目标进行梳理，可以看到民办高校思政课教学的教学内容高阶性不强，未能形成协同合力；教学方法创新性仍存在不足，OBE 理念贯彻不够彻底；考核形式挑战度薄弱，与原定的实际教学目标客观上存在差距。如何增强思政课高阶性、创新性、挑战度，实现思政课教学"金课"目标，达到"三全育人"理念的贯彻落实，是摆在民办高校思政课教学面前的现实课题。

## （一）教学内容高阶性不强，未能形成协同合力

习近平总书记强调："思政课的政治性、思想性、学术性、专业性是紧密联系在一起的。"故在思政课教学内容中既要求学术深度有所挖掘，又要求学术广度延展包容。以德法课为例，想要讲好本门课程，就要求思政课教师必须做到"在马言马"。思政课教师不仅需要掌握马克思主义理论、思想政治教育理论的基本业务素质，具备高等教育学和高等教育心理学的基本职业素养。同时，想要讲好德法课，还要对当代大学生的人生观、成才观、道德观、法治观有比较清晰的认识和较为深入的了解，生动融入"两个结合"，将中国具体实际和中华优秀传统文化做到润物细无声地结合。此外，还要对国内外政治方针、国防政策、外交手段、国外时政热点等方方面面有所了解和把握。如此庞杂的知识内容存在一定的专业壁垒和跨度，这对思政课教师的专业性和素质水平提出了一定的要求。而民办高校思政课教师的师资队伍建设，客观上存在整体年龄结构偏低、高学历高职称高阶研究经历的教师较少的情况。故而教师在教学内容的把握上，普遍存在高阶性不强、学理性不够、解惑力不足等困境问题，这不仅与"两性一度"的要求存在差距，也是全员育人在实施主体素质上存在的短板。

此外，民办高校学生存在地方型、应用型的学情特点，学生学习态度客观呈现出"重实践、轻理论""重专业轻通识"的现象。思政课教师做到政治站位和学理认知是基础，是属于矛盾中的共性方面，思政课教学想要吸引学生，必须结合民办高校学生特点，因势利导地进行针对性教学，这属于矛盾中的个性方面。以德法课为例，本课程每章主题既重点突出又广泛思辨，人生观、价值观这类问题可以结合的案例和拓展延伸的空间是比较大的。故在教学时应注重将思政知识同学生专业学情相结合，与专业课教学相关内容结合，与专业课教师课程思政教学形成育人协同合力，避免教学内容虚浮表面，呈现简单化、娱乐化，甚至形式化的处理。但想要实现扎实的协同合力，光靠思政课教师或者思政课开课单位的教学与建设是不够的，更应以"三全育人"教育理念为引导，加强思政课教师队伍专业性建设，加强与专业课教师合纵连横，加强对学生学情的深入了解。

## （二）教学方法创新性不足，OBE理念贯彻不力

思政课教学一般注重理论性知识的传授，在教学教法上往往以传统的"一言堂""满堂灌"式的讲授法为主。德法课通过课程建设和教学改革，以学生为中心，采用线上线下混合式教学模式（以下简称"混合式教学"），相较于以往传统的学生"被动"接受教育的情况来说，是进步创新的实践体现，但目前的教学实践中仍存在困境难题需要解决。采用混合式教学意味着教师和学生主客体双方必须具备一定的信息化技术能力和素质素养，而从目前德法课混合式教学实施的情况来看，教师对信息化技术能

力掌握的熟练程度和融入层次需要时间消化,但又由于民办高校教师由于人员流动性较大,队伍结构不稳定,师资流失导致授课教师需要花费时间精力来学习行为简单的教学技术手段,还需要花费大量时间在课堂上与学生进行技术磨合,这对于时间有限的课堂教学来说是造成了一定的资源浪费。部分教师担心技术磨合造成的时间浪费,或者是个人技术实操不熟练存在畏难心态,在混合式教学过程中仅仅使用最简单最基础的教法手段(例如"签到""考勤"等基础功能),就认为是完成了教法,导致混合式教学形式单一、流于表面。民办高校教师存在业务与技术素质差距,造成教学理念和教学方法"两张皮",故教学方法本质上仍存在创新性不足的痛点,无法真正围绕以学生为中心展开教学,并没有达到把课堂交还于学生(OBE 理念)的实质目的。

OBE 理念贯彻不足,还客观存在于民办高校经费和硬件设施条件上,民办高校经营自负盈亏,所以在经费设施上会客观存在不够理想的情况,例如机房配置、信息化技术设备配备、中小班教学排课要求等。这使得课程建设教学改革理念先行实施不足,导致在教学环节中往往只能采取简单化、单一化、局部化的方式进行融合,而非结构化、精细化、全面化的混合式教学。故思政课想要真正激发学生的积极性,实现在潜移默化中引导学生树立价值认同,混合式教学方法还有待探索。

### (三)考核形式挑战度薄弱,与教学目标存在差距

德法课采用混合式教学后,教学考核形式也进行了改革,从原有的以"考"为主,侧重期末考试分数,以理论知识记忆为主的终结性考试,改为更加注重过程性考核,融入了学生情感知识能力素质素养的综合性考核形式。相较于其他课程而言,这种改革本身也源于思政课教学目的的特殊性,思政课教学目的不仅仅是理论知识的传授,其核心目的在于培养学生树立正确的人生观、价值观,坚定理想信念,用马克思主义理论方法进行实践,积极投身建设社会主义事业的伟大实践,塑造学生健全的人格品质。德法课旨在培养学生提升道德素质与法治素养,考核形式基本还是围绕着应试考试展开,综合素质考验难以衡量。传统应试考试与思政课教学目标客观上存在差距,所以思政课考核形式改革势在必行。虽说混合式综合性的考核形式也是不断探索的结果,但在实际教学操作过程中,仍与民办高校学情存在差距,与学生本身知识储备和主体自觉性存在差距。

总之,民办高校思政课教学需要对标"金课"要求,终而达到"两性一度"的教学目的。在本次分析困境时借助了"两性一度"的提法进行剖析,但并不意味着是单一化、唯一化的阐述,而是困境问题的存在本身就是融合式、结构化的存在。仍需要通过不断实践探索来逐步研究、思考、试行,才有可能获得解决的空间与路径。通过对上述困境的剖析,再结合"三全育人"的教育理念,能给予现实问题新的研究和阐发思路。

# 三、"三全育人"理念促进民办高校思政课教学路径

民办高校思政课教学改革应以习近平总书记提出的"八个相统一"为指引,结合"三全育人"教育理念,紧密围绕学校学生实际情况,进行因地制宜、因时制宜的思政课教学改革建设,提升思政课教育教学育人实效。

## (一)坚持全员育人,提升教师队伍素质

首先,思政课教学组织者在教师。思政课的任课教师本人应当"在马言马""在马信马",坚守政治底线原则,紧跟国家大政方针,坚定不移地宣扬马克思主义理论。作为思政课全员育人的重要主体,思政课教师要率身垂范、以身作则,不断加强自身的专业素质和综合素养,以一名优秀共产党员的标准来要求自身业务水平。

其次,思政课教学需要全体成员共同参与进来。思政课教学的主体不仅包括课堂上的师生,还包括学校党政部门、教育行政部门、辅导员、其他课程教师等多个育人主体。高校所有教师都有育人的责任与使命,应增强全校全体教职工的育人"主人公"意识,主动积极对学生思想政治教育工作进行关注与指导。以各部门各学院教职工之间的联动,加强育人理念,提升育人水平,对学生学情有更加全面的了解和认识,能更早更快地发现学生思想可能存在的问题,以"全员育人"之势及时了解学生思想动态和变化,积极培育时代青年。

## (二)坚持全过程育人,创新教学方式方法

首先,坚持创新教学方式方法。传统思政课教学主要以灌输式课堂为主,现代思政课教学应更好地结合现代信息教育技术,将多元化的教学方法贯穿思政课教育教学全过程。以知识重难点问题为导向,重构教学内容,丰富教学案例,拓展教学素材,将思政课与学生学情和专业需要有机结合,注重培养学生的理论知识系统化和结构化,更要关注培育学生的实践能力和综合素养。通过开展实践教学、情境教学、课题研究等多种形式,使学生在学习过程中形成理论联系实际的能力,学会运用马克思主义立场、观点、方法来分析和解决问题。

其次,不断完善混合式教学平台。目前思政课教学不少均已采取线上线下混合式教学模式,该方法推动思政课建设实现"灌输式"和"启发式"相统一,将传统课堂的优势和现代教学的优势相结合。但技术发展进度带来的实践应用滞后性,促使现阶段的混合式教学模式还存在较多提升空间。可通过结合全过程育人理念,将现代信息技术和翻转课堂深度融合和应用到思政课教学环节之中。学生通过课前观看教学视频预习、线上自主学习,在课堂教学中进行专题式、问题导向式的翻转课堂教学,对重难点

内容进行深度讲解,采用线上线下共同交流小组研讨,课后再布置线上作业及时搜集教学反馈等。将线上教学和线下教学有机结合,将理论讲授和实践运用相结合,将现代信息技术和现代教育思想贯穿思政课教育教学全过程。注重过程性评价,从而激发学生的学习主动性,培养学生的自觉学习习惯,真正实现线上线下混合式教学模式的落地与创新。同时,还可将思政课教学延伸到课内课外、校内校外。立足民办高校地方型、应用型大学的实际,结合实际条件开展个性化、特色化的思政课教学,在全过程育人理念的指导下,在潜移默化中对学生加强思政素养熏陶与价值引导,并形成持续影响力。

### (三)坚持全方位育人,构建思政协同育人

思政课教学必须依托课程建设,而思政课建设本身是一项需要宏观视野且复合式结构的工作,想要将思政课打造成"金课",需要将思政课建设与"三全育人"教育理念相结合,构建思政协同育人教学模式。

首先,构建思政协同育人联动机制。民办高效思政协同育人,应在学校党委的统一领导下,各个学院部门齐抓共管、协同建设,全校师生共同参与到思政育人体系之中。通过学校制度建设与组织调度给予思政课建设充足的教育经费、设备资源、师资保障等。完善对思政课教师的管理与培育制度,推动学科建设和课程建设联动构建,建立马克思主义学院与其他教学单位、教育行政单位,思政课教师与其他学院辅导员、专业课任课教师之间的联动机制。健全学校线上线下宣传媒体管理制度,加强网络思政建设;推进构建家庭、学校、社会一体化思政育人联动,达到全方位合力育人的目的。

其次,完善思政协同育人考评机制。思政课教学评价考核坚持过程考核与结果考核相统一,理论考核与实践考核相结合,将学生在课堂教学中的平时表现、线上自主学习情况、社会实践调研、学术论文写作、考核方案等综合素质测评吸收融合到课程考核中,更加科学、全面地对学生个人知识、能力、情感、素质进行考评。考评内容和环节要体现思想政治教育立德树人根本任务的价值追求,由单一指标、应试考核向多元指标、综合性考核转化,由传统理论知识性记忆性学习向理论与实践相结合的多维度思政延伸,提升育人水平,推动民办高校思想政治教育创新发展。

民办高校思想政治理论课教学作为立德树人工作的重要环节,在"三全育人"教育理念的指导下,做到全员、全过程、全方位育人的落地与实施,着力打造校内校外、课内课外、线上线下思政协同育人共同体,不断推进思政课教育教学改革,引导学生树立马克思主义的基本立场、观点和方法,为党和国家培养社会主义接班人,做担当民族复兴大任的时代新人。

**参考文献：**

[1]史慧.“三全育人”视域下的高校思政课改革创新机制研究[J].思想政治工作研究,2021(09):43-44.

[2]高祥,王志梅.“三全育人”视域下高校思想政治理论课的教学改革路径[J].上饶师范学院学报,2020,40(05):92-96.

[3]刘倩.“三全育人”视域下高校思政课改革的现实困境与路径选择[J].中学政治教学参考,2020(34):56-59.

# "三全育人"视角下民办高校思政课教师育人定位与路径

广州工商学院马克思主义学院　张辉名师工作室　江振刚

党的十八大以来,以习近平同志为核心的党中央围绕着"培养什么人、怎样培养人、为谁培养人"这一根本问题,推进教育改革。2016 年 12 月,习近平总书记在全国高校思想政治工作会议讲话中指出:"要坚持把立德树人作为中心环节,把思想政治工作贯穿教育教学全过程,实现全程育人、全方位育人,努力开创我国高等教育事业发展新局面。"2017 年中共中央、国务院印发《关于加强和改进新形势下高校思想政治工作的意见》提出,坚持全员全过程全方位育人。把思想价值引领贯穿教育教学全过程和各环节,形成教书育人、科研育人、实践育人、管理育人、服务育人、文化育人、组织育人长效机制。思政教师作为思想政治教育主渠道的守渠人是将思想价值引领贯穿到教书育人的关键一环。

## 一、"三全育人"视角下思政课教师育人定位分析

百年大计,教育为本。教育乃民族振兴、社会进步之基石,对于实现中华民族伟大复兴具有决定性意义,为国之大计、党之大计。教育大计,教师为本。战国时期思想家荀子有曰"国将兴,必贵师而重傅,贵师而重傅,则法度存";宋代教育家李觏在其《广潜书》中则言"善之本在教,教之本在师"。可见教师是立教之本、兴教之源,肩负着传播知识、传播思想、传播真理,塑造灵魂、塑造生命、塑造人的时代重任,是教育发展的第一资源①。

中国特色社会主义进入新时代,中华民族伟大复兴进入不可逆转的进程,中国共产党带领中国人民踏上建设社会主义现代化强国的第二个百年奋斗目标的新征程,"三全育人",五育并举,培养德智体美劳全面发展的社会主义建设者和接班人成

---

① 教育部课题组:《深入学习习近平关于教育的重要论述》,人民出版社,2019,第 78 页。

为重中之重。"三全育人",五育并举离不开思政课的价值引领作用。办好思政课关键在思政教师,在于一支政治素质过硬、业务能力精湛、育人水平高超的高素质专业化思政课教师队伍。作为一名民办本科学校思政课教师,要明确角色定位,重温思政课教师的初心使命,不忘立德树人初心,牢记铸魂育人使命,助力"三全育人"。

## 二、"三全育人"视角下思政课教师育人途径探析

思政教师助力"三全育人"归根结底在于做好思想政治教育工作。思想政治工作从根本上说是做人的工作,必须围绕学生、关照学生、服务学生,不断提高学生思想水平、政治觉悟、道德品质、文化素养,让学生成为德才兼备、全面发展的人才。思政课教师要遵循思想政治工作规律,遵循教书育人规律,遵循学生成长规律,给学生心灵埋下真善美的种子,做好学生的引路人,引导学生扣好人生第一粒扣子。

### (一)言传身教,做好学生锤炼品格的引路人

做好学生锤炼品格的引路人,要有道德情操。师德师风是评价教师的第一标准。《周易》有"天行健,君子以自强不息;地势坤,君子以厚德载物",《孟子·公孙丑上》有言曰"以德服人者,中心悦诚服也,如七十子之服孔子也"。"师者为师亦为范,学高为师,德高为范"①。孔子因德行高被尊为"大成至圣先师",为万世之师。做好学生锤炼品格的引路人,首先要有仁爱之心。仁爱之心是教育的灵魂。做仁师,用仁爱之心爱岗爱生,尊重学生,呵护学生,因材施教,动之以情,晓之以理,学生才会亲师信道。其次,人格要正。子曰:"其身正,不令而行;其身不正,虽令不从。"要学生信其道,教师需要有高尚的人格,用高尚的人格感染学生,以德服人,力争成为学生心目中淡泊明志、道德高尚、有益人民的人。最后,自律要严。台上台下,表里一致,严于律己,守规矩,守底线,讲原则,做学生遵纪守法的模范。

作为一名思政课教师,做好学生锤炼品格的引路人,坚持教书与育人相统一②,充分利用思政课这一思想政治教育的主渠道,从中国传统文化中汲取精华,从中国共产党精神谱系中积蓄力量,用中华传统美德,用先进共产党员事迹,讲好中国文化的故事,讲好中国共产党的故事,将正确的道德观传递给学生,帮助学生系好人生的第一粒扣子。坚持言传与身教相统一③,以身作则,严于律己。西汉学者扬雄在其《发言·学

---

① 习近平:《习近平同北京师范大学师生代表座谈时的讲话》,《人民日报》2014 年 9 月 10 日,第 1 版。

② 习近平:《习近平在全国高校思想政治工作会议上的讲话》,《人民日报》2016 年 12 月 9 日,第 1 版。

③ 同上。

行》中指出："师者,人之模范也。"教师职业,为人师表,一言一行均对学生产生系列影响。清代思想家魏源在《默觚·学篇》中提出"身教亲于言教",身教大于言传。作为思政课教师要加强学习,自觉学习党史、新中国史、改革开放史、社会主义发展史,提升自我道德修养,坚守道德底线,弘扬中国传统美德和社会主义道德,自觉践行社会主义核心价值观,以师学促生学。全国最美思政课教师路丙辉,言传身教,开设"丙辉漫谈",构筑学生心灵家园,依靠高尚道德修养用仁爱之心让思政课成为学生温暖的陪伴。总之,作为思政课教师要提高思想道德修养,以德立身,以德立学,以德施教①,争做道德高尚的仁师。

### (二)授之以渔,做好学生学习知识的引路人

师者,授业者也,向学生传授知识、专业技能、专业方法的人。做好学生的授业者,为学生学习知识引好路,关键在学习知识的方法与能力的培养,正所谓"授之以鱼不如授之以渔"。21 世纪的今天,是互联网时代,是知识爆炸时代,知识多且杂。面对繁杂的知识,获得知识并非难事,辨析知识的真伪或许更为重要。在当今教育体系中,教师教授学生知识固然重要,向学生传授获得知识的方式与方法,培养学生学习知识的能力显得更重要。

教师要有扎实学识,才能做好学生学习知识的引路人。扎实的学识是教师的能力与素养的根基。台上十分钟,台下十年功。教师要站稳三尺讲台,需要打牢知识根基,正如习近平总书记所言,在新时代教师要给学生一碗水,自己则需要储备一潭水。思政课的本质是讲道理,作为一名思政课教师,需要将马克思主义基本原理融会贯通,了解中国共产党的历史,打牢根基,向学生把"中国共产党为什么能、马克思主义为什么行、中国特色社会主义为什么好"的道理讲深、讲透、讲活。做好知识的引路人,思政课教师还要有宽广的知识视野、国际视野、历史视野,游刃有余、纵观古今、贯通中外,才能更好地向学生授渔,做好学生学习知识的引路人。

### (三)守正创新,做好学生思维创新的引路人

《道德经》有语:"以正治国,以奇用兵。"《礼记·大学》曰:"苟日新,日日新,又日新。"荀子言:"青,取之于蓝,而青于蓝。"习近平总书记强调:"创新是民族进步的灵魂,是一个国家兴旺发达的不竭源泉,也是中华民族最深沉的民族禀赋。"②守正,恪守

---

① 习近平:《习近平在全国高校思想政治工作会议上的讲话》,《人民日报》2016 年 12 月 9 日,第 1 版。

② 习近平:《习近平在同各界优秀青年代表座谈时的讲话》,《人民日报》2013 年 5 月 5 日,第 1 版。

正道,坚持原则;创新,出其不意,与时俱进。守正是创新的基础,创新为守正的外延,二者相互联系相互促进。

做好学生创新思维的引路人,思政课教师思维要新,守正创新,做创新型教师。思政课教师要有"四个意识",坚守课堂纪律,坚持马克思主义指导,坚守中国特色社会主义正道。在守正基础之上,思政课教师要进行三创新:创新课堂内容、创新教学方法、创新教学媒介,引导学生树立社会主义和共产主义理想信念,坚守中国特色社会主义正道,为中华民族伟大复兴贡献自己的一份力量。

### (四)蜡炬成灰,做好学生奉献祖国的引路人

"春蚕到死丝方尽,蜡炬成灰泪始干",做好学生奉献祖国的引路人,发扬"捧着一颗心来,不带半根草去"的奉献精神。燃灯校长张桂梅,用生命教书育人,燃烧自己,烛照他人,点亮大山女孩的求学梦,感动全中国。"我们要以黄大年同志为榜样,学习他心有大我、至诚报国的爱国情怀,学习他教书育人、敢为人先的敬业精神,学习他淡泊名利、甘于奉献的高尚情操,把爱国之情、报国之志融入祖国改革发展的伟大事业之中、融入人民创造历史的伟大奋斗之中,从自己做起,从本职岗位做起,为实现'两个一百年'奋斗目标、实现中华民族伟大复兴的中国梦贡献智慧和力量。"[①]

做好学生奉献祖国的引路人,坚定理想信念。师者,传道者也。传播正道是教师的第一职责。在中国特色社会主义新时代,教师要传播学做人的道理,要传播中国共产党为什么能、马克思主义为什么行、中国特色社会主义为什么好的道理,要传播社会主义核心价值观,要传播中国特色社会主义共同理想和中华民族伟大复兴的中国梦,引导学生成为中国特色社会主义坚定信仰者和忠实践行者,引导学生成为向往真善美的时代新人,引导学生成为热爱祖国、热爱人民、热爱共产党的追梦人。做好学生奉献祖国的引路人,政治要强。教他人正道,关键在于教师信道。思政教师政治要强,对待中国特色社会主义共同理想和共产主义远大理想真学、真懂、真信、真用。坚持党的教育方针,坚持立德树人根本任务,坚持用习近平新时代中国特色社会主义思想铸魂育人,坚持为人民服务、为中国特色社会主义服务、为改革开放和社会主义现代化建设服务,培养德智体美劳全面发展的社会主义建设者和接班人。做好学生奉献祖国的引路人,情怀要深。胸怀天下,解放人类,爱党情怀要深;心怀国之大者,家国情怀要深;我将无我,不负人民,人民情怀要深;用爱党情怀、爱国情怀、爱民情怀,以"衣带渐宽终不悔,为伊消得人憔悴"的敬业精神,展现高校思政教师风采,赢得学生的尊敬与信任,引导学生为党奉献、为国奉献、为人民奉献。

---

① 习近平:《习近平对黄大年同志先进事迹作出的指示(2017年5月)》,《人民日报》2017年5月26日,第1版。

# 三、结语

思政课教师"三全育人"的关键一环,要不忘党为人民谋幸福的初心,牢记中华民族伟大复兴的伟大使命,做好本职工作,坚持用习近平新时代中国特色社会主义思想铸魂育人,落实立德树人根本任务,树立终生学习的理念,树立崇高人格,严于律己,培养高尚的道德情操,言传身教,做好学生锤炼品格的引路人;打牢扎实学识基础,拓宽知识视野,不仅授之以鱼,更要授之以渔,做好学生学习知识的引路人;坚守正道,开拓创新,与时俱进,做好学生创新思维的引路人;坚定中国特色社会主义共同理想和社会主义远大理想,增强"四个意识",坚定"四个自信",爱党、爱国、爱人民、爱社会主义,真学、真懂、真信、真用,做好学生奉献祖国的引路人。"守好一段渠、种好责任田",用自己的实际行动,争做经师与人师相统一的大先生,做好学生的引路人,助力"三全育人",培养五育并举的社会主义建设者和接班人,为中华民族伟大复兴不懈奋斗。

# "三全育人"视域下民办高校思想政治教育协同育人机制研究

广州工商学院马克思主义学院　　陈晓晨

## 一、"三全育人"视域下民办高校思想政治教育协同育人机制的丰富内涵

民办高校思想政治教育"三全育人"机制是思想政治教育工作的重要组成部分,也是民办高校教育功能的重要体现。可以将民办高校思想政治教育"三全育人"机制概括为:该机制主要由多元化的教育主体、特定化的教育客体、科学化的教育内容、复杂化的教育环境、艺术化的话语表达等多个要素构成。构建民办高校思想政治教育"三全育人"机制的过程就是将以上五种要素紧密联系整合的过程。

在"三全育人"视域下,多元化的教育主体可概括为发起思想政治教育活动的决策组织机构和具体实施者。如国家层面的共青团、全国青联、全国学联、教育部等部门机构,省级层面的党委、团委等相关职能部门,具体实施层面的高校党委、团委、学工部、学生处等行政部门。在高校层级中,民办高校思想政治教育"三全育人"机制的具体实施者包括组织管理主体和个体实施主体两方面。无论是组织管理主体和个体实施主体都是与特定教育客体形成鲜明对比的,是指对大学生青年群体实施培育活动的具体组织或个人。

在"三全育人"视域下,特定化的教育客体可概括为特定化的培育对象,指民办高校大学生群体。民办高校思想政治教育"三全育人"机制的构建必须结合大学生群体的时代特征,用大学生喜闻乐见、易于接受的方式方法,引导他们坚定马克思主义信仰,培养他们成为可靠的社会主义接班人。

在"三全育人"视域下,科学化的教育内容具体包括树立坚定的马克思主义信仰、建立专业的知识体系框架、提升实践应用能力、树立现实榜样。这些内容要素致力于新时代大学生能科学运用马克思主义理论,坚定马克思主义立场,用正确方式认识世

界改造世界,利用理论分析问题、解决问题,秉承全心全意为人民服务的初心和使命,使自己成为社会主义现代化建设的参与者、社会主义文化的传承者、社会主义建设成果的共享者。

在"三全育人"视域下,复杂化的教育环境指新时代国内外的现实环境。纵览国际局势,当今世界正经历百年未有之大变局,国际形势日趋复杂,国际根本秩序也面临着诸多挑战;反观国内形势,随着2020年全面脱贫攻坚战的胜利,小康社会全面建成,我们着眼未来朝着全面建设社会主义现代化国家迈进,国内全面深化改革也进入深水区。正是如此复杂的国内外形势给大学生思想政治教育"三全育人"机制的构建带来新的环境,也提出了新的要求。

在"三全育人"视域下,艺术化的话语表达只为巩固意识形态传播效果,不断探究被培育对象喜闻乐见的话语表达方式可以很好地提升教育实效。习近平总书记在全国高校思想政治工作会议上指出:"满足学生成长发展需求和期待,其他各门课要守好一段渠、种好责任田,使各类课程与思想政治理论课同向同行。"①在众多话语表达方式中,为更好促进意识形态的传播和巩固,就要借助多种表达形式形成传播合力,潜移默化地将主流意识融入教育对象的学生生活中,增强主流意识对教育对象的亲密感和吸引力,以取得良好教育效果。

综上,"三全育人"视域下民办高校思想政治教育协同育人机制的主要构成要素包括:多元化的教育主体、特定化的教育客体、科学化的教育内容、复杂化的教育环境、艺术化的话语表达五个要素。这五个要素彼此关联、相互作用,共同支撑民办高校思想政治教育"三全育人"机制顺利构建与运行。思想政治工作一直是我党工作重要的生命线。高校思想政治工作更关系着国家专业人才培育的根本问题。全国各级各类高校都紧紧围绕着立德树人根本任务,将思想政治工作贯穿至学校日常教学管理工作的始终,致力于实现"三全育人"即全员育人、全过程育人、全方位育人,促使学生德、智、体、美、劳五位一体综合而全面发展。基于此,本文根据党和国家对思想政治工作提出的具体要求,在查询相关理论研究文献和具体实践发展情况的基础上,试图更加深入地阐释"三全育人"的具体内涵,并进一步探究"三全育人"的实践路径,为民办高校开展思想政治教育提供更好的理论支撑和指导,增强思想政治工作的实效性。

① 《习近平在全国高校思想政治工作会议上强调:把思想政治工作贯穿教育教学全过程　开创我国高等教育事业发展新局面》,《人民日报》2016年12月9日,第1版。

# 二、"三全育人"视域下民办高校思想政治教育协同育人机制面临的挑战

## （一）教育观念的挑战

民办高校各学科课程侧重于理论知识，对价值观等问题缺乏重视。当前，在"三全育人"重要思想政治教育理念下，构建不同学科高校思想政治教育合作模式存在诸多困难。民办高校思想政治教育协同育人是一项较为复杂的系统工程。要想真正达到高校德育目标，就应该要协调思想、内容和载体，追求同向同行，促进思想政治教育教学质量提高。

## （二）管理模式的挑战

为了培养适应现代化建设发展的专业型人才，民办高校应结合社会发展实际需要，按照不同的专业类型将其划分到专属学院中。这种精细化的管理模式能够促进民办高校围绕自身专业特点准确实施教学科研管理，但这种管理模式会给高校与教师之间带来沟通障碍。学院管理学术事务，很少交流，民办高校专业课程与思政教学活动存在差异，特别是在教学理念、载体、方法等环节上，教育没有形成协同教育的效果，导致一些高校在育人"孤军奋战"的困境中无法形成合力。因此，很难实现教学目标。这不仅降低了高校思想政治教育的吸引力和说服力，从某种程度上来讲也降低了学生的参与兴趣。

## （三）协同机制的挑战

### 1. 协同主体责任不明确

民办高校思想政治教育是大学生系统思想政治教育的主要场所，思想政治教育是一项庞大的系统工程，涉及专业课程、思政理论教育等教育资源，尤其是社会实践、岗位实践等实践环节，对学生的成长和发展至关重要。然而，目前民办高校领导及教师的主要职责尚不明确，民办高校思想政治教育课程分为不同类型。无论是学院之间、教学科研部门之间，还是教师之间，协同效应情况都不是十分明显。

### 2. 方法协同渠道不明确

由于民办各专业课程教师缺乏对思想政治教育理论知识的了解与认识，所以对各类课程育人资源进行开发整合的意识也相对薄弱。虽然民办高校各类课程中蕴含大量思想政治教育资源，但受课程教师思政意识淡薄所影响，在教学过程中并不明确如何将思想政治教育理念贯穿于各学科教学中，相关教学资源无法得到有效整合，导致

方法协同渠道不明确,制约思政课程发展。

**3.考核协同不明确**

目前,国内大部分民办高校都非常重视各类思想政治课的合作教育。然而,在实际的教学过程中,对于如何开展合作教育缺乏具体的标准和相关的评价标准,最终导致教师参与合作教育的积极性低,合作教育的动机缺乏。主要原因是欠缺科学的评价体系,激励和保障机制也有所不足。通常民办高校教师评价以学科为中心,为了在不同课程的教师评价中引导教育价值取向,有必要制定相应的评价方法,建立和完善相应的评价机制。

# 三、"三全育人"视域下构建民办高校思想政治教育协同育人机制

## (一)搭建双向课程育人长效机制

为人师者,传道授业解惑也。教师的职责不仅在于知识的传授,还包括指导学生为人处世立身之道。课堂是教师开展教学活动的重要场所,提高高校思想政治教育实效可以借助两个重要渠道:其一是思政课程,其二是课程思政。尤其是课程思政,将思想政治教育课程和其他专业课程内容进行融合,双管齐下。建立双向课程育人长效机制的重要目标是保证思想政治教育能渗透到全部专业课程中去,进一步拓展学生接受思想政治教育的范围。强化课程教学依然是提高思想政治工作的重要目标。

建立双向课程育人长效机制的具体做法有:第一,明确开展思想政治教育的第一责任人。加强教师自身的责任意识,让教师明晰自己的责任才能更好地在教学活动中落实责任。不断督促教师积极参与思政课程建设和改革。学校党委统一指挥,由教务处牵头,具体落实到各二级学院,根据不同专业制定思想政治教育活动开展的方案,务必落实思政课程与其他专业的融合。第二,在不同二级学院按照一定比例配备思政课教师,通过集体备课、公开授课的方式,为打造精品思政课提供交流的平台。第三,关注教师在课堂上的表现。通过学生听评课、同行听评课、督导听评课、领导听评课等方式,为授课教师上课情况进行评价,多方监督、多方反馈来提升教师的教学能力。

## (二)搭建科教融合育人导向机制

高校的重要功能不仅在于教育功能,还有科研功能。承担科研工作的对象既可以是教师也可以是学生。民办高校应该为加强、提升教师和学生科研积极性提供一系列政策制度保障。让教师可以以教促研,让学生可以以学促研,在科研工作中,不断提升自己的工作实效,创造科研成果,提升社会服务效益。

搭建科教融合育人导向机制的具体做法有:第一,学校出台相关鼓励政策刺激教师学生对象参与科研工作。对于教师群体而言,自身科研能力、科研成果的数量与质量与职称晋升、个人发展息息相关。虽然唯科研唯论文并不可取,不利于教师全面发展,但学校可以为科研成果突出的教师发放科研津贴以资鼓励。对于学生群体而言,自己的科研成果可以替换自己的毕业论文或毕业设计,也可以适当发放相关津贴以资鼓励。第二,明确科研任务指导分工。教师有深厚的学习经历和教研经验,知晓如何从事科研工作。但学生群体对如何开展科研工作相对陌生,需要落实导师指导制度。第三,明确科研成果评价机制。大学功能不仅表现在教育科研上,还有广大的社会服务工作,通过研究高端成果,让科研成果实现它的社会效益、经济效益是科研工作的初衷,也是科研工作的落脚点。落实成果评价机制,可以更好地激励教师学生投入科研工作。第四,建立科研学术诚信体系。诚信做科研是对科研工作者道德水平的重要评判标准。高度关注科研工作进度与开展情况,对研究成果做好监督。

## (三)搭建社会实践育人长效机制

当代高校为大学生参与社会实践提供了广大平台与空间,大学生积极融入社会实践也是检测学习成效与实操能力的最好方法与途径。大学生在校上课学习,课下时间参与社会实践,完美实现理论教学、实践教学无缝衔接,保持学习连贯性与持续性。

搭建社会实践育人长效机制的具体做法有:第一,社会实践应纳入学生培养方案。为进一步规范社会实践,以及保障社会实践不会沦为形式,高校有必要制定详细的社会实践实施方案,并可以开设具体的社会实践课程及设定一定学分,将社会实践纳入大学生培养方案。第二,社会实践应结合学生专业方向开展。高校的重要社会功能是为社会主义建设提供主力军,线下学习增长学生的理论知识,但实操能力必须通过实践才能检验得出。自身动手操作能力必须与自身专业相关,高校为大学生积极联络企业、社区或其他科研组织,建立稳定的长期合作关系。积极拓展实践内容,如生产实习、科研研究、社会公益等活动。第三,继续打造经典社会实践活动。全国大学生的暑期实践、大学生三下乡活动都是经典实践活动,高校可以结合自身情况,打造品牌特色。

## (四)搭建特色文化育人长效机制

习近平总书记曾指出,要坚定文化自信、担当使命、奋发有为,共同努力创造属于我们这个时代的新文化,建设中华民族现代文明。我国是四大文明古国中唯一一个没有出现文明断代、历史断层的国家。我国文化资源丰富多彩,不仅有优秀传统文化,还有在中国革命进程中形成的革命文化与在社会主义建设发展中升华的社会主义先进文化。高校搭建特色文化育人长效机制,不断拓充思想政治教育内容,使思政工作渗透到学生的学习生活中,实现全过程全方位育人。

搭建特色文化育人长效机制的具体做法有:第一,搭建文化数据库。借助大数据发展潮流与趋势,搭建文化数据库,不断丰富教学内容。以红色文化为引领,使大学生树立正确世界观、人生观、价值观与历史责任感使命感。第二,打造高校文化活动节。针对不同对象开展文化教育。例如针对学生党员与团员,在开展团支部活动、党课学习或党组织生活会的时候,可以适当融入"四史"(党史、新中国史、改革开放史、社会主义发展史)学习。针对其他学生可以开展各类文化竞赛活动,如大学生心中的思政课、主题演讲、唱红歌、读经典等特色活动,做好文化宣传工作。第三,深挖校园文化资源。通过找典型树榜样的方式,在校内积极寻找优秀学生代表,为大学生传授宝贵的学习经验或创业经验,不断升华校园文化。

### (五)搭建良好网络舆论导向机制

课堂、教室不是开展思想政治教育活动的唯一阵地,网络也是重要的教育平台。高校利用网络传播特点,如便捷性、快捷性、安全性等,积极搭建网络平台,以新媒体、微媒体等新型传播媒介作为重要传播渠道,强化网络舆论导向。

搭建良好网络舆论导向机制的具体做法有:第一,学校在各大网络主流媒体平台开设自己的公众号,如微博、微信、抖音、快手,通过实时更新校园动态,增加学生关注互动程度,打造网络思政传播平台,形成网络思政全方位、全过程覆盖。第二,强化学校网络建设。可以在校园网络上开设或突出思政版块,将思政版块放在醒目的地方,便于同学及时掌握学校在思政园地开设的新活动。第三,推行鼓励加分机制。将积极参与网络互动或在网络上发表正能量的图片、视频、音频等成果纳入学生综合素质测评分考核机制。以鼓励学生自主关注社会特点、关注校园活动,营造以及不断优化网络舆论环境。

### (六)搭建联动管理育人长效机制

民办高校"三全育人"思想政治教育协同育人机制是一个系统的、联动的运行机制,需要调动各方人员、各单位、各部门通力合作,通过积极调动各方要素、不断完善运行机制才能达到教育目标、实现教育效果。

搭建联动管理育人长效机制的具体做法有:第一,针对管教辅岗位分类明晰各自职责。教师是开展思想政治教育工作的重要参与者和主导者,教师积极利用课堂开展教学活动,提升学生综合素质;辅导员作为学生的校园"管家",事无巨细全部关心,多多联络学生、建立感情,为学生的学习、生活、工作做好指路人;管理人员泛指校园后勤人员,为学生提供良好的住宿环境、生活环境、学习环境、工作环境、运动环境等,只有明确各自职责,才能更好形成教育合力。第二,打造教学管理联动系统。学生的学习情况、住宿情况、奖惩情况需要多部门实时追踪,通过建立教学管理联动系统,教师可以实时上传学生的学习出勤、考试成绩等数据,辅导员可以实时上传学生宿舍查寝情况、获得相应奖惩情况。教管辅人员可以时时查看数据浮动情况,及时发现问题学生进行疏导,开展有针对性的思想政治教育活动。第三,建立教管辅考评激励机制。高校可以每年评选出优秀的教管辅职工代表给予评优评先,结合年度考核适当发放绩效奖励。

# 四、结语

新时代高校的重要社会功能是为国家现代化建设源源不断供给专业型、高素质建设人才。"三全育人"视域下民办高校思想政治教育协同育人机制的构建目的就是为适应时代发展,不断探索思想政治教育新路径、新方法、新模式。民办高校思想政治教育协同育人模式随着时代及教学改革发展而不断变化,民办高校应始终坚持以学生为本,真正做到协同育人发展,对协同育人规律及方法进行探寻,落实立德树人根本任务,为社会主义经济建设发展培养高素质人才,促进民办高校实现可持续发展。

**参考文献:**

[1]习近平在全国高校思想政治工作会议上强调:把思想政治工作贯穿教育教学全过程 开创我国高等教育事业发展新局面[N].人民日报,2016-12-09(01).

# 以思政课"三位一体"教学模式推动高校"三全育人"落实的探索

## ——以广州工商学院为例

广州工商学院马克思主义学院　马小淑

思想政治理论课(以下简称"思政课")作为高校思想政治教育工作的主渠道,在育人中发挥着重要作用。以"课堂教学+网络教学+课外实践"的三位一体思政课教学模式,是基于以学生为中心的育人理念,以知识传授、能力培养、价值塑造为主线,着力推动全员、全过程、全方位育人。

## 一、"三位一体"教学模式的主要内容

思政课教学改革的推进与落实,需要顺应时代发展,在遵循教育教学规律和学生成长规律的基础上,推进教学理念、教学模式、教学形态的创新发展。广州工商学院在长期的实践探索中,顺应时代发展并结合本校学生实际,构建了以"课堂教学为抓手,网络教学为支撑,课外实践为延伸"的立体式教学模式,主要包括以下内容。

### (一)以课堂教学为抓手,提升教学质量

习近平总书记在全国高校思想政治工作会议上指出:"要用好课堂教学这个主渠道,思想政治理论课要坚持在改进中加强,提升思想政治教育亲和力和针对性,满足学生成长发展和期待。"课堂教学是思政课的主要抓手,思政课要增强亲和力和针对性,思政课教师站稳讲台、切实提升教学质量是关键。为提升思政课课堂教学质量和水平,广州工商学院形成了多项机制。其一,形成了以课程为单位的集体备课制度。每学期讲授同一门课程的老师集体备课至少6次,通过说课示范、教授点评、教师讨论等方式进行集体磨课。其二,形成了以专题教学观摩和现场教学观摩为主要形式的教学观摩课活动。每学期开展教学观摩课活动不少于8次,充分发挥骨干教师的引领、示范和榜样作用,夯实教师教学基本功。其三,实行听评课制度。以学生评价、同行评

价、领导评价、督导评价为主对授课教师进行听评课,对提出的问题和建议及时改进,以提升教师教学质量。

### (二)以网络教学为支撑,强化教学内容

网络教学是顺应时代发展下思政课教学的新趋势,充分利用网络平台和网络资源,有利于增强思政课的时代性,形成与课堂教学相结合的立体式教学方式,强化教学内容。广州工商学院思政课以超星学习通网络教学平台为主要载体,将学生学习平台扩展到线上,通过线上题库建设、资源建设、互动讨论作为课堂教学的补充,一方面增强学生课前课后自主学习能力,另一方面拓展了师生互动渠道,以启发式互动激发学生学习兴趣。此外,将网络学习纳入学生过程性考核评价体系,形成多层次评价体系。为推动教学数字化转型,广州工商学院马克思主义学院党史研究会上线了"云端"学党史 VR 线上红色游学栏目,开拓网络资源渠道,丰富思政课授课内容。在线上课程建设方面,作为广东省质量工程中的在线开放课程建设项目,同时也是广东省线上线下混合式一流本科课程项目的"思想道德与法治"线上课程建设正逐渐完善和成熟,这将为进一步深化网络教学奠定一定的基础。

### (三)以课外实践为延伸,巩固教学成效

课外实践是高校思政课内容、形式、渠道等多个方面的拓展和延伸,是促使学生将知识转化为信仰的重要环节,也是巩固思政课教学成效的有效途径。广州工商学院将课外实践作为思政课的品牌特色,成立专门的实践教学教研室,制定实践教学实施方案,以知识目标、能力目标、价值目标为导向,为实践教学的顺利开展奠定了一定的基础。实践教学坚持以学生为主体,教师为指导,紧扣教材主要内容,围绕时政热点和青年关注的现实问题,充分利用本地丰富的红色资源,将实践教学作为课堂教学和网络教学的补充和深化。通过实践教学活动鼓励学生走出校门,促使大学生有目的地接触社会,引导大学生树立正确的世界观、人生观、价值观,增强大学生的社会责任感,为实现高校思政课育人目的打通最后一公里。此外,读书会也是广州工商学院课下实践的探索之一。广州工商学院大学生马克思主义理论研究读书会成立于 2019 年,隶属于马克思主义学院并由校团委分管,目前已举办近百期读书交流与分享活动。

## 二、高校"三全育人"理念的内涵意蕴

"三全育人"理念是党和国家立足国内外发展形势和我国高等教育发展现状,在长期的实践探索中逐渐形成和完善起来的育人思想体系,主要是指"全员育人,全过程育人,全方位育人"。党的十八大以来,党和国家出台了多项"三全育人"的相关政

策性文件,标志着新时代高校"三全育人"体系机制的完善和成熟。2017年2月,在中共中央、国务院印发的《关于加强和改进新形势下高校思想政治工作的意见》中明确加强和改进高校思想政治工作的基本原则之一,就是要"坚持全员全过程全方位育人。把思想价值引领贯穿教育教学全过程和各环节,形成教书育人、科研育人、实践育人、管理育人、服务育人、文化育人、组织育人长效机制",体现"大思政"的深刻内涵。总的来说,高校"三全育人"理念包含以下几个方面的内涵意蕴。

### (一)主体多元的全面性

全员育人强调的是教育主体的多元性。教书育人从来不是某一位任课教师或学校管理人员一人之事,全员育人体现的是教育主体多元的全面性,要求全体教职员工共同参与到育人过程中,增强育人的凝聚力。高校思想政治教育需要充分发挥育人主体的合力作用,调动多方力量参与到思想政治教育工作中来,将全员育人贯穿于学校教学管理之中,提升育人质量。

### (二)时间空间的连续性

全过程育人是依据学生成长规律,将育人工作贯穿于不同阶段、不同层面,主要包含两个方面的维度。首先是时间上的连续性,要将思想政治教育贯穿于课前、课中、课后,贯穿于人才培养的各个阶段;其次是空间上的延展性,思想政治教育不能仅仅局限于思政课堂,要从空间上拓宽思想政治教育渠道,打破原有的只有思政课才进行思想政治教育的错误观念,也要发挥其他专业课在思想政治教育中的作用,在课程中融入思政元素,将"思政课程"和"课程思政"结合起来。这就要求高校的思想政治教育要改变以课堂教授为主的传统教育模式,要将教育过程贯穿于课上课下、课内课外,提升全过程育人效果。

### (三)领域层次的系统性

全方位育人体现的是育人领域层次的多维度、宽领域的系统性,将思想政治教育延展到德育、智育、体育、美育、劳动教育等多个方面,以不同的教育方式促进学生全面发展。全方位育人要求高校挖掘线上线下的有利资源,整合学校教学环境,实现从单一的平面教育向多维度立体式教育转变,营造健康积极的育人氛围,增强全方位育人质量。这其中涉及高校的教育、管理、后勤等多个职能部门,对高校的综合管理能力和治理水平要求较高。同时需要学校、社会共同参与,将优质的社会资源引入高校思想政治教育过程中,形成学校社会协同育人,全方位丰富育人方式。

# 三、"三位一体"教学模式在推动"三全育人"中的作用

"三全育人"体现了思政课建设和发展的基本规律,是加强思政课改革和创新的内在要求。思政课作为高校思想政治教育的主渠道和主阵地,课程体系的建设应当体现"三全育人"的理念。广州工商学院形成的"课堂教学+网络教学+课外实践"的"三位一体"教学模式,顺应了当下思政课改革的发展要求,从教育主体、教育时段、教育方式三个方面着手,体现了"三全育人"的育人内涵,既符合教育教学规律,也符合学生成长规律,推动"三全育人"有效运行,落实立德树人根本任务。

## (一)加强思政课队伍建设,提升全员育人能力

课堂教学作为思政课"三位一体"教学模式的第一环节,思政课教师作为高校思想政治教育队伍的重要组成部分,在全员育人中是基础。教师是思政课教学的组织者、参与者和引导者,思政课教师队伍的教学能力、素质水平直接关系到育人的实际效果。思政课教师要在把道理讲透上下功夫,做到以理服人;要在把理论讲活上下功夫,做到以情感人;要在把思想转化为行动上下功夫,做到以行化人。

在加强思政课队伍建设方面,广州工商学院多措并举,首先是形成了以老带新的"一对一"帮扶机制。目前,学校已经按照1∶350配齐思政课专任教师,青年教师占比较高。为加快青年教师的成长步伐,发挥经验丰富的骨干教师"传、帮、带"的作用,每位青年教师都有一位"一对一"指导老师,帮助青年教师掌握教学方法,尽快站稳讲台。其次,成立了由全国高校思政课教学能手、广东省高校思政课名教师、广州工商学院教学名师张辉教授牵头主持的"张辉名师工作室"。工作室定期在全校组织开展工作室成员选拔工作,通过制订培养计划,开展党务干部、辅导员及思政课教师教学、科研、实践等项目,加强思政课队伍建设,提升学校全员育人能力。历时两年的培养,工作室第一批学员已于2022年7月顺利结业,在教学、科研、指导学生等方面取得了丰硕的成果,其中发表论文32篇、获得课题立项31项、编著1篇、获得各级各类奖项79项。目前第二批学员也正在培养过程中。此外,马克思主义学院成立了教学观摩中心,通过开展教学观摩摩课活动,组织有代表性、典型性、示范性的教师进行现场教学、示范教学、分享经验,充分发挥骨干教师的引领、示范和榜样作用,促进全体教师共同成长。

## (二)健全思政课时间链条,构建全过程育人平台

网络教学是思政课"三位一体"教学模式中的第二环节,是课堂教学的有效补充,同时也是健全思政课时间链条的有效方式,在构建全过程育人平台中是保障。网

络教学是时代发展下产生的新型教学方式,利用网络资源、网络平台已经成为教育教学不可缺少的手段。当前的大学生已经是 00 后,他们对于网络的应用已成为日常学习生活的常态。传统以课堂为主的思政课模式已经不能满足当代大学生的思想需求,思政课要适应情势的发展,贴近学生实际,借助新媒体、新技术丰富教学形式,适应大学生网上学习生活的新常态,构建全过程育人平台。广州工商学院以网络教学为支撑,将网络教学纳入思政课课程体系中,根据课程基础,整体谋划课程结构分布,以普遍性与特殊性相结合为原则,以局部试点推动总体时间线的形成,助推思政课长期发挥隐形育人功能。通过运用新媒体新技术,将网络资源贯穿于课堂教学内外,使思政课与信息技术高度融合,一方面丰富课堂的内容形式,另一方面拓宽思政课的辐射范围,发挥思政课全过程育人功能。

### (三)丰富思政课教学渠道,实现全方位育人格局

课外实践是思政课"三位一体"教学模式的第三环节,是课堂教学的反哺,是推动"思政小课堂"和"社会大课堂"协同育人的重要载体。习近平总书记在学校思想政治理论课教师座谈会上的讲话中指出:"要坚持理论性和实践性相统一,用科学理论培养人,重视思政课的实践性,把思政小课堂同社会大课堂结合起来,教育引导学生立鸿鹄志,做奋斗者。"广州工商学院思政课每学期以学生小组自主实践和学生代表集体实践两种方式为主,利用广东省内丰富的红色资源,开展"行走的思政课"活动,让学生在实践中理解课堂所学,在实践中激发爱国情怀。首先,以学生小组自主实践的方式是为了构建课堂内外的互补机制,通过结合重大理论问题及当下热点问题开展实践,调动学生探索求知的主动性和积极性,同时培养当代大学生团队合作的能力。其次,教师带队、学生代表集体实践主要是强化实践成效,鼓励学生通过视频制作、报告撰写等转化实践成果。除了课外实践,以教师支部品牌建设为依托,举办各类校园文化活动也是广州工商学院探索思想政治教育多渠道育人的有效方式。通过举办书画比赛、主题演讲比赛、主题朗诵比赛,以及举办大学生思政课书画艺术作品展示活动,将校园文化育人与思政课育人有机结合起来,引导鼓励学生在实践中实现对思想政治理论的认同。马克思主义学院新成立的实践教学教研室在接下来将进一步整合校内校外资源,大力挖掘花都、三水两校区的红色文化资源,建立相对稳定的实践教学基地,并将课堂教学与讲座报告、读书会活动、校园文化活动结合起来,拓宽思政课教学渠道,实现全方位育人格局。

广州工商学院以"课堂教学+网络教学+课外实践"的"三位一体"思政课教学模式注重顶层设计,整体设计,在认真把握课堂教学、网络教学和课外实践三者关系的基础上,对学生进行知识传授、能力培养、价值塑造协同培养,各教学环节做到相互衔接、精准对接、协同发力,让思政课教学能够"活"起来,真正达到立德树人的目的。这种

多渠道、多载体、多维度的教学培养模式,在培养德智体美劳全面发展的新时代大学生,推动全员、全过程、全方位育人目标的实现过程中发挥着积极作用。

**参考文献:**

[1]习近平.在学校思想政治理论课教师座谈会上的讲话[N].人民日报,2019-03-19(01).

[2]中共中央国务院印发《关于加强和改进新形势下高校思想政治工作的意见》[N].人民日报,2017-02-28(01).

[3]习近平.思政课是落实立德树人根本任务的关键课程[J].求是,2020(17).

# 高校科研育人的现实意义、原则及路径探究

广州工商学院科研处　徐　波　张家宝

科研育人是实现立德树人根本任务的重要途径,2017 年印发的《关于加强和改进新形势下高校思想政治工作的意见》中,明确要把思想价值引领贯穿教育教学全过程和各环节,构建涉及科研育人在内的七项长效育人机制。同年,中共教育部党组印发《高校思想政治工作质量提升工程实施纲要》,提出切实构建课程育人、科研育人、实践育人、文化育人、网络育人、心理育人、管理育人、服务育人、资助育人、组织育人等"十大育人"体系,其中科研育人位列第二,可见其重要程度。时代呼唤科研育人,科研育人意义重大。大学科研育人既是响应国家科教兴国、人才强国战略的需要,又是落实"三全育人"理念、实现立德树人根本任务的需要。科研能力是当前高校人才培育方案的重要指标,也是"三全育人"机制落实的目标指向。因此,大学应坚持问题导向,把科研育人作为"三全育人"的重要抓手,不断提升高等教育质量,实现人才培养目标。科研育人已成为高等教育领域重点关注的理论和实践问题。

## 一、高校科研育人的现实意义

科研育人是在高等教育中,教师通过指导学生参与科研活动,在提高学生的科学素养和研究能力的同时,全面培养学生的思想品德、意志品质、人格操守等,从而实现立德树人的根本目标。科研育人作为高校落实立德树人根本任务的重要抓手受到了高校普遍重视,是实现高校"三全育人"的重要途径。

(一)推进科研育人是新时期高校落实立德树人的必然要求

习近平总书记在党的二十大报告中指出,教育是国之大计、党之大计。"培养什么人、怎样培养人、为谁培养人"是教育的根本问题。育人的根本在于立德。要全面贯彻党的教育方针,落实立德树人根本任务,培养德智体美劳全面发展的社会主义建设者和接班人。科学研究和人才培养是我国高校两项最基本的职能,但这两项职能并

不是完全并重的,因为高校与其他科研机构不同,追求科研成果产出不是首要任务,高校的根本任务还是"培养人",这是高校的本质职能。因此,高校的一切科研活动都应服务于人才培养这个根本任务。

科研育人已成为新时期高校加强大学生思想政治教育的有效路径。通过科研育人可以进一步挖掘科研活动中丰富的思想政治教育元素,发挥其在学生成长过程中的价值引领作用。通过科研育人可以实现高校科研活动固有的教育性与传统的思想政治教育同向同行,共同融贯于落实立德树人根本任务之中,促进学生科研素养提升和精神品格养成,为培养社会主义建设所需的时代新人贡献力量。

### (二)推进科研育人是实现高校"三全育人"的重要途径

2017年2月,中共中央、国务院印发《关于加强和改进新形势下高校思想政治工作的意见》中提出了坚持全员全过程全方位育人的"三全育人"。从我国当前大学科研育人的实践来看,科研教师是"全员"中的重要组成部分,学生参与科研过程是"全过程"的重要环节,高校所具有的科研职能和进行的科研工作属于"全方位"的重要方面。

"三全育人"的出发点是培养人。培育德智体美劳全面发展的社会主义事业的建设者和接班人,要求学生价值观端正,知识丰富,能力全面。科研活动具有其他教学活动所不具备的育人性质,这一点是由科学研究本身所具有的性质所决定的。科学研究是探索性的活动,研究和思考能够产生深层次的学习,敢于对未知的事物进行质疑和探索,有助于培养和发展学生实事求是、勇于创新、自我钻研、自我探索的精神和意志。"三全育人"引领科研育人活动的开展,科研育人是实现"三全育人"的重要途径。

# 二、高校科研育人的原则

"三全育人"理念具有重要的教育意义和指导价值,是推动高校教育教学健康发展的重要思想,在"三全育人"理念指引下,开展大学科研育人工作,要把握住以下原则。

### (一)全员共建原则

在大学教育教学工作中,科研占据着非常高的比重。虽然会有指定的专业课导师来负责具体的科研项目,但科研育人工作却不仅仅是这些专业课导师的任务,相反,其应该是学校内所有教育工作人员的共同任务与使命,包括专业课导师、管理岗位教师、教研工作者等都应该积极主动加入大学科研育人工作当中来,形成多方合力,实现全员参与共建,进而为顺利推动大学科研育人工作提供重要保障。

### (二)全过程原则

大学科研育人工作要将具体育人环节覆盖到育人的全过程,结合全过程育人需求来制定长效科研人规划,保证各个环节之间的有效衔接和连贯性。还要充分考虑到大学生不同学习阶段的需求以及身心变化特征,要随时结合学情来调整和优化人才培养目标和育人方案,针对性为科研育人体系构建更加多元化的育人平台。比如,在面对一群刚开始接触科学研究工作的大学生群体,那科研人工作首先要为这类大学生构建起科研引导平台,先让学生们尽快适应这一份科研工作,等学生们适应了科研工作或者积攒了一定的科研参与经验之后再为其提供更高质量的基础设施和教学资源等,在后期阶段,则要为学生们提供成果转化引导,引导学生拓展认知范畴,将科研与社会实践紧密联系到一起,在此过程中再针对性渗透育人工作。

### (三)全方位原则

大学科研育人工作需要遵循全方位育人的原则。科研育人,虽然是从科研工作着手来寻求育人的机会,但是育人所涵盖的范围却非常广泛,科研育人的目的和要求也要更高一些。科研育人不只是为了帮助大学生学习和了解更多基础技能知识,同时也是要借助具体的科研项目活动来培育和提升大学生的科研能力,要逐步引导大学生树立起正确的科学价值观念和严谨的科研态度,教育大学生对科研工作建立起正确理性的认知,进而提升大学生的综合素养。因此,大学科研育人工作必须遵循全方位育人的原则,要借助科研工作来推动大学生全方位发展。

## 三、当前高校科研育人面临的困境

在全面推进高校落实"十大育人"体系以来,高校高度重视科研育人工作,科研育人在人才培养过程中也发挥了较大的作用。但是,当前高校在科研育人工作上还面临不少困境,主要体现在以下几个方面。

一是科研育人与育人目标缺乏一致性。从当前的科研育人工作开展情况来看,大多数高校重视科研育人而忽视了育人目标,这是由于长期以来高校科研育人缺乏系统性与整体性规划设计。高校科研工作重点是"做什么",而人才培养的重点是"怎么做"。因此,一些高校将教师的注意力集中在科研本身,而将育人内容转移到人才培养的其他环节。教师把更多精力放在如何完成项目、发表文章等方面,而学生的综合素质、创新能力却难以得到提升,在一定程度上导致了科研育人与育人目标缺乏一致性。

二是科研育人与课程思政建设相脱节。高校应坚持"三全育人"理念,将科研育人与课程思政建设有机融合在一起。但由于当前高校缺乏明确的课程思政建设制度设计、运行机制与评价体系等,导致部分教师对科研育人与课程思政建设之间的关系认识不到位、理解不深入。

三是教师参与度不高。高校教师作为科研队伍中的一员,需要积极参与到科研活动中,只有这样才能发挥教师的育人功能,对学生的培养起到促进作用。对于高校来说,开展科研活动可以锻炼教师的科研能力和实践能力,但由于目前高校对于教师参与科研活动没有明确的规定,教师在进行科研活动时一般都是凭自己的感觉或兴趣选择,这种方式不利于发挥高校在人才培养过程中的作用。

四是科学研究与社会服务脱节。高校应把科学研究与服务经济社会发展结合起来,以科研育人为载体开展社会服务工作。但是目前高校普遍存在科学研究与服务社会发展结合不紧密的问题,科研工作与育人工作脱节的问题。

## 四、高校科研育人的实现路径

科研在高校工作中占据重要地位,开展科研活动不仅能丰富教学内容,还能提高学生科学素养、培养创新思维及科研精神。针对以上困难和问题,提出如下对策建议。

(一)强化顶层设计,提供制度保障

大学领导者和管理层要对大学科研工作中的育人功能和价值给予高度重视,要将安全育人指导思想与理念的具体内容渗透到大学科研育人工作当中,将以立德树人为根本,以服务学生为核心,以思想教育为引领的育人工作融入具体科研项目当中。与此同时,大学管理者要高度关注针对"三全育人"视域下大学生科研育人工作的部门分工与协调工作,要主动协同组织各个院系以及部门的具体实施参与,逐步构建起以三全育人为指导理念的科研育人有效机制,在保证科研工作质量的同时,可以尝试将科研工作与具体的育人活动或者内容紧密联系到一起,实现多元形式的有机结合,同时针对"三全育人"体系制定相关工作制度,从制度上统领各个育人模块的工作任务,为工作成效的取得提供强有力的制度保障。

(二)遵循学生成长规律,使育人全过程贯穿科研工作

大学科研育人工作在具体组织开展过程中必须顺应和遵循大学生个体的学习、成长以及发展规律,要秉承一切从实际出发的原则,站在更高更远的角度去积极探索适合大学生发展特征以及需求的科学的教育模式。在具体科研项目研究工作当中,导师以及相关科研参与人员针对大学生群体的教育和培养,不仅仅要保证基础知识以及相关专业技能培养活动的开展质量,同时更要对大学生的心理状态、德育培养需求等方

面给予高度重视,要积极主动深入大学生群体当中,和大学生充分交流和沟通,了解大学生对于科研项目的具体想法,同时及时发现大学生在道德层面存在的问题和缺失,针对性制定出具体措施和方案来予以解决和弥补。科研项目作为科研育人中的重要载体,所强调的是在进行科研活动中的研究、管理、成果转化等方面的内容,重点培养学生的科研精神、道德素养、工匠精神、文化素养、创新精神等,将传统偏理论化的育人教学模式通过科研活动的形式,具体体现于学生的学习生活过程中,从而顺应学生发展需求,以教师为主要引导者,遵循科学研究发展规律,使得全过程育人理念贯穿学生参与科研的全过程,这对于提升科研育人水平而言有着至关重要的作用。

### (三)科学创新科研育人模式,落实大学德育育人目标

科研育人是大学德育育人工作体系中的一项重要实施路径,借助具体科研项目来渗透和实施育人工作,能够更有效地提升大学生对德育学习的接受程度,而且有具体科研项目为基础,大学生参与实践的机会也会更多,通过自身实践验证,大学生能够更深刻地理解德育的内容,也会更加积极主动地参与践行。对于大学科研育人工作而言,创新是不可或缺的一项核心驱动力量,因此,建议在具体科研育人工作当中,导师以及相关人员也需要积极致力于创新和探索更具新颖性的育人模式和手段,保证和科研工作节奏同步。与此同时,科研育人工作中还需要对多方资源的整合给予更充分的关注,主动去协调沟通,寻求创新合作,比如科研项目导师以及相关人员要随时关注学校最新关于学术领域的工作安排,是否有新的科研交流报告会或者学术性讲座等,如果有可以为学生们争取参与这些活动的机会,让学生们在接受更新专业领域发展动态的同时,更进一步激发和调动起学生们参与科研的兴趣,进而有效提升学生们的创新积极性,逐步渗透和强化学生的创新意识和创新动力,让学生可以时刻保持一种积极向上、创新求变的思维状态,这无论是对于他们参与具体科研项目还是对于他们未来成长与发展而言都有着至关重要的意义。

### (四)重视科研成果孵化,提升成果转化比率

高校要高度重视科研项目成果的顺利转化与应用实践工作。结合自身实际情况来构建或优化调整针对科研成果的转化平台,尽可能构建起科研项目数据库,为参与科研项目的教师以及学生提供更具实效性的资源共享渠道,为科研项目的顺利转化提供助力。大学科研育人工作中要对具体科研项目类型制定出科学合理的划分标准,结合具体的分类来制定出针对性的管理与分配方案,要让参与科研项目的教师和学生清楚了解自己能够掌控和应用到的具体资源内容,以此来激发和调动起科研项目参与人员的积极性和主动性。如果现实条件允许,高校可结合实际情况建设科研实践基地,为具体科研项目成果的转化应用提供针对性的孵化平台,确保科研项目成功都能

够获得同等实践转化的机会,同时也可以为科研项目参与人员提供更多试错的机会,积攒更多更具参考性的资料。此外,建议高校要充分调动多方力量来进一步推动产学研结合育人模式落实,将先进科研成果引进来,并积极拓展学生创业实习渠道,通过校企合作的深化实现育人工作的均衡化与实践化发展,从而进一步推动科研成果的转化。

### (五)构建科学育人评价体系,同步优化创新奖励机制

为了进一步推动高校科研育人工作的开展,构建科学育人评价体系是非常重要的一项前提条件。首先在育人评价体系方面,建议学校要结合自身科研项目开展情况以及教师队伍的建设现状,来进一步创新和完善教师业务评价体系,把科研育人的质量以及实践成果作为重要考核指标纳入教师评价体系之中,改变传统评价模式中偏向于科研成果数量的评价机制,促进育人工作与科研工作的平衡发展。而创新奖励机制,也可有效激发起大学教师以及大学生群体参与科研项目的积极性和主动性,特别是奖励机制的内容与教师和大学生切身利益紧密相关时,教师和大学生会展现出更高的热情,在实际科研项目中也会更加认真地投入时间和精力。高校在组织开展科研育人项目工作时,必须充分抓住教师和学生群体的心理特点和切实需求,针对教师和学生群体制定出更具吸引力的奖励机制。举例说明:在具体科研项目当中,教师指导下如有学生获得荣誉、奖项或者通过专业技术考核等,教师可获得一定的精神或者物质奖励。这样一来,教师们会更加认真指导学生,也会尽全力传授知识和经验,学生可以学习到更多知识和内容,教师也可获得相应的荣誉和利益。再比如,学校可针对积极参与科研工作并获得丰硕科研成果的学生给予学分、奖学金以及相关荣誉奖励,以此来鼓励大学生更主动参与科研项目,这对于大学生的专业学习和进步会有着巨大帮助作用。

贯彻"三全育人"理念,要求全员、全过程、全方位开展育人工作。当前大学科研育人工作虽然获得了诸多优质成果,但也存在着一系列问题亟须得到进一步处理和解决。"三全育人"教育理念为大学科研育人工作的具体开展提供了更具新颖性和实效性的指导,高校要进一步加强对"三全育人"理念的研究力度,紧密结合科研育人工作现状,将"三全育人"理念内容更深入贯彻到实际工作当中,切实提升科研育人的效果和质量。

### 参考文献:

[1]刘晓宁.落实立德树人,推动中国式职业教育发展[J].职教通讯,2022(11):13-17.

[2]中共中央国务院印发《关于加强和改进新形势下高校思想政治工作的意见》[J].社会主义论坛,2017(03):4-5.

[3]张阳."三全育人"背景下高校科研育人路径探究[J].公关世界,2023(22):99-101.

[4]龚强,李尉青.提升高校科研育人质量的长效机制与路径分析[J].思想理论教育,2022(08):91-95.

[5]庞丹,杨连生,肖焕元.我国高校科研育人的理论与实践探索研究[J].科研管理,2022,43(04):210.

[6]唐青,李佑新.高校科研育人的价值机理与完善路径[J].大学教育科学,2022(04):85-92,127.

[7]李晓庆,汪力.提升高校科研育人质量的若干审思[J].思想理论教育,2022(03):108-111.

# 红色引领　师生同向　校地融合
## ——探索"三全育人"创新模式

广州工商学院马克思主义学院　巫幸兴　谭丽婷

## 一、背景与理念

习近平总书记在全国高校思想政治工作会议中指出:"高校思想政治工作关系高校培养什么样的人、如何培养人以及为谁培养人这个根本问题。要坚持把立德树人作为中心环节,把思想政治工作贯穿教育教学全过程,实现全程育人、全方位育人,努力开创我国高等教育事业发展新局面。"这为高校人才培养指明了方向,为高校思想政治工作提供了根本遵循。但是,如何打通落实"三全育人"最后一公里,真正把工作的重心和目标落在育人效果上,使高校思想政治工作更好地适应和满足学生成长诉求、时代发展要求、社会进步需求,是新时代高校特别值得研究和探索的课题。

为扎实有效推进高校"三全育人"工作,马克思主义学院依托党史研究会和教师党支部积极探索以红色文化为引领,融课程育人、实践育人和服务育人"三位一体"的"三全育人"创新模式,形成了"思政大讲堂""师生共讲花都红色故事""VR红色游学—云端学党史"等系列品牌活动。该创新模式以习近平新时代中国特色社会主义思想为指导,以"党建引领+思政教育"为抓手,挖掘开发学校周边红色资源,发挥马克思主义学院的学科理论优势,师生齐参与,校地同建设,不断创新育人机制,将课程育人、实践育人和服务育人有机融合,以史育人,以文化人,内化于心,外化于行,春风化雨式落实立德树人根本任务。

# 二、举措与特色

## (一)主要举措

### 1.发挥思政课立德树人关键课程作用,强化课程育人

马克思主义学院坚持以"大思政课"理念为统领,把坚定理想信念、提升本领能力、强化实干担当作为有力抓手,充分发挥思想政治理论课的主渠道作用,加强思想政治理论课"第一课堂"建设,确立思政课教学质量至上的理念,及时更新教学内容,将习近平新时代中国特色社会主义思想、党的二十大精神等党的创新理论,以及党史融入教学内容,守正创新,不断改革课堂教学模式,把教师讲和学生讲相互结合,着力提高课堂教学的针对性和亲和力,引导学生善于发现问题、分析问题、解决问题,进一步激发学生学习动力,拓展学生思维和眼界。打造"思政大讲堂",举办"师生同上思政课""大学生讲思政课"比赛,拓宽思政教育场域,营造"处处有课堂、时时被熏陶、人人受教育"的思政教育浓厚氛围,推动习近平新时代中国特色社会主义思想主题教育常态化长效化,拓展"大思政课"的广度、厚度、宽度,培根铸魂,将课程育人从第一课堂延伸到第二课堂。

### 2.成立党史研究会推进系列品牌活动,强化实践育人

党的二十大报告明确指出弘扬以伟大建党精神为源头的中国共产党人精神谱系,用好红色资源,深入开展社会主义核心价值观宣传教育,深化爱国主义、集体主义、社会主义教育,着力培养担当民族复兴大任的时代新人。2021年,我校马克思主义学院成立了党史研究会。党史研究会由副校长兼马克思主义学院院长张辉教授担任会长,学校党委书记张振超同志任名誉会长,广州政协文史委花都文史主编邓静宜、花都文广新局四级调研员和花都著名文史专家李远等担任顾问,不少长年研究马克思主义理论的专家、教授和追求思想进步的学生踊跃报名参加,目前团队成员近七十余人。党史研究会着力于加强地方党史研究,是深入学习贯彻落实党的二十大精神,全面贯彻落实习近平总书记关于"三全育人""大思政课"的重要指示批示精神以及深化"五史"学习和主题教育的重要举措。旨在青年大学生群体中加强地方党史教育,贴近学生、贴近实际,加强实践,他们走遍花都的红色遗址,采访英烈的后代,撰写相关文章,讲好花都红色故事,让他们时刻感受到地方党史中英雄人物奉献精神的激励、民族复兴大任的召唤,有助于提升他们立大志、明大德、成大才,担当起为地方经济和社会发展学习奋进、努力工作的责任感与使命感,形成了系列成果。

### 3.发挥学科理论优势组建宣讲团,突出服务育人

一是成立由马克思主义学院专家教授及花都党史专家联合组成的党史教育宣讲

团,以习近平总书记的"七一"重要讲话精神和党史学习教育四本指定书目为主要学习内容,制定主题鲜明的"课表",有计划地宣讲学习,宣传花都特色党史,传承花都党史宝贵精神。二是成立由马克思主义学院资深教授与佛山市三水区乐平镇党校联合组成的党的二十大精神宣讲团,开展"院镇协同兴乡村"农村党员系列培训活动,深入宣讲党的二十大精神,服务地方,服务社会,取得了甚佳的宣讲效果。

## (二)成效与特色

### 1.理论研究显成效

固本培元,理论研究是衡量理论育人质量的重要指标,它可以量化、评价党建和思政教育理论研究的理论价值和实际贡献,在理论研究与实践应用之间建立良好的互动关系,促进学术深入和社会进步。党史研究会在2023年9月将师生撰写的调研文章及值得推广的优秀个人事迹结集出版,题名为《红色印记——花都党建史》。2022—2023学年教师党员纵向科研项目立项省级1项,省各类学会项目10项,校级课题10项,院级项目16项。依托融媒体技术,党史研究会与花都电视台联合制作了以"学党史敬英雄　赓续红色血脉"为主题的《师生共讲花都红色故事》系列微视频12集已全部上线;制作了5个VR红色在线游学视频,视频采用虚拟现实VR技术,创设了思政教育的沉浸式教学环境,制作立体化的虚拟思政课堂,为教学研究和学生学习拓展了空间和创新形式。

### 2.校地融合促发展

守正创新,校地融合是学校与周边社区、城市、产业等地方经济和资源协同发展、相互融合的一种发展模式。"三全育人"赋能校地融合,对于思政教育发展是一个具有高度互动性和综合性的发展模式,确保学校和地方经济共同实现可持续发展,实现资源优化配置和创新创造的最终目的。马克思主义学院以党史研究会作为重要的媒介桥梁,加强融合学校和广州花都、佛山乐平地方政府、企业和社会的联系与协作,进行资源互通、优化配置,扎实推进地方党史研究,落实党史、二十大精神、党的创新理论的宣传教育。宣讲团主要对三水校区周边村镇党员进行培训,目前已完成范湖村、源潭村等村的培训工作,有关宣传报道稿登上了《光明日报》《羊城晚报》、中国大学生在线等主流媒体。这不仅丰富了理论学习、研究、宣传和教育的方式方法,同时盘活花都党史资源,生动再现花都革命、建设和改革发展历史,促进花都党史资源进课堂、进社会,培育创新创业文化和氛围,实现学校和地方共同发展。

### 3.协同育人促成长

协同育人,"育人"是核心、"协同"是关键、"机制"是保障。通过学校、社区等组织和力量独立协同合作,全面育人,共同培养学生的综合素质和能力。马克思主义学院针对学生的整体发展来衡量教育质量的效果,通过组织参与党史研究会活动,长期研究马克思主义理论和党史的专家、教授就有了更好地立足本地、研究本地党史的良好平台;而对于追求思想进步的学生而言,这不仅是一次全面而系统地学史悟史,而且也是一次接受花都红色精神洗礼,感悟伟大信仰的力量的生动历程,学生获得感大大增强。

**4.先锋榜样新突破**

支部党员充分发挥先锋模范作用,勇于创先争优,在教学科研、社会实践、服务社会上争当表率。在 2023 年度广东省高校思想政治理论课青年教师教学基本功比赛中,我校马克思主义学院推选的两位党员教师双双获奖,马克思主义学院谭丽婷老师斩获一等奖,郝建丽老师荣获三等奖,刷新了我校在此项赛事中的最好成绩,实现了历史性的突破。谭丽婷老师还在 2023 年广东省大中小学思政课一体化教学展示交流获得中荣获二等奖。支部彭艺格、王麒、宁佳鑫老师获得 2023 年省民办高校红色经典主题诵读展演本科组三等奖;郝建丽老师获得 2023 年学校第四届微党课比赛一等奖;范国增老师获得广东省哲学社会规划 2023 年度学科共建项目立项等,成绩斐然,实现新突破,充分发挥了党员教师的先锋模范作用,成为师生学习的榜样。

# 三、经验与思考

马克思主义学院依托党史研究会和教师党支部积极探索以红色文化为引领,融课程育人、实践育人和服务育人"三位一体"的"三全育人"创新模式,打通了"三全育人"最后一公里,真正把工作的重心和目标落在育人效果上,落实立德树人根本任务,使高校思想政治工作更好地适应和满足学生成长诉求、时代发展要求、社会进步需求,加强高校思想政治教育建设,充分发挥高校优势服务地方发展,对于推动"三全育人"改革创新具有一定的示范带动作用。

## (一)强化课程教学改革

思想政治教育和"三全育人"理念是高校教育的重要组成部分,要毫不动摇坚持"思政课程"作为立德树人关键课程的主体地位,守正创新,培根铸魂。要高度重视思政课建设,以教学为中心,以课程建设为核心,在课堂教学中,通过将思想政治教育和"三全育人"理念深度融合,为学生提供更加全面的教育体验,促进课程育人质量不断提升。

## (二)建设"校地融合"协同育人平台

作为应用型本科院校,校地资源平台对于学生综合素质培养和应用能力发展具有重要的作用。借助地方型、应用型大学学生专业优势、信息优势、人才优势,实现互融互促、发展联动,形成人才共育、成果共享的紧密型合作办学特色,将地方红色资源同高校思政教育建设有机结合,贯彻"大思政课"理念,坚持理论性和实践性相统一,重视实践的作用,把思政小课堂同社会大课堂结合起来,努力实现学校和地方资源的整合,不断丰富实践育人内容。要让学生充分将理论知识应用于实践中,并在实践中不断实现情感升华,提升本领,从而增强育人效果。

### (三)加强组织保障,夯实育人基础

"巧妇难为无米之炊",推动落实"三全育人"工作必须加强组织保障,提供必要的物质条件和经费保障。比如,要加大思政课实践教学的投入,适当提高教师的福利待遇,对参与指导学生社会实践的教师制定出合理的补贴标准,以保证教师能全身心投入育人工作中去。

### (四)善用新媒体技术,创新育人手段

构建线上与线下、课内与课外、校内与校外相结合的多维互动育人机制,打造立体化、全方位的育人格局。马克思主义学院《师生共讲花都红色故事》系列微视频、VR红色在线游学视频,即利用新媒体、虚拟现实VR技术,突破时间、空间限制,创设思政教育的沉浸式教学环境,制作立体化的虚拟思政课堂,适应新时代新青年新需求的有效方式,受到了学生广泛欢迎和好评。

# 应用型本科高校思政实践教学与专业实训叠加模式探索研究

广州工商学院马克思主义学院　杨宇静

应用型本科高校教育旨在培养立足于区域经济社会发展的需要,积极探索基于"产教融合"的应用型人才,实践教学在其中扮演着至关重要的角色。为了更好地发挥思政课的育人功能,并结合专业实训的实践环境,应用型本科高校思政课实践教学与专业实训叠加教学模式的构建成为当前应用型本科高校教育改革的必然趋势。本文旨在探索该教学模式的意义和有效运行的方法,为应用型本科高校教育的发展提供参考与借鉴。

## 一、应用型本科高校思政课实践教学及专业实训叠加教学的现状

应用型本科高校思政课实践教学是我国高等教育的重要组成部分,旨在培养具备社会主义核心价值观、德才兼备的社会主义事业建设者和接班人。然而,在当前社会环境下,应用型本科高校思政课实践教学面临着一系列挑战。在应用技术结合教学模式下,思政课实践教学与专业实训的叠加是一种重要的教学模式。然而,目前存在一些问题,如思政课内容重复较多、教学形式缺乏创新、思政课实践教学方式与学生专业无法有效结合、课程设置与实际需求脱节、教学方法过于传统、学生参与度不高等问题。因此,探索思政课实践教学与专业实训叠加教学模式,实现人才培养的综合性目标,就成了题中之义。

## 二、思政实践教学与专业实训互动研究必要性

在新时代背景下,我国高等教育正逐步从传统的知识传授向能力培养、素质养成转变。在这个过程中,思政实践教学和专业实训的互动研究具有重要的现实意义。本

文试图从理论与实践相结合的角度,探讨思政实践教学与专业实训如何实现有机互动,从而为提高人才培养质量提供有力支撑。

### (一)思政实践教学和专业实训的互动研究有助于强化学生的社会主义核心价值观

思政实践教学旨在通过理论教育、实践锻炼、文化熏陶等方式,使学生在学习专业知识的过程中,树立正确的世界观、人生观和价值观。而专业实训则是为了让学生在实际工作环境中掌握专业技能,培养其实际工作能力。二者相互补充,使学生在掌握专业知识的同时,形成良好的道德品质和职业素养。

### (二)思政实践教学和专业实训的互动研究有助于提高学生的创新能力

在实践教学过程中,学生可以通过解决实际问题,培养自己的创新意识、创新思维和创新能力。而在专业实训中,学生可以在教师的指导下,运用所学专业知识,对实际问题进行深入研究,从而激发其创新潜能。因此,思政实践教学和专业实训的有机结合,有助于培养学生的创新能力。

### (三)思政实践教学和专业实训的互动研究有助于提高学生的社会责任感

在实践教学过程中,学生可以深入基层、深入实际,了解民生、关注民生,从而增强其社会责任感。而在专业实训中,学生可以通过参与社会实践,了解自己所学的专业知识在经济社会发展中的作用,进而提高其社会责任感。因此,思政实践教学和专业实训的有机结合,有助于培养学生的社会责任感。

## 三、专业实训叠加思政教学模式构建

思政课是应用型本科高校学生进行思想教育的重要渠道,而思政课的实践教学主要通过实践形式来实现其教育目的。将专业实训的企业学习、实训基地与思政课实践教学叠加,既可以丰富思政课教学的教材,开阔思政课实践教学的渠道,又可以让学生在实践中更真实地体验职业情景与实践活动,加深对所学知识与理论的理解与思考,培养学生的职业素养和政治思想品质。首先,课程设置应更加贴近实际需求。思政课实践教学应关注社会热点问题,与时代发展同步。教师在设计课程内容时,应充分考虑学生所学专业与社会发展的联系,将思政教育与专业教育有机结合。例如,在市场营销专业中,教师可以引入关于职业道德和舆论导向的讨论,使学生在专业实践中树立正确的价值观。其次,教学方法应更加多样化。传统的讲授法难以激发学生的兴趣和参与度,因此,教师应尝试采用案例分析、分组讨论、实地考察等教学方法,让学生在实践中感受社会主义核心价值观的魅力。例如,在讲解我国宪法时,教师可以组织学生参观宪法纪念馆,使学生在了解宪法发展历程的同时,深刻领悟宪法精神。此外,提高学生参与度应该多方努力,如课程内容与学生兴趣契合、课堂氛围活泼有趣等。教师应关注学生的个体差异,因材施教,营造轻松、自由的课堂氛围。教师可以邀请学生分享自己的实践经历,以提高学生的参与度。同时,教师还应关注学生的心理健康,帮助他们在实践中建立正确的人生观、价值观和世界观。应用型本科高校思政课实践教学改革应从课程设置、教学方法和课堂氛围等方面入手,提高实践教学的效果。培养出更多具备社会主义核心价值观的优秀人才,为我国社会主义事业的发展做出贡献。那么,专业实训叠加教学模式构建就是一种新型的教学模式,旨在为学生提供更加实用、综合、深入的专业知识和技能。在这种模式下,学生通过参与实际项目或案例,将所学的理论知识与实践相结合,提高自身的实践能力和解决问题的能力。

## (一)利用专业实训叠加思政教学模式提高学生的实践能力

在传统的思政教学模式下,学生往往只能通过书本知识来掌握专业知识和技能,缺乏实际操作的机会。而在专业实训叠加教学模式下,学生可以通过参与实际项目或案例,将所学的理论知识与实践相结合,提高自身的实践能力和解决问题的能力。例如,在软件工程专业中,学生可以通过参与实际软件开发项目,学习如何进行需求分析、设计、编码、测试等实际操作,从而提高自己的实践能力。

## (二)利用专业实训叠加思政教学模式提高学生的综合能力

在传统的教学模式下,学生往往只能学习单一的知识点或技能,缺乏对整个专业领域的全面了解。而在专业实训叠加教学模式下,学生可以通过参与多个实际项目或案例,了解整个专业领域的各个方面,提高自己的综合能力。例如,在工商企业管理专业中,学生可以通过参与多个企业的实际管理项目,了解企业管理的各个方面,如战略管理、人力资源管理、市场营销等,从而提高自己的综合能力。

## (三)利用专业实训叠加思政教学模式提高学生的创新能力

在传统的教学模式下,学生往往只能通过书本知识来掌握专业知识和技能,缺乏对实际问题的解决能力的培养。而在专业实训叠加思政教学模式下,学生可以通过参与实际项目或案例,面对实际问题,培养自己解决问题的能力。

# 四、叠加教学探索与思政实践教学模式比较

在当今教育领域,教学模式的创新与改革成为教育工作者关注的焦点。叠加教学探索与思政实践教学模式作为其中的两种典型代表,引发了广泛的讨论。我们对这两种教学模式进行深度比较,以期提供一种全新的视角来审视教学模式的创新。

## (一)教学模式差异比较

叠加教学探索是一种注重知识整合的教学模式。它主张将不同学科的知识融合在一起,形成一个完整的知识体系。在这种模式下,学生可以在学习过程中逐步建立起跨学科的知识网络,从而提高知识的应用和创新能力。而思政实践教学模式则强调实践性,主张将思政教育与实际生活相结合,使学生在实践中感受思政教育的真谛。这种模式有利于培养学生的社会责任感和公民素养。

## (二)师生角色差异对比

从教学方法上看,叠加教学探索更注重教师的引导作用,鼓励学生主动探究、独立思考。教师在此过程中充当的是导师的角色,引导学生去发现知识、创造知识。而思政实践教学模式则强调师生互动,教师在此过程中不仅是知识的传授者,更是学生实践的指导者和助手。这种模式有利于培养学生的团队合作精神和沟通能力。

## (三)教学效果对比

从教学效果来看,叠加教学探索有利于培养学生的综合素质和批判性思维能力。通过跨学科的知识整合,学生可以站在更高的层次上审视问题,从而提高分析问题和解决问题的能力。而思政实践教学模式则更注重学生的道德品质和社会责任感的培养。通过实践活动,学生可以更好地理解社会主义核心价值观,从而提高自身的道德水平。

总的来说,叠加教学探索与思政实践教学模式各有优势,但都体现了教育创新的精神。根据学生的实际情况和教学目标来选择适合的教学模式是教学模式的创新。例如一些高校在进行思政实践教学时,组织学生参观红色教育基地,通过现场教学的方式让学生更好地了解党的历史和革命传统。这种实践教学模式不仅使学生在感性认识上得到了提升,而且在道德品质上也得到了升华。而在叠加教学探索方面,如广州工商学院尝试将思政教育与心理健康教育相结合,使学生在学习专业知识的同时,也能关注自身的心理健康,实现全面发展。在教育过程中,应尊重个体差异,因材施教,也应注重培养学生的兴趣和乐趣,使学生在愉快的氛围中学习、成长。叠加教学探索与思政实践教学模式正是对这一教育理念的践行。

# 五、思政课实践教学与专业实训叠加教学的有效运行

在应用型本科高校应用技术结合教学模式下,思政统筹可以根据实际教学情况确定专业实训叠加的思政课实践活动内容。通过教师与企业技术管理人员的合作,有意识地对学生进行职业道德、职业素质的养成教育,培养学生的思想道德水平。思政课中的理论与实践教学内容与专业学习相关,为学生提供行业发展与城市发展的教育,使学生在实际工作场所中锻炼并提高自身的能力。为了有效运行应用型本科高校思政课实践教学与专业实训叠加教学模式,需要制定较为详细的实施方案。

## (一)明确思政课实践教学与专业实训叠加教学的目标

提高学生的思想道德素养、培养职业素质、提升专业能力等。根据专业实训的内容和要求,结合思政课的教学内容,制定思政课实践教学与专业实训叠加教学的课程安排和教学计划。

## (二)确定合作机构,共建实训基地,确保实训内容与专业要求相符

组织思政课教师参加相关培训,提高其实践教学能力和专业知识水平,为思政课实践教学与专业实训叠加教学提供支持。根据实训项目的要求,对学生进行选拔,确保参与实训的学生具备一定的专业基础和学习能力。安排学生参与实训活动,通过实际操作、实地考察、模拟演练等形式,提高学生的专业技能和实践能力。

## (三)建立完善的评估体系

对学生的实训表现进行评价,同时对思政课实践教学与专业实训叠加教学的效果进行评估,及时调整教学策略。结合实训项目的要求和学生的实际表现,对学生的实训成绩进行评定,将实训成绩纳入学生的综合评价体系,形成科学、全面的评价结果。定期对实施效果进行评估和反馈,及时组织校企合作成果展示活动,邀请企业代表和社会各界人士参观学校的实践教学和实训场所,展示学生的实践成果和创新项目,提升学校的知名度和影响力,组织经验交流会和研讨会,师生通过互动和学习,提升整体教学质量。学校和教师应该持续关注学生的发展情况,建立健全的学生档案和跟踪机制,定期对学生进行评估和指导,帮助他们规划个人发展和职业道路。同时,学校还可以建立学生社团和俱乐部,提供更多的机会和平台,让学生发展自己的兴趣爱好和特长。不断改进实践教学方案,通过教学评估和学生反馈,可以及时调整和改进教学方法和内容,提高教学效果。同时,学校还可以邀请专家和学者进行教学评估和指导,从外部视角提出宝贵的建议和意见,推动实践教学模式的创新和发展。根据评估结果不

断调整和改进教学方案,确保应用型本科高校思政课实践教学与专业实训叠加教学模式的持续优化和发展。

### (四)建立定期交流反馈机制

了解学生对实训项目的满意度和学习效果,进一步优化教学内容和教学方法。定期组织教师进行经验总结,分享成功的案例和教学方法,为今后的实施提供参考。组织学生进行实训成果的展示和交流,为学生提供展示自己专业能力和实践成果的机会,激发他们的自信心和创新精神。充分尊重学生的主体性,鼓励学生参与实践教学和项目设计,并及时听取他们的意见和建议。通过开展学生评价,提高学生的参与度和学习积极性。教育主体及时总结和分享经验,推广成功的案例和做法,通过举办经验交流会、撰写教学研究论文等形式,促进教师之间的交流与合作,推动该教学模式在更多学校和专业的应用,为应用型本科高校教育的改革与发展做出贡献。

### (五)推动多学科多领域融合发展,校企共促发展

鼓励不同专业的学生进行跨学科的合作与交流,从不同专业的视角思考问题,提高解决问题的能力和创新能力,培养跨界合作的能力,为未来的职业发展打下坚实的基础。定期进行教师的培训和能力提升,提高相应的教学水平和专业素养。为学生提供专业指导,帮助他们解决实训中遇到的问题和困难,引导他们在实践中不断提升自己的专业素养和技能水平。在应用型本科高校思政课实践教学与专业实训叠加教学模式中,注重培养学生的创新创业能力。通过开展创新创业实践项目,引导学生从理论到实践,从实践到创新,从创新到创业,培养学生的创业意识、创新思维和创业能力,助力他们将所学知识转化为实际的创新创业实践。充分利用学校和企业的资源,学校可以与企业建立资源共享的机制,共同参与教学项目的设计和实施,共同分享实践教学的成果和经验,实现资源的共建共享。与社会各界建立合作关系,将学校与社会资源有机结合起来。通过与社会合作,使教学内容与社会需求紧密对接。

### (六)借助信息化技术支持,引入丰富的教学资源和学习平台

通过建设在线学习平台、虚拟实训环境等,拓宽学生的学习途径和实践机会,培养他们的信息素养和技术创新能力。鼓励教师进行教学研究和实践创新,建设教学在线平台,集成各类教学资源,包括教材、教案、多媒体教学素材等,推动该模式不断发展和完善,以适应应用型本科高校教育的新需求和挑战。另外,还应将学生的发展与终身教育紧密结合起来。通过实践教学和专业实训,培养学生的职业素养和终身学习能力,使他们能够适应职场的变化和挑战,实现个人的持续发展和成长。

# 六、结语

思政课实践教学与专业实训叠加教学模式的构建,为学生提供更加丰富和实用的教学内容,培养他们的实践能力和创新精神,推动应用型本科高校教育的改革和发展。对于应用型本科高校思政课的顺利开展具有重要的参考价值,以期实现广泛的推广价值。

## 参考文献:

[1]骆清,贺娟.高职院校课程实训与思政实践的融合探索:以茶艺与茶叶营销专业为例[J].福建轻纺,2021(04):2-5.

[2]任浩.高校思政课校内多功能实践教学基地建设探析[J].承德石油高等专科学校学报,2022,24(05):77-79,94.

[3]谢云.党史教育融入高校思政课的价值意蕴与实践路径研究[J].成才之路,2023(24):25-28.

[4]王震.应用型本科高校思政课实践教学建设的逻辑、问题与策略[J].宁波工程学院学报,2022,34(02):111-116.

[5]罗莉.高职思政课实践教学与专业实训叠加教学模式构建[J].南方农机,2020,51(06):99.

[6]张娜,邸小莲.基于岗课赛证融通的 OBE 课程建设路径研究[J].职业,2023(12):82-84.

# "三全育人"视域下高校"一站式"学生社区融入劳动教育功能路径探索

广州工商学院外语学院　毕玉祥　傅　瑾　苏伟豪　何玉花

中共中央、国务院在《关于全面加强新时代大中小学劳动教育的意见》提出要加强劳动教育,引导学生树立正确的劳动观。党的二十大报告指出"全面贯彻党的教育方针,落实立德树人根本任务,培养德智体美劳全面发展的社会主义建设者和接班人"。在"三全育人"的视域下,新时代劳动教育的作用不仅仅要发挥在课程育人方面,同样要在实践育人角度上深挖"三全育人"的重要作用。新时代劳动教育的开展要贴近学生社区生活,符合学生兴趣,融入学生学业。对于学生第二课堂教育来说,开展"一站式学生社区"建设,需要发掘高校"一站式"学生社区的价值意蕴和服务功能,使之真正能够成为学生自我教育、自我服务、自我管理的平台,培养学生养成良好的学习态度、工作习惯和积极向上的生活态度,全过程覆盖劳动教育融入学生社区生活,充分发挥课程教育与实践育人的协同作用,也是第一第二课堂教育的有机结合,为学生全面发展提供新的成长支点。

## 一、高校"一站式"学生社区融入劳动教育的必要性和价值分析

### (一)高校"一站式"学生社区融入劳动教育的必要性分析

"社区"一词来源于拉丁语,意思是共同的东西和亲密的伙伴关系。国内学者从心理学上认为社区是某一地域里个体和群体的集合,其成员在生活上、心理上、文化上有一定的相互关联和共同认识。从结构功能上看,国内校园是具有一定规模的学生社群集合体,学校成为新时代高校大学生日常生活、学习交流的重要场域和聚集地。2020年4月,《关于加快构建高校思想政治工作体系的意见》提出要推进高校"一站式"学生社区的建设,标志着学生社区已经开始被运用于新时代教育语境中。"一站式"学生社区能够有效发挥"三全育人"教育功能,在"五育并举"的人才培养模式

下,探索建构劳动教育模式,能够有效加快构建全员育人体系,助推高校思想政治教育社区体系构建。高校教育成果的转化需要在实践中得到检验,其中人才培养必须同大学生职业生涯规划有机结合起来,当前"慢就业"现象已成为社会发展急需解决的问题,为学生树立正确的就业观需要在教育环节中帮助学生认识劳动的价值意义和社会责任。因此,深挖学生生活、工作、学习形成十分密切的学校社区平台功能,把握劳动教育作为"五育并举"的重要内容,实现劳动教育融入社区育人环节,构建新时期协同育人中共建、共享、共赢的育人机制。

## (二)劳动教育功能嵌入"一站式"学生社区的价值意蕴

《关于全面加强新时代大中小学劳动教育的意见》指出劳动教育是国民教育体系的重要内容,是学生成长的必要途径,具有树德、增智、强体、育美的综合育人价值。高等学校要注重围绕创新创业,结合学科和专业积极开展实习实训、专业服务、社会实践、勤工助学等,使学生增强诚实劳动意识,积累职业经验,提升就业创业能力,树立正确的择业观;注重培育公共服务意识,使学生具有面对重大疫情、灾害等危机时主动作为的奉献精神。当前教育分层正在逐渐加大,过度追求教育等级的高低,农村等信息落后地区的家庭仍然停留在寒门出贵子的想法中,高校教育没有紧密贴合市场实际需求的技术型人才输送,导致大批学生没有掌握基本的劳动技能,父母灌输读大学等于有好工作的教育观念,也在一定程度上导致学生的思想偏差。因此,改善学生的择业、就业观是当前高等教育发展的必然要求。

目前劳动教育主要体现在课程设置、社会实践等方面,师资方面主要以在校老师为主,创造的教学空间和教学环境模式化,教师教学观念没有摆脱课堂化,与社会现实联系不够密切,校企合作资源不能均等化覆盖到学生实践中,导致劳动教育的成效不能满足学生的发展。在进行教育改革时,要时时回顾设定的教育目标。当前,信息的快速传播和社会环境导致一部分学生受"躺平"等网红文化的消极影响,久而久之丧失了对劳动的尊敬和态度,以至于在进入社会时才发现没有掌握最基本的生存技能。教育主路线提出的"三全育人",就是需要构建符合现有教育环境的平台,需要改变学生参与劳动的态度,解锁日常生活劳动的习得性教育功能,让学生明白校园生活不是唯学习论,可以通过基础劳动获得习得性劳动技能,培养形成正确的劳动习惯和劳动品质。大学生社区是新时代高校大学生日常生活、学习交流的重要场域和聚集地,是落实"三全育人"的重要平台,在学生生活空间中,融合了学习、工作、娱乐等丰富的关系属性,进而演化出劳动教育的空间载体,在"一站式"社区中,嵌入劳动育人资源,通过学生组织、社团活动、志愿服务参与社区建设、服务社区发展,有利于青年大学生的自我意识发展。另一层面,社区劳动实践增进了学生对社区活动的全员参与,拓展了社区关系,获得了各类信息资源的交流,使之帮助每一位学生得到社会的认同,理解社会发展的正向需要,进而提升其生命的厚度和深度。

## 二、再定位:"三全育人"视域下"一站式"学生社区劳动教育的作用

### (一)思想引领,劳动教育思想政治教育功能的实现

习近平总书记强调要将劳动教育纳入人才培养全过程。在"三全育人"视角下,劳动教育具有一定的政治、经济和文化功能。新时代劳动教育在社会主义建设者和接班人培养过程中起到重要作用。十九大以来,国家越来越重视劳动教育,国家一直在表彰劳模精神,强调劳动模范是民族的精英、人民的楷模,是共和国的功臣。国家在素质教育过程中不断强化劳动成就的思想引领作用,将劳动教育蕴含的育人价值同国家思想培育方向相结合,使得大学生能够在正确的价值观引导下对自我成长有了正确的认识,从而自我形成正确的劳动价值观。

在高校"一站式"学生社区建设中,教育部的工作要求就是以党建工作为引领,构建学生党建前沿阵地,不断推动学生社区建设工作走实。2020年教育部等八部门颁布《关于加快构建高校思想政治工作体系的意见》,明确指出要"推进党团组织、管理部门、服务单位等进驻园区开展工作,把校院领导力量、管理力量、服务力量、思政力量压到教育管理服务学生一线,将园区打造成为集学生思想教育、师生交流、文化活动、生活服务于一体的教育生活园地"。学生社区模式开辟了一条不同于课程育人的道路。"一站式"学生社区具有开放性、自由化等特点,学生在自我管理、自我服务中进行自我教育,因此,社区中学生存在的自由交流等条件下,以实践形式为表现的朋辈交往往往可以实现有意识的主动交流,而不是师生自上而下的知识灌输,设计和开展符合学生活动特色的劳动教育实践,以社区墨守成规的道德约束和涵养功能,从不同方面引导学生认识社会规则,养成契约精神和遵守社会准则等,推动学生在遵纪守法的被动学习中上升为掌握生存发展的必要工具。同时,在党建引领上,深挖马克思主义的劳动价值观的育人功能,结合中国传统文化,将新中国成立以来劳模所展现的工匠精神、奉献精神等融入劳动教育过程中,邀请学生在自我管理服务中发现问题、解决问题,实现朋辈间的劳动经验交流和提升。

### (二)价值旨归,劳动教育就业引领功能目标的再回归

新时代对培养什么样的人、怎么培养人的目标要求十分明确,国家重视"培养什么样的人"是当前高等教育首先要解决的问题。大学生的就业是党和国家十分重视的社会发展问题,由于疫情原因和社会经济结构调整等环境变化,大学生存在的"慢

就业"等现象十分普遍,不利于社会的稳定发展。大部分学生在就业过程中对于薪酬的认可度都比较低,这也是"慢就业"现象存在的外部原因,而高校毕业生的职业技能掌握不能满足工作需要是其存在的内在原因,"眼高手低"也成为社会对大学生的极端评价。因此,究竟是工作技能与薪酬不匹配的矛盾,还是学生的就业需求与工作报酬不相符的心态? 从高校教育的过程来看,仅仅教会入门级别的知识储备是不能满足社会高速发展的,象牙塔的身份不能为学生的高报酬带来任何实质性助力,相反造成社会生存技能掌握匮乏,导致学生很难清晰规划自己的职业生涯。

改变学生对劳动价值本身的追求和认知的匮乏,需要从学生入校开始,帮助学生在课堂、图书馆、食堂等基本生存发展领域掌握生活经验。"一站式"学生社区,可以看成一个学生必须参与的空间,其中包括学习、生活、工作等交流元素,在教育属性上有着一定的教学作用。学生社区中存在的学生组织、党支部等都是学生主动运行的,在一定程度上促使学生践行着社会主义的劳动价值观,由此学生可以领会尊重劳动与劳动者的意义,正确认识到劳动是所有社会运行的必备条件。在劳动过程中,学生所有的收获都会按照"市场条件"进行按劳分配,因此,帮助学生了解社会按劳分配的市场意义是十分重要的,可以使学生真正体会到社会现实需要,作为劳动者没有等级之分,只有工作能力上的差别,社会分工不同需要工作能力不同,作为学生首先要树立劳动平等的价值观。劳动教育的推进,要将"一站式"学生社区作为"小社会"看待,认识到劳动教育是教育问题,更是社会发展需要的问题。劳动教育给予劳动者的社会形态,连接着一个现行社会制度的政治倾向、立场和情感认同,发挥劳动教育的本位作用,推进高校就业工作的健康发展。

### (三)因时而新,劳动教育中志愿服务功能的公益价值引领

立足于价值观培养,志愿服务活动是学生在校期间参与最为丰富和具有锻炼意义的劳动实践,同劳动教育具有相同的教育属性,同时又具备不同的教育价值。新时期,高校教育立足于立德树人根本任务目标,旨在培养符合国家社会发展需要的具有创新能力和工匠精神的技术人才,因此,需要同课堂教育协同开展的实践教育尤为重要,针对大学生不同年级开展不同阶段的劳动实践,不能忽略的是将思政功能融入社会实践中,要正视课堂教育形式的局限性,学生在社会环境属性中自我意识的判断和理解存在不足,主动性就大打折扣,因此,引入志愿服务环节,可以进一步提升大学生践行新时代奉献精神价值,在自觉劳动中体会社会属性。

在建设高校"一站式"学生社区,立足于平台的系统性,开展学生自我管理和自我服务中,充分挖掘学生工作的自主发挥属性,调动学生参与社区建设中,是实现平台的"三全育人"功能的重要举措。立足于党建引领,开展各类党建活动进宿舍、进社区等,将爱国爱党教育活动厚植于日常生活中去,帮助学生理解和认同国家和民族复兴

的重要意义。从实践内容上看,大学生通过社区参与志愿服务活动,是一项没有经济利益的服务活动,是一项集体力和脑力的公益性劳动。从实践形式上看,学生不仅从事着一般的社会性工作,同时也进行着精神实践,不仅在实践中学习,同时也是学习后的实践。实践是检验真理的唯一标准,教师和朋辈传授的知识是经过主观意识加工的文化产品,具备一定的指导功能,只有经过在实践中的锻炼才能不断融合吸收,才能作为实现人生价值目标的工具。大学校园志愿服务活动是学生参与实践最为宽松的路径之一,也是打通劳动教育从课堂内转课堂外的最有效的路径之一。专业性强的志愿服务活动不仅可以锻炼学生的专业技能,用自己的专业技能解决工作中的问题,熟练掌握专业知识,积累专业技能经验,还可以让学生在志愿活动中受到实践教育。服务性的志愿活动可以让学生体会社会的公益属性,强化学生的奉献精神,展示当代大学生的青年担当和社会责任感,培养学生的劳动素养和尊重劳动的非功利化价值。志愿服务作为劳动实践的重要载体,蕴含丰富的劳动教育育人内涵,因此,积极在社区组织开展志愿服务,引导和教育大学生在志愿活动中体验劳动,激发自我劳动教育内在驱动力。

## 三、"一站式"学生社区融入劳动教育过程中实现 "三全育人"的应用策略

### (一)作为全员育人的有力抓手

全员育人就是需要紧紧围绕教育一线工作人员为主体开展的引路人教育。全员育人是"三全育人"的生命线,在"一站式"学生社区的建设中,推进"一三五五"工作模式,其中重点把握"五"支队伍进驻社区,"党政干部队伍""辅导员队伍""专任教师队伍""管理服务队伍""学生队伍",有效涵盖了校园整体对象。"一站式"学生社区的育人功能拓展中,发挥全员育人的主体作用,需要将党政干部队伍、辅导员队伍、专任教师队伍、后勤管理队伍、学生组织队伍充分利用,以一线工作为原则,最大化帮助学生获得更多的学习和实践资源。在各学院的"一站式"学生社区融入劳动教育中,领导干部作为顶层设计需要从了解学生社区思想动态、学习情况和发展需要出发,及时掌握整体发展方向,合理规划劳动教育的实施方案;辅导员和专任教师队伍的育人目标要从课堂教学中心转化为常态化开展社区服务,以学生专业发展需求为着力点,以职业发展为导向开展专业实践活动;学校后勤管理团队应该立足学生社区的实际需求,以学院专业特征为指导,因地制宜地建设具有专业特色的文化设施,打造符合学生成长的文化育人环境;创设条件自我成长,组建成长型学生队伍,通过勤工助学岗、党员服务岗、学生志愿服务组织、学生活动组织等,推动学生参与学生社区的建设、

管理和服务,凸显学生社区的自我教育、自我管理、自我服务、自我监督功能。"一站式"学生社区的劳动育人功能拓展能够成为全员育人的有力抓手,体现社区育人平台建设的完善和补充。

## (二)实现全过程育人的重要场域

全过程育人是学校育人的全过程,包含了课程教育、身体教育、思想教育和实践教育的全过程。大学生生涯自开始至结束,掌握专业技能并学以致用,成为职业成长需要的工具,需要在学校生涯中建立合理有效、可持续推进的浸润式育人平台。开展"一站式"学生社区的主要目的就是在学校建设能够融入学生学习、实践和生活的环境,全过程育人是全员育人的重要依托,在学生社区场域中,开展劳动教育的课程设置、教学环节、劳动实践、文化建设等内容,可以进一步实现全过程育人的目标落地,集聚学校和社会的广泛资源,在学生的职业规划中以实际的角度去设计并执行,这就有赖于社区为学生提供全面的平台支撑。学校针对"一站式"学生社区的内在专业建设需求,以全过程培养学生为目标,从提供的学习资源、开展实践交流平台尊重个性发展方案设计等角度,为学生提供必要的劳动教育理论学习资源,立足社区平台创设实践基地,为学生开展相应的实践教育提供稳定的环境,充分激发学生参与社区教育的兴趣。同时,社区要结合学生的个性发展需求,打造适合学生群体的生涯发展计划,组织开展职业规划体验式经验分享,以及相应的职业技能实践,以就业指导为主体的贯穿式劳动教育,将学生社区打造成为学生了解专业就业领域的就业前景和就业体验实践的平台。

## (三)成为全方位育人的有效载体

全方位育人是系统化育人,是"三全育人"的延伸与拓展,对于高校学生生涯成长现状,需要将校内外的学习资源进行有效合并形成合力,实现专业教育融入课堂教学、科创研究和社会实践等方面,体现"三全育人"的协同作用。因此,建立符合学生社区的育人体系模式,才能为学生提供更多的全方位育人支持。当前学生社区开展各项育人活动,以党建为引领,进行了嵌入式教学创新,提升教学边界的延展性。在学生社区中开展劳动教育是职业生涯教育在模式上逐步转向社区化的创新,"一站式"学生平台的建立可以更好地进行专业实践和就业指导的融合,推进不同于课堂教学的育人形式创新,在内容和方法上贴近学生的生活和成长环境。学生能够主动面向专业技能转化职业训练,不断面对社会实际的未知性进行情境适应学习,掌握解决问题的方法,培养合理决策和承担责任的行为能力,增加学生的团队交流与协作能力,打造社区的学生文化共同体,促进学校内各部门、社会与校园的资源流通,孵化学生的团队型组织领导能力,提升学生自身的系统性发展。

# 四、高校"一站式"学生社区融入劳动教育的实践理路

## (一)构建内容载体,营造认知氛围

"一站式"学生社区建设,在融入劳动教育功能上,要充分理解作为社区存在的空间作用,社区的组成包括连接各个学生寝室、公共活动空间、食堂、娱乐场所等,因此要合理规划学生社区各个空间的功能,要发挥学校后勤的补充作用,开展不同区域模块功能的活动内容,从学生第二课堂教育方向,布置完成党建活动、学生活动、社区管理活动等,也可以开发商业区学生兼职服务等,要以学生的需求出发,适时更新社区的功能储备,打造具有示范性作用的社区劳动教育阵地。在党建引领上,要发挥出"一站式"社区作为思想政治教育的重要载体功能,在党建教育宣传方面融合劳动教育的实践功能,通过丰富的劳动主体营造沉浸式社区宣传环境,打造"劳动最光荣"的榜样作用,鼓励学生在社区建设中建言献策,积极参与主动建设社区的功能模块,潜移默化地帮助学生形成主人翁意识,提升学生对"一站式"社区的情感,能够在固定的空间内形成新生情感共同体,才能起到宣传的辐射作用,吸引更多的社区成员智力共享。

## (二)强化顶层设计,做好长效评价机制

开展"一站式"学生社区建设,必须将顶层设计放在首位,工作需要按照方案设计进行方向确定。因此,将社区劳动教育功能充分发挥,需要建立完善的组织建设,将学生在"一站式"社区中的表现作为综合评价体系的补充,同时要在社区内设计独立的评价指标,搭建完整的劳动教育评价体系架构加强"一站式"学生社区劳动教育的评价体系优化。结合现有的教育评价模式,针对劳动教育的实操性,简化评价形式,通过日常交流和实际工作成效进行评价,对于劳动知识的理解和掌握作为考核成绩,将其纳入学生综合素质测评。在评优层面,通过自评和他评的方式,推选出个人最为优异的表现方面,作为学生评奖评优、就业推荐的重要依据之一。在评价的操作过程中,针对"一站式"学生社区学生表现评价,需要将评价机制回归到学生自身。首先,劳动教育专任教师、班主任、辅导员作为教师群体深入学生社区一线,做好指导服务工作;其次,学生工作部需要跟进学生活动的主导地位,在组织学期大型社区活动的同时,要充分利用领导力,统筹全校资源,为社区劳动教育提供支持;同时要做好定期的师生座谈会,反馈阶段性社区建设的成效和不足,并与党团、学工、劳动教育导师团队沟通社区劳动教育开展情况,收集学生参与的活动数据,在综合评价上拓宽评价渠道。

## (三)党建引领,发挥协同育人成效

高校"一站式"学生社区建设不是单一部门建设的目标和任务,从教育改革总体

方向来看,实现学生社区功能多样化发展,需要学校多部门组织参与,发挥协同育人的工作机制作用。因此,以学生为主体打造学生社区必须满足学生需要什么,学校就能够提供什么样的工作思路。在党建工作中,将院系领导、各部门负责人,协同社区工作教师团队下沉到一线社区工作,这样可以保证劳动教育功能的高质量发挥。充分利用宿舍管理委员会的工作职能,依托学生社区建立独立的社区学生团队,引导学生在自我管理上将劳动要素融入其中,当前学生对自身发展十分重视,在校长接待日、学评教等关乎自身成长方面十分重视,因此,在社区自我管理服务上建立与学院学校领导直通渠道,更能够吸引学生参与社区的建设,并能够发挥学生的主人翁意识,注重调动学生内生激情,引导学生积极参与社区的事务性管理工作;以学生为主体,发掘学生自我服务的层次化需求,坚持问题导向,自主开发各类劳动实践项目,要不断健全后勤服务队伍,提高后勤管理的质量,更好地为学生提供劳动素质提升项目的服务。

高校"一站式"学生社区建设需要围绕"三全育人"角度,不断融入新的育人条件,创建"活"的学生社区育人环境。本文从劳动育人功能角度出发,创新"一站式"学生社区的育人逻辑,探析将劳动教育嵌入学生社区的育人环境中,发挥劳动教育的社区育人功能,将学生的生活区域和学习区域联系为一个整体,补足课堂教学育人的短板,增加实践育人环境,构建一种全新的育人生态形式,真正做到思想政治教育工作打通"最后一公里",推动平安校园建设。因此,实现高校"一站式"学生社区建设"三全育人"功能的创新,落实"五育并举"重要举措,激发高校协同育人文化环境的创新活力。

## 参考文献:

[1]关于全面加强新时代大中小学劳动教育的意见[J].职业技术教育,2021,42(03):67.

[2]肖竹,邹蓉,尹名生,等.开放大学助推社会治理现代化融入西部社区工作的思考[J].甘肃开放大学学报,2023,33(02):83-88.

[3]孟杰,冀文琦.劳动教育嵌入"一站式"学生社区的价值旨归、内在逻辑与实践理路[J].东南大学学报(哲学社会科学版),2023,25(S1).

[4]朱伟男.三全育人背景下高校"一站式"学生社区育人模式探究[J].大众文艺,2023(14):183-185.

# "三全育人"视域下红色文化融入高校现状及策略

广州工商学院马克思主义学院　张辉名师工作室　郝建丽

党的十八大以来,习近平总书记多次强调,要把红色资源利用好、把红色传统发扬好、把红色基因传承好。因此,红色文化的传承尤为重要。在全员、全过程、全方位育人理念的指导下,将红色文化融入高校思想政治教育中,是不断提升高校思想政治教育的实效性,更好地实现其育人目标的重要课题。

## 一、"三全育人"视域下红色文化融入高校的现实价值

### (一)有助于深化思想政治实践教学

红色文化具有丰富的表现形式和载体,如红色景点、红色故事、红色电影、红色遗址等,充分运用红色文化可以不断提高思想政治教育水平,让思想政治教育真正做到入眼、入耳、入脑和入心。将红色文化融入高校思想政治教育中,能够使教育内容更加具体化和生动化,这为理论教学提供了多种教学资源,也能不断深化第二课堂的教学场所,搭建思想政治实践教学基地,让大学生能够在学习理论知识后,亲身实践,在实践锻炼中增强自身素质。

### (二)有助于帮助大学生树立正确的价值观

红色资源是一种见证,它见证了无数共产党人不懈奋斗、努力拼搏的历程,看到一段段历史故事,看到一位位革命英烈,感受其中的革命精神,它们的背后都是党所走过的光辉历程。可见,红色文化蕴藏了极为丰富的教育内涵,它所具有的教育意义是不可替代的,高校依托红色文化进行思想政治教育,深入挖掘红色文化的内涵,充分发挥红色文化的价值导向作用,不断激发大学生的认同感,挖掘和传承红色文化资源,能够让大学生深刻感受党所走过的光辉历程,感受无数英雄烈士面对艰难险阻毫不退缩的品质,从而引导大学生树立正确的价值观,选择正确的人生道路。

### （三）有助于帮助大学生筑牢民族精神

红色文化往往内容丰富,载体多样,能够起到培育民族精神的作用,它扎根于中华大地,传承了中华传统文化的精髓,体现和弘扬了民族精神。在我国市场经济的快速发展进程中,人们对物质产品的需求得到了极大的满足,物质生活得以不断改善,但是随着经济全球化的发展,使得人们受到多种思想的影响,甚至使得消费主义、历史虚无主义等风靡一时,引发了一部分人思想的偏差。如社会中出现的"污辱邱少云烈士案"就是歪曲、否定革命历史,诬蔑、诋毁英烈人物的。运用红色文化、传承红色基因,可以帮助大学生了解和认识真实的革命历史,及时纠正思想的偏差,筑牢民族精神。

## 二、"三全育人"视域下红色文化融入高校的现状分析

### （一）大学生对于红色文化的认识有待进一步提高

引导大学生学习红色文化,传承红色基因,对大学生成长成才具有重要的意义。但当今的"00后"大学生,他们物质生活条件优越,在成长过程中并没有经历过艰苦的生活,在成长中遇到的挫折较少,往往对老一辈革命烈士的艰苦经历没办法感同身受,因此存在着对红色文化的理解较不充分的情况,主要表现在以下两个方面。

第一,大学生在生活中对红色文化的关注度不高。现在的大学生多成长于经济快速发展的时代,受到一定的功利主义思想的影响,在平时的学习中,他们往往会觉得学习专业课比学习红色文化更为重要,他们普遍认为专业课是一种专业技术,会为未来就业带来直接的物质利益,而红色文化的作用的发挥是一个潜移默化的过程,因此,大学生普遍更为关注专业课知识,而非红色文化,这就导致了他们对红色文化的学习热情不高、缺乏重视的情况。

第二,大学生对红色文化教育认识不到位。今天,我国综合国力不断增强,人民的生活条件越来越好,现在这个时代是和平幸福的,很少有学生会吃不饱肚子、读不起书,更别说经历战争,因此,他们对过去的生活缺乏真实的体验,年代的差距使得大学生无法准确理解红色文化的精神内涵,甚至会产生红色文化已经不适合今天这个和平与发展的时代的错误观念。部分大学生也会认为红色文化学习是短暂性的、阶段性的,因此,对于红色文化的学习采用"被动"的态度,对红色文化相关知识的学习停留在表面,并通过机械的背诵来应对期末考试,这就使得红色文化所蕴含的教育价值无法体现出来。

### (二)教育者对红色文化资源运用不够充足

教育者作为红色文化资源传播中的重要环节,往往承担着引导大学生传承红色基因的关键作用。目前,存在着部分教育者对红色文化资源运用不够充足的情况,主要包括两个方面。

第一,教学方式有待进一步创新。在今天的思政课课堂中,为了让大学生能够在有限的课堂时间内学习到较多的理论知识,已经对教学方式进行了一定的改革,但是总体上依然是理论知识的讲解较多,激发大学生的自主学习能力较少,这就使得大学生受教育效果并没有达到预期。另外,虽然在课堂中进行了一定的互动,但是多为无效性互动,没有实现双向的互动沟通,大学生在课堂中依然是被动的状态,这就让红色文化教育显得枯燥,缺乏生动性,大学生自然不喜欢学习红色文化相关知识,也不愿意去探索红色文化所蕴含的深刻内涵。

第二,教学内容需要进一步丰富。红色文化往往是对大学生进行思想政治教育的生动素材,可以将它充分运用到教学之中。但是在实际的教育过程中,部分高校并没有专门的针对红色文化的必修课课程,多数是在思政课上融入了红色文化的相关内容,教师往往会在课堂中加入红色人物或历史事件的讲解,多数只是作为课堂的案例素材,并没有分配足够多的时间进行红色文化理论深度的挖掘和延伸,这些内容理论性较强,学生的学习兴趣有限,这就使得高校中红色文化的学习较为零散,在课程学习中没有办法让学生形成完整的认识,这必然会影响红色文化的教育作用的发挥。

### (三)高校对红色文化教育资源的开发利用不够

近年来,高校虽然越来越重视红色文化融入课堂、校园和实践中,但是在高校开发和利用红色文化资源上还存在着一定的不足。

第一,高校在实践上对红色文化的开发利用有待提高。高校为了可以让大学生了解真实历史,往往会选择与所在地的革命老区建立爱国主义教育基地,并定期带大学生前往,在实践体验中感受中国共产党人的初心和使命。但是在实际的实践教学中,部分高校出现了"重形式而轻内容"的现象,大学生来到实践基地只是单纯的浏览和拍照,缺乏对爱国主义教育基地背后红色历史故事的深入学习,红色精神的歌颂,实践中呈现了盲目性的状态,无法真正发挥爱国主义基地的教育作用。同时,往往只针对本地区的红色资源,没有实现多个地区资源的整合。

第二,高校红色文化教育的硬件设施需进一步完善。红色文化教育的实施并不是轻而易举的,需要足够数量的专业教师,也需要配套的硬件设施的支持,比如:是否有配套的红色文化实践平台,帮助学生能够更为生动地感受红色文化。较为完善的硬件设施可以提高学生的学习主动性和积极性,让红色文化发挥更大的教育作用。

# 三、"三全育人"视域下红色文化融入高校的策略研究

## (一)主体多元,营造全员育人氛围

传承红色文化,育人主体要做到多元化,打造育人队伍,实现全员育人。

第一,进一步明确育人责任,加强红色文化育人的观念。育人队伍中往往有专任教师、辅导员、行政人员等,其中的每个部分都需要明确自身责任所在,重视红色文化教育,认真领会红色文化的内涵,不断加强自身的理论学习,并能够将理论和实际相结合,从而就可以在学生需要的时候及时进行红色文化教育。

第二,造就具有深厚红色文化底蕴的思政课教育队伍。红色文化具有深厚的底蕴,传播红色文化往往需要专业的教师队伍,这必然成为传播红色文化资源中的主力,这就需要高校不断挖掘相关的人才。高校可以通过积极引进从事红色文化研究的相关领域人才,采用"专兼结合"的方式来满足师资的需要,并加大专门的科研项目经费等资金支持,让相关的人才积极对红色文化进行研究、挖掘和传播,充分发挥优势,从而积极推进红色文化育人的作用,也可以从外聘请相关从事红色文化研究的社会科研工作者,申报相关的课程,助力大学生红色文化教育。

第三,提高红色文化育人队伍的理论水平。红色文化所涉及的范围较广、内容极为丰富,这就需要育人队伍也要具有一定的理论水平,能够重视红色文化的传播,能够深刻理解红色文化的底蕴,因此,高校进行相关的培训是非常有必要的,高校可以聘请相关领域的一些专家、教授来开展讲座,为育人工作提供必要的指导,让育人队伍可以在和专家、教授的交流中明确自身的不足,及时进行提升。同时,也可以定期组织育人队伍集中阅读红色文化相关的著作经典等,让育人队伍树立终生学习的观念,并在阅读中加深自身对红色文化的认识,从而在思想交流、观点碰撞中产生新的见解,提升育人队伍理论深度,只有红色文化理论内容被育人队伍吸收内化,才能将红色文化传播自然地融入高校思想教育之中。

## (二)多手段并用,贯穿育人全过程

红色文化教育融入育人全过程,从宏观角度是将红色文化融入大学四年整个过程中,微观角度则是将红色文化融入大学生日常生活和学习的各个方面,既帮助大学生掌握红色文化的理论知识,也可以让红色文化潜移默化地影响大学生的价值观。

第一,不同阶段的大学生对红色文化教育的需求不同,高校在进行教育时要有针对性,能够满足大学生在不同阶段的学习侧重点。在新生入学时,在对新生进行军训、入学教育时,就需要加入红色文化的相关内容,帮助大学生在进入大学时就确立正确

的人生目标,坚定远大理想;在专业学习中,也要及时利用红色文化进行思想政治教育,不仅能够帮助大学生掌握专业知识,也可以养成良好的道德品质;在大学生毕业阶段,在毕业实习选择、未来职业选择等过程中要继续进行道德建设。

第二,高校采用多种方式,利用红色文化育人。在课程设置上,除了在思政课中贯穿红色文化相关内容的传播,也可以设置专门的红色文化教育课程,创办地区特色的红色文化传播刊物;在活动设置上,高校可以开设红色文化特色活动,比如:带领学生重走长征路,红色家书诵读等;在校园氛围搭建上,可以在校园中创办红色文化传播走廊,在走廊中展出红色文化相关的革命人物故事和历史等,让学生可以在校园中感受到红色文化的熏陶。

### (三)三方联动,共建育人全方位体系

红色文化的传播需要学校、社会和政府共同携手努力,共同搭建一个全方位的育人体系。

第一,以课堂教学为主渠道,实现课堂内外共同育人。课堂作为教师和学生沟通的主阵地,要充分发挥课堂的作用,在课堂中融入红色文化的传播,将红色文化资源转化为课堂教学资源。同时,在课堂外,要继续深化红色文化教育,引导大学生走向实践,亲身感受,实现理论和实践的结合。

第二,以学校建设为主战场,校内校外实现联动。学校是实现红色文化育人的主要阵地,要建设相关的课程和校园环境,在教学中设置相关课程,在校园活动中开展红色文化相关活动,不断扩大红色文化的影响力。除此之外,还需要发挥家庭和社会的积极作用,在家庭层面,将红色文化融入家风建设中,营造红色的家庭氛围,对大学生生活产生潜移默化的作用;在社会层面,注重社会中红色文化的宣传力度,加大红色文化资源的开发和利用。

第三,以网络媒体为新平台,搭建线上线下的育人平台。网络的发展改变了人们的生活方式,也为高校思想政治教育提供了新的平台和方式,可以把红色文化资源的电子资料上传到互联网平台,让同学们可以通过线上学习到红色故事、红色历史等,这些生动的方式在一定程度上提高了大学生的学习积极性,在红色文化传播中,做到以互联网融合课堂教学,实现线上线下共同配合。

**参考文献:**

[1]习近平.贯彻全军政治工作会议精神 扎实推进依法治军从严治军[N].人民日报,2014-12-16(01).

[2]王兰,罗冬雪."三全育人"视域下红色文化融入高校现状及策略:以四平市J

高校为例[J].湖北成人教育学院学报,2023(05):40-44,49.

[3]张天华,庹春贵.红色文化融入高校"三全育人"的价值、原则与路径[J].辽宁工业大学学报(社会科学版),2023(06):92-95.

[4]王维佳."三全育人"视阈下红色文化融入高校思政教育的实践机制[J].廊坊师范学院学报(社会科学版),2023(06):116-122.

# 中华优秀传统文化融入高校思政课育人研究

广州工商学院马克思主义学院　张辉名师工作室　刘于亮

## 一、中华优秀传统文化融入高校思政课育人的价值意蕴

### (一)落实立德树人根本任务的必然要求

中华优秀传统文化流淌千年、绵延古今,内容博大精深,思想深邃悠远,蕴含着独特的价值理念,包藏着丰富的教育资源,将其融入高校思政课教学,对于创新教学理念、丰富教学内容、落实立德树人根本任务具有非凡的价值导向。

高校思想政治理论课是落实立德树人根本任务的关键课程,肩负着铸魂育人的重要使命,其与中华优秀传统文化的精神内核具有高度的契合性,教师可以通过知识传授、价值引领、文化熏陶等多种形式推动中华优秀传统文化与思政课融合创新,既要厚植文化基因的"根",又要传承马克思主义理论的"魂",以提升高校学生的政治站位,涵养学生人文素养,帮助学生树立正确的世界观、人生观、价值观,努力培养堪当民族复兴大任的时代新人。

### (二)增强大学生文化自信的重要载体

文化自信是民族精神和文化生命的核心,是国家发展和社会进步的重要力量。习近平总书记指出:"坚定文化自信,是事关国运兴衰、事关文化安全、事关民族精神独立性的大问题。"大学生作为社会主义建设的接班人,其文化自信水平将直接影响着国家的未来和民族的命运。中华文明五千多年厚重的文化底蕴积淀着宝贵的精神财富,这些才是我们树立文化自信最大的底气,是中国继往开来、开拓创新的智慧源泉,是增强文化自信和民族自豪感的精神动力。

中华优秀传统文化融入高校思政课,始终是增强大学生理想信念、厚植家国情怀,推动中华民族伟大复兴的关键所在,是大学生增强文化认知,提升文化自信的重要

载体,高校思政课教师应下大力气深入挖掘中华优秀传统文化中的思政元素,通过多渠道、多层次的积累转化,有效运用于课堂教学实践,真正达到以文化人、以文育人之目的,对于培育新时代大学生的文化认同和文化自信具有不可替代的育人价值。

## 二、中华优秀传统文化融入高校思政课育人的问题导向

### (一)高校大学生对传统文化认知不足

日常教学中,通过与学生交谈或其他调查途径发现,当代大学生传统文化意识淡薄,传统文化认知不足,未能形成系统的知识体系。究其原因,在于他们长期处于应试性学习场景下,一切以分数至上,很少真正有效接受系统性的传统文化熏陶,获取传统文化的途径有限,缺乏规范性引导,获取传统文化知识呈现碎片化、偶然性特征,获取途径多从影视、网络、手机短视频等途径偶然获取,而对传统文化中的文学、戏曲、诗歌、绘画、雕塑、书法等接触较少,对于经典名著很少有人去深入认真研读,理解起来一知半解,看待问题断章取义,不能全面准确地领略传统文化的精髓要义。

中华优秀传统文化作为中华民族长期实践形成的优秀文明成果,是中华民族最深厚的文化底蕴。不少大学生对思政课认识存在一定程度的偏差,没有认识到思政课的重要性,无法正确理解中华优秀传统文化的时代价值,未能形成关于中华优秀传统文化的正确认识,难以从心底树立高度的文化自觉,致使中华优秀传统文化融入高校思政课教学面临着现实性困境。

### (二)高校思政课教师传统文化素养功底不实

当前,高校思政课教师存在中华优秀传统文化功底不够深厚、知识结构相对单一、对传统文化的内容涉猎不足、缺乏系统性学习等问题。他们将中华优秀传统文化主动融入思政课教学的意识不强,不能有效把握中华优秀传统文化融入思政课教学的契合点,中华优秀传统文化中的思政元素挖掘不到位,将中华优秀传统文化有机融入思政课知识体系和教学体系尚存一定挑战。

通过调查可以发现,思政课教师专业背景多为马克思主义理论专业、哲学专业或历史专业等,涉足传统文化的广度和深度均存在一定欠缺,他们在讲授到关于中华优秀传统文化时往往流于表面,更多的是向学生进行知识点的硬性灌输,缺少对中华优秀传统文化蕴含的民族精神、人文涵养和道德情操的深入挖掘与剖析。不能使学生全面、深入地理解中华优秀传统文化的内涵和精髓,无法有效将中华优秀传统文化中的思想政治教育资源传授给学生。因此,教师要想讲清楚中华优秀传统文化的内涵和精髓,讲清楚中华优秀传统文化所蕴含的价值理念,进而赢得学生认同,务必系统深入地

提升自身的中华优秀传统文化素养。

### (三)中华优秀传统文化思政教学融入体系不健全

中华优秀传统文化融入思政课教学是一项系统工程,涉及教学内容、教学方式、保障机制等多层次、多维度融入融合。在融入内容上,目前,高校融入思政课的中华优秀传统文化内容相对简单,缺乏深入的挖掘和整理,一些思政课教师对中华优秀传统文化研究不够深入,难以深度挖掘蕴含其中的思政元素,没能很好地将中华优秀传统文化内容贯穿于教材之中,难以实现思想政治教育和中华优秀传统文化的高度融合。在融入方式上,一些高校思政课融入中华优秀传统文化时方式相对单一,没有将之与校园文化、思政社会实践等深度融合;在融入途径上还未实现多元化,未能充分发挥中华优秀传统文化的价值优势,对于融入方式方法还缺乏深入研究。在保障机制上,部分高校在思政课中融入中华优秀传统文化的保障机制并不健全,需要多方力量的配合,也要建立完善的保障机制。

## 三、中华优秀传统文化融入高校思政课育人的路径探究

### (一)强化高校思政课教师培训,厚植传统文化素养

第一,高校要加强培训力度,提高师资质量。为了提高思政课教师运用中华优秀传统文化开展思政课教学的能力,应对其加强有针对性的培训,培养兼具马克思主义理论与中华优秀传统文化知识的师资队伍。首先,邀请相关领域的专家学者开设有关中华优秀传统文化的专题讲座,开展相关教学技能培训,包括如何有效组织课堂教学,如何展开师生互动,如何有效增强课程的吸引力和感染力等,切实提升教师教学技能。其次,定期组织思政课教师进行线上和线下、集中和分散等多种方式的学习培训。要充分利用互联网,通过视频讲座和互动交流研讨等多种形式组织教师进行线上线下学习。培训的内容包含中华优秀传统文化的理论知识、运用中华优秀传统文化进行思政课教学的方式方法以及在教学过程中需要注意的问题等。最后,高校要积极动员、组织思政课教师到中华优秀传统文化现场,如历史遗迹、古迹、博物馆、纪念馆等进行实地参观学习。通过实践研修,教师能在潜移默化中感受中华优秀传统文化的魅力,增强教学的积极性和主动性。

第二,高校思政课教师要有学习中华优秀传统文化知识的自觉。高校思政课教师应积极夯实中华优秀传统文化根基,努力掌握中华优秀传统文化发展脉络和精髓要义,在博学笃行中厚植自身传统文化底蕴。思政课教师需透过多元视角了解中华优秀传统文化,一方面需要大量阅读优秀传统文化书籍,拓宽文化视野,另一方面要积极学

习《汉字五千年》《丝绸之路》等传统文化视频,为教学活动储备知识和能量。

### (二)挖掘中华优秀传统文化思政资源,完善文化育人思政内容

任何一个国家和民族的优秀传统文化要想历久弥新、永葆生机活力,就必须将其植入当前国民教育体系之中。中华优秀传统文化具有深厚独特的文化内涵和价值追求,其所倡导的"兼济天下""修身内省""自强不息"等精神,与思政课育人所强调的价值规范具有一致性。将中华优秀传统文化蕴含的丰富思政元素融入高校思政课堂可以为高校思政课注入文化基因。

在课堂中有机植入优秀传统文化素材,能够营造浓厚的传统文化氛围,丰富学生的精神文化生活,传承中华优秀传统美德,创造其人生价值,实现思政课与中华优秀传统文化育人功能的互促共进,无形中使中华优秀传统文化发扬光大。教学过程中要积极挖掘中华优秀传统文化思政资源,一方面要坚持以社会主义核心价值观为引领,思政课育人所倡导的理想信念、爱国情怀、道德境界等,对于深化中华优秀传统文化的时代价值也具有指导意义。另一方面也要对蕴含中华优秀传统文化的教育素材进行整理研究,将"家国情怀""忠孝之义"等融入其中,同时,将中华优秀传统文化所倡导的人生观、诚信观等纳入思政课育人范畴,实现其价值的创造性转化,提升高校思政课育人成效。

### (三)创新优秀传统文化融入方式,提升思政铸魂育人实效

中华优秀传统文化融入高校思政课教学是一项系统工程,教师在教学过程中要注重创新融入的方式方法,当今网络化、信息化时代,知识更新日新月异,信息获取途径便捷,传统课堂教学已经不能满足大学生对知识的渴望,学生期望的是教师能够紧随时代步伐、与互联网渗透融合,创新教学方式。因此教师在教学过程中必须转变教学思路、创新融入方式、完善体制机制,以真正达到思政铸魂育人实效。

第一,高校思政课教师应及时转变教学思路,注重理论与实践的巧妙融合。思政课教师可将中华优秀传统文化知识的讲述与教学场景相融合,在具体实践中摸索和形成新的课程内容和讲授方法。例如,将节气、传统节日、典籍等以大学生喜闻乐见的方式嵌入思政课理论教学中,或者通过实地探访,让学生身临其境感受传统文化之魅力等潜移默化地培养大学生的世界观、人生观和价值观。

第二,高校思政课教师应注重创新融入方式。中华优秀传统文化融入高校思政课教学并不是简单地讲好故事,或上课时象征性地引用典故、名人名句,需要在课件制作、教学设计等方面进行深入考究,强化融合创新,紧密结合当前高校开设的思政课程,充分挖掘中华优秀传统文化的思政元素,深入阐述传统文化融入思政课的时代价值,例如,将崇德向善、厚德载物、天下为公等中华传统美德,通过优化课程设计,恰如

其分地融入思政课中,向学生展示中华优秀传统文化的博大精深与深邃智慧,同时,要注重学生主体地位,搭建学生参与平台,采取主题演讲、才艺展示、微视频等多种方式,介绍家乡的风土民情、饮食文化、民族特色等文化,展示中华民族独特的精神气节,不仅能调动学生学习的积极性,还向学生展示了中华优秀传统文化的博大精深。

第三,将中华优秀传统文化融入高校思政课教学与实践要进一步完善体制机制,在充分调研的基础上制定相应的考核内容,把中华优秀传统文化融入思政课教学情况纳入课程考核,并明确考核标准,督促高校和教师在教学实践中真正做到将中华优秀传统文化融入其中。同时,要优化课程设置,各高校可尝试单独开设"中华优秀传统文化概论"课程,系统讲授中华优秀传统文化,让新时代大学生充分认识到中华文明赓续传承、屹立于世界文化之林的强大基因,是中华民族精神独立性的基本标识,进而增强做中国人的骨气、志气和底气。

# 四、结语

中华优秀传统文化历经数千年的更迭延续,具有顽强的生命力和无穷的创造力,无论时代如何变迁,中华优秀传统文化始终是我们这个民族的文化自信之基、民族复兴之柱。将中华优秀传统文化融入高校思政课,积极探究中华优秀传统文化的深层内涵,挖掘其中的思政元素,重视中华优秀传统文化和高校思政教学在育人功能上的契合性和互补性,引导大学生传承中华优秀传统文化,坚定"四个自信",准确把握新时代高校思想政治教育的育人目标,切实增强思政课感染力、教育力,更好地落实立德树人根本任务,从而进一步提升高校思想政治教育教学质量。增强高校思政课育人实效。

**参考文献：**

[1]习近平.高举中国特色社会主义伟大旗帜 为全面建设社会主义现代化国家而团结奋斗:在中国共产党第二十次全国代表大会上的报告[M].北京:人民出版社,2022:17–18.

[2]徐俊蕾.中华优秀传统文化融入高校思政课教学的思考:以"两个结合"为基本视域[J].河南科技学院学报,2022,42(06):78–84.

[3]于超,于建福.中华优秀传统文化融入高校思政课的价值与路径[J].中国高等教育,2020(Z3):40–42.

[4]田军.中华优秀传统文化融入中职思政课教学的实践探索[J].中国职业技术教育,2020(07):39–44.

# 网络育人:新时代背景下的思想政治教育新模式

广州工商学院学生工作部(处) 何 巧 梁梓雯

# 一、引言

## (一)网络时代的到来与大学生思想政治教育的变革

网络时代使信息传播加速,渠道多元化,大学生能轻松获取信息,拓宽视野和增强思辨能力。这挑战了传统的单向教育模式,该模式重视理论灌输和被动接受,忽视大学生的主体性和参与性。大学生更倾向于互动、讨论和探究,因此思想政治教育需注重大学生的主体性,引导他们积极参与,提高吸引力和实效性。网络社交平台为思想政治教育提供了新渠道,教育者可实时互动,了解大学生的思想和需求,提供更具针对性的指导。这种互动、个性化的教育方式更符合大学生的需求,提高实用性和针对性。习近平总书记强调,青少年阶段是人生的"拔节孕穗期",最需要精心引导和栽培。新时代,高校思想政治教育要勇于担当新使命,顺应时代变革趋势,展现新作为。应创新模式,注重大学生的主体性和参与性,利用网络平台拓展渠道和方式,推动大学生思想政治教育的变革与发展。

## (二)网络育人的概念界定与研究意义

### 1. 网络育人的概念界定

网络育人,是借助网络平台和信息技术手段开展教育活动的新型教育模式,涵盖知识、能力、价值观等多方面。教育者利用网络资源促进学习者个性化、多样化发展。网络育人不仅限于在线课程或远程教育,也包括社交媒体、虚拟现实、人工智能等先进技术手段。

### 2. 网络育人的研究意义

研究网络育人具有重要理论和实践意义。在理论层面,网络育人的研究有助于完善教育理论体系,为教育创新提供支撑。深入探讨网络育人的内涵、特点和发展规律,有助于理解信息时代教育的本质和要求,为教育改革提供指导。在实践层面,网络育人有助于提升教育质量、促进教育公平。借助网络平台和信息技术手段,可以打破地域和资源限制,提供优质教育资源和学习机会,满足多样化学习需求,提高学习效率和效果。此外,网络育人还具有深远的社会意义。在信息社会,网络已经成为生活和工作中不可或缺的一部分。通过网络育人,可以培养学习者的信息素养、网络道德和法治意识,为社会发展提供有力保障。

### (三)研究目的

本文旨在分析网络育人现状,探讨网络育人面临的挑战与机遇,并提出相应的对策,以期为新时代背景下如何利用网络平台和信息技术手段创新思想政治教育方式方法、提升教育的针对性和实效性、培养具有网络道德和法治意识的新时代人才提供新的思路和方法。

# 二、网络育人的理论基础与实践价值

## (一)网络育人的理论基础

### 1.思想政治教育学相关理论

思想政治教育学的理论基石在于其关于人的全面发展的理解。马克思认为:"需要,即人的本性。"而人的全面发展不仅是物质生活的丰富,更是精神世界的充实和道德境界的提升。因此,思想政治教育的核心任务在于引导学生树立正确的世界观、人生观和价值观,培养他们的道德自觉和社会责任感。

"思想政治教育工作本质上就是做人的工作",思想政治教育学相关理论与网络育人的关系密切。网络育人和思想政治教育学都基于马克思主义关于人的全面发展理论,强调个体的全面发展和社会关系的丰富。两者都致力于培养学生的正确思想观念、政治立场和道德素养,促进学生全面发展。在实践中,应充分发挥网络育人的优势,将其与思想政治教育学相关理论相结合,共同推动学生思想政治教育的创新发展。

### 2.新媒体传播理论

列维·曼诺维奇认为:"新媒体只不过是根据人们不同层次的需求,利用一些没有相关的一组数字信息,以相应的媒体形式展示出来的媒体技术,本质上是基于数字的信息流。"新媒体理论主要关注新媒体环境下的信息传播规律和社会影响。新媒体以其独特的互动性、即时性和多元化特点,改变了传统的信息传播模式,使得信息传播更加灵活、多样。这一理论不仅研究新媒体的传播机制,还关注新媒体在社会发展中的角色和影响,以及如何在新媒体环境下进行有效的信息传播和教育。

关于新媒体的发展对教育的影响。国外在这方面的研究主要通过媒介素养教育展开。莱恩·马斯特曼(Len Masterman)提出媒介素养教育存在三大历史范式,即免疫范式、流行艺术范式、再现范式。他认为,通过媒介素养教育,能够培养青少年对信息优劣的甄别能力,以及占领主流意识形态的阵地。

将网络育人与新媒体理论结合起来,可以更好地理解和利用新媒体进行网络育人的实践。一方面,可以借助新媒体的多样性和互动性,创新网络育人的方式和方法,提高教育的吸引力和实效性;另一方面,也需要关注新媒体环境下信息传播的特点和规律,确保网络育人的内容能够准确、有效地传达给学生。

### 3. 教育心理学理论

心理学是"研究人的心理现象及其规律的科学"。教育心理学研究对象是教育过程中的心理现象和规律,集中反映在教学情境中的学与教的基本心理学规律上。教育心理学理论主要关注教育过程中学生的心理活动、学习过程以及教育策略如何影响学生的心理发展。其主要包括:行为主义学习理论、认知主义学习理论、建构主义学习理论等。行为主义认为学习的实质是通过学习形成某种行为上的变化,例如:桑代克提出的联结主义理论,认为学习的过程是通过盲目的尝试和错误减少的过程,即"试误"学习。而认知主义强调学习者的内部心理过程和认知结构对学习的影响。建构主义则重视学习者与环境的交互作用,以及学习者在交互过程中的主动性和创造性。

教育心理学理论为网络育人提供了深入理解学生心理、优化教学设计、增强学习动机和促进个性化学习等重要支持。同时,网络育人也需要不断吸收和应用教育心理学的最新研究成果,不断完善和创新教育方法,以适应新时代学生的学习需求和发展要求。

### (二) 网络育人的实践价值

#### 1. 提升思想政治教育效果

思想政治教育的实效性是思想政治教育目标的实现程度。网络育人对于提升思想政治教育实效性具有显著作用。

(1)拓展教育渠道与资源。利用网络平台如社交媒体、在线教育平台等,教育内容得以广泛传播,覆盖更多学生。网络提供了丰富的教育资源,如视频、文章、案例等,使教育内容更吸引人、更具针对性。广西各高校通过"易班"作为线上主阵地和线下好帮手,利用其微社区、轻投票等功能进行内容建设。同时,广西还依托"广西漓江学堂"这一线上高校课程联盟,形成了区内校际互动、教育资源共享、学分互认的线上教学模式。

(2)提升互动性与参与度。网络教育不仅培育文化产品,还允许实时提问、讨论,增强互动性。通过在线测验、问卷调查提高参与度。上海交通大学打造网络品牌活动,推出《平易近人》的线上解读版,帮助学生深入学习领会系列重要讲话精神、传统美德、核心价值观内涵,依托平台有效传播,让学生在创作体验中实现自我教育。同时共建"微电影创作基地",鼓励师生共同参与,增强网络育人互动性。

(3)个性化教育与因材施教。根据学生的兴趣、需求和学习进度,可以为其定制个性化的教育内容。网络教育允许教育者更深入地了解学生的学习情况,从而进行更有针对性的指导。华中师范大学推行"一张表"数字化管理,加强学生信息数据的统一集成管理与智能定制服务。

(4)教育效果的持续跟踪与评估。通过网络平台分析学生学习数据,可以为教学提供依据。学生反馈也能帮助教育者调整教学策略。中国石油大学(华东)构建"大数据+"管理服务平台,实现入学教育前置、管理工作过程纪实和大数据迎新。华中师范大学还推行"一张网"大数据决策分析,及时掌握学生学习与生活数据,实现多维度的大数据决策分析。

(5)增强学生的社会责任感和使命感。通过网络平台,引入更多实际案例,让学生更深入地了解社会问题,鼓励学生就社会热点问题进行讨论,增强其社会责任感和使命感。

**2.增强大学生信息素养**

网络育人切实增强大学生信息素养,具体体现在以下几个方面:

(1)信息获取能力提升。网络育人鼓励大学生利用多种网络渠道获取信息,如社交媒体、新闻网站、专业数据库等,有助于培养多样化信息获取能力。网络育人还教会大学生高效筛选和鉴别信息真伪、来源和可靠性,提升信息筛选能力。

(2)信息处理能力的增强。通过对大量数据的处理和分析,大学生能够运用统计软件、数据分析工具等进行数据处理。网络育人还注重培养大学生的批判性思维,使他们能够独立思考、分析和评价信息,不盲目接受。中南大学利用自主开发的舆情监测软件,发布"舆情快报"和"舆情简报",并依托近500名学生的网络舆情队伍主动发声,引导正面舆论。

(3)信息应用与创新。网络育人推动大学生将信息知识用于实际,如制作信息图表和撰写报告,增强应用能力。过程中,网络育人着重培养大学生的创新思维,鼓励多角度思考和提出新观点。上海交通大学组织学生团队,创作5~15分钟微课程,让学生在创作体验中实现自我教育。

(4)信息道德与法律意识的强化。网络育人强调保护个人信息和网络安全,教育大学生遵守信息道德,不传播谣言、不侵犯他人隐私。同时注重培养法律意识,让学生了解并遵守与信息相关的法律法规。华中师范大学实施"校园好网民选树计划",建设学生网络铁军,包括新闻发言人、信息通讯员、文化宣传员、骨干评论员、文明志愿者等。

### 3.促进大学生全面发展

网络育人对于促进大学生的全面发展具有重要作用。

(1)知识获取与学习能力的提升。网络为大学生提供了学习资源,如在线课程、学术文献等,方便他们随时学习,拓宽知识面。网络教育鼓励自主学习,提高学习效果。福建师范大学开发"青马易战"应用,创新大学生马克思主义理论自主学习模式,激发学生学习热情。

(2)社交与沟通能力的增强。大学生通过网络社交平台,与各类人群互动交流,拓宽社交圈子,增强社交能力。同时,网络教育也让他们接触到不同文化背景的人和观点,培养跨文化沟通能力。北京理工大学通过推出网络征文活动,强化网络沟通交流,让思想政治工作更温暖。

(3)创新思维与实践能力的提高。网络为大学生提供在线创新和创业平台,激发创新思维和创业精神。大学生可通过网络参与线上实践活动,提升实践能力。华中师范大学研发"华师匣子""掌上华师"等大学生学习生活服务 APP 和网络育人创新平台,构建泛在学习空间,促进学习生活服务。

(4)心理素质与情感支持的强化。网络提供心理健康资源,如在线心理咨询和讲座,有助于大学生缓解压力和提升心理素质。通过网络社交平台,大学生能分享情感经历,获得同龄人支持,减轻心理压力。

(5)道德观念与社会责任感的养成。网络育人重视大学生网络道德观念培养,遵守网络规范,尊重他人权益,形成良好网络行为习惯。大学生参与公益活动、关注社会问题等,可培养社会责任感,为社会做贡献。上海交大推行"E 品 E 领"工程,发布 100多个网络引领项目,招募 100 多名网络文明志愿者,践行网络公益,构建清朗网络生态。

# 三、网络育人的现状分析

## (一)网络育人的主要形式与特点

### 1.在线课程教育

在线课程形式主要有录播课程、直播课程和混合课程。录播课程是预先录制的视频,学生可随时随地观看学习。直播课程是实时在线教学,教师与学生实时互动答疑。混合课程结合录播和直播,既有自主学习的预先录制内容,也有实时互动的直播课程。在线课程教育具备以下优势:一是时间和地点不受限制,学生可灵活安排学习进度;二是通过在线工具和平台,学生可实时互动,增强学习趣味性;三是在线课程可个性化调整,满足学生不同需求;四是提供丰富多样的学习资源,配备完善的学习跟踪和评估系统,有助于教师和学生及时调整教学策略。

### 2.社交媒体互动

社交媒体互动有多种形式,包括发布与分享、点赞与评论、私信与聊天、关注与粉丝、社群与话题等。大学生在社交媒体上发布内容,并与其他用户互动、点赞或评论,进行一对一或多人聊天,关注其他用户或成为其粉丝,加入社群和话题讨论区,与志同道合的人交流。社交媒体互动的特点包括即时性、平等性、多样性、个性化和全球性。大学生能随时发布和接收信息,进行实时互动。社交媒体上,大学生拥有平等的机会和权利,无严格的等级制度。互动形式和内容多样,满足不同大学生的需求和偏好。社交媒体还提供个性化推荐和定制功能,提高体验。同时,社交媒体用户遍布全球,有助于大学生了解不同的文化和观点,拓宽视野。

### 3.网络文化活动

大学生网络文化活动丰富多样,包括学术研讨、创新竞赛、社交媒体互动、在线娱乐和志愿服务等。大学生通过在线平台参与学术研讨,促进学术交流。创新与创意竞赛激发大学生的创造力。社交媒体互动让大学生分享生活和学习心得,与他人交流。在线娱乐帮助大学生放松心情,观看视频、听音乐、玩游戏等是主要休闲方式。此外,大学生还能通过网络参与志愿服务活动,如线上支教和环保宣传,体现社会责任感。网络文化活动具有多种特点,包括开放、互动、个性、创新和虚拟。这些活动不受地域和时间限制,让每个人都能参与进来。它们鼓励用户互动,提供丰富的互动体验。同时,这些活动能根据大学生的兴趣和需求进行个性化推荐,满足个性化需求。此外,网络文化活动也鼓励创新和创造力,大学生可以通过创作和设计展现创新能力。并且,网络文化活动发生在虚拟的网络空间,这种虚拟性为其带来了独特的魅力。

## (二)网络育人的成效与不足

### 1.成效分析

①提高信息素养。网络育人提供资源帮助学生获取、处理和应用信息,以适应信息化社会。②增强自主学习能力。鼓励学生利用网络平台自我学习和探索,培养兴趣和主动性。③促进社交和沟通能力。提供社交和沟通工具,帮助学生与他人交流,提高沟通能力和人际交往能力。④培养创新思维和实践能力。鼓励学生参与创新活动和实践项目,提高解决问题能力和创新能力。⑤提升道德观念和社会责任感。注重网络道德和社会责任教育,帮助学生形成良好的网络行为习惯和价值观。

### 2.存在的问题与不足

①网络素养教育不足。当前网络教育侧重技术培训,忽视网络素养培养。学生在面对复杂网络环境时缺乏判断力和批判性思维,易受不良信息影响。②网络监管不到位。网络空间信息复杂,不良和虚假信息问题频发。缺乏有效监管机制和技术手

段,不良信息易传播至学生,影响身心健康。③教育内容单一。当前网络教育内容过于单一,缺乏多样性和趣味性,难以吸引学生兴趣。内容与实际生活脱节,无法满足学生需求,教育效果不佳。④教育方式陈旧。学校采用传统灌输式教育方式,忽视学生主体性和参与度,教育效果不佳。⑤缺乏有效评估机制。当前网络教育缺乏有效评估机制,无法科学评估教育效果。学校和教师无法及时调整策略和方法,影响教育质量提升。

# 四、网络育人面临的挑战与机遇

## (一)面临的挑战

### 1. 网络信息繁杂,价值观多元

随着互联网的发展,大学生能接触到大量网络信息和价值观。这种多元性有助于学生拓宽视野和适应社会,但也带来了一些问题。首先,学生在筛选、辨别和利用信息时面临困难,因为网络信息来源广泛、种类繁多,包括不良信息。学生缺乏足够的判断力和批判性思维,容易受到影响。其次,价值观的多元性也给学生带来了困惑和挑战。学生在接触各种价值观时需要进行比较和选择,但其价值观体系还不够成熟和稳定,容易受到外界的影响和干扰。如果缺乏正确的引导和教育,学生可能会迷失方向,产生价值观混乱或扭曲。

### 2. 大学生网络素养参差不齐

大学生网络素养参差不齐是网络育人面临的另一个问题。由于网络素养水平不同,一些大学生容易受到不良信息影响,甚至成为谣言传播者。这不仅影响个人成长,还可能对社会造成负面影响。首先,网络素养低的学生可能在网络上发布不当言论、传播虚假信息甚至参与欺诈,违反道德规范和法律法规,给他人和自己带来损失。其次,网络素养低的学生可能面临信息过载或迷失,影响学习效率和生活质量,导致决策时缺乏足够信息支持。

### 3. 网络教育监管机制不完善

网络教育监管机制不完善是核心问题。由于网络教育的特殊性,其实施和监管更加复杂和困难。首先,监管难度大。网络教育涉及多个环节,监管部门难以全面监控和管理,导致不良机构或个人可能利用监管漏洞进行欺诈或提供低质量服务。其次,法规和标准缺失。针对网络教育的法律法规和标准体系不完善,监管部门执法时缺乏明确法律依据和标准。最后,多头监管问题。网络教育涉及多个部门和机构,存在职能重叠和沟通不畅,导致监管效果下降。

## （二）面临的机遇

### 1. 新媒体技术的快速发展

新媒体技术的快速发展为网络育人带来了机遇，主要体现在信息获取的便捷性、互动交流的增强、个性化教育的实现和教育资源的共享。新媒体技术提供了多种信息呈现方式，使得信息更易于被学生接受和理解。同时，新媒体技术为师生之间、学生之间的互动交流提供了更多可能性，有助于提高学生的沟通能力和批判性思维。个性化教育激发了学生的学习兴趣和动力，提高了学习效果。最后，新媒体技术打破了地域和时间的限制，使得优质教育资源得以广泛共享，提高了教育公平性。

### 2. 大学生对网络教育的需求增加

随着信息技术和互联网的普及，大学生对网络教育的需求增加。这主要体现在学习方式的转变，从传统方式到更灵活便捷的网络教育，满足了个性化和自主学习的需求。网络教育提供丰富的学习资源，包括在线课程、视频和学术资料，满足多元化和全面性的学习需求。互动交流方式如在线讨论和学习社区增强学习的互动性和深度，满足社交和合作的需求。大学生有强烈的自我提升和职业发展需求，网络教育提供多种机会和途径，如技能培训和证书考试，提升能力和竞争力。

### 3. 国家对网络育人的政策支持

近年来，国家重视网络育人工作，2017年12月中共教育部党组印发《高校思想政治工作质量提升工程实施纲要》，将网络育人纳入"十大育人"体系，并出台相关政策为其提供支持和保障。这些政策明确了网络育人的重要地位和作用，推动其与传统教育深度融合，构建线上线下相结合的教育体系。国家还提供资金和技术支持，加强网络基础设施建设，提升网络育人的质量和效果。此外，国家鼓励社会各界积极参与网络育人工作，形成全社会共同关注和支持网络育人的良好氛围。

# 五、网络育人的发展策略与建议

## （一）加强网络教育内容建设

### 1. 创新教育内容与方法

一是强化内容创新。利用时事热点，结合科技发展，增强学习时效性和实用性；培养批判性思维，分析评价网络信息；注重跨学科融合，鼓励多学科知识应用；提供个性化内容，引导正确的网络道德观念和行为习惯。二是注重方法创新。构建互动式学习，利用社交媒体、在线论坛鼓励交流合作；结合线上、线下教学，培养解决实际问题能力；融入游戏元素，提高学习兴趣；设计实践项目，培养实践能力和创新精神。三是加强技术支持。运用大数据和人工智能分析学习行为和需求,提供精准推荐和支持;开发互动强、功能完善的学习工具,提升学习体验;建立在线学习社区,方便交流学习经验。

### 2. 提高教育内容的质量和吸引力

首先,严把内容质量,确保来源权威准确,优先选择优质资源,注重内容更新,保持时效性,强化审核机制。其次,增强网络教育吸引力,设计互动环节,采用多媒体形式,打造个性化学习路径,引入激励机制。此外,创新技术与应用,利用大数据、人工智能分析学习行为,开发移动应用,优化用户体验。最后,建立反馈机制,收集学生意见和建议,持续优化教育质量。

## (二)提升大学生网络素养

### 1. 加强信息素养教育

依托教育部门相关顶层设计调整课程设置,引导学生树立正确的信息观念,培养其信息能力。加大实践教学投入,建立实践教学体系,确保学生提升信息素养。加强对图书馆、数据中心等设施的投入和管理,确保为广大学生提供优质服务。高素质的教师队伍能提供更好的教育服务,培养更多优秀人才。教育部门应加强师资队伍建设,提高教师的信息素养和专业水平。鼓励教师参与教育改革,探索创新教学方法,提升我国大学生信息素养教育水平。

### 2. 培养网络道德和法治意识

高校应将网络道德和法治教育纳入课程设置,作为必修课。通过系统教学,提高学生法律意识和道德素养。高校还可以举办讲座、研讨会等,邀请专家交流,让学生多角度认识网络道德和法治的重要性。高校应利用多种宣传途径普及知识,营造良好氛围。社会层面也应共同努力,制定和完善相关法律法规,加强监管和执法,打击网络违法犯罪行为,维护网络秩序和安全。媒体和企业应承担社会责任,传播正能量,推广网络道德教育活动。企业应加强自律,抵制不良信息,提供绿色网络空间。

## (三)完善网络教育监管机制

### 1. 建立健全网络教育监管体系

首先,完善网络教育法律法规是基础,应制定针对网络教育的法律法规,明确网络教育组织的设立标准、办学条件、教学质量等方面的要求,并修订和完善现有法律法规。其次,建立有效的监管机制是保障,各级教育行政部门应加强日常监管,确保网络教育组织按照要求开展活动,加强部门间的协同配合。再次,运用科技监管手段提升水平,网络教育监管体系应利用大数据、人工智能等技术实时监控和分析。最后,强化社会监督和行业自律也是重要途径,鼓励大学生网民积极参与质量监督,网络教育组织应自觉遵守法律法规,提升质量,树立良好形象。

### 2. 加强与教育管理部门的沟通协调

建立定期沟通机制,如定期召开座谈会、研讨会等,与教育管理部门保持密切联系;加强信息共享,及时将网络育人的进展、成果和问题反馈给教育管理部门,以便于他们调整政策措施,为网络育人工作提供更有力的支持;积极寻求合作和支持,实现资源的优势互补,与教育管理部门共同推进网络育人的发展。

# 六、结论

本文通过对网络育人的深入分析和探讨,得出了以下结论:网络育人具有鲜明的时代特征,其充分利用互联网的特性,打破时空限制,实现全员、全过程、全方位育人。网络育人还注重内容和方法创新,结合时事热点和社会现象,采用互动式学习和个性化定制,提升教育实效。但仍存在如信息安全、网络道德、教育监管等问题。伴随新媒体技术的快速发展、大学生对网络教育的需求增加以及国家对网络育人的政策支持,未来要加强网络教育内容建设,提升大学生网络素养,完善网络教育监管机制,进一步推动其健康发展,为培养德智体美劳全面发展的社会主义建设者和接班人贡献力量。

## 参考文献:

[1]李亚青,王静.高校思想政治教育网络育人探究[J].学校党建与思想教育,2020(06):60-62.

[2]马克思恩格斯全集(第3卷)[M].北京:人民出版社,1960:514.

[3]郑永廷.把高校思想政治工作贯穿教育教学全过程的若干思考:学习习近平总书记在全国高校思想政治工作会议上的讲话[J].思想理论教育,2017(01):1.

[4]列维·曼诺维奇.新媒体概论[M].北京:中国人民大学出版社,2001:2.

[5]王树茂.思想政治工作心理学[M].沈阳:辽宁人民出版社,1986:1.

[6]闵卫国,傅淳.教育心理学[M].昆明:云南出版社,2004:11.

# 大一新生学业情绪现状及其影响因素分析

广州工商学院会计学院　罗海燕

大一新生刚从高中过渡到大学,还没有好好适应学校的生活,容易出现无助、紧张等情绪。如果教师没有在衔接的"关键期"给予正确的引导,将会对学业成就产生负面影响,从而对大学生的心理健康和人际交往产生负面影响。本文主要阐述大一新生学业情绪的现状及影响因素,并提出提高大一新生学业成就的有效措施。

学业情绪一直是学者所关注的问题,但是关于大一新生的学业情绪却还没有人关注,尤其是近几年高考选择日语进入大学的学生学业情绪问题,几乎没有学者关注。本文将从大一新生,包括日语生的学业情绪出发,阐述他们学业情绪的现状,针对现状提出有效的对策。

## 一、学业情绪的概念

学业情绪是指学生在学习过程中与学业活动相关的各种情绪体验,包括在课堂学习活动中和完成作业过程中以及考试期间的情绪体验。良好的学业情绪有助于促进青少年身心健康发展、激发其学习动机;而持续的不良学业情绪则很容易演化为厌学拒学、网络成瘾等心理行为问题。

## 二、大一新生学业情绪的表现

### (一)因不适应导致紧张

大一第一学期,学生刚完成军训投入学习中,此时依然保留着高中的紧张学习状态。许多学生宁愿中午不睡觉,下午提前半个小时到教室第一排进行占座,称"宁愿卷死自己也不让别人得逞"。学习热情非常高涨,但学习方法还停留在高中的学习方法。而此时的大一新生面临着课程多、课外社团活动多,时间分配不均,睡眠也受影响,学习目标较迷茫等问题。虽然此时的学生非常遵守学校作息时间,几乎没有学生上课迟到、早退,但从高中的"满堂灌"到面对大学课堂的团队合作、演讲、角色模拟、对分课堂等并不适应,尤其是演讲,有的学生前一天就开始紧张,还因此而失眠。由于刚进入大学,有的学生原本性格较内向,突然间要求小组合作和角色扮演,便束手无策。

### (二)因听不懂导致无助

对于大一新生来说,最难的无外乎是数学这门课程。大部分同学不喜欢数学,不仅因为数学这门课很难,上课听不懂,习题不会做,还因为这门课在高中的时候基础不太好,在大学的时候明显难度增加了,没有信心学好。另外是英语这门课程。一个班至少有 10 个以上的同学是高中选修日语课程从而进入大学的。据了解,这部分同学在高中的时候已经有两年没有学习英语。他们之所以选择日语就是因为英语基础弱,如果高考选择英语,则可能考不上本科或一个较好的学校,因此选择日语进行高考。因此,这部分学生在长时间脱离了英语学习后再次进入大学的英语课程学习,感到非常的不适应。他们表示上课听不懂非常痛苦,想要继续学习日语不学习英语,但这与大学必修英语是相矛盾的。上英语课的时候,这部分日语生和其他英语较弱的同学,有时候打瞌睡,有时候无所事事看别的书,课后的无助情绪油然而生。

### (三)因学不精导致焦虑

除了日语高考生听不懂英语课和大部分同学听不懂数学课外,还有一部分会计专业的同学本身并不喜欢会计专业,因为这个专业较容易找工作才遵循家长的意愿选择的。高中的时候并没有接触会计这门课程,也需要时间去适应这门课程,也出现过上课听不太懂的现象。但听不懂课的问题还未解决,学生在学习了一个月后将进行期中考试,在学习了两个月后将进行第一次期末考试,这无疑又增加了学生的学习压力。在 2017 年国家已经取消了清考,意味着大学生在毕业前少了一次清考的机会,也意味着大学生在期末考试一旦挂科,又不珍惜补考机会和重修的机会,将会影响毕业。一般情况下,最佳的情况是期末不挂科,一旦挂科,学生需要在假期好好准备补考,补考不通过,将需要另外花时间进行重修,而大一学生本来就课程繁多,可能无法兼顾而造成心理压力。有的同学到了期末考试前一周才进行复习,殊不知所有科目的复习内容都集中在最后一周,考前几天无法控制繁重的复习内容而产生焦虑,甚至出现睡眠问题。

# 三、影响大一新生学业情绪的因素

影响大一新生学业情绪的因素,可以从教师方面、学校管理、学生方面和社会方面作出分析。教师方面,一般从教师的教学进行分析;学校管理方面,与衔接教育有关;学生方面,主要原因是学生不切实际的学业期望和同伴影响、自身认知;社会方面,就业环境对学业情绪产生了相应的影响。

## (一)教师教学

教师教学是大学生学业情绪产生的因素之一。教师的教学内容、教态、语言,课堂氛围都会对学生的学业情绪产生影响。根据学生的评教意见,有的老师上课氛围非常好,能够循序渐进地遵循学生身心发展的规律引导学生,课堂气氛活跃,双边活动积极,语言幽默,课后能耐心地为学生解决学业难题,学生的学业成绩较好。如果上课气氛不活跃,倾听率低,学生不感兴趣,听不懂课程内容,而教师责任心不强,学生的学业成绩较差,对考试也较焦虑。

## (二)衔接教育

高中到大学的衔接,应该做好入学前的准备,目的是让学生以最短的时间适应新的校园生活,达到事半功倍的效果。比如幼小衔接的内容有进校园参观、听课等适应过程,而高中到大学的衔接工作是缺失的。也许大家都认为大学生已经是成年人了,没有必要进行高中到大学的衔接和过渡。而事实恰恰相反,大一新生需要适应的不仅是生活环境、人际关系、学校规章制度,也需要适应学业,因此,做好学习准备也是做好衔接教育的一部分。学习准备是指学生原有的知识水平或心理水平对新的学习的适应性。学习准备不仅影响新学习的成功,而且影响学习效率,也会促进学生的心理发展,新的发展又为进一步的学习做好准备。

## (三)学业期望

过高的不切实际的学业期望容易使自身产生焦虑情绪。如教师对班干部的期望,认为班干部应该起到先锋模范作用,考试尽量不挂科,但有的同学确实一直不擅长某门功课。例如,有的同学从小到大都不擅长英语这门课,怎么学都学不会,也许及格对他们来说就是最好成绩了;有的学生不擅长数学,一看到数学题就头疼,考到 40 分对他们来说已经是尽了最大努力了。然而在大学,60 分才是他们的追求,进一步考虑到评优评先和入党,提高绩点,给自己的期望就更高,压力就更大。有的同学大一的时候就给自己定了考研目标,并报了培训班,每天忙得不亦乐乎但没有重点。此外,家长对于学生的学业期望也会影响学生的学业情绪,家长应该善于沟通和鼓励学生,一味地对孩子高期望既不符合实际也无形中给孩子带来了过多的学业压力。

### (四)同伴影响

大学生的同伴包括宿舍舍友、班级同学、身边的学习小组和自己的好朋友等。大一刚入学,适应阶段没有学习目标,有的同学跟着社团的朋友各种自主聚餐和活动,漫无目的,没有重点。有的同学刚开始一个月学习很积极,在经历了期中考试后,觉得也没那么难,跟着舍友放纵自己,没日没夜地玩电脑游戏,除了上课几乎不出宿舍门。久而久之,沉迷于电脑游戏,从早到凌晨待在宿舍玩游戏,课后除了下楼拿个外卖,其余时间都在玩游戏。上课无法做到专心听讲,荒废学业。而由于期中考试难度不大,给他们造成了学习很简单、考试很容易的错觉,等到期末考试才是难度翻倍的考试,才发现明白得太晚了。因为沉迷游戏无法自拔,尽管考试前一周拼命复习,但由于复习内容太多,仍然赶不上进度,复习效果并不良好,导致学业焦虑,到成绩出来的时候才恍然大悟,后悔不已。而有的同伴能做到一起去图书馆,一起学习,保持自律,不沉迷游戏,对学习充满信心,学业成就较理想,学业情绪较积极。

### (五)自身认知

由于高中教师并没有教过大学,学生的父母对于大学的印象和认知也停留在他们读大学的时候。当今大学生的父母大多是70后、80后,这些年代出生的家长,他们在读大学的时候追求"60分万岁""没有挂科的大学不是完整的大学""大学是自由的""大学比高中轻松"。而他们的高中老师也告诉他们"上了大学就轻松了"。而他们却不知道现在的大学不是以前的大学,不仅仅要求60分合格,还需要达到相应的绩点才能拿到毕业证,此外还需要通过英语四六级和各种考证、社会实践,还需要准备考公考研,压力远比以前的大学生大得多。学生进入大学才知道跟他们理想中的大学有差距,甚至察觉他们的高中老师在哄骗他们。当知道现今的大学不好上之后,后知后觉,学习的步伐自然慢了一步,认知存在偏差,等到发现大学的真实面目才快马加鞭,在这中间停留了一大段的时间在迷茫,于是产生了学业紧张、焦虑的情绪。

### (六)就业环境

疫情过后,就业难度进一步加剧,大一新生感觉迷茫。尤其是在"孔乙己"文学后,受网络的影响,认为读书没用、文凭没用,辛苦读完本科找工作还要如此艰难去"打螺丝"。当与一个大一挂科的同学谈话时,他表示对大学很迷茫。首先是就业情况让他认为读书无用,其次寒假的实习让他认为,不用本科文凭也可以赚大钱,而且家里也有工厂,因此没有把太多的时间放在学习上,不看重本科文凭。还有的同学经过了寒暑假的社会实践,发现工作非常难找,本科毕业找个两三千的工作都很不易,对学历产生了怀疑,感受到了大学生还没有工地的工人"值钱"。这种感受迁移到学业上,对于学业产生了自暴自弃的情绪。而与之相反,有的同学认为学历是个敲门砖,大家都在卷,自己不卷就担心找不到工作,所以给自己定的目标比较高。于是,每天的时间除了学习还是学习,甚至到了半夜也在学习,作息日夜颠倒,把身体熬坏了得不偿失。有的学生在大三就开始焦虑找不到工作,大三就希望能出去工作积累经验,生怕"毕业即失业"。但学校的学业在大三来说还是相对紧张的,既要面临本专业的学习考试,还要面临考证、考研、考公的压力,所以部分学生产生了紧张和焦虑的情绪。不管是自暴自弃、紧张和焦虑,情绪不稳定如果没有得到有效的排解,对学生的学业成就都有可能产生不良的影响。

# 四、大一新生负面学习情绪的应对策略

在应对新生的负面学习情绪时,首先应该做好学习准备。也就是说,从宏观上做好准备。其次,当学生有了负面情绪,应该提高调节学业情绪的能力,再从教师、学校管理、学生和社会方面进行应对。

## (一)做好学习准备

许多学者认为,学习准备对于学习成就有明显的促进作用。著名的心理学家桑代克认为,学生学习准备程度与他们的学习成果相关,学生准备得越好,成绩就越好。Ervi Rahmadani,Arwan Wiratman and Yusdiana 指出,学习准备是一个学生学习的首要条件,这种准备可以是身体上的、精神上的、情感上的和物质上的,是为了达到与预期目标相一致的学习结果。当学生没有做好学习准备的时候,他们不会在课堂上专注和主动学习,导致很难接受老师讲授的课程。有了良好的整体准备状态,学生们就会全神贯注地听课。因此,学校和教师应有意识地引导学生做好学习准备。例如,关注高考日语考生,可以在入学前通过录取通知书的形式告知学生有意识地复习英语,在入学后针对该类学生分班学习或者课后再开班学习,把以前的英语知识重新拾起来。其次,出台相关的政策,例如,用日语等级考试换取英语考试。最后,引导学生学会自主学习,掌握正确的学习方法,合理安排学习时间,根据自己的实际情况制订学习计划,养成良好的学习习惯。做好心理准备,克服因陌生环境产生的焦虑、孤独、懒惰等情绪,多参加集体活动,尽快融入班集体和校园生活。

## (二)提高调节学业情绪的能力

由于高考的高压,学生们在大一还延续着高中的学习紧张度,但并不懂得如何调节学业情绪和身体健康。当感觉到学业焦虑,觉得时间不够用,于是通过熬夜的方式进行弥补,妄想着临时能抱佛脚。而由于熬夜导致作息时间的紊乱,到考试前一天没来得及调整,考试未能发挥良好的状态。因此,首先应该帮助学生明确大学的学习目标。当个体具有高需求、高自信的时候,会对学习目标产生强烈的学习动机,便会投入学习,克服种种困难,形成希望的学业情绪,以此获得良好的成绩。其次,培养学生调节情绪的能力,鼓励学生平时尝试学习之余多参加体育锻炼,促进血液循环,规律作息。学会倾诉,转移注意力。学会接纳和发泄负面情绪,当有了消极的情绪,先接纳,再用唱歌、阅读或运动的方式宣泄出去,从而帮助自己减压。最后,为学生创造良好的学习环境,例如提高班级的整体学业水平,形成互动学习、班级竞争与合作的气氛,教师与家长给予适当的鼓励等。

### (三)提高教师的业务能力

大多数大学教师年纪较轻,有的学校教师年龄 70% 在 35 岁以下,而且基本上以应届毕业生居多。这些教师在自己读书的时候缺少教学实践,在讲台锻炼的机会很少。大多数大学老师不是师范专业的毕业生,不像师范生在实习的时候注重实践,没有系统地经过实习期的试讲,在语言、教态、肢体语言、课前导入、教育机制方面没有中小学要求得严格。不少老师上课照着 PPT 讲,没有重视教学,有些教师学术科研很厉害,但并不代表上课的表现能力也厉害,缺乏实践的案例,没有自身的实战经验,加上书本知识没有跟上社会形势,无法吸引学生的注意、提高学生的学习兴趣。因此,教师首先应该加强自身的学习,善于向优秀的教师学习,不断地改进教学方法。其次,多参加课程培训,高校应该鼓励教师在社会任职或兼职,提高自身的实战经验。最后,建立教师准入制度和退出制度,改变考核的结构和标准。大多数高校重科研轻教学,教师的大多时间花在申请项目、发表论文、发表专著、参加各种会议、指导学生实习和就业等各种任务上,剩下的时间全用来备课,不一定能对一节课准备充分。教学的关键在于教师,大多数学校有完善的准入机制,但却没有退出机制。对于多次教学评价不合格,经过培训学习后仍无法提高教学能力的教师实行转岗或其他的人性化的退出机制,以此提高教学质量。

### (四)做好衔接教育

新生入学教育是学生进入大学的第一课,做好高中到大一的衔接教育,直接影响到学生的发展和成长。让学生对大学有一个正确的认知,学生一入学就应该让学生知道本专业的简介、就业形势、人才培养方案、学业规划,让学生对所选的专业产生一定的兴趣,增加对专业的认识和了解。清楚高中和大学的教学方式发生了本质的变化,明确在大学里学习依然是主要的目标,大学的学习是为以后的就业做准备,大学教师只提供学习的方向,从而端正学习态度,树立学习目标,增强学习动力,加强自主学习的能力。让学生在一开始就明白平时的学习,比在学期末才恍然大悟的学习效果好得多。在新生入学教育期间,还应该做好心理健康教育。教给学生调节自身情绪的方法,正确评价自己、接纳自己,教给学生人际交往的技巧,处理好宿舍舍友和同伴之间的关系,让学生大胆地去找心理咨询中心,让学生遇到问题学会自救和求助。

### (五)加强班级学风建设

良好的学风是校风的主要内容,关乎学生健康成长成才的内在要求,影响学生的学业成就。因此,拥有良好的班风,加强班级学风建设尤为重要。学风建设应先锻炼学生树立正确的学习目标,养成良好的学习和生活习惯,建立良好的时间观念,熟练掌握专业知识和技能。注重学生学习主动性和积极性的发挥,形成学生独立思考和解决问题的能力。辅导员和教师应该经常对学生进行思想教育,自身先做好学生的榜样,不断加强自身的学习能力和管理能力;经常深入学生宿舍了解学生的生活和学习情况,采取积极措施,避免学生长时间和电脑游戏打交道,形成不良的宿舍文化,消除学生学习中的消极现象,避免消极的情绪产生;利用班会、网络平台进行学风建设思想教育,建立"一帮一"学习群、兴趣群,建立管理机制,形成学习氛围;培养优秀的班级干部队伍,在学风建设中发挥先锋模范的作用,带动班集体的学习氛围,形成良好的班风学风,促进班集体全面发展。

### (六)做好家校沟通工作

学生从高中进入大学,在家长看来,孩子已经是成年人了,没必要像在中小学那样经常跟学校老师联系。而大学也不像中小学那样,辅导员、班主任必须每学期开家长会。教师与学生家长的教育思想和教育方法有所差异,对学生的期望和标准有所不同。例如,家长只要求孩子学习成绩好,找份好工作,不赞成参加社团和社会实践活动。而教师则要求学生全面发展。为了让家长更好地了解大学生的学业压力和学业情绪,学校工作需要家长的密切配合。有些不切实际的学业期望并不是学生自身的目标,而是家长对于孩子的要求过高。因此,当学生沉迷网络、无心向学、考试挂科的时候,需要做好学业预警,有必要及时让家长了解学生在学校的学业情况,争取家长的密切配合,避免家长不知道学生在校的表现,等到事发严重的时候家长向学校讨说法。并向家长多了解学生的性格,发现学生消极的学业情绪及时帮助疏导,发挥家校合作整体的教育功能,更好地促进学生学业发展。

# 五、结语

当今的大学生有他们自己的特点,随着社会竞争的激烈,大学生的学业压力也随之增大,学业情绪也不够稳定。辅导员应根据当今学生的特点,重视学生的情绪调节能力,提高教师的教学能力,从各方面加强学生的情绪调节能力,及时疏导学生的不良的学业情绪,促进学生学业的发展,更好地度过大学生活。

## 参考文献:

[1]黄景文,肖彩彩.家校冲突中的学业情绪干预与治理[J].教学与管理,2023(35):12-16.

[2]王艳.积极团体心理辅导对初中生学业情绪的干预研究[J].吉林省教育学院学报,2023,39(11):46-51.

[3]夏洋,李文梅.近20年国际学业情绪研究主题动态演化路径分析[J].当代外语研究,2023(05):94-102,132.

# "三全育人"视域下高校贫困大学生心理健康教育路径分析

广州工商学院会计学院　黄国威

随着高等教育的普及,越来越多的贫困学生有机会接受高等教育。然而,由于经济条件和社会背景的限制,贫困生在大学期间面临着诸多挑战。他们不仅要应对学业的压力,还要为生活费用和家庭负担而奔波。这些压力可能导致他们出现焦虑、抑郁、自卑等心理问题。此外,贫困生在人际交往中也存在一定的困难,他们可能缺乏自信和社交技巧,难以融入群体。这些问题如果得不到及时解决,不仅会影响贫困生的身心健康,还可能对他们的未来产生长期的负面影响。目前,针对贫困生心理健康问题的解决方案尚不完善,存在诸多不足之处。首先,传统的心理健康教育方式往往缺乏针对性。许多高校虽然开设了心理健康教育课程和心理咨询中心,但这些服务往往没有充分考虑到贫困生的特殊需求。其次,现有的解决方案往往缺乏全面性。许多高校只关注贫困生的心理问题,而忽略了其背后的社会和经济因素。贫困生面临的不仅仅是个人心理问题,还有家庭经济压力和社会歧视等问题。因此,要解决贫困生的心理健康问题,需要从多个方面入手,提供全方位的支持和服务。本研究旨在通过深入理解"三全育人"的基本内涵,构建一个全方位、多维度的心理健康教育路径,以提高贫困生的心理素质,预防心理疾病,促进其全面健康发展。这不仅有助于贫困生的个人成长,也有利于高等教育的现代化发展,为社会的和谐稳定做出贡献。同时,本研究的成果可以为高校心理健康教育提供理论和实践的指导,进一步完善高校心理健康教育体系。通过将"三全育人"理念渗透到心理健康教育领域中,我们可以形成强大的育人合力,引领大学生充分地、全面地、有效地解决自身所存在的各类心理问题。这将为高校教育工作者提供新的思路和方法,以更好地支持贫困生的心理健康发展。

# 一、贫困大学生心理健康教育的"三全育人"内涵

随着我国教育体制的持续改革,学生规模及教育成本不断增长,经济困难学生的规模持续增加。他们在学业、心理、思想及经济等方面面临着诸多困难,严重影响到学生的学业发展和专业成长。为了解决这一问题,我们将"三全育人"的理念与贫困大学生心理健康教育相结合,为贫困生的全面发展提供有力保障。

## (一)全员育人:构建家庭、学校、社会共同参与的教育体系

全员育人是指家庭、学校和社会共同参与贫困大学生的教育培养工作。在这一理念下,家庭、学校和社会需形成合力,共同关注贫困大学生的心理健康问题。家庭应给予贫困生关爱和支持,帮助他们克服自卑心理;学校应提供心理咨询、心理辅导等服务,为贫困生提供心理支持;社会应营造友善、平等的社会氛围,减少贫困生的心理压力。

## (二)全过程育人:贯穿大学生活的心理健康教育

全过程育人是指从贫困大学生入学到毕业的整个过程中,学校应根据他们的阶段性需求和发展规律,制订相应的心理健康教育计划。在新生入学阶段,应注重适应性教育,帮助新生适应大学生活;在学业发展阶段,应注重学习方法、自我认知等方面的教育;在毕业阶段,应注重职业规划、就业指导等方面的教育。通过这样的全过程育人,贫困大学生可以更好地应对不同阶段的心理挑战。

## (三)全方位育人:全面提升贫困大学生的心理素质

全方位育人是指从多个方面入手,全面提升贫困大学生的心理素质。除了传统的心理健康教育内容外,还应注重培养贫困生的自我认知、情绪管理、人际交往等方面的能力。此外,应鼓励贫困生积极参与各类校园文化活动和社会实践,提升他们的自信心和综合素质。通过全方位育人,贫困大学生可以获得更全面的发展,更好地融入社会。

综上所述,将"三全育人"理念与贫困大学生心理健康教育相结合,可以更好地解决贫困生的心理健康问题。通过全员育人、全过程育人和全方位育人的实施,我们可以为贫困生提供更全面、更有针对性的心理健康教育服务,帮助他们克服心理障碍,实现全面发展。这不仅有助于贫困生的个人成长,也有利于社会的和谐稳定发展。

# 二、高校贫困生心理健康教育存在的问题与挑战

## （一）高校贫困生心理健康问题现状

贫困大学生在我国大学生群体中占有一定的比重，他们的思维模式、性格特征及理想追求存在鲜明的特殊性。这种特殊性使得他们所出现的心理健康问题，与普通大学生有所不同。通过实地探究及理论分析，我们可以将贫困大学生所存在的心理健康问题归纳为以下四类。

### 1.人际关系敏感

由于自身家庭条件有限，贫困大学生容易产生自卑心理，在意他人的评价，不敢或不愿讲出自己的家庭背景。为了省钱，不愿参与同学聚会或集体活动，导致与同学关系疏远。部分贫困大学生甚至选择讨好他人，导致自己在人际交往中的地位不断弱化。此外，部分贫困大学生在人际交往过程中存在"多虑"的现象，时刻担心自己的言行是否对他人带来不利的影响。

### 2.抑郁

从贫困地区来到大城市的学生不免会产生心理落差，形成抑郁心理。这种抑郁心理通常来源于同学间的贫富差距，部分家庭条件优渥的大学生会在消费上没有节制，并且存在"炫富"的倾向。这在某种层面上使得贫困大学生的价值观受到冲击和影响。有的贫困生甚至会在"攀比心"的驱使下，通过网络贷款来满足自身的物质需求。而在就业层面，贫富差距、自身素质及家庭资源等层面上的差距，让贫困大学生处于不利的地位。他们往往会在未来的职业发展、人生道路上陷入抑郁。

### 3.偏执

我国很多存在心理健康问题的大学生的家庭背后都有一段"故事"，如"重组家庭""单亲家庭""离异家庭"等。这类大学生在性格上表现得十分偏执，平时独来独往，对他人缺乏信任，并且价值观出现明显的偏差。部分学生认为自己的做法没有任何问题，说话非常强硬，并且在问题解决上会选择较为极端的方式。例如在与同学发生矛盾后，会选择武力解决。在思考问题上常常只会想到问题的最坏处。而在学业、就业等问题上，存在偏执心理问题的学生又普遍存在悲观心理。在行为上会消极怠慢，在思想上会放任自流，并且在做出有违常理的事情后会拒绝改正、不会反思。

### 4.自卑

外表自尊、内心自卑是贫困大学生普遍存在的心理问题。他们渴望在学生中树立自己的地位和形象，但由于家庭条件差，经济困难，导致他们难以实现维护自尊的地位和形象。在冲突或矛盾中，贫困生通常会将见识上、经济上的不如人延伸到能力及生

活各方面上,进而陷入自我怀疑和自卑心态中。通常表现为在自身价值和能力上低估自己,导致自我鄙视、自我轻视,对自己持有否定态度。并且难以认识到自身所存在的优势和价值,担心被他人拒绝和嫌弃,甚至在行为上采取逃避行为。

（二）当前心理健康教育存在的问题与挑战

尽管许多高校已经意识到贫困大学生心理健康问题的重要性,并采取了一些措施进行干预和帮助,但仍然存在一些问题和挑战。

**1.教育资源不均衡**

贫困大学生往往来自经济欠发达地区,他们的学校和家庭资源相对匮乏。而心理健康教育需要专业的师资和设施支持,这些资源在一些高校并不充足。因此,贫困大学生很难获得与普通学生相同的心理健康教育机会和资源。

**2.教育内容和方法不适应**

传统的心理健康教育内容和方法往往以普通学生为对象设计,对于贫困大学生的特殊需求和问题关注不够。贫困大学生所面临的心理压力和困境与其他学生不同,需要更加针对性的教育内容和方法来帮助他们应对和解决问题。

**3.社会认知和支持不足**

社会对贫困大学生的认知和支持程度相对较低。一方面,社会对贫困大学生的歧视和偏见仍然存在,给他们带来了额外的心理压力;另一方面,社会对贫困大学生的帮助和支持机制还不够完善,缺乏有效的政策和措施来解决他们的心理健康问题。

**4.学生自身意识和能力不足**

贫困大学生普遍缺乏心理健康意识和知识,对自己的心理问题认识不足。同时,他们也缺乏有效的心理调适能力和解决问题的方法。这使得他们在面对困难和压力时更容易陷入困境,无法有效地寻求帮助和支持。

综上所述,高校贫困生心理健康教育面临着教育资源不均衡、教育内容和方法不适应、社会认知和支持不足以及学生自身意识和能力不足等问题和挑战。为了提高贫困大学生的心理健康水平,我们需要加强教育资源的配置和管理,优化教育内容和方法,提升社会对贫困大学生的认知和支持程度,同时也要加强学生的心理健康教育和培训,提高他们的意识和能力。只有这样,我们才能更好地帮助贫困大学生克服心理问题,实现全面发展和个人成长。

# 三、"三全育人"视域下贫困大学生心理健康教育路径

（一）"统筹+联合+指导"的顶层设计

针对贫困大学生所存在的心理健康问题,学校党委应联合各组织部门为其提供心

理咨询、心理辅导等服务。通过深入探究和分析西方院校的心理健康教育经验,学校应树立以学生为本的理念,本土研究文化转向、多元整合视野,将教学、育德及育人充分地融合起来,并在心理健康教育的过程中进行渗透。从而为我国大学生心理健康教育工作的开展,开拓出全新的发展视野和契机。在此过程中高校党委应在做好精准扶贫工作的前提下,注重对贫困学生的心理健康问题的解决,让贫困生的内心能够强大起来,信念能够坚定起来,从而感受到学校、社会、国家及家庭所带来的关怀和关爱,继而自觉地参与到我国社会主义现代化建设的过程中。在顶层设计上,学校首先应统筹贫困生心理健康教育的各项资源、现行机制及教育模式。其次是联合。即联合学校不同部门,将贫困生心理健康教育问题,渗透到各项工作开展的过程中。最后是指导。学校应在各项工作中,进行科学性、针对性的指导。让心理健康教育工作不偏离"主线"坚持以贫困生的全面发展为抓手,提升学生的心理健康水平。

## (二)全员育人:构建"社会+朋辈+家校"多元化心理健康教育体系

首先,学校应构建出党委统一领导,各部门协同配合的队伍机制,即学校党委指导贫困大学生的教育方案。学生处、校团委、教务处及心理健康咨询中心等组织部门负责学生的心理咨询、组织活动、资助福利、教育教学等工作,充分发挥心理咨询教师及学校辅导员的骨干作用,及时探究、分析及关注学生的心理变化,并对存在心理健康问题的大学生进行心理咨询和心理疏导工作,提升后勤人员、行政人员、任课教师对学生群体的服务意识,平等对待、鼓励及尊重贫困生。其次是构建"社会+朋辈+家校"的育人合力。在贫困大学生心理健康教育工作开展中,学校应组织学生干部、辅导员通过家访活动,了解贫困生的教育背景、家庭条件,发掘贫困生的心理根源,帮助其慢慢地摆脱困境,解决心理健康问题。通过任课教师、辅导员及学生干部的细心观察、定期谈话、特殊关注,贫困生的心理动态能够获得及时地把握。其所存在的心理健康问题也能得到有效的解决。此外,如果贫困生所存在的心理问题无法用心理咨询和心理疏导来解决,学校应与精神卫生中心取得联系,努力帮助大学生治愈心理疾病,走出心理阴影。此外在全员参与的层面,学校还需要构建健全的监督机制、管理机制及激励机制,让不同的教育工作者、行政人员、后勤人员能够积极地参与到心理健康教育的过程中。

## (三)全过程育人:关注贫困生发展全过程,实施动态心理健康教育管理

首先是团体育人。在贫困生心理健康教育过程中,团体辅导能够有效提升学生在自信心、自我意识、人际交往、自我效能层面上的调适能力。因此学校应积极开展心理团训课程,从破冰游戏开始,让学生放下心理包袱,融入集体氛围中,然后通过主题团训活动,构建团队责任感与信任感;通过"心灵之旅"帮助贫困大学生学会感恩他人。

随后通过"优点热座"的形式,使大学生能够在浓郁的游戏氛围中,了解到他人和自己的优点。此外在理论课程开展上,心理健康教师应将信任、关爱、理解及包容等内容,纳入学生教育的全过程。其次是个别辅导。在贫困生心理健康教育工作开展中,教师应通过心理测试发现并明确学生问题的根源。譬如通过"画猪看人"来分析学生的人格特质;通过"房树人"来了解学生的自我控制情况、人际交往状况及家庭状况,指引教师明确学生的心理问题演变脉络,使学生慢慢地走出自身的心理困境。最后是隐性教育。隐性教育能够充分照顾学生的自尊心,提升心理健康教育的有效性。教师可以通过开展心理座谈会、讲座及健康节等活动,引导贫困生在活动中受到启发,树立正确的人生观和贫困观。然而在各项心理健康教育活动开展中,学校应结合学生在不同年龄阶段、心理阶段所存在的特点和需求,对教育活动进行优化,使其有所差异。譬如大一阶段开展团体活动,大二阶段开展个别辅导等。

(四)全方位育人:"创新+实践+理论",丰富心理健康教育内容与形式

通过深入分析贫困大学生所存在的敏感、偏执、抑郁、焦虑等问题,学校应充分结合贫困生的思想、心理及行为实际,注重对心理健康教育理论部分的优化和梳理,使其更契合贫困生的发展规律,让理论教育更具针对性。为提升心理健康教育体系的整体质量,心理健康教师应将学生划分为"普通学生与贫困学生""存在心理健康问题及心理健康水平良好"等群体,使心理健康教育的理论内容划分为不同的板块,这样在分层教育、差异化教育的过程中,教师能够更有效地提升学生的心理健康水平。然而在实践教育层面,心理教师应注重团训活动与团训课程的开展质量,通过组织学生参观博物馆、科技馆、纪念馆等场所,让教育形式有所创新。不过在深入分析全方位育人理念的前提下,教师还需要将心理健康教育与学生心理素养提升紧密地结合起来,联系起来,让贫困大学生拥有良好的心理品质,而非仅仅局限在心理问题的解决上。在创新层面,心理健康教师需要借助信息技术,革新传统心理健康教育模式,譬如通过构建网络心理咨询平台,及时解决学生所存在的心理疾病。或者通过大数据技术对所有贫困大学生的心理健康水平进行跟踪和调查,帮助学生提高心理问题的预防能力。例如通过大数据挖掘学生各类上网数据,并对其心理状况及心理水平进行评估。此外在全方位格局下,学校还应将心理教育与思想教育、专业教育、资助扶持紧密地结合起来,形成良好的育人格局。

贫困大学生的心理问题、心理疾病需要社会的关注和帮助,其中心灵慰藉及平等教育至关重要。学校应结合"三全育人"的理念,通过构建"统筹+联合+指导""社会+朋辈+家校""隐性+个别+团体"及"创新+实践+理论"的"三全育人"格局,使贫困生心理健康教育得到优化和升级,进而协同思想教育、专业教育及经济扶持,指引贫困大学生真正走出困境,克服困难,获得全面而健康的成长。

**参考文献：**

［1］银联飞,梁凯芬,赖健,等.萨提亚模式融入大学生心理健康课程教育的效果研究:以右江民族医学院贫困大学生心理健康教育为例［J］.右江民族医学院学报,2022,44（02）:300-305.

［2］刘奇志.人文关怀与心理健康教育探析:以积极心理学视野下贫困大学生为例［J］.教育教学论坛,2021（43）:180-183.

［3］张莉.积极心理学视野下贫困大学生心理健康教育工作创新:评《大学生心理健康教育改革与创新》［J］.中国学校卫生,2021,42（09）:1441.

［4］李姜南.积极心理学视角下贫困大学生心理健康教育模式研究［J］.品位·经典,2021（16）:89-91,94.

［5］卢卫斌.基于积极心理学视角的贫困大学生心理健康教育优化路径［J］.湖北开放职业学院学报,2021,34（14）:49-50.

# 马克思主义视角下的管理育人:理论基础、实践机制与未来发展

广州工商学院马克思主义学院　张辉名师工作室　周　静

随着社会的不断变革和发展,管理与育人的密切关系日益凸显。传统上,管理被视为组织和协调资源的手段,侧重于提高效率和实现目标。然而,在当代社会,管理的范围已不再局限于组织层面,而是深入个体的发展和成长领域。个体的成长与发展不仅仅是个体自身的问题,更关系到整个社会的稳定和繁荣。在这一背景下,马克思主义为我们提供了一种独特的视角,能够更深刻地理解管理与育人之间的紧密关系。

## 一、马克思主义视角下的管理育人理论基础

在当代社会,管理育人的理论和实践已不再仅仅关乎组织与个体的关系,更是与社会的全面进步和个体的全面发展密不可分。马克思主义的教育理论强调社会对个体发展的深刻影响,将培养全面发展的社会主义新人作为教育的根本目标。下面将深入探讨马克思主义视角下的管理育人理论基础,明确其核心思想和指导原则。

### (一)社会环境对个体发展的影响

马克思主义理论强调社会环境对个体发展的巨大影响。个体并非孤立存在,而是处于一个复杂的社会结构中。社会的发展水平、制度安排、文化传统等都会深刻地塑造个体的认知、价值观念和行为模式。在管理育人中,理解社会环境对个体的塑造作用,有助于更科学地进行管理与教育的设计。

### (二)培养全面发展的社会主义新人

马克思主义教育理论明确提出培养全面发展的社会主义新人作为教育的根本目标。全面发展不仅仅包括个体的知识和技能方面,更强调思想道德、身体健康、心理素质等多方面的全面发展。管理育人应当注重个体多重潜能的培养,使其在各个方面都

能够得到充分展现和发展。

## (三)管理育人的理论基础

在马克思主义的教育理论中,管理育人被视为实现全面发展目标的手段之一。管理不仅仅是对组织和资源的合理配置,更是对个体的引导和培养。其理论基础主要包括以下几个方面。

### 1.历史唯物主义

历史唯物主义作为马克思主义的理论基础之一,在管理育人的理念中扮演着至关重要的角色。首先,历史唯物主义强调社会是一个不断变化的有机整体,其演进不仅由自身内在规律决定,更受到历史条件和社会结构的影响。管理育人必须深刻理解这一理念,以便根据时代特征和社会背景调整育人策略。

马克思主义认为,管理育人需要立足于社会的发展阶段,意味着管理者应当审时度势,紧密关注社会发展的方向和趋势。在不同的社会发展阶段,管理育人的目标、手段和重点都会有所不同。这要求管理者具备敏锐的社会洞察力,及时调整管理育人的策略,以更好地适应社会的发展需求。

更为重要的是,社会历史唯物主义强调了个体发展与社会历史演进的内在联系。管理育人不能仅仅看重个体的孤立发展,而应将其融入社会历史的大背景中。个体的成长不仅受到个人努力的影响,更深刻地受到所处社会历史阶段的塑造。这意味着管理育人需要关注并引导个体在特定社会环境下的发展,使其成为能够更好适应并推动社会历史进程的力量。

因此,历史唯物主义为管理育人提供了一种全局的视角,使管理者更加注重社会发展的整体性和历史性,有助于制定更具前瞻性和深度的管理育人策略。在这一理论指导下,管理育人不再是孤立的组织和资源配置,而是有机地融入社会历史的大潮流,为培养具备时代特质的全面发展人才提供了更为科学的基础。

### 2.阶级斗争观点

阶级斗争观点着眼于社会中存在的阶级差异,为管理育人提供了深刻的社会分析工具。一方面,阶级斗争的观点使管理者意识到社会是由不同阶级之间的矛盾和冲突构成的。在管理育人的过程中,了解和把握个体所处的阶级地位,对于制定有针对性的培养计划和教育策略至关重要。

马克思主义认为,阶级斗争是社会变革的动力之一。在管理育人中,管理者需要引导个体认识社会的现实,了解阶级之间的矛盾和冲突,并通过教育引导,促使个体以更积极的方式参与社会实践。这既包括培养个体对社会不平等现象的敏感性,也包括引导他们通过知识和能力的提升来改变自身及其所在阶级的处境。

另一方面,阶级斗争观点强调管理育人要使个体更好地适应和改变社会。这不仅涉及提供相应的职业技能和知识储备,更需要培养个体的社会责任感和变革意识。管理育人的目标不仅仅是为个体提供获得经济收益的途径,更在于激发他们关注社会公平、参与社会改革的积极性。

综合而言,阶级斗争观点为管理育人注入了深刻的社会意识,使其从根本上关注和引导个体在社会中的定位和作用。通过培养个体的社会认知和参与意识,管理育人得以更好地响应和引领社会的发展潮流,为社会培养更富有责任感和创造力的人才。

### 3. 全面发展观

全面发展观是马克思主义教育理论中的一项基本原则,对于管理育人而言,它提供了一种全面关照个体的思想、道德、智力和身体等多个方面发展的理念。首先,全面发展观强调管理育人不能仅关注个体的知识和技能层面,更要注重个体在思想道德、情感认知、身体素养等方面的全面培养。这意味着在教育和培养的过程中,管理者需要注重引导个体形成积极向上的人生观、价值观,培养其良好的道德品质和社会责任感。

其次,全面发展观强调了个体多方面能力的培养。在管理育人中,不仅要注重学科知识的传授,还要培养个体的创造力、批判性思维和解决问题的能力。这样的全面发展不仅有助于个体更好地适应社会的多样性和复杂性,也使其在不同领域都能够有所贡献。

此外,全面发展观还强调身体的发展与健康,将个体视为一个有机的整体。管理育人应当关注个体的身体锻炼、健康管理,促使其具备身心健康的状态,更好地应对生活和工作的各种挑战。

总体而言,全面发展观为管理育人提供了一个更加综合和多元的教育理念。通过关注个体的多个方面,培养其全面素质,管理育人可以更好地满足现代社会对于人才的全面发展需求,培养更具综合素质的社会成员。

### (四)管理手段与方法

基于以上理论基础,管理育人需要运用一系列科学合理的手段和方法。

一是全面素质培养。注重培养个体的思想道德、文化修养、科学素养等多方面的素质,使其具备全面的发展潜力。

二是实践教育。强调个体通过实践活动获取知识、培养技能和形成行为模式,注重理论与实践相结合。

三是社会交往。提倡个体在社会中的广泛交往,加强社会责任感和团队协作精神。

### (五)马克思主义与当代管理育人的结合

在当代社会,管理育人不仅需要深刻理解和运用当代社会的特点,同时必须灵活应用马克思主义的理论基础,以构建一个更加贴近当代需求的管理育人体系。

首先,社会主义核心价值观的引入为管理育人提供了坚实的道德基础。马克思主义强调社会的发展应当服务于人的全面发展,而社会主义核心价值观则为这一理念提供了现代社会的实践指引。在管理育人的过程中,注重培养学生的社会责任感、团队协作精神,倡导公平、公正的教育环境,都是社会主义核心价值观在管理育人中的具体体现。

其次,信息技术的蓬勃发展为管理育人提供了全新的机遇和挑战。马克思主义强调生产力的发展对社会结构和人的观念产生深远影响,而信息技术的广泛应用正是这一观点在当代的具体体现。管理育人可以通过有效利用信息技术,构建在线学习平台、数字化教育资源,拓展学生的知识获取途径,提升教育的灵活性和适应性。

在研究中,需要深入挖掘如何将社会主义核心价值观融入管理育人的各个环节,促使学生在学习和成长过程中内化这些价值观。同时,关注信息技术在管理育人中的应用,探讨其在培养学生创新能力、解决问题的能力等方面的实际效果。通过这些研究,可以更好地发挥马克思主义的理论优势,引导和推动管理育人体系更好地适应当代社会的要求,培养更具创新力和社会责任感的新一代人才。

# 二、管理育人的实践机制

在马克思主义视角下,管理育人不仅仅需要理论基础的支持,更需要有效的实践机制来贯彻理论的落地。制度建设和科技应用作为管理育人的两大关键机制,对于提高教育质量、促进个体全面发展具有重要意义。

## (一)制度建设的关键作用

制度建设是管理育人的基石,它通过规范和约束的方式为教育提供了有序的框架,为教育主体提供了明确的方向。在马克思主义视角下,制度建设应当体现社会主义核心价值观,强调社会公平、个体平等的原则,以培养全面发展的社会主义新人为出发点。以下是制度建设在管理育人中的关键作用。

### 1. 提供稳定的发展环境

制度的建立和健全可以为教育主体提供一个稳定的成长环境。合理的课程设置、教学管理规范、学业评价体系等制度,都能够为学生提供清晰的学习路径和发展方向,帮助其更好地规划未来,提高学习动力。

### 2. 激发积极性和创造力

优秀的制度设计能够激发教育主体的积极性和创造力。例如,鼓励学生参与各类实践活动、提供创新项目的支持,都是通过制度来引导和推动学生更好地发挥潜能,培养领导力和创新能力。

### 3. 塑造道德品质和社会责任感

良好的制度体系有助于塑造个体的道德品质和社会责任感。通过强调公平、公正、协作等价值观，培养学生的社会责任感，使其在个体成长的同时也能为社会做贡献。

## （二）科技应用的推动作用

随着科技的不断进步，充分利用先进科技成为管理育人不可或缺的一部分。科技的应用不仅提高了管理效率，更丰富了教育资源，为个体提供更多元化的学习途径。以下是科技应用在管理育人中的关键作用。

### 1. 提高管理效率

信息技术的应用可以大大提高管理效率。例如，建立学生信息管理系统、在线课程管理平台等，可以更方便地进行学生信息记录、课程管理，减轻教育管理者的工作负担，使其更能专注于个体的发展。

### 2. 丰富教育资源

科技应用使得教育资源得以全球化和多元化。通过网络教学、远程实践等手段，学生可以更便捷地获取来自不同领域、不同地区的优质教育资源，从而拓展个体的视野，促进更全面的发展。

### 3. 个性化教育的实现

科技应用为个性化教育提供了可能。通过大数据分析、人工智能等技术，可以更精准地了解个体的学习特点和需求，从而调整教育方式，实现更符合个体差异的教育。

### 4. 提升教学体验

虚拟现实、增强现实等技术的应用，可以提升学生的教学体验。例如，通过虚拟实验室进行实践、利用沉浸式技术进行学科实践，使学生更深入地参与学科学习，激发学习兴趣。

## （三）制度建设与科技应用的有机结合

管理育人的实践机制需要将制度建设与科技应用有机结合，形成一个有序而高效的系统。良好的制度可以规范和引导管理育人的方向，科技应用则为制度的执行提供更便捷、更精准的工具。二者相辅相成，形成一种协同作用，提高管理育人的质量和效果。

## （四）面对挑战的未来发展方向

尽管制度建设和科技应用为管理育人带来了许多便利和机会，但也面临一些挑战。未来,需要进一步深化制度建设,使其更加适应社会的变革和个体的需求;同时,科技应用需要更加智能化和个性化,以更好地服务于教育管理的实际需求。

# 三、管理育人的挑战与未来发展方向

管理育人在过去取得了显著的成绩,然而,随着社会的不断变革和发展,管理育人也面临着新的挑战。

## (一)管理育人面临的挑战

一是社会变革带来的新问题。随着社会的不断发展和变革,新的社会问题不断涌现,如科技进步带来的信息化浪潮、社会结构的调整与变化等。这些新问题对管理育人提出了新的要求,需要更具针对性和前瞻性的教育方法和策略来培养学生面对未来社会的能力。

二是多元化的教育需求。社会对于个体发展的需求日益多元化,不同学生具有不同的兴趣、天赋和志向。管理育人需要更好地满足不同学生的个性化需求,使每个学生都能在学校教育中找到适合自己的成长路径。

三是教育资源的不均衡分配。在一些地区,教育资源分配不均衡,导致了教育机会的不公平。一些学生可能因为地域、经济等原因而无法获得良好的教育资源。管理育人需要通过创新手段,缩小教育资源的差距,使更多的学生能够享受到优质的管理育人服务。

## (二)管理育人未来发展方向

### 1.创新教育模式

未来,管理育人需更加注重借助先进科技手段,如人工智能、虚拟现实等技术,构建更为创新的教育范式。这包括以多元智能为基础的教学方法,以及更具互动性和实践性的学习体验。通过引入新颖的教学手段,管理育人能够更好地满足学生在知识、技能和情感等多个方面的发展需求。

创新教育模式不仅关注传授知识,更着眼于培养学生的创造力、批判性思维和解决问题的能力。通过融合先进技术,管理育人可以打破传统学科之间的界限,提供跨学科的学习体验,培养学生更全面的素养。同时,这种模式也可以通过个性化的学习路径和灵活的评估方式,更好地适应学生个体差异,推动每位学生的全面成长。

创新教育模式的实施还能够加强学校与社会、行业的连接,更好地满足社会对人才的需求。借助先进科技,管理育人能够使学生更早地接触实际工作场景,培养实践能力,为未来职业生涯的成功奠定坚实基础。因此,创新教育模式成为管理育人未来发展不可或缺的重要方向。

### 2. 强化实践与实用性

随着社会的不断发展和变化,未来的管理育人需要更加关注培养学生在实际应用中能够灵活运用知识和技能的能力。这意味着不仅要注重理论知识的传授,更要通过实践项目、实际案例等方式,培养学生解决真实问题的能力,以提高他们的社会适应力。

强化实践与实用性的培养有助于将学生从抽象的理论中解放出来,使他们能够更好地应对未知的挑战。通过参与实际项目,学生能够在真实情境中应用所学知识,培养实际解决问题的技能和创新思维。这样的学习体验不仅提高了学生的学科素养,还增强了他们的团队合作和沟通能力。

强化实践与实用性的教育方法也有助于缩小理论与实践之间的鸿沟,使学生更好地理解学科知识与实际应用的紧密关系。管理育人能够培养出更具实践能力的专业人才,这不仅符合社会对高素质人才的需求,也使学生更容易融入职业生涯并取得成功。因此,强化实践与实用性的培养将是未来管理育人不可或缺的重要发展方向。

### 3. 推动教育公平

面对当前教育资源分配的不均衡现象,管理育人迫切需要通过一系列措施来实现更加公正的教育体系。首先,政策支持是关键。通过建立并完善有利于教育公平的政策体系,如加大对贫困地区学校的资金支持、提供奖学金和助学金等措施,可以有效减轻不同地区学校之间的资源差距,为每个学生提供更平等的学习机会。其次,社会合作也是实现教育公平的有效途径。管理育人可以积极与社会各界合作,引入外部资源,为学生提供更多元的学习资源。与企业、社区等机构合作,开展各类教育项目,旨在扩大学生接触先进知识和技术的机会。这种合作不仅有助于拓宽学生的视野,还能够为他们提供更多实践机会,提高综合素质。

同时,通过教育公平的推动,管理育人可以激发更多有潜力的学生,促使他们更好地发挥自己的才能。这有助于社会的长期可持续发展,培养更多具备创新能力和社会责任感的人才。因此,推动教育公平不仅是管理育人的责任,也是建设公正社会的重要一环。

### 4. 增强学生综合素质

在未来社会,学生综合素质的提升将成为管理育人的关键任务。除了专业知识,学生还需要具备更广泛的能力和素质,以更好地适应社会的多元化和复杂化。首先,创新能力是综合素质中至关重要的一环。管理育人应该致力于培养学生的创新思维和创造性解决问题的能力。通过提供创新教育、开设创业课程以及提倡学生参与实际项目,可以激发学生的创新潜力,使其具备独立思考和解决现实问题的能力。其次,团队协作能力也是未来社会对人才的重要要求。管理育人需要通过组织团队项目、合作学习等方式,培养学生的团队协作和沟通技能。这有助于学生更好地适应未来职场,能够有效协同工作、共同完成任务,提高整体绩效。

跨文化沟通能力也是未来社会对综合素质的迫切需求。由于全球化的趋势,不同文化之间的交流与合作日益频繁。因此,管理育人应注重培养学生的跨文化沟通技能,使他们具备在国际环境中更好地交流与合作的能力。

总体而言,增强学生综合素质是管理育人的当务之急。通过培养创新、团队协作和跨文化沟通等综合素质,可以为学生更好地适应未来社会的挑战和机遇奠定坚实基础。

### 5. 强化社会责任教育

社会责任感是塑造学生良好品格和培养积极社会参与精神的核心要素。管理育人应通过多种方式,如引导学生参与社会实践、推崇志愿服务等,培养学生对社会的关爱和服务意识。

首先,学生参与社会实践是强化社会责任教育的有效途径。通过组织社会实践活动,让学生亲身体验社会问题,增强对社会状况的敏感性。这有助于拓展学生的社会视野,使他们更加了解社会需求,从而更有动力参与社会改善。

其次,志愿服务是培养学生社会责任感的重要手段。管理育人可以通过建立志愿服务项目、提供志愿服务机会,激发学生参与社会公益事业的热情。志愿服务不仅有助于培养学生的团队协作和领导能力,更能锻炼其解决社会问题的实际本领。

通过强化社会责任教育,管理育人能够培养出更多具备社会责任感的人才,使他们在未来能够积极参与社会事务、关心社会问题,为社会的可持续发展贡献力量。这也符合马克思主义视角下的全面发展观,使管理育人更好地适应并引领当代社会的发展潮流。

# 四、结论

在马克思主义的理论框架下,管理育人不仅是实现个体全面发展的手段,更是社会历史发展的需要。通过深入研究管理育人的理论基础、实践机制以及未来发展方向,能够更好地引导管理育人工作,推动教育事业的可持续发展。在未来的工作中,需要更加注重创新、实践、公平、综合素质和社会责任等方面的要求,使管理育人更好地适应社会的发展,为个体的全面发展和社会的进步做出更大的贡献。

**参考文献：**

［1］习近平谈治国理政(第二卷)［M］.北京：外文出版社,2017.

［2］王杨.加强高校管理育人面临的挑战与对策［J］.思想理论教育,2019(12)：107-111.

［3］王加青.新时代民办高校管理育人探赜［J］.学校党建与思想教育,2023(11)：83-86.

# 提升高校学生安全素质，彰显管理育人工作成效
## ——以广州工商学院全员消防安全教育为例

广州工商学院保卫处　张辉名师工作室　毛拓艺

党的二十大报告指出："坚持安全第一、预防为主，建立大安全大应急框架，完善公共安全体系，推动公共安全治理模式向事前预防转型。"高校是培养新时代人才的重要载体，是社会稳定的"晴雨表"。大学生的安全关联着千家万户，高校安全稳定关乎社会的稳定和谐。安全教育是高校安全稳定工作的一个重要组成部分，也是树牢安全意识、培养大学生全面发展不可或缺的载体，加强安全教育是保障高校安全稳定的有效途径之一。

随着社会快速发展，校园社会化发展趋势愈发明显。政策导向要求大学主动向社会开放，没有围墙的开放式校园成为当前大学生学习和成长的环境。《高校思想政治工作质量提升工程实施纲要》提出要建立包括课程育人、科研育人、实践育人、文化育人、网络育人、心理育人、管理育人、服务育人、资助育人、组织育人的"十大育人"体系。以安全教育为抓手，把育人作为安全管理工作的出发点和落脚点，将规范制度、优化考核、强化培训作为路径，不断提高大学生安全素质，不断强化大学生的自我保护意识，不断提升大学生应急处置的安全技能，才能更有效地保障学生在校学习的安全，实现管理育人的目标。

2024年1月，河南省、江西省相继发生较大亡人火灾事故，其中大部分遇害者是学生，令人痛心。同时，也凸显了学校开展消防安全教育的迫切性和有效性。

## 一、高校校园安全管理工作现状

高校的安全稳定关乎教育事业的发展，关乎学校人才培养目标的实现，关乎社会的和谐与稳定。安全既是教育的前提和保障，也是教育的目的之一。教育部《普通高等学校学生安全教育及管理暂行规定》要求"高等学校应将对学生进行安全教育作为一项经常性工作"。全国各地对标教育部要求积极贯彻落实。例如，《河南省高等学

校安全稳定工作管理规定》规定："加强对学生的安全教育工作，将安全教育纳入教学计划，开设安全教育课程。"《江苏省高等学校安全管理规定》规定："开展安全教育，普及安全知识，增强师生员工的法治观念、安全意识和防范能力，对学生的安全教育应纳入教学计划并记学分。"《广东省学校安全条例》第五章第五十一条规定："省人民政府教育、人力资源社会保障等学校主管部门应当按照有关规定将安全教育列入课程计划。"但在安全教育实践中，高校因师资、教学计划、学时等原因，安全教育缺乏"人"的接力、"量"的积累、"地"的交融，安全教育效果并不理想。近年来，高校实验室失火、食堂油锅起火、宿舍违规使用大功率电器导致火灾、舍友投毒、校园贷、裸聊、招嫖被诈骗等各类安全事件时有发生，危害了广大学生的合法权益，对校园的安全稳定产生了负面的影响。

（一）安全教育主体分散复杂，"人"的接力未能形成有效"聚力"

安全教育内容涉及面广、实践性强，主讲教师既要有渊博的理论基础，又要有丰富的实践和教学经验。但目前大多高校安全教育师资队伍良莠不齐，有由学院辅导员兼任，以主题班会为主要抓手的传统教育；有由思政老师兼任，按照教学大纲要求以国防教育为主的课堂教育；有由学校保卫干部兼任，以新生入学安全教育为形式的蜻蜓点水式教育；有邀请公安民警兼任法制辅导员，定期开展主体交流形式的"滴灌式"教育；等等。这些安全教育实施主体平时都要承担基础性的行政管理工作，对待安全教育心有余而力不足，出现育人资源各自为政、整合难的困境，导致安全教育容易被边缘化，未能形成有效"聚力"。

（二）安全教育环节容易断层，"量"的积累不够难以有效"聚变"

安全教育的目标是培养学生掌握一定的安全技能，形成良好的安全意识，并且逐渐形成应对安全问题和处理突发事件的应急能力，有效化解突发事件所带来的风险和威胁，这个目标的实现需要理论、实践、演练多环节融合。一些高校邀请社区民警或经验丰富的保卫干部在新生入学时开展安全教育，但因课时少，上课学生人数多，泛泛而谈安全知识，无法保证数千学生都能听进去。同时，采用单向的传统教学，容易使学生对教学内容产生"审美疲劳"，上课学，下课忘，安全教育未能出现在"生活""学习""工作"各个环节中。安全教育通识课所占学分不高、学时不长，科研范畴受追捧热度不高，教学、科研过程均缺乏量的积累，安全知识未能有效传承，教育效果不佳。

（三）安全教育场所有待改善，"地"的交融未能实现有效"衔接"

大学生安全教育属于通识性课程，所有学生都必须修学。但由于安全教育教学设施和实践基地的缺乏，课堂教学多，实践教学少，教学效果难以保证。此外，安全教育课程教学往往采用合班教学,班级人数超 100 人,有些安全教育讲座人数甚至超过 1000 人,场地的受限大大影响了安全教育的效果。

## 二、高校管理育人工作实施对策

安全稳定工作是高校工作的重中之重,没有安全作为保障,任何发展都是徒劳的。安全教育是高校安全稳定的源头预防性工作,面对社会经济的快速发展,涌现出来的多种新理念、新事物,大学生面临的多样化、复杂化的安全环境,高校要打破传统的安全素质教育模式,要切实推动安全教育进课堂,安全意识入脑、入心,适应新时代的变化。下面以广州工商学院消防安全管理工作为例,总结几点建议以供参考。

### (一)不断健全学校安全管理规章制度体系,让安全管理有章可循

紧密围绕学校改革发展的实际,聚焦学校的中心任务,以学校章程为核心,结合学校五年发展计划,按年度分先后在学校 OA 上公布学校安全管理有关规章制度清单。通过征求意见修订相关制度以加强民主监督、强化制度执行力,推动制度落地落实落细,为学校科学管理、依法治校夯实基础,不断提升学校治理体系和治理能力的现代化水平。在消防安全工作中,保卫处先后制定发布《广州工商学院消防安全工作管理规定》《广州工商学院消防设施及电器和燃气设备使用管理实施细则》《广州工商学院消防安全培训方案》《广州工商学院突发事件处置规程》,修订并实施《广州工商学院消防安全网格化管理实施方案》,翻印《广东省学校安全条例》发放给相关职能单位教职员工与学院辅导员学习,根据校属单位使用管辖楼宇的情况组织学校消防安全责任人(法人)与各责任单位签署《消防安全责任书》,及时针对楼宇责任部门领导变更情况进行责任书补签,确保校属各单位均有消防安全责任人,压实网格消防安全管理责任;组织由校领导带队的专题安全工作检查,带动校属各单位落实"一岗双责""谁主管谁负责""安全工作一票否决"制度,从"完善工作制度、完善设施设备、提升消防技能"三方面抓牢、抓实校园消防安全工作。

### (二)逐步完善消防安全管理考核评价体系,让安全管理敢做有为

依照国家相关法律法规明确学校消防安全责任人、消防安全管理人,明确校领导班子消防安全责任。根据校区建筑情况,明确划分校属各单位消防安全责任区域,选优配强消防网格责任人,优化配置消防安全网格巡查员、维护员,科学制定消防安全负面清单以及奖惩管理办法,通过政策宣讲、视频观看、现场观摩、专题培训等提升相关干部政治素质和专业能力,联合人事处、学生处、教务处等规范消防安全教育培训考核细则,压实培训全覆盖监管责任。规范消防安全管理经费的使用,设置消防安全网格

员考核绩效津贴，每年从协同育人机制体制改革的实际需求出发编制预算，协同通识教育学院劳动教研室研究劳动安全培训与消防安全培训的共通点，开展安全教育专题研究，优先保证教学育人经费基本投入，并逐年根据实际情况加大安全教育专项经费投入，确保安全教育教学与专题科研工作协调、健康、可持续发展。为管理育人加强经费使用提供制度保障，目的是让安全管理工作敢做有为。

### （三）持续加强人才队伍教育培训，让管理育人润物有声

教育无小事，事事皆育人。只有将抽象的育人理念转化为具体的育人行为，我们才能温暖人、感染人、培养人、成就人。管理育人的实施主体涉及学校各个层面，核心是育人。提升高校管理育人成效，人才队伍以及其实施的行之有效的管理方式是关键的抓手。

**1. 坚持"全员育人"理念，以专班、专人构筑"因事而化"的工作新队伍，贯彻"人人育人"理念**

组织开展管理干部系列培训，实施干部安全管理技能提升工程，用现代信息化的思维和理念培训安全管理工作人员，引导管理队伍及时更新自身的知识储备，增强对管理工作信息的检索能力、驾驭能力及安全维护能力，与时俱进解决实际问题。如在消防安全巡查过程中，采用信息化打卡模式，将校内消防重点部位分布为一个个坐标，巡查员每日巡查的轨迹自动上传存档，一方面便于台账管理，及时反馈设施设备故障，一方面也压实了工作责任，监督巡查员履职尽责。人的培养过程中一定要重视榜样的力量，抓好工作关键部位和关键人物，充分发挥领军学者、青年人才示范引领作用，让榜样走在前面。

**2. 坚持"全方位育人"理念，以阵地、高地开辟"因势而新"的工作新路径，贯彻"处处育人"理念**

安全教育需要多管齐下，校内与校外、线上并线下，将消防安全教育"融"入教学第一课堂，"溶"于校园文化活动，"用"于社会实践活动，让安全教育理论得以传播，安全教育氛围得以形成，安全教育效果得以呈现。如多层次全方位发布安全教育警示：一是通过学校宣传栏、学生宿舍的宣传橱窗张贴安全事故通报，通过校园网、微信等途径定期推送安全防范信息；二是聚焦新生适应校园生活，随录取通知书发放《新生校园生活向导》，列出学生安全注意事项；三是每逢寒暑假、小长假，或者社会上有相关突发事件时，及时组织专题会议研究部署，及时向各学院发布安全教育通知、提醒信息等，传达各种安全注意事项。通过多方渠道、多种方式宣传教育，让安全警示时刻环绕在学生身边。

### 3. 坚持"全过程育人"理念,以慎思、明辨拓展"因时而进"的工作新思维,贯彻"时时育人"理念

新生入学和毕业离校是一个群体的延续,而非两个单独的群体,安全思维应该从入学开始树立,校内求学得以根植,毕业离校时不断巩固,社会就业时内化于心,使得安全教育知识从灌输传递到内化升华。教育应善于以育人的视角寻找管理和教育的契机,用暖心的态度办有温度的教育。如利用网络作为辅助手段,将安全教育延伸到课堂外,借助互联网突破时间的限制,在网络平台上与学生及时进行沟通交流,了解最新的安全状况与安全形势。

# 三、结语

落实立德树人根本任务,管理育人是一个重要环节。管理育人要求学校在课堂教学、项目研究、行政管理、后勤服务等多个管理流程与环节中积极采取有效的措施,"急师生所难,成师生所盼",在科学、民主、规范的管理过程中引导、传递"三全育人"理念,促进师生提升自我教育、自我服务、自我约束的能力,增强管理育人实效。

# 民办应用型本科院校学生综合素质测评现状及优化方案研究

## ——学生管理工作案例

广州工商学院继续教育学院 张辉名师工作室 王兆麒

本文旨在充分理解和吸收中共中央、国务院印发的《深化新时代教育评价改革总体方案》的基础上，进一步明确民办应用型本科院校的教育定位。以此作为出发点通过研究广州工商学院现行综合素质评价体系存在的不足，特别是综合测评方案内容设置方面存在的问题，提出一些意见和建议。力求充分考虑到民办高校的特殊性，同时准确把握应用型本科院校的特点，深度挖掘民办高校与公办高校相比较的优势及劣势。紧密围绕"三全育人"要求，通过工作实践不断完善综合素质评价体系建设，提高学生培养质量，提升学生工作水平。

## 一、新时代教育评价背景下民办应用型本科院校的教育定位与实践

### （一）如何理解"新时代教育评价背景下"这一理论前提

教育是国之大计、党之大计，教育评价作为教育事业发展的航标指南，为教育事业发展指明了精准的航向。2020年10月，中共中央、国务院印发了《深化新时代教育评价改革总体方案》（以下简称《总体方案》），针对当前高校对新时代的教育评价改革提出了如下总体要求："完善立德树人体制机制，扭转不科学的教育评价导向，坚决克服唯分数、唯升学、唯文凭、唯论文、唯帽子的顽瘴痼疾，提高教育治理能力和水平，加快推进教育现代化、建设教育强国、办好人民满意的教育。"在此前提下提出了的指导思想。

《总体方案》提出的主要原则概括为："坚持立德树人……充分发挥教育评价的指挥棒作用……针对不同主体和不同学段、不同类型教育特点，分类设计，稳步推进……

坚定不移,走中国特色社会主义教育发展道路。"并计划"经过 5 至 10 年努力……促进学生全面发展的评价办法更加多元,社会选人用人方式更加科学。到 2035 年,基本形成富有时代特征、彰显中国特色、体现世界水平的教育评价体系。"

《总体方案》中提出了 22 个重点任务,充分强调改革学校评价,推进落实立德树人根本任务,并针对高等学校提出了具体要求:"推进高校分类评价,引导不同类型高校科学定位,办出特色和水平……探索建立应用型本科评价标准,突出培养相应专业能力和实践应用能力……探索开展高校服务全民终身学习情况评价,促进学习型社会建设。"

《总体方案》明确提出了德智体美劳的学生评价纬度,并要求通过信息化等手段,探索更加有效的评价方式。

基于上述对《总体方案》的全方位把握和深刻理解,笔者针对广州工商学院学生日常管理实际工作情况开展了研究和思考。首先要明确民办应用型本科院校的教育定位,才能避免出现理论生搬硬套、实践不能解决实际问题的现象。

### (二)民办应用型本科院校的教育定位

想要明确民办应用型本科院校的教育定位,笔者认为可以从思考培养什么人、怎样培养人、为谁培养人这三个问题入手。与公办院校相比,民办院校具有以下特点,同时也从侧面回答了上面三个问题。

#### 1.拥有更大的办学自主权

民办院校因处在董事会管理模式下,组织架构较公办院校更加简单和扁平化,行政审批流程相比公办院校更加快速高效,可根据市场对人才培养的要求,积极响应、快速调整各项工作方针,特别体现在独立决定办学目标、人员聘任、资金使用及课程建设等方面。

#### 2.办学特色突出

广州工商学院为非营利性民办全日制普通本科院校,通过近 30 年的发展,注重应用型本科高校建设的同时,充分发挥地方优势,培育多个省级各类基地,拥有多个试点、特色专业。此外,在国际化合作办学方面也有突出表现,充分体现了国际化、专门化的办学思路。

#### 3.以市场为导向设置专业

如南京传媒学院设置有电竞学院,为市场培养电竞相关专业人才。再如广州工商学院下设粤港澳大湾区智慧冷链产业学院等专门针对具体行业产业开展教学及科研活动而专门设立的产业学院。

#### 4.培养应用型人才

如果说重点高校培养研究型人才为主的话,民办高校培养的就是应用型人才。主要体现在培养过程中,一方面注重理论知识的传授,另一方面更加注重实际应用能力的培养,积极带领学生参加各类创新创业大赛,鼓励学生积极申报各类科研创新项目,积极参与并获得软件著作权、外观设计专利等门类的知识产权。

**5. 注重职业资格能力培养**

如高校在毕业政策中规定,学生毕业时需要"三证换一证",即专业技能证、外语等级证、职业资格证来换取毕业证。相关专业的学生毕业前会考取例如会计资格证书、教师资格证书、导游资格证书、报关员等。使学生能够在毕业后面对激烈的求职竞争,有能力、有底气。

**6. 充分重视就业**

广东省50所民办高校地处珠三角经济带,重视校企合作工作的深入开展,广州工商学院现正大力拓展与各行业优质企业建立校企合作关系,为学生提供更多校内外实习岗位,更加丰富的就业、创业选择,全省50所民办高校每年为粤港澳大湾区持续输送各类人才达数十万人。

总的来说,广州工商学院始终坚持中国特色社会主义教育发展道路,坚持社会主义办学方向,坚持扎根南粤大地办教育,办好人民满意的教育。学校党委发挥政治核心作用,保证以人才培养为中心的各项任务完成。学校以建设高水平地方性、应用型、国际化的财经类大学为目标,坚持"正德厚生 励志修能"校训,致力于培养德智体美劳全面发展的社会主义建设者和接班人。

# 二、案例背景及突出问题

笔者通过对民办应用型本科院校的综合测评研究后认为,不同院校的综合测评均存在一些问题,以广州工商学院为例,综合测评存在以下两个主要问题,一是综合测评方案设置方面存在一定不合理性,二是评价过程操作中存在教育公平问题。

## (一)综合测评方案设置问题

学院最新版《综合素质测评办法》(以下简称《办法》)2022年9月1日起实施,为试行版。基本符合《总体方案》提出的落实立德树人根本任务的工作要求。经分析,广州工商学院《办法》存在下列问题。

**1. 比重设置缺乏引导性**

作为民办应用型本科院校,在重视学生学习成绩的同时,应该给学生充分发挥个人特长和发展个人爱好的空间和引导,而品德、学业、文体在总成绩中所占的百分比分别为35%、50%、15%,显然起不到良好的引导作用,反而有可能促成"唯分数"的情况。

## 2. 评价标准过时

如《办法》要求学生上课统一将手机放入教室后面的手机袋,否则扣除品德分,但身处互联网时代教师的"线上线下相结合"授课方式要求学生在课堂上用手机积极参与教学互动,这显然是矛盾的。

## 3. 不符合最新政策精神

《办法》总体设置没有突出德智体美劳全面发展的思想,对美育和劳动教育的引导不明显,特别是缺失劳动教育相关评价细则,这显然没有满足国家相关最新政策的要求。

## 4. 信息化程度低

现有评价过程采用全程手工填写方式,评价材料纸质存档,不利于后期数据的管理与查找,也很难实现数据分析和工作优化。作为民办高校,应充分利用先进互联网技术,提升综合测评全过程信息化程度,运用信息化理念和手段达到准确、高效、公平公正公开的评价效果。

## 5. 未能引导形成"三全育人"格局

培养学生过程中缺乏社会组织、社会资源、社会力量的参与协同,培养过程极易与社会脱节,不符合学校"应用型"人才培养的目标和理念。

## (二)评价过程操作问题(教育公平问题)

### 1. 评价过程主观性强

辅导员在评价过程中带有很强的主观性,对学生干部或平时积极表现的同学容易在情感上产生倾向性,缺乏数据支撑,甚至影响最终评优结果。

### 2. 评价过程存在"马太效应"

马太效应通俗讲是指"强者愈强,弱者愈弱"。在高校学生评价过程中也存在着强者愈强的现象,如某同学评过一次国家奖学金后,因为奖项的累计很容易再次获得国家奖学金或其他奖励。

### 3. 评价过程不够透明

评价过程中普通学生只能看到自己的数据,无法了解其他人是否存在数据造假,而参与整个评价过程的班干部对于已填报信息的核验也无法保证公平公正公开的原则,存在工作敷衍了事没有认真核查佐证文件,或者包庇造假、虚报情况。

### 4. 存在平均主义

因综合测评最终评价结果涉及荣誉或物质奖励,部分辅导员或老师觉得应该适当偏向于没有得过奖的同学,即在评价过程中存在"普惠"思维,对得过奖且支撑材料特别优秀的同学去做工作,让学生主动让贤。这显然不符合已经制定好的评价方案,更起不到奖励先进、激励榜样的示范作用。

# 三、针对上述问题的解决要点

## （一）民办院校要做出特色

高校学生综合素质测评是学校育人管理体系的重要组成部分。综合素质测评是新时代素质教育的必然要求，对完善学校育人管理体系、促进学生成长成才有重要意义，对于民办院校来说更是如此。但民办院校制定综合测评方案不应盲目参考公办院校，更不能"比葫芦画瓢"，应该让综合素质测评体系服务于应用型人才的培养过程，做出有别于公办院校的特色。并且同时要立足湾区，充分调研市场、企业对人才的需求，培养适应于市场需求的人才。同时，要加强专业建设，提升国际视野，从上述几个方面着手构建自身办学特色。

## （二）民办院校要把握方向

民办院校要紧跟时代改革步伐，加强对相关政策法规的学习和领悟，把握正确发展方向，牢牢抓紧政策这个"指挥棒"，指导办学理论思路，真正把育人工作落到实处。要把"立德树人"作为人才培养的关键，并体现在教育活动的每个环节。真正读懂政策，用好政策。

民办院校特别是应用型本科院校一定要在"破五唯"上下真功夫。"破五唯"具体指破除"唯分数、唯升学、唯文凭、唯论文、唯帽子"的评价痼疾，这是新时代教育评价改革的重点和难点。在此基础上，逐步实现教育评价公平，追求更高层面上的教育公平。以民办院校的身份，积极投身践行中共中央、国务院提出的"三全育人"要求，提高站位，以知促行，充分发挥民办院校的特点，打造优秀的人才培养模式。

## （三）人才培养要做好衔接

作为民办院校，要积极主动与社会发展方向相结合，与经济发展方向相适应，培养出能够满足新时代复杂竞争环境下企业对优秀人才的要求。在培育过程中充分引导，培养学生适应社会的能力，做好衔接。

特别是在实习实训环节，学校应提前布局，严格筛选、充分挖掘优秀企业，建立各种形式的校企合作，为学生提供优质的企业资源和就业、创业的机会与条件，充分贯彻"三全育人"总体目标，落实责任，形成全员全过程全方位育人格局。通过学校综合素质测评办法中具体内容的设置，引导学生积极参与校内外实习实践，如暑假的实践周活动、毕业前的顶岗实习活动等，使学生尽早接触社会，充分获得实践带来的成长和收获。在三到四年的大学生涯中，逐步建立起每个学生独一无二的职业画像，让学生通过实践活动和评价体系，充分了解和认识自己，毕业季不再迷茫。

# 四、优化建议及主要做法

## （一）与时俱进

深度结合国家教育方针和高校办学理念开展综合素质测评,学校综合素质测评办法内容条款与时俱进的同时保持评价体系相对稳定。一方面要认真学习领悟国家大政方针,从实际出发做好教育工作,及时更新和修改陈旧条款,删除不适宜的条款,增补缺少的条款。另一方面要保持评价标准的相对稳定性,例如一届学生的评价标准不变,或者每两年做一次较大幅度的更新和删改。确保不同年级学生处在相对平稳的评价标准体系中,保证评价结果总体公平。

## （二）自主填报

综合测评实际填报操作过程应融入日常管理,定期组织班级填报数据,并做到自主填报、自愿填报。有模糊的概念或有歧义时,本着公平公正公开的原则裁定,充分调动所有学生的积极性。

## （三）调整权重

应用型本科院校不应全盘照搬公办院校评价标准体系,而应根据自己办学特色,适当降低学业评价比重或者提升某些方面如创新能力、创业能力、劳动能力、文体艺术等方面的评价比重,引导学生全面发展的同时,有意引导学生在某一方面有较高的造诣,更好的表现。

## （四）促信息化

改进综合测评实施过程,充分利用信息化手段加强信息搜集与分析,充分体现客观公正。从我们对一名大学生综合测评信息的收集分析中,可以了解到学生曾经参与过哪方面的针对性训练,即学生把时间精力投入在何处,获得了哪些收获。从而描绘出该学生的学习成长历程,经过几年的积累,可以描绘出该名学生大致的能力图谱和性格画像,为帮助其个性化发展和择业就业打下基础。

建立并使用信息化管理平台,通过一定时间的积累,能够通过现代化手段对大量学生综合测评数据进行整理分析,对特定大学生群体或特定培养层次学生绘制群体画像,加深高校对学生群体的成长规律的理解和把握,更利于开展有效的教育引领工作,完成预期的教育目标。同时,通过促信息化的实践过程,充分形成具备自身特色和推广价值的案例,坚持"三全育人"工作,并逐步形成长效机制,努力实现立德树人根本任务。

# 五、实验设计思路

经过与学生处领导和部分专职辅导员的初步沟通,我们对存在的问题进行了总结。领导和同事们对所提出的思路和方式给予了高度肯定。接下来,我们计划在各年级中选取 1~2 个班级作为试点班,开展相关实验。学生工作对人才培养至关重要,此实验如果能够顺利实施,相信将大大提高学生管理工作的效率和水平。

## 实验设计:

### (一)实验目的

通过信息化管理手段,提高民办学生综合素质测评成绩,对比实验组和对照组的成绩差异,验证信息化管理手段对提升学生综合素质的作用。

### (二)实验对象

选取 1~3 年级的学生作为实验对象,每个年级随机选定两个班级作为实验组,另外两个班级作为对照组。确保实验组和对照组在人数、性别、年龄、学习成绩等方面具有相似性。

### (三)实验方法

#### 1.干预措施

对实验组实施信息化管理手段,包括以下几个方面:

(1)建立学生综合素质信息管理系统,记录学生的基本信息、学习成绩、社会实践、荣誉奖励等情况。

(2)通过在线课程、网络学习平台等途径,为学生提供丰富的学习资源和学习支持。

(3)利用信息化手段,保证学生随时掌握自己的综合素质测评成绩及班级排名,帮助学生及时了解自身优缺点。

(4)通过信息化手段,组织开展各类课外活动和社会实践,提高学生的综合素质。

#### 2.数据收集

收集实验组和对照组在实施信息化管理手段前后的综合素质测评成绩,对比两组的平均成绩、优秀率等指标。

#### 3.数据分析

采用统计分析方法,对实验组和对照组的数据进行对比分析,探究信息化管理手段对学生综合素质的影响。

（四）实验步骤

（1）确定实验对象和实验方法。

（2）对实验组实施信息化管理手段。

（3）收集数据并记录实验组和对照组的成绩。

（4）对数据进行统计分析。

（5）根据实验结果，总结信息化管理手段对学生综合素质的影响，并提出相关建议。

# 六、经验启示

民办高校在诸多方面有别于公办院校，特别是在培养层次、培养理念、育人环节、人才类型等方面具有较大不同和独特性。同时也具有一定明显的优势与劣势（见本文第一、第二部分观点），因此，在制定学校综合素质测评办法的时候，应充分适应管理现状，在整体办法调整空间不大的情况下，不断优化细节，与时俱进，树立科学成才观念，坚持通过学校制定的测评办法树立以德为先的评价理念，重视培养学生德智体美劳各方面能力，引导学生全面发展。通过信息化等手段，探索学生、家长、教师以及社区等参与评价的有效方式，客观记录学生品行日常表现和突出表现，特别是践行社会主义核心价值观情况，将其作为学生综合素质评价的重要内容。深入推动"三全育人"工作在民办高校的进程。

## 参考文献：

［1］中共中央 国务院印发《深化新时代教育评价改革总体方案》［A/OL］.（2020-10-13）［2023-02-09］.http://www.gov.cn/zhengce/2020-10/13/content_5551032.htm.

［2］张应强,赵锋.从我国大学评价的特殊性看高等教育评价改革的基本方向［J］.江苏高教,2021（02）:1-8.

［3］广州工商学院.广州工商学院概况［EB/OL］.（2022-11-08）［2023-02-13］.https://www.gzgs.edu.cn/xxgk/xxjj.htm.

［4］范许哲,李鹏.高校大学生评奖评优工作改进方法探析［J］.广西教育学院学报,2021（03）:198.

# 高校"一站式"学生社区建设：价值、困境与优化路径

广州工商学院工学院　张辉名师工作室　钟　伟

高校学生社区作为学生日常生活学习和交流互动的场域，是新时代培养时代新人，落实立德树人根本任务的重要支撑；同时也是高校思想政治教育守正创新的重要载体和关键抓手。2019 年教育部思政司委托浙江大学、西安交通大学、华中科技大学等10 余所高校，开展"一站式"学生社区综合管理模式的建设试点工作。2020 年 4 月，教育部等八部门联合发布《关于加快构建高校思想政治工作体系的意见》，文件提出要"推动'一站式'学生社区建设"。2021 年，教育部印发《关于深化"一站式"学生社区综合管理模式建设试点工作的通知》和《关于依托云平台深化"一站式"学生社区综合管理模式建设工作的通知》。"一站式"学生社区综合管理模式建设试点高校扩大至100 所，2022 年推广到 1000 所，计划到 2023 年力争实现高校全覆盖。可见，"一站式"学生社区综合管理改革是我国高校思想政治教育守正创新和高等教育创新发展的一种战略性选择。"建设什么样的'一站式'学生社区，怎样建设'一站式'学生社区"成为当前的热点问题。所以厘清"一站式"学生社区建设的价值内涵，剖析"一站式"学生社区建设面临的困境，进一步研究和探讨"一站式"学生社区建设的实践路向，对于建构新时代"三全育人"新格局和新型师生共同体具有重要意义。

## 一、"一站式"学生社区建设的价值内涵

### （一）"一站式"学生社区建设的理论价值

进入新时代以来，人们的物质生活条件不断改善，对美好生活的向往也趋向更高层次。在教育的发展方面，其发展方向历经了从"对教育公平发展和质量提升的促进"到"发展更高质量更加公平的教育"再到"扩大优质教育管理与服务"的转变，这背后承载着民众对实现教育公平和获得优质教育服务的殷切期望，意味着越来越多的人都能够接受优质的教育和享受到贴心、暖心的服务，使人民对教育的幸福感、获得感更

有保障、更可持续。新时代大学生对校园美好生活的向往十分强烈,特别是对现代化的居住条件、舒适的环境、丰富的校园精神文化生活,以及未来有更好的教育、更稳定的工作比任何时候都强烈。学生社区既是学生学习、生活的主要场所,又是素质教育的主要阵地,应该在新形势下充分发挥社区的教育功能,培养学生健全人格和社会责任感,培养创新和实践能力,发挥学生社区的育人功能。实施"一站式"学生社区综合管理模式建设,是深入学习贯彻党和国家的有关政策,提升新时代高校党建和思想政治工作全员化、系统化、精细化水平的重要改革举措。"一站式"学生社区建设的探索与实践蕴含丰富的理论价值,主要体现在教育服务理论、服务育人理论、马斯洛需要层次理论这三大理论。

马克思关于"教育服务"有过十分精辟的论述,他认为有一些服务如学校教师的服务、医生的服务是为了训练和保持劳动能力的服务。高等教育服务是教育服务里一种具体的形态,指的是高等教育机构以及教育者运用教育理论、教育设备、现代教育技术等手段向教育消费者(学生)提供的用于改变受教育者素质和思想观念,从而促进受教育者全面发展的非实物形态的产品。

"服务育人"指学校各部门通过为师生提供优质的服务、热情的态度和行为的垂范而所达到的一种效果,为师生创造舒适的工作、学习和生活环境,教职员工通过日常工作,对学生的生活、思想产生潜移默化的影响,使其在接受服务的过程中受到良好的教育,从而促进学生的全面成才。

1943 年,美国人本主义心理学家马斯洛发表的《人类动机理论》根据人类需要层次的差异,将人类不同层次的需要划分为五种类型,从低到高依次划分为:生理的需要、安全的需要、爱的需要、尊重的需要和自我实现的需要。党的十九大报告提出中国特色社会主义进入新时代,我国社会的主要矛盾已经转化为人民日益增长的美好生活需要和不平衡不充分的发展之间的矛盾。高校学生的需要满足为:①对安全稳定的学习环境、健康的饮食等的需要;②提供优质的后勤服务、生活及医疗上的保障;③获得学习和生活的稳定感和安全感;④希望得到家人、朋友、老师、学校的爱,从而有归属感;⑤提供学生丰富多彩的课外文化生活、培养同学的团队意识;⑥希望能向别人证明自己并得到同学和学校以及社会的认可和尊重;⑦教师及其他工作者关心爱护学生;⑧每一个人都能发挥存在的价值,能够实现自我潜能的最大化;⑨为学生提供富有挑战性的工作或社会实践的机会。

## (二)"一站式"学生社区建设的时代价值

### 1."一站式"学生社区是发挥基层党组织战斗堡垒的重要载体

学生社区是大学生学习交流、思想碰撞、价值观形塑、人格养成的核心场所,任何事件的影响对于学生都是极其深刻甚至持续一生的。学生社区也是学生容易滋生各类问题、矛盾甚至纠纷的空间,是学校安全稳定的前沿阵地。2021年,中共中央修订了《中国共产党普通高等学校基层组织工作条例》,进一步指出："学生党支部一般按照年级班级或者学科专业设置。可以依托重大项目组、科研平台或者学生社区等设置师生党支部,注重在本专科低年级建立党的组织、开展党的工作。"因此,高校落实党建主体责任,必须将党的领导和党的建设深入学生社区一线中,扩大党的覆盖面,将党建落实到学生生活最基层,践行党的群众路线。因此,"一站式"学生社区应发挥党建引领作用,进一步发挥朋辈效应;加强基层党组织建设,维护学校学生安全稳定,在各个领域发挥战斗堡垒作用。

**2. 解决思想政治教育方法和手段单一的沉疴顽疾**

高校"一站式"学生社区建设的理想状态是各环节的管理力量与育人力量下沉到位,实现全链条育人,原有辅导员队伍仍是"一站式"学生社区建设过程中的关键一环。但是,在以往的思想政治教育工作中往往局限于学工队伍开展的党团活动、文化建设等,忽略了专业教育的参与、思政力量的支持、社会榜样力量的引导。"一站式"学生社区建设通过把专业课教师、思政课教师、社会导师等聚合到一起,发挥群体效应,运用新技术和手段,解决困扰思想政治教育工作多年的沉疴顽疾。

**3. "一站式"学生社区是对"以学生为中心"理念的创新践行**

学生是教育的重要主体,坚持"以学生为中心"是"办好人民满意的教育"的内在要求和重要保证,是党的"'以人民为中心'的发展思想"在高校的具体体现。"一站式"学生社区建设是新形势下对"以学生为中心"的教育理念的创新践行,它通过推动校院育人力量的双向关注,实现"平等对话"的沟通模式,及时了解学生群体"关注什么、喜欢什么、需要什么",从而更好地为学生解决思想困惑和"急难愁盼"的实际问题,更好地满足学生成长成才的需求。此外,在"一站式"学生社区建设中,鼓励学生以主人翁的姿态积极参与社区事务,为学生实现自我管理、自我服务、自我教育、自我监督提供实践基地和育人平台。

### (三)"一站式"学生社区建设的现实价值

**1. 高校思想政治教育守正创新**

高校对"三全育人"理念贯彻不够、没有意识到学生社区的思想政治教育功能,目标和原则不清晰是制约高校学生社区思想政治教育的首要因素。部分高校没有将立德树人根本目标一竿子插到底,缺乏运用"一线工作法"的底层思维,无法与学生形成同频共振,共同打造成长共同体,因而影响高校学生社区思想政治教育的顶层设计,没有使学生社区成为全员育人的聚集阵地、全过程育人的时间延伸和全方位育人的场域拓展,从顶层设计和目标原则方面制约学生社区思想政治教育。

**2. 高校管理体系改革**

学生事务采用金字塔式的管理体系,学校学生事务工作由学生处统筹,各二级学院具体执行。金字塔式的管理系统面临两个问题：一是管理层级多，工作与服务流程长，导致学生获取学生事务服务的便捷性不够，影响学生体验；二是二级学院既是教学学术单位又是学生事务的行政管理者，其工作重心在教育教学上，在一定程度上会弱化学生事务工作。"一站式"学生社区的建设是高校管理践行"以学生为中心"战略转型，以一种服务者的角色出现在高校的管理职责内。

# 二、"一站式"学生社区建设面临的困境

## （一）"一站式"学生社区建设的学理困境

### 1."一站式"学生社区的育人理念有待深化共识

自启动首批建设试点工作以来，高校对"一站式"学生社区的育人理念普遍有了较为全面的了解，但从运行实效的角度看，"一站式"学生社区的育人理念有待进一步深化共识。部分高校在全校范围内未能就"一站式"学生社区建设达成广泛的深层次共识，学校管理人员、专业教师、思想政治工作者等未能充分认识到"一站式"学生社区从学生管理向学生教育、管理、服务拓展的重要意义，未能在工作中给予更积极、更主动的支持。

### 2."一站式"学生社区服务对象的认知意识有待提升

"学生自治"为"一站式"学生社区提供参与主体，学生既是主要服务对象，又是服务的主要供给者，学生在正确的引领下掌握一部分社区主导权，有益于学生主动思考、用心规划、深度参与，培养"主人翁"意识，进一步激发大学生自我管理、自我服务的行动自觉。各高校启动"一站式"学生社区建设工作以来，出现了"上面热火朝天，下面静观其变"的尴尬局面，学生对于"一站式"学生社区建设的意义和重要性没有充分的认知和了解。

## （二）"一站式"学生社区建设的现实困境

### 1."一站式"学生社区的育人主体有待协调统一

高校"一站式"学生社区汇集党建力量、管理力量、思政力量、服务保障力量，是高校教育、管理、服务资源的新的集散地，承担着管理、服务、育人的综合功能。部门牵头是主导，是上传下达、协调各方的主要实施者，"协同共育"是关键，"一站式"学生社区是否能建成、是否能运转、是否可持续，关键在学校涉及部门能否积极配合、协同联动。坚持"部门牵头"与"协同共育"相统一，确保在运转的过程中，既有组织部门又有配合部门，既有主导力量又有参与力量，助力"一站式"学生社区能有序科学运转。

### 2."一站式"学生社区的服务育人功能亟待优化升级

伴随着经济社会的发展和高校管理改革的深入，当代大学生校园学习生活的方式

正发生着深刻的变革,宿舍公寓在大学生校园学习生活中的地位日益凸显。在宿舍公寓基础上升级打造出的"一站式"学生社区承载了学生住宿、生活、学习、交流等综合性服务功能。但是很多高校只是在校园内找个配套好一点的学生公寓,进行各种功能的拼凑,无法实现"1+1>2"的功能。

### (三)"一站式"学生社区建设的内涵困境

#### 1."一站式"学生社区建设"重管理轻服务"问题突出

很多高校虽然开展了一段时间的"一站式"学生社区管理模式探索,但是教育服务理论、服务育人理论、马斯洛需要层次理论这三大理论没有真正落实到"一站式"学生社区的运行过程中。

#### 2."一站式"学生社区个性化管理模式未凸显

个性化教育,意指在教育过程中,针对不同大学生的不同特点,根据学生的学习需要、学习情况、学习障碍、学习状态、学习兴趣等情况分析,为学生量身定制教育目标、教育计划、教育培训方法、辅导方案并加以执行,组织相关专业老师为受教育者提供学习管理策略和知识管理技术以及整合校内外有效的教育资源帮助受教育者突破生存限制,实现自我成长、自我管理、自我实现,最终实现自我超越。从一定意义上讲,个性化教育意味着教育本质的一种回归,同时也是对教育发展规律的遵从。很多高校未把不同年级、不同专业学生的个性化管理与服务纳入建设方案内。

## 三、"一站式"学生社区建设的优化路径

### (一)增强大学生思想政治教育的全局意识

各高校要统一构建思想,客观认识高校"一站式"学生社区的战略作用,思想统一,才能行稳致远。高校在统一思想的过程中,要引导全体参与者充分认识到"一站式"学生社区是应该建设、重点建设、全力建设的必要思想政治教育综合体,是需要合力共建、持续升级的思想政治教育实施平台。

### (二)构建"三全育人"的运行机制

科学有效的运转机制,是"一站式"学生社区的生命力。在运转机制设计上,应确保"一站式"学生社区的方向性、功能性、可行性、持续性。总体而言,首先,坚持党建引领,将党支部建在宿舍、楼栋甚至楼层上。保障党建工作的引领地位,坚持用党的理论成果、实践经验、初心使命引领"一站式"学生社区建设,以党的旗帜为旗帜、方向为目标,确保"一站式"学生社区宗旨鲜明、使命远大,确保"一站式"学生社区在运行过

程中不务虚、不变形、不走样、不跑调。其次,坚持协同育人,构建现代化的治理能力和治理体系。构建"一站式"学生社区不是一个部门的"独角戏",而是全校的"大合唱",通过主导部门牵头,统一各部门的思想,打破思想的藩篱;协同行政、教学、科研、校医、后勤、学工、团委等部门分工配合,打通部门之间的"隔离带""堰塞湖",部门间既分工明确又协调统一,提升"一站式"学生社区运行效能。再次,坚持一线规则,育人资源直达社区前沿。"一站式"学生社区不仅有专职社区辅导员驻守,还有行政领导、党员干部、心理导师、学业导师、生活导师等学校育人力量轮值,推进从与学生"同吃、同住、同成长"的"老三同"进一步向更高层次的"同场域、同频率、同成长"的"新三同"方向发展,提升辅导员育人能力和实效,增强"一站式"学生社区育人的亲和力和实效性。最后,坚持共建共治共享,共筑育人共同体。坚持社区共建、管理共治、成果共享原则,通过成立学生自我管理委员会、学生自律委员会、学生生活管理委员和学生社团等群体组织,在党组织的集中统一领导下开展活动,增强学生的"主人翁"意识,充分激发学生参与"一站式"学生社区的主动性和创造性。

### (三)丰富"一站式"学生社区建设的内涵

进一步探索构建形式,合理规划高校"一站式"学生社区的呈现样态,通过优化空间设计改造,构建物理空间和社会空间的耦合机制。在"一站式"学生社区建设中,最基本的要求是物理空间的建设,这也是学生社区建设的重要一环,它是社区育人功能的现实载体,但仅有物理空间的建设是不够的,在现实的实践中,部分高校过于注重社区物理空间的建设,缺乏对物理空间中社会空间的打造,最终导致物理空间的作用未能得到有效而充分的发挥,所以社区建设空间形态上要符合新时代大学生的审美观念。例如厦门大学在"一站式"学生社区建设中,根据当代大学生的发展需求和审美观,打造出一批社区学习共享空间、创客空间,成为校园学生热捧的"网红空间"。

### (四)数字化赋能,构建"以学生为中心"的服务创新机制

近年来,大数据、云计算、物联网等先进数字化技术的广泛应用,特别是教育数字化转型的深入发展,为在数字化时代的高校学生社区构建起"以学生为中心"的服务创新机制提供了契机与可能。因此,我们要在思想理念层面树立好"数字化思维",推动运用数字化思维及技术在"一站式"学生社区建设中全方位赋能党建引领、队伍入驻、学生参与、条件保障等。例如南昌大学开发了"数字家园"学生信息平台,动态分析学生心理健康状况,研发资助"AI机器人",实现人员定位、健康打卡、奖助评优等60余项功能。华中师范大学运用虚拟现实技术在学生社区建立了"网上红色档案馆",开设"网上世界杯"等形式多样的社会空间,极大地节约物理空间和社区建设成本。构建"以学生为中心"的服务创新机制,可以为社区内的学生提供喜闻乐见、时尚便捷的服务。

**参考文献:**

[1]朱伟.高校"一站式"学生社区教育管理服务模式探索[J].中国成人教育,2022(12):18-21.

[2]教育部思想政治工作司.关于全国高校思想政治工作会议精神贯彻落实情况[EB/OL].(2021-12-07).http://www.moe.gov.cn/fbh/live/2021/53878/sfcl/202112/t20211207_585342.html.

[3]单魁贤,李磊,曹佩红.论高校学生工作服务理念的确立[J].长春大学学报,2007(11):112-114.

[4]华武佳."一站式"学生服务模式的探索与构建[D].宁波:宁波大学,2015.

[5]李应军,郭梅.服务型学生工作研究[J].思想政治工作研究,2007(01):14-16.

[6]朱继磊.高校学生工作运行机制问题与对策研究[D].济南:山东大学,2010.

[7]中共中央印发中国共产党普通高等学校基层组织工作条例[J].党员干部之友,2021(05):5.

[8]王军华.高校"一站式"学生社区建设的内生价值、现实挑战与突破进路[J].思想理论教育,2022(10):108-111.

[9]王懿.高校"一站式"学生社区建设的价值意蕴、现实问题与实践理路[J].思想理论教育,2022(02):107-111.

# "一站式"学生社区综合管理模式下党建进宿舍路径分析

广州工商学院　　苏建贤　　张素素

《国家中长期教育改革和发展规划纲要（2010—2020 年）》提出，要"加强和改进教育系统党的建设"，"着力扩大党组织的覆盖面，推进工作创新，增强生机活力"。高校学生肩负着时代复兴的重任，围绕党务管理、党员发展、党员教育学习等内容，立足培养什么人、怎样培养人、为谁培养人这一根本问题，坚持立德树人，发挥基层党组织功能，开展学校思想政治工作。

近年来教育部着力推进"一站式"学生社区综合管理模式建设，从 2019 年的 10 所试点高校、2021 年的 100 所高校，到 2022 年要实现对 1000 所左右高校有效覆盖，由点及面，稳步推广，以党建为引领的"一站式"学生社区建设已进入实施的关键阶段，已积累了丰富的建设经验和试点成果，新的建设阶段要求各高校探索出更精细化、科学化、可借鉴的建设方案。"一站式"学生社区是以学生共同生活区为基础，以服务学生在课堂学习职务的成长成才为目标，以共同价值观念为联结的学生教育生活成长共同体。其中，学生宿舍是学生学习、生活、娱乐、交流的主要场所，学生在宿舍区的时间长、人数多、相对集中等特点使其成为"一站式"学生社区的重要建设场所，将宿舍这一学生生活最基层的单位纳入高校党建工作的范围具有重要意义。

## 一、"一站式"学生社区综合管理与党建进宿舍的逻辑联结

高校党建是一项系统性的工程，划分为高校党的政治建设、思想建设、队伍建设、基层组织建设、党的群团改革和高校党风廉政建设六大子工程。"一站式"学生社区是当前高校党建工作的前沿阵地和重要场域，学生宿舍是学生社区的一线、学生生活的基层单元、学生工作路径的末梢，也是对学生价值观形成、习惯养成、人格塑造最具潜移默化效果的场域。这说明，要实现以高质量党建引领"三全育人"，切实践行立德树人的教育使命，学生宿舍是亟需打通的"最后一公里"。在逻辑上，高校党建、学生

宿舍和"一站式"学生社区综合管理在三个层面有所联结。

（一）目标层面

党建和学生社区在育人目标上高度耦合。"高校党建育人是指高校根据党的性质与任务，遵循人才成长的规律，以培养社会主义事业合格的建设者和接班人为目标，通过大学生的党建工作，为促进青年学生德智体美全面发展所开展活动的总称。""一站式"学生社区综合管理模式是对育人方式的探索，核心理念是以学生为中心，以多样化方式开展党的工作和思想政治工作，最终目标是服务学生健康成长成才。两者的目标都是以党的工作实现育人成才，促进学生的全面发展。如果说党建、学生社区更侧重学生学习生活的公共领域，如课堂、社团活动等，那党建进宿舍则是育人环节中学生私人领域的重要补充，是实现全员、全过程、全方位育人的重要场地。

（二）现实层面

层层推进、不断强调的国家教育政策是将三者逐步联结在一起的现实支撑。2019年2月，教育部召开的思想政治教育工作专题会议上提出推行"一站式"学生社区综合管理改革，依托书院、宿舍等学区，积极探索学生组织形式、管理模式、服务机制改革，打通育人"最后一公里"。这一会议指示将宿舍明确为学生社区建设重要场地。中共中央、国务院颁发的《关于进一步加强和改进大学生思想政治教育的意见》（以下简称《意见》）中明确指出，高校要高度重视大学生生活社区、学生公寓的思想政治教育工作，发挥大学生自身的积极性和主动性，增强教育效果。《意见》强调高校要把学生公寓和大学社区的党建思政工作作为增强教育效果的重要抓手。2021年《中国共产党普通高等学校基层组织工作条例》从制度角度说明"可以依托学生社区设置师生党支部"。这一规定给高校将"党支部建在宿舍楼宇上"提供了合法依靠。而大力推进高校"一站式"学生社区综合管理模式建设的文件中则强调要坚持以党建为引领。

（三）组织层面

学生在哪，党组织就要跟到哪。学生的大部分时间不是在课堂就是在宿舍，党组织力量、党员队伍深入学生群体、常驻学生社区一线，就不能忽略宿舍这一重要的学生生活场地。当前，宿舍管理和"一站式"学生社区建设依靠的是同一批队伍，即大部分是具有党员身份的领导干部、专业老师、辅导员和后勤行政为主的学工队伍，和具有示范引领意义的优秀学生队伍。在协同育人的组织过程中，"一站式"学生社区建设和党建进宿舍是一个齐头并进的过程。

## 二、"一站式"学生社区综合管理模式下党建进宿舍存在的问题

党建进宿舍是"一站式"学生社区综合管理模式下高校学生工作深入一线的应有之义,也是试点工作迈入关键阶段的内在要求。但在实际探索过程中却面临着一些制约和问题,主要体现为以下几点。

### (一)党建引领力度不够

目前,高校党组织大多数都是以院系、专业、班级设立。普遍没有突破院系、专业、师生的界限,极少学校将支部设置在学生社区、宿舍区域,实现党组织对宿舍的覆盖引领。这样就使得学生党建进宿舍工作中缺乏具体的统筹安排,学生党员机械式地在学生公寓完成院系或班级党支部分配的工作,并不能使学生宿舍内的党员学生真正了解党的思想与出发点,根据学生宿舍的实际情况发挥先锋模范带头作用,创造性地开展学生党建进宿舍活动。

### (二)缺乏制度建设

"一站式"学生社区综合管理模式强调坚持以"党委领导"强责任、聚合力,以"支部引领"强阵地、树导向,着力打造学生党建前沿阵地。目前党建进宿舍还缺乏行之有效的制度支撑,导致党建进宿舍必要性不强,重视程度不高。在"一站式"学生社区综合管理模式试点建设过程中,学生社区与党支部工作联系点制度、党务干部进驻学生宿舍制度、党员学生联系宿舍制度、党员宿舍管理制度、党员网格化管理制度等都在逐步完善过程中。党建进社区工作的制度建设需进一步完善,前期通过建立工作例会制度,集体研判、决策,推动党建进宿舍工作的开展,形成强有力的工作联动。中期需明确相关部门具体职责,并将其作为部门工作的重要内容进行定期考核。后期需加强对活动成效的检验,对调查结果做研判,对表现优秀者予以嘉奖激励。

### (三)学生宿舍党建工作专项人员配备不足

"一站式"学生社区综合管理模式建设过程中,进驻学生社区、学生宿舍的党务干部,除了参与学生社区的党建工作外,还必须常态化地深入学生社区及时了解学生思想、学习、生活等实际问题,同时还要兼顾所在部门的相关行政工作或教学任务。多重身份的存在使得进驻社区的党务干部力不从心,学生社区党建工作开展不够深入,浅尝辄止,工作出现冲突、交叉和漏洞。同时,因多重身份的存在,进驻干部因工作的"主次"之分,在工作繁忙时关注本职工作较多导致对学生社区党建工作的形式化、任务式的完成,影响党建工作在学生宿舍的有效开展。另外,党建专项工作人员在同事

工作经验交流、家校联系、朋辈帮扶、部门合作开展党建活动方面存在一定的问题,因而实现全员育人、协同育人的合力还有待加强。

### (四)学生宿舍党建活动单一质量不高

目前,学生党建工作进宿舍的活动载体比较单一,不考虑活动的实际效果。组织的活动形式老套、单一,内容空洞、枯燥,与学生宿舍或学生社区的特点结合度不高,与学生成长的真实需求和实际兴趣相脱离,难以引起学生党员的共鸣,无法让大家真正有所收获。活动形式依旧是传统的主题征文、理论学习、演讲、朗诵等,较难引起学生的参与兴趣,党建活动策划的出发点是以人为本,以服务学生作为工作的落脚点,充分调动学生的自主能动性,可以围绕学生实际需求,结合学生特点设计活动,如开展读书会、经典红歌演唱、话剧表演、考研考公经验交流会、红色志愿服务、才艺表演等活动,切实为学生成长、成才服务,以学生喜闻乐见的方式开展育人工作。

## 三、党建进宿舍面临困境的原因探析

第一,观念上缺乏重视。在很多高校推行"一站式"学生社区综合管理模式中,存在任务式完成的思想。没有真正理解"一站式"学生社区综合管理模式的育人概念,特别是发挥党建引领作用。从而导致只是形式主义地完成,存在走过场的情况。在推动党建进社区时,缺乏对在社区建立党支部的认同感和归属感,对这一新型工作模式缺乏认同感与工作热情。大多数认为只是在社区"再造"一个党支部,简单地把原有的党建工作"搬进"社区和宿舍。严重忽略了"一站式"学生社区的一线管理、"三全育人"作用。导致党建进社区、进学生宿舍应付式完成、工作难推进、工作难开展的现象,党建工作缺乏创新性、生动性、持久性和旺盛的生命力。

第二,管理上未能完善。"一站式"学生社区综合管理模式建设,推动党建进社区进宿舍,同时存在学院党支部和社区(宿舍)党支部在管理和功能上存在交叉,学生更多倾向于参加学院党支部的活动,导致宿舍党支部形同虚设。对于这个问题,部分高校采用同学院同楼栋的办法,以学院党支部(总支)为单位,在宿舍设立党建阵地。这一措施虽然在一定程度上解决了上述问题,但是由于学生自我管理意识淡薄,在宿舍党建活动中,缺乏主动性和积极性,未能发挥党员的先锋模范作用。

第三,实施上缺乏整体规划。"一站式"学生社区建设就是要系统整合育人力量,其中党建引领作为首要力量,必须体现在社区建设中。学生党建进宿舍作为大学生思想政治工作体系中的重要一环,需要结合学生社区建设的各项工作,做好整体规划。目前,大部分高校在党建进宿舍的工作中存在与其他工作脱节的问题,没有形成系统工程,不成体系,过于简单的把党建进宿舍单纯地理解为将党建活动办在宿舍,未能与社区环境建设、社区学生自我管理、社区文化建设、社区志愿服务等工作相结合,使党建进宿舍在开展过程中显得过于零散,缺乏整体规划。

## 四、"一站式"学生社区综合管理模式下党建进宿舍路径分析

（一）划定场地,强化队伍,完善和创新组织载体

（1）加强基层党组织建设,通过在"一站式"学生社区构建功能型、学习型党支部,完善和创新组织载体,选拔经验丰富的党务干部兼任"一站式"学生社区党支部书记,保证学生党支部党建活动强有力的领导。

（2）"一站式"学生社区党支部充分挖掘社区优势,利用社区的物理空间和功能场所,通过读书分享会、专题讲座、党员故事、专题党员教育等各种形式的主题学习教育活动,创新党建通过社区功能进宿舍的组织载体,引导学生党员投身到学习党的理论知识中来,在学习中增强党建进宿舍的凝聚力和创造力,创造性地开展灵活多样、喜闻乐见的社区、宿舍党建活动,潜移默化地发挥党建引领作用,突显"一站式"学生社区的育人功能,构建"三全育人"体系,为高校学生党组织党建进宿舍提供组织载体。

（3）打破物理空间隔断,以"一站式"学生社区为链接纽带,打通党建进宿舍的"最后一公里"。随着"一站式"学生社区的建设,原有的教育载体如课室、班级、活动室等相关场所的功能会前移至学生社区,融入学生日常活动中,从而使得学生组织、学生宿舍、网络空间等逐渐成为学生的主要活动和交往的阵地。以往以班级、年级、专业、学院等为基础建立的党支部功能会随之弱化,党建引领的触角也不能延伸到这些主阵地。通过建立"一站式"学生社区,功能型党支部可以使党建工作与社区建设紧密结合,以学生社区、学生宿舍为中心,在党员教育、党员培养、党建活动中发挥党组织的指导和引领作用。

（二）整体规划,建章明责,强化制度载体

"一站式"学生社区集合学校育人力量,实行一线管理,其中党建引领是"一站式"学生社区建设的前提和主要制度,推动管理力量、思政力量、服务力量下沉学生一线,打造学生党建前沿阵地。践行党建引领,是党建活动顺利开展和取得成效的有力保障。"一站式"学生社区党支部,在开展党建活动时要把制度建设作为根本性的工作来抓,通过建立健全规章制度,汇聚育人力量,让党建活动通过制度的载体落实,在学生社区、学生宿舍等主要场所,常态化、科学化、规范化、制度化地开展三会一课、组织生活会、党员民主评议等活动。同时,建立党员教育培训制度、党员培养考核制度、党员志愿服务制度、监督激励制度,推动党建进社区、进宿舍。

### (三)巧用媒体,扩大影响,优化宣传载体

#### 1. 有效利用传统宣传媒介

"一站式"学生社区试点建设区域是集住宿、学习、休闲、运动为一体的综合性大楼,是学生主要的活动场所,在社区内巧用环境空间依托宣传栏、红色长廊、宣传展架、多媒体显示屏等传统宣传媒介宣传党的理论知识、传播先进文化,表扬先进事迹、优秀党员。将党建元素融入社区、融入宿舍、融入学习、融入工作、融入生活,将学生社区打造成为红色文化的学习主阵地。

#### 2. 积极拓展新宣传媒介

随着时代步伐大步向前,互联网和通信技术飞速发展。网络已经融入学生学习、工作、生活的方方面面。学生对网络的依赖也发展到一个前所未有的高度,学生在网络空间的时间大大增多。学生在哪里,思想政治教育就要做到哪里。"一站式"学生社区试点建设就是要扩大党组织的辐射面和影响力。通过学生社区将宿舍的学生聚集在一起,充分利用微信公众号、微博、"一站式"学生社区育人号等当下热门的自媒体平台,将"党建活动""党史学习""红色文化""党员风采"利用多媒体技术的声、色、光等手段表现出来,增强网络载体的感染力和吸引力,让学生对党建内容入脑入心。

投其所好,组建网络党建队伍,利用自由的网上党校、易班网、学习强国等 APP 开展网上党校学习、党员教育、网上党建知识竞赛、网上课堂讨论等丰富多彩的网上党建主题活动,开辟网上交流园地,联动线下论坛、研讨会、分享会等,推出系列线上话题访谈,提高学习分享的及时性和覆盖面,全面推动党建工作在"一站式"学生社区的网络覆盖,进一步促进党建进宿舍。

### (四)以生为本,丰富活动载体

纸上得来终觉浅,绝知此事要躬行。实践是最好的育人途径之一。要使党建进社区、进宿舍,最直接的方法就是在社区内开展各类党建主题活动。通过活动营造良好的氛围,以活动为载体,聚集切入点找准学生的个性特点,在活动中学习党的理论知识。

#### 1. 社区学生自理——设立党员志愿服务岗

党员带头,建立学生自我管理自我服务组织,遴选学生党员、入党积极分子担任负责人。通过党员志愿服务岗活动、组建党员学习帮扶小组、举办党员宿舍挂牌、党员名牌展示、党员责任区划分等方式参与社区建设、宿舍管理。建立以服务奉献为导向、以素质养成为目标、以经历认证为保障、以制度规范为基础的长效机制,培养学生自主意识和自律能力,不断增强学生党员、发展对象、入党积极分子等在党建工作中的主人翁意识和责任感,全面推动党建进宿舍、进社区。

**2. 表彰先进,树立典型——凸显党员先锋模范作用**

(1)开展优秀党员事迹展示。在社区内,将学习成绩优异、工作表现突出、助人为乐、乐于奉献、团结同学、在学校或社区实践活动中有突出表现的优秀党员,通过展板进行风采展示,以先进带动后进,发挥模范带头作用,进一步加强学生党员先进性建设。

(2)开展"党员学风之星""党建进宿舍工作标兵""党员宿舍评比"评选活动。通过开展系列评比活动,不仅可以营造创先争优的良好氛围,还可以对党建进宿舍工作进行全面的总结梳理,通过总结发现问题整改问题。同时,通过表彰先进可以提高学生参与党建活动的积极性,有效扩大活动覆盖范围和提升学生参与度,促进党建进宿舍的深入开展。

(3)在大一新生中开展"新生适应"的党员作表率主题活动。以新生入校为起点,发挥朋辈力量,用身边人讲身边话的形式,教育新生自觉遵守党的纪律以及学校的校规校纪,培养组织纪律观念,主动维护校园稳定,鼓励新生在学习、生活中尽快转变角色适应新生活。

(4)开展"爱校荣校"学生社区党员学生作表率主题活动。以党建为引领,以爱校荣校为主题,党员作表率,讲述自己在学校学习、工作、生活、成长的点点滴滴,感恩母校,促进学生爱校爱学习。

**3. 因地制宜——党建活动与社区特色相结合**

在开展党建活动时,"一站式"学生社区党支部要将开展支部活动与学生社区的特色相结合,开展符合学生社区特点的特色党建活动。如外语专业的"红色文化""红色故事"英语演讲比赛,计算机专业的党员电脑维志愿服务活动。同时,利用社区硬件设施开展特色党建活动。如红色电影观影活动、红色书籍读书分享会等。通过将党支部活动与学生社区特色相结合,进一步突出学生社区党建工作的特色和亮点,增强学生社区党建活动的吸引力,有效推进党建进宿舍进社区,也有助于提升学生对社区建设的认同感。

以全新的载体使高校党政力量、管理力量、思想政治教育力量在育人理念、目标等方面达成一致,是高度契合人才培养模式改革的重要举措。高校"一站式"学生社区建设要紧紧围绕实现学生思想政治素养和个人素质能力的综合提升这一核心目标功能导向,不断优化党建进宿舍的路径,才能有力推动"三全育人"格局的形成。

## 参考文献：

[1]习近平谈治国理政(第二卷)[M].北京:外文出版社,2017:376.

[2]王兴杰,陈小鸿.论高校党建育人[J].浙江工业大学学报(社会科学版),2008,7(01):46-51.

[3]赵静."一站式"学生社区党组织育人路径探析[J].党政论坛,2022(04):35-37.

[4]王懿.高校"一站式"学生社区建设的价值意蕴、现实问题与实践理路[J].思想理论教育,2022(02):107-111.

[5]姚文浩,杨航,周梦.高校一站式学生社区管理模式创新与探究[J].科教文汇,2022(23):23-25.

[6]教育部等八部门关于加快构建高校思想政治工作体系的意见[EB/OL].(2020-04-22).http://www.gov.cn/zhengce/zhengceku/2020-05/15/content_5511831.htm.

[7]简盖瑞.高校"一站式"学生社区教育管理创新模式探索[J].黑河学院学报,2020,11(7):90-91,95.

[8]李伟.高校"一站式"学生社区建设的育人功能及实现路径[J].南华大学学报(社会科学版),2022,23(05):23-27.

[9]刘佳.习近平新时代高校党建思想的理论内涵研究[J].思想政治教育研究,2018,34(02):12-16.

# "三全育人"视域下高校服务育人工作创新路径研究

广州工商学院马克思主义学院　黄　飞

党的二十大报告指出:"教育是国之大计、党之大计。培养什么人、怎样培养人、为谁培养人是教育的根本问题。育人的根本在于立德。全面贯彻党的教育方针,落实立德树人根本任务,培养德智体美劳全面发展的社会主义建设者和接班人。""五育"并举与"三全育人"是深入贯彻落实新时代党的教育方针,构建新时代更高质量、更宽领域人才培养体系的有效举措,也是健全新时代高校服务育人体系,培养全面发展合格人才的实践方法与路径。

## 一、"三全育人"理念的提出、丰富和发展

### (一)"三全育人"理念的提出

百年大计,教育为先。教育是育人之本,是国家发展和民族振兴的关键。教育肩负着实现民族复兴的重任,承担着引领国家现代化的使命,推动着人的自由全面发展,如何提高教育质量,培养全面发展的人才成为教育工作者面临的重要任务。正是在此背景下,旨在全面推进素质教育、培养德智体美劳全面发展人才的"三全育人"理念应运而生。2005 年 1 月 17 日,胡锦涛同志在全国加强和改进大学生思想政治教育工作会议上明确指出,"各高校要切实担负起加强和改进思想政治教育工作的责任,建立健全党委统一领导、党政群齐抓共管、全体教职员工全员育人、全方位育人、全过程育人的工作机制"。这是党中央第一次在会议上明确提出"三全育人"的口号,由此在全国高校掀起了"三全育人"理论研究与实践探索的热潮。

### (二)"三全育人"理念的丰富和发展

2016 年 12 月,习近平总书记在全国高校思想政治工作会议上指出,"高校思想政治工作关系高校培养什么样的人、如何培养人以及为谁培养人这个根本问题。要坚持

把立德树人作为中心环节,把思想政治工作贯穿教育教学全过程,实现全程育人、全方位育人,努力开创我国高等教育事业发展新局面"。习近平总书记关于教育的重要论述成为高等教育教学改革的基本遵循,"三全育人"已成为我国高等学校育人工程的基本模式。2017 年中共教育部党组印发《高校思想政治工作质量提升工程实施纲要》,明确提出构建"十大育人"体系,这既是"三全育人"一体化的具体化体现,也是对"三全育人"的丰富和发展。

教育兴则国家兴,教育强则国家强。今天,党和国家事业的发展对教育的需要、对科学知识和优秀人才的需要比以往任何时候都更为迫切。实现中华民族伟大复兴离不开教育,离不开优秀人才。教育肩负着实现民族复兴的重任,承担着引领国家现代化的使命,推动着整个民族的自由全面发展。教育改变着中国,教育为中华民族的伟大复兴积蓄着腾飞的力量。

## 二、服务育人理念的提出与时代内涵

教书育人、管理育人、服务育人作为高校的三项基本活动,归根结底都是服务于高校立德树人根本任务,服务于学生的成长成才。梳理我国高校育人体系发展历史可以发现,服务育人作为我国高校育人体系中不可或缺的重要组成部分,始终受到各级的高度重视。与此同时,服务育人也随着时代的发展和变化而不断丰富和完善。

### (一)服务育人理念的提出与演变

1950 年 8 月,在中国教育工会第一次全国代表大会上首次提出"教书育人、管理育人、服务育人"的口号,开启了高校对新中国教育改革的探索。1987 年印发的《中共中央关于改进和加强高等学校思想政治工作的决定》提出"要加强教职工队伍的思想建设,大力提倡教书育人、服务育人",强化了教书育人和服务育人理念的落实。2017 年印发的《高校思想政治工作质量提升工程实施纲要》中提出的构建"十大育人"体系,其中就包括了服务育人体系。

### (二)服务育人理念的时代内涵

随着时代的进步和教育事业的迅猛发展,高校的服务理念被赋予了更多新的内涵。从新时代服务育人的过程来看,高质量的服务育人已经从"在服务过程中培养人才"的单向育人发展为"在服务过程中检验育人效果"的双向互动。

"在服务过程中培养人才"的单向育人,是指学校教学、教辅以及后勤部门为学生提供各类服务。

"在服务过程中检验育人效果"的双向互动,则是指采用一体化、系统化的模式将高校的各个部门、各个系统有机结合,有效衔接高等教育教学和管理,以育人为核心,以服务为保障,在学校营造出良好的教书育人环境。

### (三)服务育人与"三全育人"的关系

服务育人和"三全育人"均是当前教育改革中两个重要的教育理念。服务育人注重以学生为本,为学生提供高质量的综合服务;"三全育人"则强调全方位、全过程、全要素地关注学生成长。

首先,服务育人是"三全育人"的重要组成部分。服务育人正是通过提供高质量的服务,满足学生的多样化需求,从而实现"三全育人"的目标。其次,服务育人可以促进"三全育人"的实施。服务育人强调以学生为本,关注学生的个性化需求。通过提供优质的服务,帮助学生更好地适应学习生活,提高学习兴趣和动力,从而促进学生的全面成长。

在教育实践中,应将服务育人和"三全育人"有机结合,以提高教育质量,促进学生的全面发展。

## 三、当前高校服务育人工作的现状

随着社会的不断发展,教育的重要性日益凸显。高校作为培养人才的重要基地,服务育人作为培育和践行社会主义核心价值观的有效途径和落实立德树人根本任务的重要载体,有效契合了时代发展对健全人格和提升素质的要求,服务育人的工作质量直接影响到学生的成长和发展。但是在实际工作中,我们还是不难发现各高校在当前开展的育人工作中,在服务育人方面仍然存在着一些不尽人意之处。

一是高校服务育人理念的重视程度不够。长期以来,我国高等教育受传统教育观念的影响较深,一些高校在教育教学改革中,过于注重知识传授和技能培养,忽视了服务育人理念的贯彻落实。此外,部分高校对服务育人理念的认识还停留在表面,将其视为一项辅助性工作,而非人才培养的重要组成部分。同时,部分教师的服务意识不强,对学生的需求关注不够,导致学生的发展受到限制。这些认识上的偏差导致了服务育人工作的边缘化,使得高校在人才培养过程中忽视了服务育人的价值和作用。

二是高校服务育人理念的理解还不深入。虽然教育理念随着时代在逐渐更新,但受传统观念的影响,许多高校仍然存在一些片面的看法:认为育人即培养学生成长,应该是与学生密切接触的一线教师和学生工作者的任务,而其他非教学工作人员与学生接触较少,发挥育人作用较少或基本没有发挥作用。这种想法恰恰说明了高校工作人员对育人理念特别是服务育人理念的理解不深入、剖析不透彻、执行不到位,忽视了服务育人等教育理念在高校教育中的潜移默化作用,使得育人效果不够明显。

三是高校服务育人的工作机制仍不健全。虽然部分高校认识到了服务育人理念在人才培养中的地位和意义,并逐步完善和健全了服务育人领导架构、管理工作机制等,但是在实际工作中仍然存在服务育人理念贯彻落实不到位、工作执行不够坚决有力等情况。多数高校的服务育人体系建设,基本集中在学生管理、生活、心理等方面,全校上下未能将"以生为本"的理念与工作有机结合,工作中仍然习惯于从本部门利益出发,本位主义严重,以至于服务育人理念缺乏执行力和约束力。

四是高校服务育人的资源配置有待优化。高校作为培养人才的重要场所,应当在资源配置上更加注重服务育人的优化。然而,现实中许多高校在服务育人的资源配置上还存在诸多问题。首先,服务育人的硬件设施投入不足。许多高校在教学楼、实验室等基础设施的投入上不遗余力,但在学生生活服务设施的建设上却显得力不从心,难以满足学生在学习和生活中的基本需求。其次,服务育人的软件服务配置缺失。许多高校在教学和科研方面投入了大量的精力和资源,但在学生的心理疏导和成长解惑方面的软件服务却还不够完善,使得学生在成长和发展过程中缺乏有效的支持和指导,难以充分发挥自己的潜能。再次,服务育人的资源分配尚有不公。在许多高校中,资源分配往往偏向于优势学科和优秀学生,而弱势学科和普通学生则难以获得足够的支持和关注,使得学生的发展机会不平等,不利于培养全面发展的复合型人才。最后,服务育人的资源分配缺乏创新。部分高校的服务育人资源在分配时缺乏创新思考,未能立足学生的需求进行有效分配。上述问题的存在,严重迟滞了高校服务育人工作质量的提升。

五是高校服务育人的评价机制尚不完善。服务育人评价机制的建构应遵循评价内容的适用性、评价方式的客观性、评价结果的实效性、评价体系的动态性原则。然而,目前大部分高校服务育人的评价机制仍不够完善。首先,部分高校的服务育人评价指标体系不够完善,未能全面反映服务育人的质量。其次,部分高校的服务育人评价方法不够科学,导致评价结果的准确性受到影响。最后,部分高校的服务育人评价结果运用不足,未能有效激励服务质量的提升。这些问题的出现,影响着高校服务育人工作的持续改进。

## 四、新时代高校服务育人的功能体现

新时代背景下,服务育人作为高校育人改革的先行领域和重要内容,在探索和发展中取得了卓越成效,高校服务育人的功能日益凸显。高校应关注学生的全面发展,注重培养学生的综合素质,发挥服务育人的功能,从而培养出更多适应社会发展需要的人才。

### (一)服务育人的知识传输手段有多种多样的呈现形式

信息时代,知识更新的速度越来越快,人们对于知识的需求也越来越大。知识的价值在于应用,在服务育人实践中,可以采用多种方法来实现育人的知识传输目的。例如,可以通过课程教学、实践教学、网络教学等多种方法来传授知识、培养能力、塑造人格。同时,还可以通过心理咨询、生涯规划、就业指导等服务手段来满足学生的个性化需求,鼓励学生大胆创新,将知识运用到新的领域,促进学生的全面发展。

### (二)服务育人的能力提升途径是丰富多彩的实践过程

随着科技的不断发展,服务育人的方式也在不断变化和创新。我们需要紧跟时代步伐,积极运用新技术、新手段,探索服务育人的新模式、新方法。在服务育人实践中,可以采用多种途径来实现育人的能力提升目标。例如,可以通过开展志愿服务、社会实践、科技创新等活动来培养学生的社会责任感、创新精神和实践能力。同时,我们还可以通过建设校园文化、推进国际化教育、加强校企合作等手段来丰富学生的文化体验、拓展国际视野、提高就业竞争力。

### (三)服务育人的价值塑造功能是基于对人的全面关注

服务育人强调以学生为中心,关注学生的成长和发展,尊重学生的个性和需求。在服务育人的理念中,教育不仅仅是知识的传授,更是对学生人格的塑造和服务。在服务育人的实践中,我们需要不断地探索和尝试,找到最适合自己的服务育人模式。因此,服务育人的价值塑造必须以关注人的全面成长为出发点,以满足学生的多元化需求为落脚点。

## 五、新时代高校服务育人工作的创新路径

在高校教育工作中,以服务为导向,以育人为核心,通过优化资源配置、完善管理体系、创新服务模式等方式,实现教育目标是服务育人工作的关键。针对当前高校服务育人工作的现状,深入剖析原因,结合服务育人工作中存在的问题,学校各部门要做到统筹谋划、通力协作,不断完善、压实压紧育人工作责任主体,将育人理念充分体现到各部门日常工作的各个环节中,构建学校高质量服务育人体系,逐步创新服务育人工作思路,推动服务育人工作落实落细落地,提高学校服务保障质量,切实提高服务育人效果。

### (一)加深服务育人理念理解

高校应该牢固树立以学生为本的服务育人理念,关注学生的成长需求,将服务育

人融入教育教学、科学研究、社会服务等各个环节,这是教育发展的必然趋势。作为教育工作者,我们应该加深对服务育人理念的理解,充分认识其重要性,加强对学生的关爱和服务,关注学生的成长和发展,采取积极措施,为学生的成长和发展提供全面、周到的服务和支持。

同时,高校还应该加强对教师的服务意识和服务能力的培养,提高教师为学生提供更好的教育和服务的综合服务水平。只有这样,我们才能培养出更多优秀的人才,推动国家和社会的繁荣和发展。

### (二)健全服务育人工作机制

高校服务育人工作机制的创新对于提高整体教育质量、培养全面发展的人才具有重要意义。高校应结合实际情况,积极探索服务育人工作机制的创新路径,建立健全服务育人工作机制,明确服务育人的目标、内容和方式,形成全员参与、全过程管理、全方位服务的工作格局。通过开展个性化服务、拓展服务领域、提高服务水平等方式,满足学生的多样化需求,增强服务育人的吸引力和实效性,推动服务育人工作迈上新台阶。

一是强化服务意识。加强服务意识教育,引导广大师生积极参与服务育人工作,形成良好的服务文化氛围。

二是完善服务制度。建立健全服务制度体系,明确服务标准、服务流程和服务责任,确保服务育人规范化和制度化开展。

三是提升服务质量。加强对服务质量的监督和评估,发现问题及时整改,确保服务质量的持续改进。

四是加强队伍建设。重视服务育人队伍的整体建设,提高相关人员的专业素养和服务能力,打造一支高水平的服务育人团队。

### (三)优化服务育人资源配置

优化服务育人资源配置,提高资源利用效率,是当前高校服务育人工作的重要任务,需要从多个方面入手,推动服务育人资源的科学整合和优化,实现资源的最大化利用。

一是加大投入,完善硬件设施。高校应当加大学生生活服务设施的建设投入,为学生提供更加舒适便捷的学习和生活环境。

二是加强服务,完善软件设施。高校应当在学生成长咨询与心理健康方面加强投入和建设,为学生提供更加全面的支持和指导。

三是优化分配,实现资源公平。高校应当在资源分配上注重体现公平公正原则,为所有学生提供平等的发展机会,培养更多全面发展的复合型人才。

四是加强沟通,倾听学生声音。高校应当加强与学生的沟通交流,定期了解学生的需求和意见,不断优化服务育人的资源配置。

五是创新思路,提高服务质量。高校应当不断创新服务育人的思路和方法,提高整体服务质量,为学生提供更加优质高效的教育服务。

### (四)完善服务育人评价机制

高校服务育人的评价机制,应突出强调以人为本、育人为先的原则,关注学生发展和教育质量提升。通过多元评价和反馈改进,实现对学生全面、持续的评价,推动高校服务育人的深入发展。

一是以人为本,关注学生发展。高校服务育人的根本目的是促进学生的全面发展,因此,评价机制应以人为本,关注学生的成长为根本需求。评价指标应包括学生的知识掌握、能力培养、人格塑造等多方面。此外,还应关注学生的个性化发展,尊重学生的兴趣、特长和潜能,为学生提供多元化的成长路径。

二是育人为先,强化教育质量。高校服务育人的评价机制应以育人为先,突出立德树人,提升教育质量。在评价过程中,注重教育教学的内涵建设,关注教师的教学水平和课程设置的合理性。同时,还应关注学生的实践能力和创新能力的培养,为学生提供丰富的实践机会和创新平台。

三是多元评价,实现评价互补。高校服务育人的评价机制应采用多元化的评价方式,例如教师评价、学生自评、同伴评价等多种评价相结合的方式,以期实现对学生多角度、多层次的评价。此外,还应关注过程评价与结果评价的结合,既关注学生的学习过程,也关注学生的学习成果。

四是反馈改进,促进持续发展。高校服务育人的评价机制应注重评价结果的及时反馈与改进,以促进教育质量的持续提升。在评价过程中,及时反馈评价结果,有助于学生了解自己存在的优点和不足,引导其制订改进计划。同时,还应关注评价机制的动态调整,根据教育改革的要求和学生的反馈,不断优化评价指标和评价方式。

服务育人工作创新是新时代高校提高教育质量的必然要求,也是一个持续的过程。我们应当紧跟时代变化,从多个方面着手,不断总结经验教训,优化服务育人模式,以适应和满足学生对教育的多元化需求。

**参考文献:**

[1]包东飞."三全育人"视角下高校服务育人实践与创新研究[J].产业与科技论坛,2023,22(21):112-114.

[2]王骞.高校服务育人的工作机制和路径研究[J].吉林工商学院学报,2022,5

（38）:124-125.

[3]王胜本,李鹤飞,刘旭东.构建新时代高质量服务育人体系[J].中国高等教育,2021(17):50-52.

[4]张莉,张茹,赵立成.新时代高校服务育人的内涵与实践路径探究[J].锦州医科大学学报（社会科学版）,2023,5(21):97-100,109.

[5]刘晓婷,王玥.新时代高校服务育人的内在逻辑与实践路径[J].思想理论教育,2023(08):107-111.

[6]王胜本,刘旭东,李鹤飞.新时代高校服务育人:重要价值、优化图景、推进路向[J].国家教育行政学院学报,2021(11):53-59.

# "三全育人"理念下民办高校图书馆服务育人路径思考

## ——以广州工商学院图书馆为例

广州工商学院图书馆　周声宇

## 一、引言

随着高等教育的不断发展,民办高校在我国高等教育体系中的地位日益重要。民办高校图书馆作为学校信息资源的集中地,承担着为教学和科研提供支撑的重要任务。在"全员、全过程、全方位育人"的教育理念下,民办高校图书馆更应发挥其服务育人的功能,为学生的全面发展提供有力支持。然而,当前民办高校图书馆在服务育人方面仍存在一些问题,如服务形式单一、资源建设不足、服务质量不高等。因此,本文以广州工商学院图书馆为例,旨在探讨如何优化民办高校图书馆的服务育人路径,以满足"三全育人"理念的要求。

## 二、"三全育人"科学内涵

"三全育人"就是要全员育人、全过程育人、全方位育人,将立德树人作为高校的根本任务,把思想道德教育、文化知识教育、社会实践教育融入各环节,在教育教学全过程和各环节体现思想价值引领作用,始终贯穿思想政治工作,形成教书育人、科研育人、实践育人、管理育人、服务育人、文化育人、组织育人的长效机制。

### (一)全员育人

全员育人强调教育工作者和学生的广泛参与,每个人都承担着育人的责任。这不仅包括教师、辅导员、行政教辅人员(图书馆馆员)等学校教育工作者,也包括学生、家长、社会各界人士等。每个人都应该发挥自己的作用,共同营造一个良好的育人环境。

## （二）全过程育人

全过程育人是指在育人的过程中，要关注学生成长的每一个阶段，从入学到毕业，甚至包括毕业后的发展。学校需要为学生提供全面的发展支持，包括学业指导、心理咨询、职业规划等，以帮助学生顺利度过各个阶段，实现全面发展。

## （三）全方位育人

全方位育人是指学校在育人过程中，要注重学生知识、能力、素质等方面的全面发展。学校需要提供多样化的课程和活动，包括学术课程、实践课程、文化活动等，以帮助学生拓宽视野、提高能力、培养兴趣和发掘潜力。同时，学校还需要注重学生的身心健康，提供必要的体育和心理健康教育。

# 三、民办高校图书馆服务育人的现状

目前，民办高校图书馆在服务育人方面取得了一定的成绩，但也存在一些问题。一方面，民办高校图书馆在服务育人的过程中，注重培养学生的阅读兴趣和阅读能力，通过开展各种阅读推广活动、设立读书日、举办读书分享会等形式，营造了良好的阅读氛围，引导学生养成良好的阅读习惯。此外，民办高校图书馆还通过提供丰富的馆藏资源、优化借阅流程、开展信息素养教育等方式，提高了学生的信息素养和综合素质。另一方面，民办高校图书馆在服务育人方面也存在一些问题。首先，由于民办高校办学规模和经费的限制，图书馆的馆藏资源不够前沿和新颖，难以满足学生的阅读需求。其次，民办高校图书馆的服务水平有待提高，部分图书馆员服务意识不强，服务形式单一，影响了学生的借阅体验。最后，民办高校图书馆在阅读推广方面仍有待加强，需要不断创新推广形式和内容，吸引更多的学生参与阅读活动。此外，学生参与度不高，对图书馆的利用不够充分。这些问题的存在制约了民办高校图书馆服务育人功能的发挥。

# 四、"三全育人"理念下民办高校图书馆服务育人创新路径思考

教育部2015年发布的《普通高等学校图书馆规程》中提到：图书馆应全面参与学校人才培养工作，充分发挥第二课堂的作用，采取多种形式提高学生综合素质。在此背景下，广州工商学院图书馆制定了服务育人建设方案，结合学校人才培养目标，从图书馆的层面，锐意改革创新，通过服务转型共同培养德智体美劳全面发展的新时代社会主义建设者和接班人。

### (一)以服务育人为导向,共创互动性服务空间

党的十八大以来,以习近平同志为核心的党中央高度重视"三全育人"建设,提出"要坚持把立德树人作为中心环节,把思想政治工作贯穿教育教学全过程,实现全程育人、全方位育人"。而服务育人首先是服务空间、服务转型、服务姿态的传播,图书馆作为服务育人的先锋阵地,将结合学校"三全育人"整体建设方案,进行服务空间创新,向交互式信息化服务图书馆发展。

**1. 图书馆服务育人将从"单元化"向"多元化"发展**

在信息化环境下,读者获取信息的渠道不再是局限于图书馆储存的书籍报刊和文献,而是借助信息化手段多方面获取所需资源。高校图书馆图书管理员也不仅负责图书管理,而且与师生互动频繁,是读者与图书馆资源之间的桥梁,他们的工作在高校"三全育人"工作中有着举足轻重的地位。在读者需求的纵深化、个性化的现状下,众多民办高校图书馆一直以来坚守的传统借还书为主要的功能将逐步被各种信息检索平台取代,鉴于此,图书馆只有向"多元化"的服务体系发展,才能实现其存在的价值。譬如,需要更多关注各地图书馆活动动态和最新资讯,加大馆际之间信息化共享,搭建区域文献资料共建平台;积极建立阅读推广服务平台,对阅读活动进行专业化指导,将阅读推广活动作为服务体系多元化的一大特色;以广州工商学院图书馆为例,为契合高水平应用型本科办学目标建设,馆舍功能区的建设发展以"读者的需求"为立足点和落脚点,打造可开展团队阅读分享的阅读主题空间、进行文化交流传播的文化艺术空间、进行学术探讨、学术研究的研修空间等主题功能区,在空间和资源上满足读者进馆的活动需求。

**2. 图书馆服务育人应突破"信息茧房"**

信息茧房是由哈佛大学法学院教授凯斯·桑斯坦提出的理论。他认为,在信息传播中,由于公众自身的信息需求并非全方位的,导致公众只关注自己选择的东西和愉悦自己的领域,久而久之,会将自身桎梏于像蚕茧一般的"茧房"中。这种现象产生的原因之一是"新新媒介"的产生,人们可以根据自己的喜好量身打造一份"我的日报"。信息茧房可能导致信息封闭,只听到自己认同的观点,削弱专业媒体的内容把关能力和议程设置能力。传统图书馆在服务育人工作中,长期以来都是遵循习惯性、普遍性、传统性模式,难以有效改变。随着信息化的普及和发展,图书馆的作用不再是简单提供场所给读者阅读、学习,而应是将这种封闭式的空间打破,让图书馆成为高校学生交流最开放和最活跃的空间,使广大读者真正能够爱上图书馆,消除其进入图书馆后的"焦虑感"。目前,广州工商学院图书馆在服务育人方面取得了一些突破和尝试,比如设置了休闲阅读空间、学习共享空间、学术报告厅等,满足读者多样需求。馆内开设的柠檬茶书屋满足读者的味蕾享受,读者可以自由走动、交谈,为长时间投入学习而疲倦

的读者提供悠闲的轻松区域;在公共学习空间摆放各类型的书桌和座椅,如特设的太空舱座椅、屏风卡座能增加读者入馆学习的舒适感,使其更享受地在书海中遨游;S 型学习座椅能让读者面对面交流,增强学习的互动性和便捷性;多功能阅览桌椅能够满足读者对灯光和电源插座的个性化独立空间需求;无线网络全覆盖可让读者随时随地使用网络检索资源,这些均为民办院校图书馆的服务模式向多功能立体化转型提供实用借鉴。

### (二)功能升级,构建信息化服务空间

广州工商学院以"十四五"信息化规划为引领,坚定数字化转型发展道路。学校升本以来,持续推进各单位的业务信息化和数字化工作,建设了融合服务门户、共享数据中心、数据交换平台、图书、教务、学工、科研、财务、人力资源等 47 个管理信息系统,实现了业务从线下搬到线上向大部分业务数字化的积累,为数字化转型提供数据基础。因此,广州工商学院图书馆在为各学科专业提供教学服务的基础上,借助学校的信息化建设,逐步进行功能升级,由传统型学习向智慧型学习空间转变。伴随着物联网、云计算、大数据等现代信息技术运用于图书馆,加速了智能建筑与高度自动化管理相结合的数字图书馆创新。

目前,广州工商学院图书馆开展的信息资源整合工作,引进大数据分析系统,详细分析并掌握全院师生读者利用图书馆纸质及数字资源相关数据,进一步优化馆藏资源和服务模式;读者可通过图书馆实时公布的大数据进一步清晰掌握图书馆各类信息资源的利用情况。在此建设基础上,进一步优化升级图书管理系统和各种信息服务系统,利用物联网等现代信息技术开展基于读者需要的个性化信息服务,使图书馆逐步向以"知识共享性""服务高效性""使用便利性"为特点的智慧图书馆方向发展,并配合学校的发展构建信息化智慧校园。

### (三)动态互动,积极推进阅读推广走深走实

2023 年教育部等八部门印发的《全国青少年学生读书行动实施方案》指出,我们要以习近平新时代中国特色社会主义思想为指导,深入学习贯彻党的二十大精神,全面贯彻党的教育方针,认真落实立德树人根本任务,积极培育和践行社会主义核心价值观,引导激励青少年学生爱读书、读好书、善读书,立志为中华民族伟大复兴而读书,切实增强历史自觉和文化自信,着力培养德智体美劳全面发展的社会主义建设者和接班人。

近年来,广州工商学院图书馆根据国家的政策导向,不断倡导阅读推广的新理念,传递阅读价值观念,通过读书活动月向读书活动年的转变,开创阅读推广活动新局面。比如 2023 年,图书馆开展以"书海遨游汲营养,青春阅动见英豪"为主题的读书

年活动,时间从 3 月到 12 月,分别以读书分享会、主题报告会、主题竞赛、艺术表演和比赛、线上活动等形式开展,主要活动包括贯彻"主题教育"精神"红色经典"读书分享会、"阅读与天堂——与大学生谈读书"读书主题报告会、"文献发展与文明传承——中国书史的故事"主题讲座、"一周一书,一书一讲"读书系列讲座、"与经典相伴,携书香前行"中华经典诵读大赛、"学习党的二十大精神"知识竞赛、"我和我的图书馆"短视频比赛、第二届"读百家经典,悟百味人生"古代经典文学舞台剧表演、书法/绘画/手工制作/设计作品比赛、第三届"搜知杯"信息素养大赛等 20 余项。参加活动学生达到 5448 人次,有效地吸引和促进学生走进图书馆、了解图书馆,提高图书馆的文献资源和空间资源的利用率,让学生学会利用图书馆资源进行学习和研究,使图书馆成为学生的学习中心、文献资源中心和学生的第二课堂,为学校本科教学服务,提升学生学习效率和质量。并在参加的校外活动中获得不同级别的多个奖项,有效激励学生阅读,也起到扩大学校知名度的作用。

### (四)嵌入式服务教学,搭建学科服务平台

学科服务是以用户需求为中心,以学科馆员为主体,依托图书馆特有的数据、信息与技术资源,面向特定教学和科研用户开展的个性化、专业化文献信息服务。广州工商学院图书馆作为一家民办院校图书馆,在学科服务这一领域走在了民办院校学科服务的前沿,2021 年年初,图书馆即成立了专门的学科服务部门,并配备专业对口的学科馆员,部门成员由 1 名副研究馆员以及 3 个图书馆学专业的硕士研究生组成,成员力量较为完备和专业。目前,图书馆通过"盈科—广工商图书情报服务群"和"青梨 AI 科研服务平台"为全校教师检索和传递文献资料,近来来为师生提供了 2 万余条的文献传递服务,为学校师生的科研和学科建设提供了精准的服务,提升学校本科教育质量。

此外,图书馆还通过大数据分析平台、图书管理平台以及联合科研处等部门连续 3 年编印了《广州工商学院图书馆年度阅读报告》《广州工商学院年度期刊论文统计分析报告》,并尝试编写了《华盛顿协议》调查报告,为工学院工程认证提供研究基础。以上均为图书馆在更高层次的开展学科服务做了有益尝试,并逐步形成系列化、系统化、个性化服务,提升服务育人效能。

下一步,图书馆在开通 CX 查收查引服务平台试用的基础上,到开展学科服务成熟的高校进行深入调研,制定服务准则,为图书馆接下来开展精准的学科服务做好准备。

### (五)找准定位,注重馆员素质提升

《中华人民共和国高等教育法》指出:"高等学校的教师、管理人员和教学辅助人

员及其他专业技术人员,应当以教学和培养人才为中心做好本职工作。"图书馆是为学校教学和科研服务的部门,在图书馆的各要素中,馆员是最关键、最重要的因素,因为馆员队伍的素质决定着图书馆管理和服务的质量和水平,要提高图书馆管理和服务水平,必须首先提高馆员队伍的素质,所以,图书馆必须高度重视馆员素质提升工作。广州工商学院图书馆在馆员素质提升方面做了诸多有益的尝试,并制订了《馆员素质提高工作方案》,以在职培训为主、外出培训为辅,号召副高以上职称、硕士以上学历、部主任以上职务人员每年都要承担一至两次的业务辅导任务,在形式上既有馆内集中培训,也有外派骨干参加各类业界研讨会,返校后进行研讨会精神分享,达到少数人参会、更多人受益。同时,加强馆际交流,彼此交流成功经验和做法,学习和借鉴兄弟院校的先进理念和措施。鼓励馆员积极申报各级各类课题,参与科研活动及发表学术论文;倡导馆员在职读研读博,不断提升自身的学历和职称,从而优化全馆的学历结构和职称结构。通过以上种种措施,从根本上提升图书馆服务育人的主体力量,达到事半功倍的效果。

# 五、结语

图书馆服务育人是一项系统工程,在学校"三全育人"工作中发挥着先锋阵地作用,是高校立德树人根本任务在图书馆的具体体现,只有通过不断变革,守正创新,才能使得图书馆在现代化道路上跟上时代发展的潮流,为教育事业的高质量发展做出应有的贡献。

**参考文献:**

[1]费妮娜,王冬勤,李婷婷."三全育人"理念指导下的高校图书馆服务创新[J].科教文汇,2022(24):26-29.

[2]王丽娟."三全育人"视域下高校图书馆育人功能实现途径研究:以天津职业大学图书馆为例[J].当代教育实践与教学研究,2020(09):101-102.

[3]谭少丽."三全育人"视角下的高校图书馆服务模式创新探讨[J].大众文艺,2021(07):148-150.

[4]崔海英."三全育人"视域下高校图书馆信息服务育人的创新路径[J].河南图书馆学刊,2021,41(03):67-71.

[5]张惠萍,周颖斌.高校图书馆"三全育人"实践探索:以泉州师范学院为例[J].泉州师范学院学报,2023,41(01):82-86.

[6]陈菁.高校图书馆"三全育人"体系构建与育人路径探析[J].办公室业务,

2022(19):171-173.

[7]阴晴.高校图书馆构建"三全育人"服务模式的实践及路径研究[J].河南图书馆学刊,2023,43(05):58-60,63.

# 高校图书馆服务育人路径探析

## ——以广州工商学院图书馆为例

广州工商学院图书馆　李翠花

## 一、引言

我国经历了从 20 世纪 50 年代的"教书育人、管理育人、服务育人"的"三育人",到现在的"课程育人、科研育人、实践育人、文化育人、网络育人、心理育人、管理育人、服务育人、资助育人、组织育人"的"十大育人"体系。2016 年 12 月,习近平总书记在全国高校思想政治工作会议上指出,要把思想政治工作贯穿教育教学全过程,实现全程育人、全方位育人,努力开创我国高等教育事业发展新局面。从国家对高等教育育人理念的实施中可以看出,高等教育的育人体系越来越健全,育人目标越来越明确,但是服务育人一直是高校育人体系的重要内容,同时也成为高校图书馆的责任和担当,因此,不断创新和发展高校图书馆服务育人方式具有深远的意义。

## 二、高校图书馆服务育人优势

高校图书馆作为服务高校教学和科研的重要机构,同时也是高校育人的重要场所。《普通高等学校图书馆规程》(教高〔2015〕14 号)规定:图书馆的主要职能是教育职能和信息服务职能。高校图书馆最基本的职能之一是满足师生员工借阅和使用文献信息资源的需要,还要充分认识到图书馆为师生开展的大量活动也是一个服务的过程,是服务工作与育人工作的有机统一。2018 年 1 月 12 日,教育部为深入贯彻落实《高校思想政治工作质量提升工程实施纲要》(教党〔2017〕62 号)列出重点任务分工方案,在不断深化服务育人中强调,在图书资料服务中,建设文献信息资源体系和服务体系,优化服务空间,注重用户体验,提高馆藏利用率和服务效率,开展信息素质教育,引导师生尊重和保护知识产权,维护信息安全。从国家对教育、育人等一系列的政策中可以看出,国家对高校图书馆承担着育人成才的重要责任给予充分的肯定。高校图书馆是一个集服务与育人于一体的场所,在高校教学和科研以及学生成长成才中起着举足轻重的作用,扮演着不可或缺的角色。

## (一)思想道德引领

习近平总书记指出:"要把立德树人的成效作为检验学校一切工作的根本标准,真正做到以文化人、以德育人。"强调了对学生加强思想道德教育的重要性。在以"三全育人"为理念和指导原则,"十大育人"为体系的"大思政"格局下,高校图书馆作为高校大学生思想政治教育的重要阵地之一,是高校教育中重要的组成部分。它是高校师生进行学习、工作、获取信息、交流思想、开展实践活动的主要场所。高校图书馆的服务育人形式和其他育人形式不一样,高校图书馆德育功能的发挥,是良好的自然环境和人文环境给予师生的物质保障,激发并形成良好的道德意识和道德品质。丰富的马列主义、思想政治文献资源带来的信息保障,帮助和引导高校学生树立正确的世界观、人生观和价值观。

## (二)文化修养引领

高校图书馆丰富的馆藏信息资源,凝结着人类深厚的文化成果,储藏着人文艺术、道德哲学、宗教法律等大量的科学文化知识。这些丰富的文献资源能够为广大师生员工提供大量且全面的文化教育条件,在读者中有较强的文化认同感和归属感,让师生在阅读经典、研究科学中养成独立思考、剖析总结的习惯,在学习中思辨,不断完善自己的世界观、人生观、价值观。与此同时,高校图书馆举办的各种文化活动是高校校园文化建设的重要组成部分,诸如"阅读推广""知识竞赛""读书分享会""文化品牌展览"等活动。大学生通过参加这些形式各异、主题鲜明、内涵丰富的文化活动,可以开阔视野,增加社会阅历,增强文化修养。

## (三)信息素养引领

信息素养是指"提高个人信息意识,有效评估和利用信息"。它涉及各方面的知识,是一个特殊的、涵盖面很宽的能力,它包含人文的、技术的、经济的、法律的诸多因素,和许多学科有着紧密的联系。随着物联网、大数据、人工智能等信息技术的迅猛发展,网络信息资源激增;高校师生在学习、工作中时常面临着数量庞大的信息选择,而能够发现、检索、评估并筛选整理信息,是最重要的技能之一。高校图书馆在数字化进程中,具有完善的网络环境、高质量的电子信息资源和数据库资源供师生使用;有文献信息检索课以及专业知识丰富的学科馆员为大学生使用信息资源保驾护航。因此,高校图书馆在培养大学生信息意识,提升信息搜索能力、信息处理能力以及助力教学、科研工作方面具有非常重要的引领地位。

# 三、高校图书馆服务育人策略

高校图书馆应紧紧围绕立德树人根本任务,以师生为中心,围绕师生开展服务工作;以"三全育人"综合改革为契机,强化图书馆馆员服务育人意识,从多个方面、多个维度拓展服务育人路径,提升服务育人的质量,建立完善的服务育人体系,力求在服务学生的过程中实现对他们的教育引导,增强服务育人实效。

## (一)馆员思政服务育人

高校图书馆作为学校的文化和信息资源中心,拥有丰富多样的纸质文献和数字资源,为师生的教学和科研提供学科知识,让大学生通过各类馆藏资源学习到政治理论和党建文化。另外,高校图书馆馆员应该在服务工作中自觉融入思想政治教育,规范自身价值观和行为举止,有目的地做好馆藏资源指引和文献传递,做到以文化人,以文育人;积极主动为学生解决各种咨询问题,引领学生将馆内制度文化转为个体的自觉意识,提高他们的是非辨别能力,在图书馆的各项服务中循序渐进地提升他们的思想道德修养。为更好地服务师生读者,广州工商学院图书馆定期举办馆员素质提升系列培训,定期选派一定数量的馆员代表外出学习,紧跟时代的发展,关注业界新动态,学习当前图书馆的专业知识和服务意识,不断增强图书馆工作人员的思想政治素质,提升思想政治育人意识,增强业务知识水平,为图书馆在思政教育中提供有力的保障。

## (二)文献信息资源服务育人

高校图书馆的文献信息育人资源包括学科专业知识、社会实践经验、个人生活阅历等;应充分发挥其育人资源优势,将育人元素融入学科专业知识和社会实践经验中,构建高质量的育人资源体系,全面提高育人质量。图书馆通过不断补充文献信息资源,优化文献信息资源合理布局,建立以思想政治为指导,学科专业知识聚集的文献资源服务体系,实现文献信息资源服务育人的目的,为教师完成教学科研和学生完成学业提供有力的支撑。广州工商学院图书馆通过"微信公众号""微信群"等多种推荐图书和电子资源的途径增加师生在文献信息资源建设中的参与度;通过"走访院部",以开展座谈会的形式了解各学院对图书馆信息资源的需求,完善馆藏资源学科分布,有针对性地满足师生在教学、科研文献上的需求,为学校开展学科建设做好有力的文献信息资源保障。

### (三)环境空间服务育人

高校图书馆是大学生的第二课堂,是师生阅读、学习、工作、交流的重要场所,很多学生的大部分课余时间都是在图书馆度过的,环境空间服务育人是高校图书馆重要的组成部分。图书馆空间的设计与布局,人文空间的营造,多功能空间的打造,不同区域空间的陈设,都是高校图书馆立德树人、滋养心灵的载体之一。近年来,为了满足广大师生对图书馆的使用需求,广州工商学院图书馆高度重视环境空间的改造与布局,积极打造图书馆温馨舒适、功能多样的学习空间。随着馆藏文献资源的日益增加,图书馆通过不同的空间,根据不同的主题配合学校学科建设,设有红色图书角、新书展览区、学科图书展区。随着信息技术的发展,人们对信息资源的需求越来越多,图书馆增加了电子阅览设备以及独特的多功能学习共享空间,满足师生对电子资源的使用率。为了营造一种人文的学习氛围,图书馆在不同的功能区域采用不同的装饰效果,着力营造具有本馆特色的育人空间。比如:实时更新图书馆资源使用情况的大数据墙;电子阅览区的文化墙,邀请本校美术专业的学生设计画出的艺术作品,充满了朝气与活力;方志驿站的灯光效果,区别于馆里其他书架摆设,彰显出了地方史志的不同;新书展览区的"方圆展示台",错落有致,每当新书展示,读者步入其中,让人眼前一亮,驻足阅读。

### (四)智慧平台服务育人

高校图书馆是文化资源、学术资源的聚集之地;随着信息技术的飞速发展,信息需求与日俱增,智慧平台服务育人是现代图书馆智慧化服务的重要组成部分。从数据应用系统体现高校图书馆的数字化,智慧化水平;智慧平台汇集多种数据资源,移动数字阅读,学术数据资源导航。高校师生通过图书馆智慧平台,可以随时随地、便捷地使用各种电子信息资源,解决教学、科研的需要。广州工商学院图书馆智慧平台拥有多种学术资源、专业数据库、学科特色资源等,校内校外的师生可以通过智慧平台便捷地获得所需的信息资源。学科馆员基于智慧平台资源为师生开展学科服务,解决师生学术学业的知识咨询,统计师生的科研论文以及查新查引。

### (五)文化活动服务育人

文化传承和文化教育是高校图书馆区别于其他信息服务机构的显著特征,高校图书馆在对大学生开展人文素质教育方面具有独特的优势,除了优质的纸质文献资源、电子信息资源之外,还有主题不同、充实课程内容、引领大学生多阅读、传承中华优秀传统文化、丰富大学生精神生活的各种文化活动。这些活动给大学生以正确的思想指导,引导大学生的价值取向,帮助大学生在思想品德方面健康发展。广州工商学院图书馆在习近平新时代中国特色社会主义思想的领导下,紧紧围绕"立德树人""三全育人"的思想体系,注重各项资源联系实际、积极探索,不断创新图书馆服务育人的途径,面对在校大学生打造出多项服务育人的文化活动(表1)。

**表1　文化活动一览表**

| 活动名称 | 内容 | 覆盖范围 | 活动形式 | 宣传方式 |
|---|---|---|---|---|
| 图书荐读 | 按照党建、思政、节日、节气、事件等推荐相关书籍 | 全校 | 图书馆微信公众号推文,馆内展览 | 图书馆微信公众号,展示屏 |
| 新书推荐 | 按照主题、学科等推荐新入馆图书 | 全校 | 图书馆微信公众号推文,馆内展览 | 图书馆微信公众号 |
| 知识展览 | 甄选特定主题、人物、学科专业展览 | 全校 | 馆内展览 | 图书馆微信公众号 |
| 读书会 | 读者协会成员针对特定主题图书展开阅读讨论 | 以协会成员为主,兼顾校内其他读者 | 线下研讨 | 图书馆微信公众号 |
| 视频摄影 | 以"我和我的图书馆"为主题进行创作 | 全校 | 线下参与 | 图书馆微信公众号,易拉宝 |
| 舞台剧 | 甄选经典名著故事为依据进行诠释表演 | 以协会成员为主,兼顾校内其他读者 | 线下参与 | 图书馆微信公众号,易拉宝 |
| 比赛、访谈 | 根据读书系列活动相关主题:党建思政、传统文化诵读、外语配音、名家访谈等文化活动 | 全校 | 线下和线上参与 | 图书馆微信公众号,易拉宝 |

### (六)检索技能服务育人

由于高校教育事业的飞速发展,大学生对信息的需求也产生了变化,因此,信息检索能力成为他们必须掌握的核心技能之一。信息检索技能旨在培养大学生的信息素养,增强其信息意识,培养其在有限的时间内找到最相关信息的能力,提高其利用信息检索解决实际问题的能力。广州工商学院图书馆通过"微信公众号推文""短视频""讲座"等多种方式给在校学生讲授图书馆文献信息资源检索的基本方法,常用网络搜索引擎工具的使用技巧;通过"信息素养大赛"检验大学生的信息检索能力,帮他们找到自身不足,提高他们的检索水平;通过系统的"信息检索课"学习,案例操作实践,培养他们的信息意识,提升他们专业知识的搜索能力和专业文献的鉴别能力,加强他们通过搜索引擎、翻译等工具解决生活、学习、工作与科学研究各方面问题的技能。

# 四、结语与展望

未来,高校图书馆将成为知识出版和交流的中心、技术创新与文化的中心、知识资源的中心。在以"三全育人"为理念和指导原则,"十大育人"为体系的"大思政"格局下,高校图书馆应充分发挥资源、空间、文化、平台等各种优势,紧跟信息时代发展的步伐,让资源配置更齐全、平台服务更高效、学科服务更到位。高校图书馆要不断加强服务育人意识,提升服务育人实效,创新育人路径,为高校立德树人教育事业发展做出更大的贡献。

**参考文献:**

[1]蒋敏,郭琪,徐淑娟,等.高校图书馆阅读推广服务育人的实践与思考:以中国矿业大学图书馆为例[J].图书情报工作,2020,64(18):56-63.

[2]中共教育部党组关于印发《高校思想政治工作质量提升工程实施纲要》的通知[EB/OL].(2017-12-05)[2024-01-17].http://www.moe.gov.cn/srcsite/A12/s7060/201712/t20171206_320698.html.

[3]普通高等学校图书馆规程[EB/OL].(2016-01-20)[2024-01-17].http://www.moe.gov.cn/srcsite/A08/moe_736/s3886/201601/t20160120_228487.html.

[4]教育部办公厅关于印发《贯彻落实〈高校思想政治工作质量提升工程实施纲要〉部内分工方案》的通知[EB/OL].(2018-01-12)[2024-01-17].http://www.moe.gov.cn/srcsite/A12/s7060/201802/t20180201_326325.html.

[5]习近平.在北京大学师生座谈会上的讲话[N].人民日报,2018-05-03(002).

[6]李春香.高校图书馆信息素养教育研究态势分析[J].大学图书馆学报,2004(04):34-37.

[7]孙平,曾晓牧.认识信息素养[J].大学图书馆学报.2004(04):34-37.

[8]黄如花,李白杨.数据素养教育:大数据时代信息素养教育的拓展[J].2016(01):21-29.

[9]吴建中.大学图书馆的昨天今天和明天[J].图书馆杂志,2014,33(12):4-8.

# 资助育人：一种全面的教育策略

广州工商学院学生工作部(处)　何　巧　朱建丽

## 一、引言

　　教育是人类社会进步的基石，是提升国家竞争力、培养未来人才的重要途径。然而，教育资源的不均衡分配使得许多贫困学生面临着接受教育的难题。资助育人作为一种全面的教育策略，旨在通过提供经济支持和教育机会，帮助贫困学生克服经济障碍，实现教育公平和全面发展。

　　在当今社会，贫困问题仍然存在，贫困学生的教育问题更是备受关注。资助育人作为一种有效的解决方案，已经逐渐成为许多国家和地区的教育政策之一。它不仅能够为贫困学生提供经济上的帮助，减轻他们的经济负担，还能够激发他们的学习动力，提高教育质量，培养社会责任感。资助育人不仅关注贫困学生的经济问题，更重视他们的全面发展和未来前景。通过提供全面的教育支持和培养机会，资助育人旨在帮助贫困学生建立自信、提升能力，为他们的未来发展奠定坚实的基础。同时，资助育人也强调社会的共同参与和合作，形成政府、学校、企业和社会团体等多方参与的资助体系，共同推动教育公平和人才培养。

　　因此，本文旨在深入探讨资助育人的重要性、实施策略以及未来的发展方向。通过分析和研究资助育人的理论和实践案例，我们希望为相关政策和实践提供有益的参考，推动资助育人事业的不断发展和完善。同时，我们也期望通过全社会的共同努力，为贫困学生创造更多的教育机会，促进教育公平，助力他们实现人生梦想。

## 二、资助育人的重要性

### (一)促进教育公平

教育公平是社会公平的重要体现，也是教育事业持续健康发展的基石。然而，贫困问题往往成为阻碍教育公平的一大障碍,许多优秀的贫困学生因经济困难而失去接受高质量教育的机会。此时,资助育人作为一种有效的手段,显得尤为重要。

首先,资助育人直接为贫困学生提供了经济支持,使他们能够平等地享受教育资源。无论是学费减免、助学金发放,还是奖学金激励,这些资助形式都直接减轻了贫困学生的经济压力,让他们无须为生计担忧,从而能够专心学习,追求自己的梦想。其次,资助育人促进了教育机会的均等化。在资助政策的推动下,学校和社会为贫困学生提供了更多的学习和发展机会。例如,西安交通大学依托"一站式"学生社区,积极做好资助育人工作,推动资助工作"进社区",通过校企合作、社会实践等方式,贫困学生能够接触到更多的知识和实践平台,提升自己的综合素质。这种机会的均等化,使得贫困学生有机会与其他学生站在同一起跑线上,公平竞争,实现个人价值。此外,资助育人还有助于打破贫困的代际传递。例如,东北电力大学综合施策、精准发力,建设"五彩树人"平台,从"五个维度"进行引领与实践,深化资助育人成果。通过资助贫困学生接受教育,不仅能够帮助他们改变自身的命运,还能够阻断贫困的恶性循环,为社会培养更多有知识、有能力的人才。这种长远的社会效应,是资助育人促进教育公平的重要体现。

## (二)提高教育质量

教育质量的提升是教育事业发展的核心目标之一,而资助育人作为一种重要的教育策略,对于提高教育质量具有显著的影响。资助育人不仅为贫困学生提供了经济支持,使他们能够平等地享受教育资源,更在多个层面上推动了教育质量的提升。

首先,资助育人有助于贫困学生专注于学习。经济困难常常使贫困学生面临巨大的生活压力,分散了他们的学习精力。通过资助,能够有效减轻他们的经济负担,使他们能够更加专注于学习,提高学习效果。这种专注度的提升,直接促进了教育质量的提高。其次,资助育人鼓励学生积极参与课外活动和社会实践。许多资助项目不仅提供经济支持,还为学生提供了丰富的课外活动和社会实践机会。例如,华南理工大学举行"助学・筑梦・助人"主题征文、资助诚信主题教育等活动,鼓励受助学生积极参与志愿服务、社会实践、勤工助学和公益活动,推动他人帮助、自我成长有效融合。这些活动不仅能够拓宽学生的视野,提高他们的综合素质,还能够培养他们的团队合作精神和社会责任感。这些非学术性的成长和发展,同样是提高教育质量的重要组成部分。此外,资助育人还促进了教育资源的优化配置。在资助政策的推动下,学校和社会更加关注贫困学生的教育需求,积极调整和优化教育资源的配置。这包括提供更多的优质课程、改善教学设施、加强师资队伍建设等。厦门大学深挖历史文化资源推进资助育人,实施"爱无疆暖心工程",落实"悦读・力量"购书补贴计划、"关心下一代・爱心急助金"等资助举措。这些举措都有助于提高教育质量和满足学生的多样化需求。

### （三）培养社会责任感

社会责任感是现代社会公民必备的核心素养之一，它体现了个人对社会、对国家的担当和贡献。资助育人作为一种全面的教育策略，不仅关注贫困学生的经济支持和学习成绩，更重视培养他们的社会责任感。通过资助育人，贫困学生有机会接触更广泛的社会资源和参与社会实践，从而培养出强烈的社会责任感。

首先，资助育人政策通常伴随着一系列的社会实践活动和志愿服务机会。贫困学生在接受资助的同时，被鼓励参与各种社会服务活动，如支教、环保、社区服务等。这些活动不仅锻炼了学生的实际能力，更重要的是让他们亲身体验到社会的多元性和复杂性，从而增强他们对社会问题的关注和解决能力。其次，资助育人注重培养学生的感恩意识和回馈社会的精神。在接受资助的过程中，贫困学生深刻体会到社会的关爱和帮助，这种体验激发他们的感恩之心。许多学生在毕业后，选择将自己的所学所得回馈社会，通过捐赠、志愿服务等方式，帮助更多需要帮助的人。这种回馈社会的行为，正是社会责任感的生动体现。此外，资助育人还通过课程教育和校园文化活动来培养学生的社会责任感。例如，东北电力大学聚焦帮扶实效，在打造平台载体上下功夫，紧抓毕业季等重要节点，开展主题征文比赛、主题原创宣传作品征集、主题班会等活动，构建健康向上的校园文化体系。因此，学校可以开设相关的课程，引导学生关注社会问题，培养他们的公民意识和社会责任感。同时，通过举办各种校园文化活动，如公益讲座、社会热点讨论等，让学生在参与中感受社会的脉搏，增强他们的社会责任感和使命感。

## 三、实施资助育人的策略

### （一）政府资助

政府资助在资助育人策略中扮演着至关重要的角色，不仅是实现教育公平的有力保障，也是推动教育事业持续健康发展的关键举措。政府通过制定和实施一系列资助政策，为贫困学生提供经济支持，确保他们有机会接受高质量的教育，进而实现个人价值和社会贡献。

首先，政府资助具有广泛性和普遍性的特点。政府通过设立奖学金、助学金、贷款等资助项目，覆盖各个教育阶段和不同类型的学校，确保贫困学生无论身处何地都能获得必要的经济支持。这种普遍性的资助策略，为贫困学生提供了平等的受教育机会，促进了教育公平。其次，政府资助具有稳定性和可靠性的优势。相较于其他资助来源，政府资助通常具有更加稳定的资金来源和更加可靠的资助机制。这使得贫困学生能够长期、稳定地获得资助,减轻他们的经济压力,专注于学习和发展。此外,政府资助还能够发挥引导和激励作用。政府通过制定差异化的资助政策和奖励机制,鼓励贫困学生努力学习、积极参与社会实践和志愿服务等活动。这种引导和激励作用,不仅能够提高贫困学生的学习动力和社会责任感,还能够促进他们全面发展,为社会的繁荣和进步做出贡献。

## (二)社会支持

社会支持在资助育人策略中发挥着不可或缺的作用,它不仅是政府资助的有力补充,更是推动教育公平和社会进步的重要力量。通过汇聚社会各界的资源和力量,社会支持为贫困学生提供了更加多元化、个性化的资助方式,助力他们顺利完成学业,实现个人梦想。

首先,社会支持具有多样性和灵活性的特点。相较于政府资助,社会支持的形式更加多样,包括企业捐赠、个人助学金、社会团体资助等。这些资助项目可以根据贫困学生的实际需求进行灵活调整,满足他们多样化的教育需求。此外,社会支持还可以提供更加个性化的资助方案,如实习机会、职业规划指导等,帮助贫困学生更好地融入社会,实现自我价值。其次,社会支持有助于拓宽资助渠道,增加资金来源。社会力量的参与不仅可以缓解政府资助的压力,还可以为贫困学生提供更多的资助机会。通过企业、个人和社会团体的捐赠和支持,可以形成多元化的资助体系,为更多贫困学生提供经济支持。此外,社会支持还能够增强社会的凝聚力和向心力。社会各界的积极参与和关注,不仅体现了对贫困学生的关爱和支持,更展现了社会的责任感和担当精神。这种凝聚力和向心力有助于形成更加和谐、包容的社会氛围,为贫困学生的成长和发展创造更加有利的环境。

## (三)学校支持

学校作为教育的主要阵地,在实施资助育人策略中发挥着至关重要的作用。学校支持不仅直接关系到贫困学生的经济状况,还深刻影响着他们的教育经历、心理发展和未来前景。因此,构建全面、有效的学校支持体系是资助育人工作不可或缺的一环。

首先,学校支持体系能够提供及时、精准的经济援助。学校通过设立奖学金、助学金、减免学费等方式,为贫困学生提供直接的经济支持,减轻他们的经济负担,确保他们能够平等地享受教育资源。学校对学生的经济状况有深入了解,因此能够确保资助的精准性和有效性。其次,学校支持体系还包括提供个性化的教育指导和职业规划。学校针对贫困学生的特点和需求,提供定制化的教育方案,包括学习辅导、心理支持、职业规划等,帮助他们克服学习障碍,提升自信心和就业竞争力。这种个性化的教育指导有助于贫困学生更好地融入学校和社会,实现自我价值。此外,学校支持体系还能够促进贫困学生的社会融入和人际交往。学校通过组织各类课外活动、社会实践和志愿服务等,为贫困学生提供更多的社交机会和平台,帮助他们拓展社交圈子,增强社会责任感和团队协作能力。这些活动不仅有助于贫困学生的个人成长,还能够为社会培养更多有爱心、有责任感的人才。

### (四)个人努力

个人努力是资助育人策略中不可忽视的一环。尽管外部资助和支持为贫困学生提供了重要的帮助,但个人的积极努力和持续奋斗仍然是实现教育目标和个人成长的关键。

首先,个人努力体现在贫困学生对学习的专注和投入上。在接受资助的同时,学生需要倍加珍惜学习机会,以高度的自律和毅力投入学习中。他们应该制订明确的学习计划,合理安排时间,克服困难,不断提升自己的学习能力和综合素质。其次,个人努力还表现在贫困学生对自我发展的积极追求上。除了学习成绩,学生还应该注重培养自己的兴趣爱好、拓宽知识视野、增强实践能力。通过参加各类社团活动、志愿服务、实习实训等,学生可以全面提升自己的综合素质,为未来的职业生涯奠定坚实基础。此外,个人努力还意味着贫困学生需要保持积极的心态和乐观的态度。面对经济困难和生活压力,学生需要学会调整心态,保持积极向上的精神状态。他们可以通过心理咨询、同伴支持等方式来缓解压力,增强心理韧性,以更加饱满的热情投入学习和生活中。

## 四、案例分析——王同学的成长与蜕变

王同学是来自一个经济不发达地区的贫困大学生,家中经济拮据,兄弟姐妹众多,父母为供其上大学背负了沉重的债务。进入大学后,王同学面临着经济和心理的双重压力,一度感到自卑和迷茫。

幸运的是,王同学所在的高校有一套完善的资助育人体系。在了解到王同学的家庭情况后,学校及时为他提供了经济援助,包括助学金、学费减免和勤工俭学岗位等。这些资助不仅缓解了王同学的经济压力,也让他能够更专注于学业。除了经济资助,学校还为王同学提供了个性化的教育指导和职业规划。学校的辅导员和老师们经常与他沟通,了解他的学习情况和职业规划,并给予他针对性的建议和指导。在学校的帮助下,王同学逐渐明确了自己的职业目标,并开始积极准备相关的技能和素质。此外,学校还鼓励王同学参与各类社团活动和志愿服务,以拓展社交圈子、增强社会责任感和团队协作能力。王同学加入学校的志愿者协会,积极参与支教、环保等公益活动,这些经历不仅让他体会到了社会的温暖和关爱,也锻炼了他的组织能力和领导能力。

在大学的四年时光里,王同学逐渐从自卑和迷茫中走出来,变得自信、阳光。他的学习成绩一直名列前茅,多次获得奖学金和荣誉称号。同时,他也积极参与学校的各类活动和社会实践,不断提升自己的综合素质和实践能力。毕业后,王同学成功进入一家知名企业工作,并凭借自己的能力和勤奋获得了快速晋升。他深知自己的成长和成功离不开学校的资助和育人体系的支持,因此也经常回到学校分享自己的经验和故事,激励更多的贫困学生努力奋斗、实现梦想。

因此,通过完善的资助体系、个性化的教育指导和丰富的社会实践活动,高校不仅能够为贫困学生提供经济上的支持,还能够促进他们的全面发展和成长。这些学生的成功不仅是个人的成就,更是对社会责任和公益精神的传承和发扬。

# 五、结论

通过对资助育人策略的深入研究与分析,我们可以清晰地认识到,资助育人不仅是一种经济援助手段,更是一种全面的教育策略。它涉及政府、社会、学校和个人等多个层面,旨在通过提供经济支持、教育资源和社会机会,促进贫困学生的全面发展,实现教育公平和社会进步。

在资助育人的实践中,政府资助起到了基础性和导向性的作用。通过制定和实施一系列资助政策,政府为贫困学生提供了稳定的经济来源,确保他们的基本学习需求得到满足。同时,政府资助还引导了社会资源和学校资源的合理配置,为贫困学生创造了更加公平的教育环境。社会支持在资助育人策略中发挥着重要的补充作用。社会各界的参与不仅缓解了政府和学校的压力,还为贫困学生提供了更多元化、个性化的资助方式。企业捐赠、个人助学金、社会团体资助等形式多样的社会支持,为贫困学生提供了更多的发展机会和成长空间。学校支持是资助育人策略中的关键环节。学校通过提供经济援助、个性化教育指导和丰富的社会实践活动,为贫困学生创造了平等、优质的教育环境。学校支持不仅有助于贫困学生的学业成绩提升,还促进了他们的全面发展和综合素质提升。个人努力是资助育人策略中不可忽视的一环。贫困学生通过专注学习、积极追求自我发展和保持积极心态,能够在资助支持下更好地实现教育目标和个人成长。个人的努力不仅是对外部资助的有效回应,更是对自我价值和未来生活的积极追求。

# 六、建议与展望

一是完善资助政策。政府应不断完善资助政策,确保资助的公平性和有效性。同时,应加强对资助资金的监管,防止滥用和浪费。二是加强宣传教育。加大对资助育人政策的宣传力度,提高社会对贫困学生的关注度和支持度。同时,应加强对贫困学生的心理健康教育,帮助他们树立信心,积极面对生活和学习中的困难。三是创新资助方式。探索新的资助方式,如设立创业基金、实习岗位等,为贫困学生提供更多元化的支持。同时,可以尝试将资助与学业成绩、社会实践等相结合,激励学生全面发展。四是强化校企合作。加强学校与企业、社会团体的合作,共同推动资助育人事业的发展。通过校企合作,可以为学生提供更多实习和就业机会,帮助他们顺利融入社会。未来,随着社会的不断进步和教育事业的深入发展,资助育人政策将更加完善。我们期待通过全社会的共同努力,为贫困学生创造更多的教育机会,助力他们实现人生梦想。

**参考文献:**

[1]张志勇,史新茹.基础教育治理现代化的时代价值、核心议题与战略任务[J].现代教育管理,2024(03):1-9.

[2]胡彩.高校家庭经济困难学生发展型资助育人体系构建研究[J].科教文汇,2024(03):19-22.

[3]薛二勇,刘淼,李健.我国教育公平发展政策变迁的历程、特征与趋势[J].教育研究,2019,40(05):142-150.

[4]陈怡希.推动教育高质量发展[N].云南日报,2024-03-01(008).

[5]张舒一,孙蕾.高校资助育人创新模式探究:以"思政+资助"育人体系为例[J].人才资源开发,2022(19):21-23.

[6]左春荣,宋煜,左靖,等.贫困大学生社会支持、自尊与主观幸福感的关系[J].黑龙江科学,2023,14(21):59-61,66.

[7]张芷若."三全育人"视角下高校资助育人路径研究[J].教育教学论坛,2024(02):165-168.

[8]陈琳.教育认同理论视域下的高校发展型资助育人体系的功能分析及建构[J].黑龙江教育(理论与实践),2023(12):19-21.

# 民办高校构建组织育人体系路径研究
## ——以培育创建样板党支部为例

广州工商学院党委办公室　张辉名师工作室　郑文凤

广东第二师范学院文学院　刘　敏

中共教育部党组印发的《高校思想政治工作质量提升工程实施纲要》(以下简称《纲要》)通过构建"十大育人"质量工程,为"组织育人"的理念与实践提出了明确的指导意见。为适应新时代党的建设总要求,贯彻落实《中国共产党普通高等学校基层组织工作条例》,中共教育部党组出台《关于高校党组织"对标争先"建设计划的实施意见》(教党〔2018〕25 号,以下简称《实施意见》),组织开展新时代高校党建示范创建和质量创优工作(以下简称党建"双创"工作),旨在通过培育创建党建工作示范高校、标杆院系、样板支部,以点带面发挥辐射引领作用,推动全国高校各级党组织全面进步全面过硬,将学校党的建设与组织育人有机融合,不断完善制度、优化机制、选树典型,形成良好育人氛围。

## 一、民办高校推进样板党支部建设的育人意义

推动党组织建设与育人工作的有机融合、同向而行,是高校基层党组织育人建设的内在要求。近年来,党中央不断加强高校党的建设,先后出台一系列文件,明确规定了高校党建和基层党支部建设的总体目标、主要任务和达标要求等,极大程度上推动高校党建工作质量更上新台阶的同时,也为高校落实立德树人根本任务、完善组织育人工作带来新的挑战与机遇。

(一)推进样板党支部建设,是把牢民办高校育人方向的坚实基础

民办高校作为党领导下的培养时代新人的坚强阵地,肩负着坚持为党育人、为国育才的重大职责使命,在新时代、新要求、新标准下,与时俱进地加强基层党组织建设,可以进一步凝心聚力、开拓创新,充分发挥党支部的战斗堡垒作用,为国家培养更

多符合社会需要的建设者和栋梁之材。

（二）推进样板党支部建设，是夯实民办高校育人基础的重要步骤

民办高校要强化党组织政治功能、加强基层党组织建设、加强思想政治建设和意识形态工作、促进党建带群团建设等内容。推进党建品牌建设，深入开展"对标争先"建设计划，构建省、校、院三级培育体系，全面提升基层党组织建设质量，充分发挥各级基层党组织在思想政治工作中的主体责任，以组织建设推动广大党员与全体师生思想政治素养的提升。

（三）推进样板党支部建设，是增强民办高校育人氛围的有效路径

积极发挥基层党组织的作用，能有效推动高校的高质量发展。无论是公办院校还是民办院校，在贯彻党的方针政策、建立人才培养目标等方面的标准都是一致的。民办高校运营和管理机制与公办院校不同，在民办高校发展的特殊环境中，高标准、严要求落实党建任务，积极推进样板党支部建设，能有效推动民办高校对标公办高校找差距、找不足，进一步提升凝聚力和战斗力，激发党员干事创业的活力，全面提升基层党组织的组织力，全方位夯实基层党组织战斗堡垒，提升民办高校办学水平，进一步推动组织育人体系构建。

## 二、民办高校推进党建工作样板党支部存在的主要问题和成因

民办高校党建工作是全面落实党的教育方针的重要组成部分，但由于民办高校发展的特殊性，对组织育人工作带来一定的现实制约。

（一）党支部运行机制与制度不够完善，育人成效还不够明显

部分基层党支部未根据自己的实际情况建立健全工作体系，职责分配不够明确，没有制定明确的惩罚措施和管理制度，从而导致支部活动纪律不够严谨、学生党员学习态度不够认真、活动成效不够突出等弊端。支部在开展日常活动时，还存在迟到、思想政治学习不够积极、未能按时完成任务等情况，虽然及时进行批评教育，却不足以达到警示效果。

（二）职权分配不够明晰，未形成高水平、专业化的育人队伍

教师党支部和学生党支部书记、委员多为专任教师、辅导员、行政人员兼任。教师党支部书记符合"双带头人"要求，承担着较重的教学、科研压力；学生党支部书记多为辅导员，除了进行思想政治教育工作外，还承担了行政管理的压力。支部委员或是

工作任务繁重,或是身兼数职,导致党务干部在党建工作方面力不从心,投入工作的时间和精力有限,党务工作队伍出现流动性大、执行力不足等情况,间接致使党支部建设弱化与活力不足等现象。

### (三)党建工作与育人工作融合度不够高,育人特色不够显著

无论是辅导员还是教师,在调整工作方式、化解本职工作与党建工作之间的矛盾等方面,尚存在困境。民办高校辅导员作为学生在学校生活、学习的主要管理与督促者,工作内容存在碎片化、不确定性等情况,故而在处理党建工作方面往往力不从心,又因专业性的缺失,无法将育人经验总结出特色和亮点。与此同时,支部存在党建活动与专业特色结合不够紧密、实践活动与理论知识结合不够深入等情况。

### (四)网络阵地滞后,宣传平台单一

首先,基层党支部活动形式单一,理论学习局限于党员自学或者集体线下、线上学习,多以任务式完成为主,缺乏学习和探索的主动性;其次,未能紧密结合新时代新媒体的方式,以师生喜闻乐见的多媒体形式来激发学生的学习兴趣,合理整合学生的碎片化时间等;最后,由于支部所组织的活动单一,部分党员的创造力无法得到更好地施展。如何将组织育人落实到学生教育管理之中,促使二者构成和谐圆融的状态,以一种更为科学、有效的方式来真正达到师生共同参与、相互提高,自愿参与到组织活动中,都是目前基层党支部需要因时而变、因时创新的关键所在。

## 三、民办高校推进样板党支部建设的方法与途径

### (一)构建成熟有效的支部工作制度,完善组织育人制度保障

#### 1. 建立制度完善的育人格局

根据民办高校的办学定位和学院特色,明确党支部的建设方向及目标,建立制度完善的育人格局。按照《实施意见》规定,严格做到"七个有力"。党员日常管理上始终以《中国共产党发展党员工作细则》《普通高等学校学生党建工作标准》《学生党建考核指标体系》等文件为依据,务必做到学生党建工作规范化、制度化。充分发挥好组织带动、队伍带动、榜样带动作用,发挥党员的先锋模范作用。制度的建立必须在严格执行的基础上才能得到不断完善,合理设置支部组织、按期换届,定期开展组织生活。同时,应创新考核评价方式,建立完善的激励、惩罚措施,严格落实"三会一课",党内集中学习教育必须经常有序地推进。

#### 2. 民办高校应建立严肃的支部育人监督机制,督促支部定期开展问题查摆

支部党员有序开展自查与互查,尤其要利用好民主生活会与组织生活会等重要组

织生活,做到严肃认真找不足,不避情面提意见,诚心实意说建议,其乐融融促发展。同时明确原则,认真过好组织生活,杜绝虚假宣传、走过场等消极现象的出现,不怕发现疏漏,有则改之,无则加勉,增强支部党员对党支部的归属感和参与感。对于各支部建设中存在的明显问题,全体党员师生可有针对性地发表意见与建议,逐一列举存在的问题,共同商讨、探寻最佳解决方案,以便支部在建设的过程中落到实处,逐渐改善提高。

**3. 高校形成支部育人合力,积极开展经验交流、资源共享**

通力协作、良性竞争,在如何建设"样板党支部"这一问题中不断摸索,并在原有基础上总结实践经验,改进方式方法。积极借鉴全国高校"样板党支部"所分享的先进经验,广纳善言,主动完善党支部的建设。在基础工作中不投机、不懒惰、不走形式主义,严格依照各项标准过好组织生活,并在这个过程中查漏补缺,使基层党支部在日常学习生活中发挥战斗堡垒作用,引领师生党员以身作则,以昂扬向上的正面导向影响更多的师生群众。

## (二)加强党员干部教育管理,提升组织育人标准水平

**1. 加强党建业务培训**

针对兼任支部书记、委员的教师专业性不够、工作精力不足等问题,学校党委应分年度制订党员教育培训计划,适当通过座谈会、集中研讨、谈心谈话等方式督促党员干部自主学习,巩固思想政治理论知识,关注时事政治,注重个人思想觉悟与管理能力的动态提升,并为其提供交流经验的平台;通过建立个人学习档案,以完成每年集中学习时长为基本目标,由督促到自觉,养成"自主式"学习习惯;搭建课程资源库,实时更新学习资源,满足"自助式"学习需求,帮助基层党务干部熟练掌握工作技能,做到遇事有条理、不慌乱,为支部内的师生党员树立榜样的同时也能够树立威信。

**2. 更新党员教育方式方法**

邀请优秀党务工作者传授与分享合理分配工作、学习时间的方法,在支部内组织参加各项活动,也是一个教学相长的过程,更是有利于支部建设可持续发展的契机,所以支部委员要联合党员干部充分利用专业知识,发挥特长来进行活动的组织创办与宣传推广,不断地总结经验,并注重有效经验的传递。逐渐形成常态化培训、经常化研讨、阶段化交流机制,通过不断温故、累获新知、良性竞学等方式,同时创新党员评价考核办法,真正达成学以增知、学以明理、学以致用,提升党性修养,开阔思想境界。

**3. 建立有较大影响力的宣传平台**

提倡利用线上、线下相结合的方式打造支部特色文化,引导支部在组织与宣传板块投入更多心力。充分利用和展示现代互联网技术的优势,通过组织各种形式的主题学习教育活动,运用学习讲坛、知识竞赛、实践参观、微视频学习等途径,提高党员对学

习的兴趣,用师生所喜闻乐见的、乐于接受的方式来推动学习效果,充分发挥互联网的便捷性与学生党员的创新能力,改进入党积极分子与学生党员的培训方法,努力提高培训质量。可以考虑举办线上党校进行学习,充分利用互联网资源、各高校"红色网站"资源、线上跨学校理论讨论、网络专家学者等进行理论学习。尤其是学生党支部,务必紧跟时代科技发展,创新教育、宣传方式,掌握青年教育引导的媒体主动权,使学生更容易融入组织生活,从而提升主人翁意识,发挥先锋模范作用。

### (三)激发师生党员主动性,焕发组织育人内在活力

#### 1.加强支部师生党员之间的交流学习

尝试让教师支部、学生支部联合举办党日活动,把政治理论学习与专业知识学习有机互融。教师党员要结合经验与所学,主动将理论学习与时事相结合、与思政课程相结合,探索课程思政的有效方法,拓宽学习思路和研究方式,把思想政治理论课、形势政策课等变为学生党员加强理论学习的重要途径。通过列举具体事例或参加社会实践,引起学生的思考与探索,从而加深学生党员理论与实践相结合的实际操作能力。

#### 2.增强支部党员的主人翁意识

学生党支部应充分发挥学生的主观能动性,在开展支部活动中多采取项目式的管理方法,由每位学生党员根据自身的兴趣和特长,自由组队申报活动项目,自主邀请老师指导,在实际操作中了解学生的特点和优势,以此形成一套更适合学生党支部的学习、发展模式,更好地根据各年级的教学特点、管理方式、学生特色等方面来进行特色化学生党支部建设,进而增强思想及文化上的认同感,从而促成师生凝聚、团结一心的高效党支部。

#### 3.优化支部内党员结构

可以考虑按照年级分支部,鼓励表现突出的学生党员同志担任支部"组织员"一职,以形成一座推动师生之间有效沟通的桥梁。但是,按年级划分党支部这一形式也会在初期给不同年级的党支部带来各不相同的工作难点,如新生党支部会因新生党员人数少,导致党务活动开展受限的问题;毕业生党支部会遇到因学生普遍外出实习或找工作而难以推进线下集体活动等问题,同样需要健全的机制来教育管理流动党员,发扬斗争精神,主动克服困难,对流动党员采取集中管理,或成立流动党员党支部,产生约束力,创新开展活动的形式。

#### 4.利用校企合作平台优势,开展支部共建

发挥民办高校应用型本科大学的优势,建立校企党员管理教育平台,实现支部"同建"、人才"同育"、阵地"同创"、活动"同开"的"四同"校企党建工作新品牌,构建校企党建共建下的产教融合长效机制,为校企党建共建协同发展、深化产教融合育人机制开创新格局。通过校企支部共建,激发党组织的生机与活力,加强党员队伍建

设,提升党建工作层次;从企业角度看,既打造企业品牌,又为企业吸收了更多优秀人才。校企双方充分整合教育教学资源,深度融合校企协同创新,形成互利共赢、共同发展的良好局面。

**5. 突出典型案例,发挥组织育人、经验推广的示范作用**

学习先进基层党组织的经验,对标国家级、省级样板党支部进行支部建设,争取从效仿到突破,不断深化组织育人的达成度。党支部不仅应执行严格的工作体制、规范制度、激励惩罚制度等,更应在支部自有特色的基础上,通过师生共建提高支部向心力以及科研水平,并在不断对标自查的基础上完善支部建设,从而达到自我典型突出,经验推广示范的作用。例如,教师、学生党支部可以利用暑假进行社会实践,由教师党员带队、以学生党员为主展开志愿服务活动,通过到省内偏远贫困地区进行国家资助政策以及扶贫政策的宣传,帮助更多的贫困群众了解国家政策以及通过国家的扶持,过上更为幸福安康的生活。通过践行"三下乡"和"红脚印"等典型志愿服务活动,不断探索经验、培育成果、创建成效,在具体活动中增强学生党员的理论知识和实践水平,以此来树立党支部的典型特色,充分发挥引领示范、辐射带动作用,将自身支部的经验做法有计划有步骤地由点到面推广出去。

# 四、总结

民办高校基层党组织应充分发挥战斗堡垒作用,以提升组织力为重点,健全组织机构,加强基层党组织建设,配齐配强基层党务干部,着力发挥政治引领、规范党的组织生活、团结凝聚师生、促进学校中心工作等方面的育人作用。在此基础上,学习发扬先进经验、与时俱进、不断创新,力求在日后的工作中凭借扎实的党建工作、明确的工作机制、合理的工作模式、过硬的人才素质等优势在高校基层党支部中脱颖而出。在提高自身党支部建设的同时,将自身的经验成果和创建案例推广到更多的高校基层党组织中去,起到示范作用,充分发挥基层党组织的战斗堡垒作用,打造特色样板党支部,以期达到总结经验推广、辐射带动的成效,推动民办高校党建工作更上一层楼,以高质量党建带动学校组织育人体系的健全和完善。

**参考文献:**

[1]李沐曦.新时代高校"三全育人"理论与实践研究[D].长春:吉林大学,2022.

[2]王月,王鑫颖.民办高校党建"1+2+N"网格化联动工作机制研究[J].现代商贸工业,2021(09):145-146.

[3]项久雨,王依依.高校组织育人:价值、目标与路径[J].思想教育研究,2019

（05）:115-119.

[4]曹锡康.高校组织育人:现状考察与机制构建[J].思想理论教育,2018(11).2019:91-95.

[5]卢丹蕾.以红色"1+1"活动为依托促进学生党支部建设[J].北京教育·德育,2014(11):60-61.

[6]李洁,杨岁岁.高校"三型"学生党支部建设的实践与思考:以广东海洋大学外国语学院学生党支部为例[J].教育现代化,2019(61):175-177.

[7]王宇航."两学一做"背景下大学生"三型"党支部建设探索[J].安徽工业大学学报(社会科学版),2017,34(03):116-117.

[8]肖亚乔,薛达.师生融合:支部共建视角下高校学习型、服务型、创新型党支部建设实践探索[J].湖北开放职业学院学报,2019,32(15):91-93.

[9]王健,董康成,王金生.新形势下大学生党支部建设[J].河北理工大学学报(社会科学版),2008(04):103-105.

# 新时期大学生党员教育高质量管理的示范价值与创新研究

广州工商学院外语学院　张辉名师工作室　苏伟豪

当前大学生党员教育是国内高等教育中的重要组成部分,《中国共产党党员教育管理工作条例》制定和实施,延续着十八大以来习近平总书记强调的推动形成全党从严从实抓党员教育管理工作方向。作为高校党建工作引领的重要课题,做好基层党支部学生党员的教育管理工作,是在新时期"三全育人"背景下,发挥高校党建思想政治教育协同育人功能,在建设国家质量强国的工作标准中,全方位培育高素质人才,落实社会的高质量发展。因此,开展大学生党员教育管理的创新工作是高校教育管理急需优化的重要部分,结合高校党建工作的特点,进行高校基层党建工作内容的完善、创新,树立学生党建工作品牌化的示范性作用,实现高校学生党员教育管理的高质量发展。

## 一、推进大学生党员教育工作高质量管理的时代意义

党员教育工作是党的基础性工作。党的十九大以来,党内从上至下坚持以习近平新时代中国特色社会主义思想为指导,开展了一系列读原著、学党史等主题学习,不断推进大学生党员教育,将党员发展工作任务做深做实。1983年,中共中央关于加强党员的教育管理作出明确指示:"要结合每个时期的中心任务和党员的实际情况经常进行教育,并把党员教育制度化。"从工作要求中明确了党的指导思想,坚定了党的性质,指明了党的最终目标和阶段任务,科学分析社会的主要矛盾等,为接下来的社会发展工作指明了方向,也为今天的国家发展和民族复兴打下了坚实的基础。

高举思想的时代旗帜,用党的最新理论成果进行思想政治教育。国家实力的提升和社会的发展始终离不开高素质人才的支持,在国际博弈日益激烈的今天,对人才的争夺是中西方国家在未来发展中的重点。中办国办印发《关于进一步加强青年科技人才培养和使用的若干措施》指出,要坚持党对新时代青年科技人才工作的全面领

导,用党的初心使命感召青年科技人才,继承和发扬老一代科学家科技报国的优秀品质,坚持"四个面向",坚定敢为人先的创新自信,在实现高水平科技自立自强和建设科技强国、人才强国实践中建功立业。高校基层是党在培养高素质人才的一线阵地,意识形态工作是高校教育工作的重中之重,要在党的二十大精神和习近平总书记关于党的建设重要思想的指引下,培养好基层党员,推动高等教育政治功能和组织功能的提升,切实发挥基层党组织的战斗力和堡垒作用。

## 二、高校学生党员教育高质量管理的示范价值

### (一)增强基层党组织的政治功能核心作用

政治功能是基层党组织的核心功能,习近平总书记指出:"旗帜鲜明讲政治是我们党作为马克思主义政党的根本要求。党的政治建设是党的根本性建设,决定党的建设方向和效果。"高校基层党组织是高等教育政治把关的阵地前沿,为国家把好政治观,稳握方向盘,严格执行《中国共产党普通高等学校基层组织工作条例》的工作要求,明确为国育才的责任,以党章为根本依据,将学校党委和各基层党支部紧密联合起来,落实新时代党的建设总要求和新时代党的组织路线,规范高校基层党组织工作,全面贯彻党的教育方针。强化基层党组织的政治引领作用,做好"培养什么人,怎样培养人,为谁培养人"的时代问题答卷。当前高校顺应国家政策,在做好思政大课堂的同时,逐步推进党建+科研,助力高校科研工作的开展,发扬榜样精神、引领科研攻关,解决教学科研、产教融合、创新创业等问题,培育高校后备人才敢为人先的创新自信,坚守科研诚信、科技伦理、学术规范的精神品质,在人才强国的高质量发展中为中国式现代化建设奉献力量。

### (二)落实学生党员经常性教育的自觉性

习近平总书记强调把党的政治建设摆在首位。加强党员教育管理的首要任务就是全面从严治党,加强基层党员的思想教育,尤其是学生党员的培养,他们是党的新鲜血液,是党永葆青春的生命力。《关于加强党员经常性教育的意见》指出,党员的经常性教育要达到提高思想政治素质、增强工作能力和发挥党员先锋模范作用的目标。学习贯彻习近平新时代中国特色社会主义思想主题教育,是党加强基层党组织经常性学习教育的重要举措,有利于党的最新理论知识的全民化学习。因此,落实高校基层党组织的党员经常性教育,尤其是大学生党员教育有利于推进党的相关文件精神和工作指导落地。"三会一课"制度仅仅是保证党员教育的开展,在严格保证组织生活的有序时,需要通过开展理论培训和实践体验强化对党的情感认同。《2019—2023 年全国

党员教育培训工作规划》给出党员教育的培训方法创新运用信息化手段,用好"共产党员""学习强国"等学习平台,适应党员教育培训现代化,真正做到新理论、新思想、名师解、随时学的效果。

### (三)高校大学生党员教育的品牌化效应

品牌化建设是各高校党建工作追求的目标之一,实现党员教育的品牌化建设和管理,可以形成高校独有的教育价值理念。推动高校大学生党员教育内容的品牌化建设,是不断推进高校党建工作的成熟化管理,形成思政教育内容的系统化,在理论教学、实践指导和榜样引领上,党的教育始终发挥着示范性作用,党员的经常性教育目标就是要发挥党员先锋模范作用,因此,要着力打造具有学校特色的党员教育内容和教育管理,凝练优质的教育资源、实践基地和特色的教育形式,培育全校基层党组织借鉴和推广使用的学生党员教育品牌,从而发挥出学生在青年群体中的先锋模范作用,在科研探索、社会服务等领域示范带动全校整体学生素质的提升。在学生党员教育品牌创建过程中,要贴近满足学生实际需求,教育引导党员将个人发展追求融入国家和党组织的建设大局中,有力提升党员认同感和成就感,从而获得更多志同道合的党员认可和支持,要在这一过程中发挥党员的榜样作用,使之成为党组织不断提升凝聚力、号召力、战斗力和组织力的过程,发挥出品牌化效应应有的功能。

### (四)党员发展体系中的"传帮带"制度化

基层党员发展主要是通过理论学习考核进行优中选拔,在高校这个平台中,党组织考查的首要条件是学生的成绩和思想道德品质,但是容易忽略的是,积极分子发展过程中,学生对党的认识是不一定能够随着理论知识的增加而增长的,因此,学生党员教育一定要重视培养联系人的指导和教育。朋辈辅导理念的传入很好地总结了学生党员教育管理中学生党员培养方法的补充,不仅需要在理论知识上保证基层党员教育上的丰富性,同时也需要在情感和经验上获得积极分子们的认同,朋辈辅导传递潜移默化的影响,因此,学生党员教育管理过程中需要有计划、系统性、全方位制定培养联系人"传帮带"工作制度,要在学习、生活和工作中传递共产党人的优秀品质和对组织的理解,坚持党员自身在教育管理中的主体作用,用榜样的力量带动学生自我管理、自我教育、自我成熟,从而不断提升学生党员教育管理的高效性。

## 三、探研大学生党员教育高质量管理的创新性

### (一)因势而新,厘清学生党员教育体系

当前高校学生党员教育主要以爱国主义、理想信念、道德品质为核心,打造社会主

义建设者的政治理论教育体系。当前高校在基层党员教育的内容和形式上主要以上级文件要求为主,学生的教育内容多与形式化,学生学习的主体性多为他律,在党员教育高质量要求的背景下,制度的执行存在一定的滞后性。

从党员发展阶段上来看,基层组织发展党员主要经历了积极分子、预备党员和正式党员阶段,针对不同阶段的学生群体,进行的党员教育内容需要因势而新,改变以往的文件式教育,需要用好"三会一课"、党课和新媒体平台,优势互补,针对积极分子等群体主要以党章、党规等基础知识为主,并以党员活动等形式,帮助其理解和熟悉党的历史,树立起理想信念;针对预备党员群体,我们需要更加注重学生党员对基础知识的掌握,并在理论知识学习的基础上,注重理论指导实践,通过组织集中培训班、组织生活会等党员活动,着重突出学生的学习汇报、专题研讨、主题演讲和志愿服务等内容,将学生学习的他律性变为自律性;针对正式党员群体,必须正视的是经历过一年的预备党员的考察期,学生党员的思想意识已经有所独立,所以,在党员教育上主要以理想信念教育为主,并要以科研研究为基础,突出学生党员研究型的自我教育能力培养。要以习近平新时代中国特色社会主义思想为指导,支持学生党员走进社会进行专题调研,开展社会服务等实践活动,将理论服务于实践。

### (二)"三全育人"保障政治育人的全过程

要实现高校基层党员教育的长效化,尤其是学生党员教育管理的制度化建设,需要高校围绕党建教育的全过程制定和执行符合实际情况的教育管理机制。实现高校党建发展,不仅要调动基层师生党员的积极性,还需要运用适合的管理方式和稳定的实践平台。2023年,教育部推进的高校"一站式"学生社区建设,将"三全育人"的整体功能实现最大化,其中,党建引领是"一站式"社区建设的首要任务,结合"三全育人"的功能角度,坚持全员覆盖,让学生社区思政育人生态活起来,通过学生群体反馈的行为特征、个体需求、智慧评价等信息,精准定位思政教育的落脚点,创新社区思政育人机制,以现代化管理思维,找出思政育人贯穿于人才培养的全过程发力点,在"一站式"学生社区的实质化建设中,制定学生社区支部与学院支部的党建联系制度,保证社区工作指导思想的时效性,同时又不失独立性特点,给予学生党员工作开展的方向指导和独立自主。在全过程育人中要将各类党员教育内容纳入管理机制内,做好教育评价机制和奖惩机制的综合管理,创新"一站式"学生社区与思政育人的协同育人作用,做好党员教育管理的品牌化建设,推动党员教育的高质量发展和管理的创新。

### (三)"大思政"引领文化育人思政队伍建设

以"大思政"推进思政育人,要落实全员、全过程、全方位的"三全育人"格局,就必须重视学生党建工作,打造一支学生党员教育管理队伍,要与当前"一站式"学生社区紧密结合,开展具有学生特色属性的党校培养模式,在"一站式"学生社区中,学生党建工作以实践和理论两条主线并行,学生社群中的朋辈学习进行价值观引领,以点带面全面发展。因此,党建引领下的"一站式"学生社区在全校的思想政治教育工作、校园学风建设和学生自我管理服务上形成自我引导的前进方向,作为指导监督的学校层面可以进行适度调整,更好地提高校园文化整体建设效率。在"大思政"背景下,以"一站式"学生社区建设一支学院专职老师指导,学生党员、积极分子、共青团员为组织的自我管理、自我教育、自我服务的朋辈队伍,通过以学院为代表的党建队伍进行学生特色思政教育机制,为学生将理论知识融入实践的过程提供平台,也能够为学生党员队伍的选拔和培养提供可以评价和考查的新机制,促进学校思政育人任务的落实。

# 四、结语

高校党员教育管理的研究是推进基层党员教育管理的重要组成部分,新时期推进高校党员教育的高质量管理过程中,建设与各高校党员发展相匹配的党员教育内容是首要的。同时,党员教育管理是围绕当前高校学生党员教育中内容、形式和制度上的全方位、全过程的育人体现,在高质量发展的背景下,新时期的高校学生党员教育需要呈现多样化、阶梯化的思路,不能一蹴而就,而要循序渐进才能保证新时期高校党员教育管理的高质量发展。

**参考文献:**

[1]中办国办印发《关于进一步加强青年科技人才培养和使用的若干措施》[N].人民日报,2023-08-28(001).

[2]习近平.决胜全面建成小康社会 夺取新时代中国特色社会主义伟大胜利[N].人民日报,2017-10-28(001).

[3]施建石.以党建品牌创建激发基层党组织活力[J].红旗文稿,2020(23):19-20.

实践篇

# "问题—对话—引导—强化"四位一体混合式教学模式的探索与实践

## ——以"思想道德与法治"课程为例

广州工商学院马克思主义学院　张辉名师工作室　方圆妹

## 一、案例背景

"思想道德与法治"是一门面向大一新生的思政课,对于学生的世界观、人生观、价值观的形成有着重要的引导作用,对于学生运用马克思主义立场和方法认识世界、解决问题具有引领作用,是帮助学生成长成才的重要课程。但近年来,学生对该课程的获得感并不高,主要是存在以下"痛点"问题。

### (一)学生的思想困惑没有得到关注和疏解

刚刚步入大学校园的学生正经历着学习生活环境与方式的巨大变化,开始为独立走入社会做准备,其世界观、人生观、价值观也在与社会现实的碰撞中经历着反复的考验与确证,在经历挫折与困难时容易遭遇理想信念淡化、精神空虚迷茫、价值偏差错位等问题,而这些思想困惑都在四处寻求有效的疏解渠道。"思想道德与法治"本应成为疏解学生思想困惑的关键课程,但由于长期存在的课程教学与学生思想困惑相分离的桎梏,使得该课程无法有效地发挥其"成长课"的重要作用。学生认为该课程所讲的内容枯燥无味,并非自己内心的困惑或关心的问题,无法引起他们的兴趣和重视。

### (二)学生的个性没有得到充分发挥和表现

新时代的大学生主体基本是00后,他们个体意识强烈,善于思考;他们喜欢张扬个性,凸显自我;他们更注重自我感情的表达,自主参与意识强。他们又是在信息化社会、互联网社会成长起来的一代,他们可以自由地支配网络教育资源,知识面和视野更广。"思想道德与法治"本应是一门师生共同探讨大学生成长过程中面临的思想与法治问题的课程,但却成了教师的"独角戏"。"填鸭式""满堂灌""纯理论"的课堂教学无法给予学生发挥自我和表现自我的机会,容易引发学生的逆反心理和厌学情绪,从而导致学生在课堂上做与课程无关的事情,教学呈现弱效、无效。

(三)学生对课程的价值形态获得感不足

"思想道德与法治"课程不同于其他课程,它传授的不仅是知识形态(可衡量、可测度的实实在在的知识),而且渗透了很强的价值形态(一种无形的、精神性的力量)。课程的价值形态更多的是需要学生在实践中去感受和体会。但由于本门课程在实践教学方面存在随意性、形式化、难组织等问题,学生无法在实践的过程中体验到喜悦、满足、荣誉、尊严、自豪等感受,更无法使学生在知识增长、能力提升的同时让内心得到滋润、涵养,境界得到提高、升华。因此,学生对课程的价值形态获得感不足。

为了解决上述"痛点"问题,本文在"三全育人"的背景下,以习近平总书记在学校思想政治理论课教师座谈会上提出"八个相统一"的教学要求为指导思想,从教学问题出发,以提升学生课程获得感为目标,以"切问近思""相机诱导"为教学原则,以"对话"为教学手段,构建环环相扣的"问题—对话—引导—强化"的线上线下混合教学模式。

# 二、主要做法

## (一)基本思路

本课程构建的"问题—对话—引导—强化"线上线下混合教学模式,是基于当前"思想道德与法治"课堂教学存在的普遍性问题而进行的教学实践探索,其基本思路(图1)是以解决"痛点"问题为出发点,探索学生喜爱的、易于接受的、具体可行的教学方式,切实发挥"思想道德与法治"课程的育人功能。

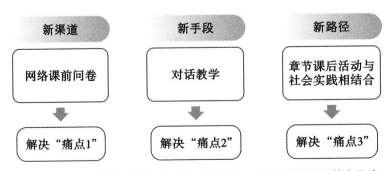

图1 "问题—对话—引导—强化"的线上线下混合教学模式的基本思路

### 1. 创新关注学生思想困惑的新渠道——网络课前问卷

运用信息技术手段,加强与学生的交流沟通,是现处时代为思政课提供的一个非常好的渠道。教师必须充分了解学生的所思所想,回应学生关于思想道德与法治领域相关现实问题的困惑,这是上好"思想道德与法治"课程的前提和基础。但是教师与学生能够面对面交流沟通的机会并不多,因此通过"学习通"平台发布课前问卷便成为一个能够激发学生思考、引导学生自觉预习、收集学生困惑和问题的好渠道,为连接教师的教学与学生的困惑打造了一块沟通的生态绿地。

### 2. 创新展现学生个性特点的新手段——对话教学

怎样让学生自主、自觉、自愿参与到课堂教学中来,是课堂教学要解决的关键问题。对话教学是以"切问近思""相机诱导"为原则,以教学内容为立足点,在课堂教学中,针对课前收集到的学生困惑及问题展开对话交流,从对话中引出更多的话题与学生共同探讨,最终引导学生自己得出结论的一种互动式教学模式。"思想道德与法治"课程作为一门人生基础课,更需要的是对话,而不是单纯地传播知识。这一教学模式,既能营造轻松的、自然的学习氛围,又能对学生的困惑问题进行回应疏解,还能给学生提供凸显自我、情感表达的机会,更关键的是教师在与学生的对话中了解学生内心的想法和情感、了解学生对相关问题的认知水平和能力,才能找到"导"的机会。在尊重学生、理解学生的前提下,融入理论、信仰体系,将道理讲到学生心坎上。

### 3. 创新体现课程价值形态的新路径——章节课后活动与社会实践相结合

如何打通知识形态与价值形态之间的联系,是影响本门课程获得感的重要因素。在每个章节讲授结束之后,设置该章节的主题课后活动,引导学生将头脑和内心中构建起来的理论框架、批判性思维以及情感体系用以指导自我实践,形成课后活动成果。将"全国青少年模拟政协提案征集活动"融入实践教学,作为本门课程社会实践的着力点,引领学生进行现象反思、问题剖析、本质透视以及结论迁移等一系列环环相扣的思维训练,增强学生理论联系实际的能力,培养学生的家国情怀。

## (二)教学模式构建

本课程构建了以全方位为导向的"问题—对话—引导—强化"线上线下混合教学模式(图2),立足思想政治理论课教学的整体性,从顶层设计和教学策略创新入手,通过聚焦问题、深度对话、理论引导、强化境界四个方面环环相扣、层层递进的教学环节,将教师的"教"与学生的"学"高度统一起来,从而实现全方位育人。

### 1. 课前:以教学内容为立足点,发布问卷,聚焦学生的困惑和问题

首先,围绕某个章节的主题,通过学习通 APP,向所任教的班级发放课前问卷,收集学生对该主题存在的困惑,了解学生对该主题的认知情况;其次,对收集到的困惑和问题进行分析,并以这些困惑和问题为导向,对教学内容进行重构,确定重难点问

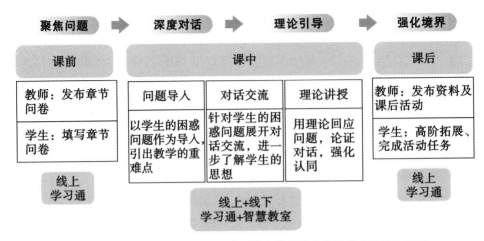

图2 "问题—对话—引导—强化"的线上线下混合教学模式的具体实施

题,优化教学设计;最后,思考并提炼出需要进行对话的"话题"以及该"话题"所对应的理论。

**2.课中:以学生困惑为立足点,展开对话,引导学生中融进理论讲授**

首先,在面对面的课堂上呈现学生的困惑和问题,引起学生的关注和思考;其次,对前期提炼出来的"话题"在课堂上与学生展开深度的对话,教师在与学生的对话过程中,不断引导学生说出自己内心的真实想法,甚至由学生自己说出问题的结论;最后,通过对话的内容,抓住问题所对应的理论知识,用理论总结问题,用理论说服人,强化学生对问题的认同感。

**3.课后:以提升境界为立足点,拓宽视野,引领学生在实践中知行合一**

一方面,通过章节课后活动,拓宽学生对相关主题的视野,提升学生运用所学理论的能力。在学习通APP开辟"章节课后活动分享与交流"栏目,让学生将成果上传到平台,在交流借鉴提升的同时实现师生互评和生生互评。另一方面,将"全国青少年模拟政协提案征集活动"融入思政课实践教学之中,将"学校小课堂"与"社会大课堂"贯通,以3~5人的小组为单位,组织开展对校园、佛山及周边地区的主题调研活动,根据课程要求自主确定选题,提交调研计划,实地调研走访,撰写调研报告,课堂汇报交流,把学生对美好生活的向往与发现和解决身边问题紧密结合起来,引导学生知行合一。

**(三)教学评价体系构建**

本课程构建了以全过程为导向的"全程化互动式"评价体系(图3),将课前、课中、课后的过程考核与期末统一考试的结果性考核相结合,以培养学生的问题意识、表达能力、实践能力、精神境界为目标的"全程化互动式"考核评价机制,寓考核评价于全过程之中,真正实现全过程育人。

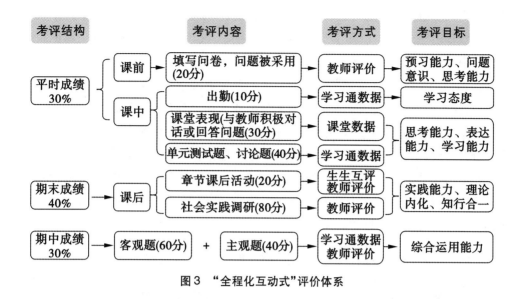

图3 "全程化互动式"评价体系

# 三、实施效果

## (一)坚持"以生为本",实现课程育人取得实效

"问题—对话—引导—强化"线上线下混合教学模式坚持以学生为中心,关注学生的学习需求和学习兴趣,根据学生的实际情况设计教学内容和方法,使教学更加贴近学生的生活实际和认知规律。同时,该教学模式还注重培养学生的自主学习能力和创新精神,鼓励他们在学习中主动探索、积极实践,不断提高自己的综合素质和能力。该教学模式的实施,使得学生获得感得到了显著提升。主要体现在学生学习"思想道德与法治"课程的积极性和主动性得到极大增强,学生对课程的参与度和认可度增强,纷纷表示有较强启发性和受益感,实现了学生对该门课程的学习从"无聊"变得"有趣",从"无用"到"受益"的转变。该教学模式在具体的教学实践中取得明显成效,得到督导和同行的一致好评,在评教中综合得分院系排名第1,学校排名第11名,在广东省教育厅"党的二十大精神融入思政课"优质课例中获二等奖、广东省第六届高校青年教学大赛思政组获三等奖、广州工商学院首届教师综合教学大赛获二等奖。

## (二)融入"五育并举",有力推进全方位育人

"问题—对话—引导—强化"线上线下混合教学模式融入"五育"要求,课前聚焦问题,学生需要进行课前预习并提出问题;课中与学生深度对话、理论引导,学生需要

认真听讲、相互探讨、学习理论;课后实践强化境界,学生需要面向生活、走向社会,每一个步骤都内在地提出了德、智、体、美、劳的要求。该教学模式注重对学生道德品质、行为习惯和社会责任感的培养,注重学生的知识积累和思维能力训练;注重培养学生团队合作和竞技精神;注重培养学生的艺术素养和审美情趣,激发学生的创造力和表现欲望;注重引导学生参与社会实践和志愿服务活动,培养他们的社会责任感和奉献精神。学生撰写的《关于大学校园快递包装盒回收再利用的调研报告——基于佛山市部分高校的调查》参加第十六届全国大学生节能减排社会实践与科技竞赛校赛,入围学校 15 强,被推荐参加国赛。学生还获得第十七届"挑战杯"广东大学生课外学术科技作品竞赛"绿美广东"专项赛校级三等奖,被推荐参加省赛。积极引导和支持学生的主动学习和自我发展得到切实加强。

### (三)注重"全过程评价",提升评价准确性和公正性

"全过程评价"是指在学习过程中对学生进行持续的、全面的、多维度的评价,旨在提高评价的准确性和公正性。通过全过程评价,教师可以更好地了解学生的学习情况,发现学生的优点和不足,从而有针对性地进行教学,帮助学生更好地掌握知识,提高学习效果。该教学模式构建的"全程化互动式"评价体系,能够全面反映学生的学习表现和实际水平,同时也能够让学生更全面地了解自己的学习状况,及时发现问题并进行改进。课前"学习通"的问题收集,可以获取学生学习数据,帮助教师更准确地评估学生的学习情况;课中的深度对话,可以及时评估和反馈学生的认知情况,也可以帮助学生更好地认识自己的优点和不足;课后的活动,能够检验学生学习成果的同时还能促进学生自我反思。总体提升教学评价的准确性和公正性。

# 四、经验启示

本教学模式的运用主要存在两个问题:一是在教学过程中,对话效果不一样。有些班级学生思维活跃、善于发言,对话就能在预计的时间内取得预期的效果。反之,效果则一般。这就需要教师进一步思考如何带动不善发言的班级也积极参与到课堂对话中来。这是今后需要探索改进的地方。二是对话教学适合小班授课,如果是大班授课,教师很难关注到所有学生,对话就会只局限于一部分学生,从而导致另外一部分学生被无意忽视。在今后的改革中会继续探索对话教学如何兼顾更多学生,扩大对话教学的适用范围。

# 践行"科研育人"全力助推高素质人才培养

广州工商学院科研处　徐　波　张家宝

近几年,广州工商学院科研小达人群星闪耀,学生科技竞赛、学科技能大赛、"互联网+"大学生创新创业大赛捷报频传。同时,学校"小漉菜"推动梅州叶塘镇漉菜产业高质量发展项目案例荣获 2023 年度广东农技服务轻骑兵"十大典型服务案例"……

问渠那得清如许,为有源头活水来。这个源头活水,就是广州工商学院坚持以"立德树人"为办学之本,坚持以"培养德智体美劳全面发展,具备扎实的专业知识、较强的实践能力和良好的国际视野,适应地方和区域经济社会发展需要的高素质应用型人才"为人才培养目标,始终赓续科技创新的文脉、弘扬敢为人先开放创新的办学传统,鼓励师生勇攀科学高峰、经世致用服务社会、立德树人追求卓越。在守正中创新,在创新中守正,在科研育人的实践中,谱写了践行科研育人全面促进"三全育人"的时代新篇章。

## 一、学研相济,敢为人先

育才造士,立德为本。早在升本之初,广州工商学院就牢牢抓住立德树人根本任务,用"崇尚科学,追求真理,发展能力,服务社会"的价值追求来培养高素质应用型人才,把"正德厚生　励志修能"确立为校训。

进入新时代,学校"不忘初心、牢记使命",始终坚持立德树人,把科研育人摆到更加突出的位置。促进学校内涵式发展,实现育人质量和办学层次"两个提升",形成"四链协同,产教融合,培养通专结合应用人才"的育才特色。在推进科研育人的实践中,学校紧跟时代节拍,深化改革,全方位挖掘科研育人的要素,全面优化科研育人环节和程序,完善科研育人评价机制,强化科研育人实施保障,促进科研成果转化应用,践行开放创新的广工商精神,树牢服务社会的理想追求,倡导敢为人先的科学精神,打造了科研育人质量提升新体系。

# 二、创新引领，改革驱动

在科研育人的探索中，广州工商学院倡导把科研工作的最大目标落在科研育人的成效上，打通"科研+育人"的最后一公里，着力打造可转化、能推广、有实效的具有广州工商学院特色的科研育人模式。

## （一）深化改革驱动科研育人

近几年，学校完善科研育人评价机制，强化"科研的核心是育人"的共同认知，把"深化改革、刚化规范、优化结构、强化绩效"内部管理体制改革的总要求，贯穿于教师科学研究的全过程。培养大学生崇尚科学的理想信念，勇攀科学高峰的意志品质，科学严谨的学术作风。以粤港澳大湾区智慧冷链产业学院为例，粤港澳大湾区智慧冷链产业学院聚集冷链人才培养和行业服务特色，以产教融入课程设计、融入体制机制、融入职业生涯的模式，培养有高尚情怀、有国际视野和有创新能力的高素质应用型冷链物流与供应链等相关领域专业人才。致力于构建人才科技创新支撑产教融合人才培养创新模式的产业学院，培养学生自主学习、科学思维、敢于创新和适应社会等综合能力，逐步形成学生理论与实践相结合、社会实践与教师科研项目相结合、社会实践与服务地方经济相结合的"三结合"模式。

## （二）搭建平台拓展科研育人

广州工商学院以教师和学生科技创新为引领，打造创业孵化基地和众创空间等创新创业平台，鼓励教师与产业对接，带领学生设计、开发项目，将创新创业成果应用服务于实践教学，将成果传播分享于社会，实现了科研与学生创新创业的深度融合。依托"商+众创空间"、校外实践教育基地，借助全国"互联网+"创业大赛、全国大学生学科竞赛、全国大学生技能竞赛等各类大学生课外科技竞赛平台，带动学生，引领学生，热爱科研，潜心科研，创新创业，实现科研与育人的融通和对接。

## （三）强化队伍提升科研育人

人才资源是第一资源。推进科研育人，广州工商学院始终以人才为基础和关键，抓好师资队伍建设和团队建设。学校严把教师资格和准入制度，同时启动实施"博士及高层次人才引进计划"，不断完善教师评聘和考核机制。学校积极引导师生掌握科技前沿动态，培养集体攻关、联合攻坚的团队精神和协作意识。近年来，学校打造培育了一批在省内有影响的项目团队，依托省级特色重点学科国际贸易学、物流管理成立的"广东对外贸易高质量发展研究团队""可持续供应链创新团队"获批广东省普通高校创新团队。

（四）强化制度保障科研育人

首先，学校确立了学科建设和科研工作总体目标，以学科建设为引领，抓好平台建设；以应用为抓手，促进科技创新与成果转化；以人才为关键，抓好团队建设工作；以质量为导向，提升学科建设与科研工作的绩效；以可持续发展为目的，营造良好的科研氛围。其次，完善科研评价标准，改进学术评价方法，构建学术诚信体系，倡导师生践行良好的学术规范与学术道德。最后，加大经费投入，建设科研信息管理平台，加强科研成果管理。

# 三、聚木成林，百花齐放

## （一）科学研究量和质显著增强

学校现有省级特色重点学科、省决策咨询研究基地、省普通高校人文社科重点研究基地、省博士工作站、省普通高校创新团队等 8 个省厅级学科（科研）平台（团队）和空港经济研究所等 23 个校级研究所。2022 年，经国家自然科学基金委员会批准，成为国家自然科学基金依托单位。近三年，教师获国家社科基金、教育部人文社会科学研究、广东省哲学社会科学规划等市厅级以上项目 196 项；发表学术论文 2890 篇；编写教材（著作）98 本；2021 年获批广州市知识产权试点校项目，获知识产权 466 项，PCT 73 项，成功转化 45 项知识产权。学校充分发挥文化传承创新功能，先后获批广东省人文社会科学普及基地 2 个、广东省科普教育基地 1 个，2 人入选佛山市社科普及专业志愿者服务队。

## （二）产教融合校企合作成效显著

积极推进应用型本科高校建设，深化产教融合，开展校企联合培养，先后成立了粤港澳大湾区智慧冷链、跨境电商、大数据与人工智能等 8 个产业学院，其中粤港澳大湾区智慧冷链产业学院获批广东省示范性产业学院。充分发挥学科专业优势，主动服务区域经济社会发展，在 2022 世界跨境电商大会上发布《跨境电商产教融合建设规范》，提供可复制、可推广的"广州标准""广州智慧"。积极撰写资政报告，2 份成果被大型国企予以采纳应用。现拥有 2 个省级实验教学示范中心，2 个省级大学生实践教学基地。获批"广东省众创空间"资质，为师生提供了良好的创新创业服务平台。

## （三）应用型人才培养质量持续提升

学校注重在教研结合、研教互动中，将科研创新资源转化为高质量育人资源，将科研创新优势转化为育人优势。2014年以来，学生参加教师课题人数93人；教师指导学生发表科研论文2448篇，获得知识产权98项；参加学科竞赛活动获奖1160项，包括中国国际"互联网+"大学生创新创业大赛广东省分赛金奖、省"挑战杯"大学生创业计划竞赛金奖、省"挑战杯"广东大学生学术科技作品竞赛金奖；获得"攀登计划"广东大学生科技创新专项资金项目37项，其中重点项目4项；获得大学生创新创业训练计划项目858项，其中国家级45项，省部级145项。此外，学生在国家级、省级体育赛事中获得金牌25枚、银牌25枚、铜牌24枚。其中，在第11、12届全国大学生毽球锦标赛中连续两届蝉联冠军；在第11届省大学生运动会中一举打破了尘封37年之久的省大学生运动会田径比赛男子1500米纪录获得金牌；并在2023年省大学生跆拳道锦标赛中荣获8金5银8铜，团体总分排名第一。

不积跬步，无以至千里；不积小流，无以成江海。在新时代科研育人的探索和实践中，广州工商学院践行开放创新精神，树立服务社会的理想追求，倡导敢为人先的科学态度，在学生心中播撒了智慧和创造的种子，引领学生以梦为马，追逐梦想，走出了一条高素质应用型人才培养的发展之路。

# 以"花匠 4+N"模式积极推进"大思政课"建设

广州工商学院党委办公室　张辉名师工作室　奚少敏

## 一、案例背景

广州工商学院认真学习贯彻习近平总书记关于"大思政课"的重要指示批示和在中国人民大学考察时的重要讲话精神,全面贯彻党的教育方针,落实立德树人根本任务,坚持用党的创新理论铸魂育人,聚焦发挥思政课关键课程作用,推动思政小课堂与社会大课堂相结合,以"花匠 4+N"模式不断拓宽实践育人渠道,把社会"请进"课堂里,把学生"带到"社会中,鼓励支持学生参加各类社会实践,组建理论宣讲、国情观察、乡村振兴等实践团队,把思政课堂搬到社区街道、田间地头等,引导学生将论文写在祖国大地上。

## 二、主要做法

学校着眼横向协同,纵向动员的组织方式,以"种、芽、花、果"四个步骤提升理论学习成效,用"进展馆、进社区、进乡村、进机关"四进模式锻炼实践本领,辅以 N 种形式主题活动创新学习实践载体,带领学生走出课堂、走出校园,回到社会生活之中,在丰富多彩的实践教学、现场教学中立德树人、铸魂育人,让思政之花绽放于社会生活的广阔实践。

### (一)"种、芽、花、果"提升理论学习成效

**1. 种:建强阵地,形成文化磁场**

以"红古绿"三色文化(即红色文化、优秀传统文化和绿色生态文化)打造富有特色的校园文化品牌和思政教育前沿阵地,建设学校新时代党员讲习所、校史馆、大学生思想政治教育基地以及校园红色文化走廊,图文并茂地讲好中华民族的故事、中国共

产党的故事、中华人民共和国的故事、中国特色社会主义的故事、改革开放的故事,特别是讲好新时代的故事;以沁雅园、桃李园等打造苏州园林式校园,以思源湖、镜湖、心源绿洲等强化校园育人环境和生态环境建设,使学生在潜移默化中受到感染和熏陶,达到润物细无声的育人效果。

### 2.芽:创新形式,深挖党史富矿

组织"五个一"红色浸润主题活动,即共看一部红色影片、共讲一个红色故事、共唱一首红色经典、共学一个红色人物等,努力构建结构完整、特色鲜明的红色文化育人体系;开展党史VR体验、闯关挑战等,让学生沉浸到长征的风雪历程中,与红军战士一起"爬雪山""过草地";组建星火讲解队,让学生以讲解员的身份,生动、翔实地讲述场馆中的党史故事或事件,体会百年初心矢志不渝,以"学、悟、化"作为阶乘让他们将红色文化精神内化于心、外化于行,深化对红色文化的情感,厚植爱党爱国情怀。

### 3.花:丰富载体,开辟多种渠道

开展主题演讲比赛、革命歌曲大合唱比赛、地方党史知识竞赛、红色展览等;依托"学习强国""广东打卡红""有声图书馆"等智能学习平台以及各类新媒体载体开展线上专题学习;深入开展"井冈情·中国梦""青年红色筑梦之旅"等大学生红色文化社会实践活动,定期组织前往中共三大会址纪念馆、佛山高明区红色廉政文化教育基地等开展现场学习,追寻红色足迹,培养家国情怀,使学生在实践中、感悟中受到触动,达到思政教育的目的。

### 4.果:加强研究,守好红色根脉

积极参与开展地方革命史料的抢救、征集和研究工作,为河源下屯村、惠州低冚村、佛山明阳村等红色村落录制红旅宣传片;以"新青年"为主题为新时代党员讲习所设计帆布袋、笔记本、钥匙扣、钢笔等赢得年轻人青睐的文创产品,以"红色下屯"为主题为啸仙故里设计红色地图、连环漫画等代表红色景点的红色地标产品,将红色文化融合进亲子、消费、文创、社交等人们的日常场景中,多维发力,共同提供最适合学生理解水平、接受能力和思想成长的思政滋养。

## (二)"进展馆、进社区、进乡村、进机关"锻炼实践本领

### 1.校馆共建——进展馆开展红色研学

与中国工农红军第四师成立大会遗址、佛山高明区红色廉政文化基地、黄埔军校旧址纪念馆以及闻啸轩学堂等红色展馆共建,将地方红色资源融入地域文化,设计红色研学方案,打造"共建+红色调研""共建+领悟熏陶""共建+红色研学"等,开展红色学习宣讲超过300次,服务展馆参与超过30000人次,用声音传播红色故事,用实践赓续红色基因。

### 2.校社共建——进社区开展科普宣教

逐步构建"群众点单、学校派单、学生接单"的实践育人模式,携手广东省钟南山

医学基金会和广州市青少年发展基金会,带领学生深入广州市花都区多个社区开展"科普集市"公益活动,为社区居民提供反诈防骗、垃圾分类、禁毒防艾、天文气象科普等实践服务;挖掘思政教育资源,组织学生到佛山市三水区大旗头古村等开展导说员活动,服务群众超 2000 人次,助力讲好传统古村落复兴的新故事。

**3. 校村共建——进乡村开展支教助学**

与花都区益群村、合成村以及三水区乐平镇村社等结对,组织学生开展为村社青少年儿童"七彩课堂"志愿服务,已开展服务 300 余次,受益学生达 5000 余人次,得到了地方政府部门的指导肯定。同时辐射到河源、梅州、茂名、湛江等地区乡村开展"乡村暑期夏令营",围绕思想引领、身心健康、防疫防汛、文化传承等基础教育类和艺术绘画等兴趣技能型这两大教学类型,逐渐构建大中小一体化、校内外一体化、知信行一体化的"大思政课"工作格局。

**4. 校政共建——进机关激活治理效能**

积极响应推进县域共青团基层组织改革向纵深发展的号召,服务青年学子成长成才,推选 15 名学生分别定点服务学校属地的佛山市三水区乐平镇 9 个村(社区)基层团组织,以村社团组织副书记身份参与基层团组织工作,为基层社区建设注入新鲜血液和青春力量,服务佛山市三水区雪梨瓜文化节和"佛山 50 公里徒步活动"等,为推动周村区的发展添砖加瓦,为推进基层社会治理创新贡献青春智慧与力量。

# 三、工作成效

## (一)展馆研学不断增进对党的创新理论的认同

以"传承红色基因"为一个核心点、以"搭建学用结合平台"为一条连接线、以"扩大红色文化的传播"为一个影响面,做实大学生理论学习成功正转化、做实红色传承传播有效化,"花匠 4+N"的独特性与创新性获得校内外领导及师生的一致好评;为啸仙故里设计的红色景观导览图、红色 IP 已被采纳并广泛推广,多次获新华社客户端、中国大学生在线、中国青年网、南方+等报道,获广东省高校基层党建工作创新案例二等奖、2021 广东省教育厅"请党放心 强国有我"广东大学生暑期社会实践活动"优秀项目"等。

## (二)科普宣教推动新时代文明实践落地生花

以"专业+志愿"形式,逐步构建"群众点单、学校派单、学生接单"的实践育人模式,推进以"反诈急先锋""共同'手'护:洗手健康科普宣教""花味浓——花都区弘扬本土粤菜文化"等为典型代表的一批项目扎根基层沃野,获"益苗计划"——广东志愿服务组织成长扶持行动暨志愿服务项目大赛之大学生志愿服务社区行动专项赛"优秀项目"、广州市学雷锋志愿服务先进典型宣传推选活动"最佳志愿服务项目"等。

（三）支教助学助力城乡义务教育优质均衡发展

重点为茂名市、河源市、梅州市等农村留守儿童和佛山三水、广州花都城市随迁子女开展作业辅导、课后"七彩课堂"等，入选团中央"七彩四点半"志愿服务项目示范团队、团中央"七彩假期"志愿服务示范团队，构建"家校社"共育体系与"2+1"帮扶机制，为青少年儿童提供多元化的学习机会和支持，推进"双减"落地有效。开展"教育赋能乡村振兴"主题调研，形成《社区教育纾解家长"双减"焦虑情绪功能研究——以广州市洛场村为例》《建设教育强国背景下湛江市徐闻县城北乡义务教育优质均衡发展路径研究》等多篇报告，获省教育厅 2021 年"立志·修身·博学·报国"主题教育系列社会调研报告三等奖。

（四）服务基层助力社区治理工作提质增效

大力推动大学生社区实践计划的落地实施，积极与社区结对，组织动员大学生有序参与社会治理，走进社会基层，了解社会实际、服务人民群众、增强时代责任、提高社会化能力，承接了"当代青年参与社区治理志愿服务的路径及提升研究""科普宣传教育在社区治理中的创新实践研究""党建引领广州花都城中村治理的路径研究"等委托课题，充分发挥青年在基层治理和服务中的积极作用，促进基层治理的进步和发展。

# 四、经验启示

（一）领航定向，充分发挥党委领导核心作用

学校党委要发挥把方向、管大局、作决策、抓班子、带队伍、保落实的领导核心作用，把党组织领导和运行机制、政治把关作用、思想政治工作、基层组织制度执行、推动改革发展到位的要求落到实处；要积极探索党建与事业发展深度融合的方法路径，对标目标使命、深化价值引领、聚焦组织建设、完善制度机制，以系统思维一体推进各项工作。

（二）铸魂育人，凝聚深度融合的思想共识

学校要紧扣立德树人根本任务，将习近平新时代中国特色社会主义思想有机融入教学、科研和学科建设，抓好后继有人这个根本大计；坚持党建引领思想政治工作，构建以"同心、同向、同频"为内核的党建思政融合机制，用习近平新时代中国特色社会

主义思想铸魂育人,引导全校师生坚定理想信念,厚植爱国主义情怀,凝聚起深度融合的思想共识。

### (三)理实融合,培养又红又专高素质应用型人才

学校要将思想政治教育与服务国家战略、地方需求和学校改革发展相融合,强化以劳动实践教育为导向的社会生活锻炼,带领学生深入农村、社区、工厂、企业参与公共服务与社会实践,引领广大青年学生带着火热的情感投入社会主义建设的生动实践中,发动聪明才智、发挥专业技能、发扬实践精神解决生产生活实际问题,推动育人工作内涵发展。

# 匠心筑梦"三个三":打造护航毕业生就业路实践育人粤样本

广州工商学院会计学院　张辉名师工作室　全桂艳

## 【履践致远　守正创新】

据教育部统计,2024 届全国普通高校毕业生规模预计达 1179 万,同比增加 21 万,再创历史新高。面对如此庞大的毕业生群体,如何帮助其顺利找到合适的工作,成为社会各界关注的焦点。习近平总书记在党的二十大报告中指出,实施就业优先战略,促进高质量充分就业,这是党中央准确把握我国发展阶段性特征对就业工作作出的重大战略部署。面对严峻的就业形势,由于对社会经济发展状况和就业形势预估不足,加上广东学生家庭环境相对优越等客观因素,导致部分大学生产生"懒就业"等消极就业心理现象,据会计学院 2024 届毕业生摸底调查数据显示,有 2/3 的毕业生想全职考公、考编、考研,70% 左右的毕业生存在不同程度的眼高手低、贪图安逸、只顾眼前、不谋长远等能拖一天是一天、不急于就业的不良心态。

会计学院坚持稳中求进、以进促稳、突出就业优先导向,加快完善高质量充分就业促进机制,深入落实党中央、国务院"稳就业""保就业"决策部署和做好高校毕业生就业创业工作要求,把就业工作摆在突出位置,坚持"三全育人"教育理念,引导全院师生积极探索新时代高校就业服务实践育人的创新路径,通过实施责任落实、挖潜拓岗、思想引领、帮扶指导等举措,完善就业工作机制、凝聚就业工作合力,逐步形成"三个三"就业服务实践育人工作法,积累了"三突出"的工作经验,为毕业生充分高质量就业保驾护航。

## 【深挖内潜　聚力攻坚】

"三个三"就业服务实践育人工作法,即坚持"三个引领"促就业(榜样引领、目标引领、情感引领)、建立"三项制度"保就业(一周一报、两周一会、多管齐下)和落实"三个着力"稳就业(着力读心、着力攻心和着力暖心)。

# 一、坚持"三个引领"促就业

以强引领、聚合力,助推"破冰解难"。

## (一)榜样引领

榜样力量是无穷的,学院选出在就业指导、就业跟进工作中表现突出的辅导员作为标杆,帮助和鼓励其他辅导员向标杆学习好的经验和做法,为毕业生提供更精准的服务和指导。首先,邀请上一届就业先进个人张林柏老师分享 2022 届毕业生的就业跟进工作经验。其次,邀请本届毕业生就业指导和跟进工作表现突出的白慧老师分享做法。

## (二)目标引领

针对就业率跟进工作,会计学院实行目标分解和层层落实制度,对实现目标的辅导员给予补贴和奖励。首先,制定学院总目标和月目标;其次,各辅导员老师根据学院总目标和月目标制定相应的周目标,要求具体到人数。实践证明,目标分解法是提升就业率的有效途径。以会计学院 2023 届毕业生就业率跟进工作为例。

### 1.学院总目标

初就率 96%,终就率 98% 左右。

### 2.学院月目标

表1　会计学院2023届就业工作月目标

| 序号 | 时间 | 就业率 |
| --- | --- | --- |
| 1 | 2023 年 3 月 30 日 | 35% |
| 2 | 2023 年 4 月 30 日 | 50% |
| 3 | 2023 年 5 月 30 日 | 65% |
| 4 | 2023 年 6 月 30 日 | 85% |
| 5 | 2023 年 7 月 30 日 | 90% |
| 6 | 2023 年 8 月 30 日 | 96% |
| 7 | 2023 年 9 月—11 月 30 日 | 96% + |

### 3.辅导员周目标

辅导员通过制定明确的目标规划,根据所带毕业生总数,确定目标比重并核算出具体人数,做到每周有目标、有计划地跟进毕业生就业情况。

### （三）情感引领

辅导员用心用情去工作，与大学生之间建立起深厚的情感，凡毕业去向落实率高的辅导员都是平时深受大学生喜爱的老师。"让爱在教育中闪光"是会计学院学生工作始终坚持的工作理念，主管领导在多次学工会议上强调，关爱大学生从大一开始，关爱要发自内心，做到时时关心、事事关心。毕业班辅导员要走近大学生，了解大学生关于就业的真实想法、困难和需求，并据此提供个性化的辅导和帮助，帮助毕业生解决就业创业过程中遇到的各种问题，让毕业生切身感受到来自老师的真诚与关心，而不是完成任务。曾经有毕业生跟辅导员吴飞老师说，我如果不就业最对不起的人是您，最朴实的一句话，饱含了学生对老师真诚关爱和辛苦付出的认可和感恩。

## 二、建立"三项制度"保就业

以常态化、长效化，实现"聚木成林"。

### （一）一周一报

首先，学工办每周一从就业信息系统中导出各辅导员毕业去向落实率统计表公布；其次，学工办制作就业困难生在线动态表格，表格中除了学生基本信息外，注明未就业原因、跟进情况、难度程度、是否需要帮助等，每周一更新。通过一周一报，增强毕业生辅导员的紧迫感，同时便于学院领导掌握全面情况，及时发现问题，快速解决困难，给予毕业生辅导员正向引导和有效帮助。

### （二）两周一会

学生工作主管副院长主持，两周召开一次就业推进会议。会议先由辅导员汇报周目标完成情况，要求具体到人，分享有效做法和工作中遇到的困难，然后组织大家共同商讨解决问题的有效方法。主管领导和学工办各尽所能调配全部资源和力量，协同作战，形成齐抓共管的工作格局。领导给辅导员压担子的同时做辅导员的导航灯塔和坚强后盾，充分发挥团队的力量，有效提升就业工作成效。

### （三）多管齐下

针对不想、不愿、不能的"三不"就业困难生，采取辅导员、班主任、实习指导老师、论文指导老师多支力量协同作战，分头做毕业生的思想工作，以2023届毕业生为例，做通15名就业困难学生思想工作成功就业。

# 三、落实"三个着力"稳就业

以用心读、用行暖，涵养"进取品格"。

## （一）着力读心

读心是指辅导员多渠道深入了解毕业生心理，分析该同学不就业的真实原因，找准症结，将工作做到学生的心坎上。例如，经辅导员了解，A同学与家长关系紧张，逆反心理较强，使学生无心找工作。得知情况后辅导员黄国威老师及时与家长沟通，建议家长改变对学生的态度，学生与家长之间的矛盾消除，并且对黄老师抱有感恩之心，黄老师春风化雨，顺势而为，促使A同学顺利就业。

## （二）着力攻心

所谓攻心是指针对不同毕业生类别群体特点和问题制定一类一策的解决方案，进行分类指导。例如，对因想考公考编考研不愿意就业的学生，了解学生忧虑的问题，有针对性地答疑解惑，鼓励学生先就业后择业，成功说服12名大学生就业；再如，对就业能力不强的大学生，这类学生往往更愿意接受学校的帮助，辅导员对这类学生单独进行就业帮扶，并为其推荐合适的校企合作单位。攻心策略能够有效帮助学生解决就业过程中的各种难题，提高大学生就业自信心和就业竞争力。

## （三）着力暖心

暖心是指在大四第一学期，学院组织形式多样的提高毕业生就业意识和就业竞争力的活动。例如，创新创业沙龙、就业形势讲座、简历制作和模拟面试大赛、专场招聘会、职场经验分享会、手牵手共拓岗行动、实习生成绩单打印邮寄服务、为面试困难生提供线上模拟面试活动、为找工作困难生对接校企合作单位等，给毕业生送去温暖和关爱、帮扶与指导，让毕业生感受到学院的温暖和力量。

### 【厚植深耕　匠心筑梦】

2021年以来，会计学院实施"三个三"就业服务工作法，取得显著成效，平均就业率达96%以上，2021届就业率96.49%、2022届就业率96.19%、2023届就业率97.88%，连续三年被评为校"就业先进单位"。工作经验概括为"三个突出"。

# 一、突出岗位挖掘：多措并举、协同发力

第一，访企拓岗。校领导带队，组织校院两级领导进行访企拓岗，自2022年启动

访企拓岗工作以来,共走访企业 24 家,共拓岗位 260 个。第二,牵手拓岗。2024 年 1 月,会计学院发起寒假促就业暖心"春风行动"之"兄弟姐妹手牵手,一起向前走"毕业生就业拓岗倡议,号召全院师生伸出友爱之手,利用春节走亲访友之机,挖掘企业资源,架起企业和高校之间的彩虹桥,为 2024 届毕业生就业助力。第三,专场招聘。一是校企合作,举办每年一届的专场招聘会,2024 年参加线下招聘的校企单位 12 家,线上招聘 23 家,为毕业生提供 500 余个专业对口毕业实习岗位;二是举办企业招聘宣讲会 5 场,企业提供毕业实习岗位 91 个。

## 二、突出重点群体:分类指导、精准施策

坚持"一人一档""一类一策",落实"包干制"。第一类:经济困难生群体。一对一指导,实现 100% 就业。第二类:就业困难生群体。通过校企合作单位,一是进行就业单位推荐,二是针对面试困难生群体举办假期线上模拟面试活动,提升这一群体的就业能力和技巧。第三类:考研类学生群体。一是邀请往届成功上岸的师兄师姐来校传经送宝,二是帮助考研学生联系目标学校资源等。第四类:恐惧就业焦虑类。由学院二级心理辅导站指导教师和同学一对一进行疏导咨询,缓解压力、指导方法、引导就业。第五类:"懒就业"躺平类。多名老师齐上阵,读懂学生心理、瞄准学生心中最柔弱的点、晓之以理、动之以情,动员学生最信赖的亲朋好友共同做其思想工作。

## 三、突出服务匹配:全员全方位全过程指导服务

第一,开展就业能力提升指导与服务活动。例如,举办简历大赛、职业生涯规划大赛、职场模拟大赛、邀请企业家和校友开办各类就业讲座;第二,建设 36 家校外实践教学基地和 12 家就业基地促就业;第三,完善就业援助制度,建立"校院领导+辅导员+班主任+实习指导老师+全院师生"五级援助机制,动员多方力量保就业,兜住兜准兜牢就业工作底线。

### 【踔厉奋发　赓续前行】

实践育人是落实"三全育人"教育理念的重要内容,是创造价值的教育过程与衡量办学水平的标尺。在就业服务实践育人工作方面,学校应用好"引、增、扩"三字诀,续写"就业"好文章。

## 一、在引导大学生就业意识上下功夫

将"零距离"职业规划、求职技能辅导贯穿大学全过程,正确看待自己,"学历不是

敲门砖,也不是下不来的高台"。从大一入学开始,有计划地进行就业意识培养,纠正大学生"懒就业"等不良心态,引导大学生树立正确的就业观,积极主动就业。

## 二、在增强大学生就业能力上下功夫

根据"就业""升学"等不同群体,构建"基础+"人才培养新模式。第一,校企联动,办好校企联合培养班、广东金账房智慧财税班、金蝶ERP实施顾问班、深圳德永信智能财税班,探索校企共育人才培养模式,全面提高人才培养质量,增强大学生就业竞争力;第二,实施"就业能力提升"行动,举办系列就业能力提升活动,助力毕业生就业竞争力提升。

## 三、在扩大毕业生岗位供给上下功夫

做到就业有路、创业有助。解政策、搭平台、找路径,动员全院师生,多渠道拓展就业岗位。第一,地毯式摸查,各党支部组织党员和入党积极分子,采取地区包干制,收集各地区企业岗位情况;第二,继续推进"牵手拓岗"行动,号召全院师生利用假期挖掘身边企业资源,引领大学生形成"我为人人,人人为我"互帮互助的良好风尚。

组织在校大学生积极参与就业拓岗行动,为毕业生就业铺路搭桥的同时,也是对参与拓岗行动的大学生提前开展润物细无声的毕业教育,大学生通过参与返乡就业拓岗行动,走近社会、了解行业,能更深刻理解社会对人才的需求和当前就业形势的严峻,在帮助他人的过程中实现自我成长、自我价值。这无疑是一次自身能力的历练和检验,是一次人脉资源的积累,更是一次社会责任意识的培养。通过拓岗实践,大学生可以发现自身的长处与不足,从而更加明确自己的职业定位和未来发展方向,激发学习动力。在实践中了解行业最新动态和用人单位实际需求,先谋后动,做好更充分的就业准备;通过拓岗实践,大学生可以结识一些企业老板、业界朋友或校友等,积累人脉资源,对自身未来就业和发展意义重大;通过拓岗实践,大学生可以切身感受到自己行动的力量和价值,体验到在帮助他人的过程中产生的自我成就感和满足感,这是自我价值的实现,是激发大学生的源动力,将来会更积极地投身于社会公益事业,为社会发展做贡献。

# 基于"1234"培养模式下应用型本科高校学生科技创新活动平台的构建与实践

广州工商学院工学院　张辉名师工作室　钟　伟

## 【案例概述】

创新是一个民族的灵魂,大学生科技创新的能力和水平,是衡量一所高校人才培养质量的重要指标之一。广州工商学院工学院自开展本科教学以来,大胆探索应用型人才培养模式,探索出"1234"的学生科技创新能力的培养模式:"一个目标""两个社团""三个平台""四个保障",构建了健全的学生科技创新平台,加强实践教学,指导学生科技创新,培养和提高学生的实践能力和科技创新能力。如何突出新工科背景下人才培养特色,为社会输送专业基础扎实、实践和动手能力强的高素质应用型人才,服务地方经济发展,是应用型高校长远发展考虑和研究核心的问题。经过8年的探索和实践,我们在构建学生科技创新平台、提高学生科技创新能力方面初步形成了自己的特色和风格,积累了宝贵的经验,取得了卓越成效。

## 【案例分析】

经过多年的探索和实践,工学院学生科技创新活动开辟了"1234"的大学生创新创业人才培养之路,即"一个目标""两个社团""三个平台""四个保障",形成了"一年级培养兴趣打基础、二年级集中培训提能努力、三年级重点组队练实战、四年级服务社会谋创业"的系列学生科技创新活动平台。

## 一、树立"一个目标"

围绕立德树人,培养应用型人才,把创新创业教育贯穿于人才培养全过程,重点培养大学生创新精神,提高大学生创新创业能力,构建学生科技创新活动平台,全面推进学校创新创业教育工作。

## 二、打造"两个团队"

成立了科技创新教师指导团队(图1)和学生科技创新社团。由经验丰富的老教师、青年骨干教师组成学生科技创新工作指导教师团队。

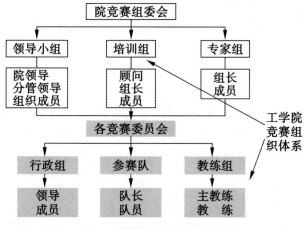

图1　科技创新竞赛组织体系

学生科技创新社团团队由热爱学生创新工作、专业基础扎实、实践和参赛经验丰富的低年级和高年级学生组成,成立了电子创客协会和通信5G协会,开展专题培训与讨论,促进技术交流。建立了电子工艺室、学生创新室、众创空间等专用创新实验室,便于学生自主设计、研发和创新。依靠团队的力量,最终形成了教师传授,学生模拟训练,"传、帮、带"的创新格局。

## 三、依靠"三个平台"

学院根据图2的培养思路构建了如下三个平台。

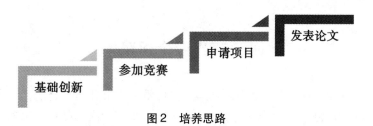

图2　培养思路

（一）基础创新平台

该平台面向低年级学生,基于校内学科竞赛如电子元件识别大赛、"国光杯"电子设计大赛、科技创新节等活动,其中"国光杯"电子设计大赛已连续举办了十多届,学生的参与度、大赛的影响力、作品的创新性和水平都在逐年提高。电子设计大赛已成为电子信息类专业学生科技创新活动的一大亮点。基础创新平台的建立也为学院专业开展"五进"实践活动,提高学生的团队协作精神、动手能力和创新意识起到了积极而重要的作用。

（二）学科竞赛平台

创建学科竞赛平台,指导学生参加更高级别的赛事。如省和全国大学生物理实验设计大赛、大学生电子设计大赛、大学生"挑战杯"赛、"大唐杯"省和全国大赛、省级和国际"互联网+"大学生创新创业大赛、全国大学生数学建模竞赛等。自2014年以来,连续多年学院都有参赛队获得了相关赛事三等奖以上的成绩。例如,2021年获得了全国大学生物理实验竞赛二等奖、三等奖多项,2021年全国大学生数学建模竞赛二等奖及其他奖项多项,2021年省"挑战杯"二等奖、三等奖多项,2022年省大学生电子设计竞赛二等奖,"大唐杯"全国大学生新一代信息通信技术大赛全国总决赛一、二、三等奖,第八届全国大学生物理实验竞赛(创新)全国总决赛中获全国二等奖等奖项,2022年第八届国际"互联网+"大学生创新创业大赛广东省分赛银奖、铜奖等奖项。

（三）大学生创新创业平台

此平台旨在指导学生申报校级以上大学生创新创业项目、申请专利和撰写学术论文。学生在基础创新平台和学科竞赛平台中取得的成果,通过这一平台申报大学生创新创业项目,利用项目经费继续研究,申请专利或发表论文或做毕业设计。2016—2022年,电子信息工程和通信工程本科生获校级以上大学生创新创业项目共71项,其中省级项目17项,国家级3项;指导教师与本科生申请国家专利46项,学生以第一作者在正式刊物发表论文51篇。

# 四、夯实"四个保障"

在学生科技创新活动平台的构建与实践中,团队着重开展平台的建设和机制的完善,围绕经费保障、校企协同、团队培训和机制保障四个方面开展建设工作。

（一）争取一部分资金支持,为大学生创新创业提供物质保障

团队教师从自己的科研经费、学校大学生创新创业项目、教学实践经费、学生活动

经费中争取部分经费,作为学生参与创新、创业、竞赛项目的经费,为学生开展科技活动和竞赛提供了强有力的物质保障。

### (二)校企协同保障,开展学生科技创新活动

通过与企业合作,不仅获得了一些设备资源,解决了部分学生创新活动中设备和经费不足的问题,而且使学生科技创新活动的内容更加丰富,创新活动得以持续、持久地开展。近年来,我们与企业合作开展学生科技创新活动也取得了很好的效果。如2016年与上海因仑公司合作,建起了因仑电子创新实验室,成立"工程技术创新班——因仑班";2017年与广州粤嵌科技股份有限公司合作,建起了"粤嵌众创空间",成立了电子创客协会;国光电器股份有限公司每年资助以企业冠名的"国光杯电子设计竞赛"等。

### (三)专业保障,打造一套完整的科技创新育人体系

团队根据学生专业特点优化人才培养方案,将创新创业教育有效融入课堂教学,并基于科研软硬件平台,发挥专业特色,选择其中关键工艺环节,全面开展工艺革新、节能减排、环保新技术、重大装备改进、资源综合利用等科技创新活动,激发学生的创新思维,并积极进行创新创业训练,形成了一套完整的学科竞赛体系。采取重点突破的做法,主要围绕"挑战杯"竞赛、节能减排大赛、电子设计大赛、大学生物理实验竞赛、"大唐杯"全国大学生新一代信息通信技术大赛、"互联网+"大学生创新创业大赛等开展科技创新创业活动,多位一体,统筹联建,整体推进,锻炼并提高大学生创业创新团队成员的各项能力和素质(图3)。

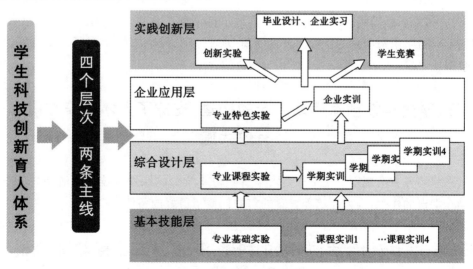

图3　科技创新育人体系

（四）机制保障，建立一套合理的激励保障制度体系

在科技创新活动中，团队本着引导学生的宗旨开展工作，同时又将科技创新活动与学生自身的发展积极挂钩，给学生适当发放科研津贴，形成合理的激励机制。鼓励学生积极参加各种科技竞赛活动，最大限度地调动学生的学习积极性，从而促进学风建设。

【经验与启示】

# 一、学生科技创新活动平台的构建，一定程度上弥补了实践学时的不足

民办高校学生的基础参差不齐，部分学生的实践能力和动手能力明显不足，无法在实验课上完成规定的实验内容。创新平台的建立，为学生利用课余时间到实验室去见识、实践提供了平台，学生利用创新平台可以学到或接触到很多课堂上或书本中学不到的知识。

# 二、学生科技创新活动平台的构建，解决了创新活动难以开展的问题

学生课外科技创新活动难以形成体系和氛围，学生参加竞赛的机会不多，竞赛水平不高，创新活动难以开展，是专业刚升本时存在的突出问题之一。学院通过搭建学生创新平台，较好地解决了创新活动难以开展的问题。近年来，学生创新热情不断高涨，参与竞赛、申报项目的积极性大大提高，水平也在不断提升，形成了一个良好的创新氛围。

# 三、学生科技创新活动平台的构建，支撑了人才培养方案的有效实施

人才培养方案规定学生毕业要求至少获得4学分的课外科技创新活动学分。科技创新平台的建立，为人才培养方案的实施创造了更好的条件。

# 四、学生科技创新活动平台的构建，搭建了"三全育人"的新格局

学生科技创新平台的建立、创新活动的开展在提高学生实践能力、创新能力、团队

协作精神的同时,客观上也为学校思想政治教育、"三风"建设以及"三全育人"实践活动的开展起到了积极的推动和促进作用。

## 五、学生科技创新活动平台的构建,推动了学生科技实践活动的创新

实践证明,提高学生创新能力是一项复杂而庞大的系统工程,指导学生参加竞赛只是培养学生科技创新能力的方式之一。我们建设创新平台的目的是让广大学生参与科技创新活动,目标是提高学生整体的创新能力和水平(图4)。

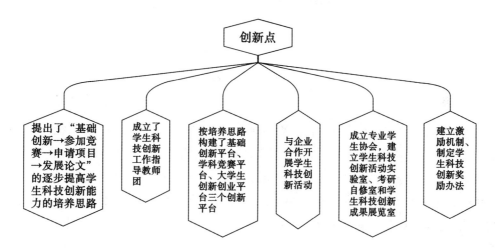

图4 学生科技创新活动平台创新点

综上所述,我们结合学校的条件和学生特点搭建创新平台,开展学生课外科技创新活动、指导学生参加竞赛方面取得了一些成绩,初步形成了自己的特色和风格。

# 扬德学勤劳动·绽放青春芳华
## ——"三全育人"背景下的大学生劳动教育社会实践活动

广州工商学院会计学院 "德学·五进"辅导员工作室 罗爽妍

## 一、背景与理念

《中华人民共和国教育法》第五条明确指出,教育必须为社会主义现代化建设服务、为人民服务,必须与生产劳动和社会实践相结合,培养德智体美劳全面发展的社会主义建设者和接班人。新中国的劳动教育从新时期"德智体美全面发展"到新时代"德智体美劳全面发展",而高校作为培养德智体美劳全面发展的社会主义建设者和接班人的主阵地,是实施劳动教育的重要主体,推进大学生劳动教育具有特殊价值和重要意义。

（一）是巩固中小学劳动教育成果,培养知行合一优秀人才的需要

在 2020 年 3 月 20 日颁发的《中共中央、国务院关于全面加强新时代大中小学劳动教育的意见》中提出,"以习近平新时代中国特色社会主义思想为指导,全面贯彻党的教育方针,落实全国教育大会精神,坚持立德树人,坚持培育和践行社会主义核心价值观,把劳动教育纳入人才培养全过程,贯通大中小学各学段,贯穿家庭、学校、社会各方面,与德育、智育、体育、美育相融合,紧密结合经济社会发展变化和学生生活实际,积极探索具有中国特色的劳动教育模式,创新体制机制,注重教育实效,实现知行合一,促进学生形成正确的世界观、人生观、价值观。"在高校开展劳动教育,不仅可以巩固中小学劳动教育成果,更是培养知行合一的优秀人才的需要。通过劳动教育能进一步增强学生劳动知识,锻造劳动能力,巩固已有成果,激发学生对于劳动的自我认知和经验共鸣,解决教育的知行合一和全面发展问题。

### （二）是落实立德树人根本任务，发挥"树德、增智、强体、育美"综合育人价值的需要

新时代劳动教育是以造就德智体美劳全面发展的社会主义建设者和接班人为着力点，是高校思想政治教育的重要组成部分，具有"树德、增智、强体、育美"的综合育人价值。为了全面贯彻党的教育方针，深入学习贯彻习近平总书记关于劳动教育的重要讲话精神，坚持立德树人，各高校通过开设劳动教育必修课程、结合学科专业特点有机融入劳动教育内容、制定劳动教育实施方案等，把劳动教育纳入人才培养全过程。

### （三）是促进社会可持续发展，实现中华民族伟大复兴中国梦的需要

实现中华民族伟大复兴中国梦离不开爱国守法、勤劳勇敢、正直善良、积极奋斗的高素质劳动者。在高校开展劳动教育，有利于帮助大学生深刻体悟中华民族站起来、富起来、强起来的发展历程，厚植爱国情怀，自觉将小我融入大我，将个人自我价值与国家富强、民族复兴、人民幸福紧密联系起来，增强实现中华民族伟大复兴中国梦的坚定信心和决心。同时有利于培养学生的创新能力和实践能力，帮助学生能够更好地适应社会的需求和变化，推动社会的发展和进步，为建设社会主义现代化强国做出贡献。

## 二、举措与特色

在"三全育人"背景下，大学劳动教育应从教育主体多元化、教育过程全参与、教育空间全覆盖的角度出发，实现"全员全过程全方位"的育人模式。而辅导员作为高校思想政治工作的骨干力量，站在大学生思政教育的最前线，又陪伴在大学生学习与生活的左右，在打造特色劳动教育实践活动中具有独特优势和核心作用。因此，辅导员应认真思考"三全育人"背景下的大学生劳动教育社会实践活动的创新做法，在所带班级全面开展"扬德学勤劳动·绽放青春芳华"大学生劳动教育社会实践活动，通过暑期第二课堂，在学生中弘扬劳动精神，教育引导学生崇尚劳动尊重劳动，懂得劳动最光荣、劳动最崇高、劳动最伟大、劳动最美丽的道理，组织学生合理利用假期时光，通过各种劳动实践培养职业道德、职业技能和谋生能力，帮助学生树立正确的择业观，提升创业创造和就业创造能力。

### （一）主要做法：精心设计，全员参与

#### 1. 筹谋部署，践行之计

成立了由辅导员和班委干部组成的劳动教育社会实践活动策划小组，负责制订实践活动计划。小组成员根据同学们自身的兴趣和专业特点，筛选出多个实践项目，涵

盖家庭日常家务劳动、社会实践与社会调查、顶岗实习、志愿服务等多方面,确保同学们能够找到合适的实践项目。在假期即将到来之际,本人利用主题班会、班群通知等方式,传达劳动教育"树立正确的劳动观念,具有必备的劳动能力,培育积极的劳动精神,养成良好的劳动习惯和品质"的总体目标,并详细讲解说明本次劳动教育社会实践活动的性质、内容、意义与价值,淬炼操作,给予同学们方向性的引导。而对于要参与校外实践的学生则进行了培训,包括职业道德、职场礼仪等方面的知识,指导学生按照实践计划完成企业布置的任务,规范撰写实践报告,记录实践过程中的所见所闻,以便在活动结束后进行总结和分享。

### 2. 躬身行动,积极作为

按照制订的计划,结合实际情况,本人所带班级共 119 人全部积极参与到暑期劳动教育实践活动中,展开了内容丰富、形式多样的社会实践。其中,日常家务劳动与社会调查的参与人次为 113 人次,参与职场实习 19 人次,参与志愿服务 8 人次,同学们通过劳动实践懂得了为人处世的道理,学习了前辈身上的闪光点。同时,所谓"好的教育,更是一种以身作则",作为本次劳动教育社会实践活动的组织者和实施者,本人也充分发挥教师劳动的示范性,积极参与实践并分享假期的"劳动成果",与同学们共勉互助,强化学生热爱学习、热爱生活的情感依托。

### 3. 实绩斐然,公诸同好

近一个月的劳动教育社会实践活动结束后,活动策划小组组织实践成果展示分享。同学们通过照片、视频、感言抒发等形式在班级微信群每日分享劳动实践当中的成果和心得体会,传播正能量,展示自己在实践活动中的所学所得:有的同学说,做一个热爱生活的人,把诗情画意揉进柴米油盐里,把生活描绘成你喜欢的样子;有的同学说,我们都应该用心去发现生活中的一些美好所在;有的同学说,不只是一顿饭菜,更是一种对生活持有的幸福感……文字、照片、视频,传递的是足以感染他人的简单的幸福和劳动的快乐,这不仅让其他同学了解到实践活动的意义和价值,也让参与实践的学生收获了成长和认可。

### 4. 引领特色,反思交流

开学第一周,本人组织同学们召开劳动实践主题班会,对本次劳动教育社会实践活动进行集中反思,宣传我校开展"德学教育+劳动实践"的重要意义,教育同学们热爱家庭、尊重劳动、诚信感恩,并通过榜样激励充分交流劳动实践成果。同学们纷纷表示,通过参与本次暑期劳动教育社会实践活动,自身在生活、学习、工作等各个方面都有了进一步提高,收获了课堂之外的经验,将所学的理论更好地融入实践中。班会后,宣传委员形成会议记录和《"扬德学勤劳动·绽放青春芳华"大学生劳动教育社会实践活动》报告,总结所学所思,记录精彩瞬间。

（二）工作成效：春风化雨，用心赋能

**1. 改变学生劳动观念，增强劳动意识**

因操作的方便性与实用性，本次活动选择最多的就是家庭日常劳动实践，大学生们或做家政，整理内务打扫房屋，或进厨房做美食达人。通过实际的劳动体验，大学生能够更加深刻地认识到劳动的重要性和必要性，体验生活，提高自己的实践能力，明白父母的不易，力争做力所能及的事情，培养自身的劳动意识。同时，劳动教育活动是一种实践活动，通过家庭日常劳动实践，学生们更好地掌握一些实用的技能和知识，增强自己的实践能力。

在分享劳动实践过程中的成果和心得体会时，有同学发表了肺腑之言："这个假期的洗菜刷碗、抹桌子擦地虽然不是重活，可难得的是坚持每一天。做家务劳动是寻找幸福的一种途径，能让我们在劳动中实践，体验和理解父母的辛苦，培养我们不怕脏，不怕累的精神，而更多的是想想爸爸妈妈，辛苦了大半辈子，都是为了他们这个宝贝女儿。以后我在假期里，一定要替父母多分担一些家务，来减轻父母在生活上的负担。"正是因为亲身体验到了劳动的辛苦，才更加珍惜现在的生活。

**2. 塑造学生良好品德，提升劳动精神品质**

在本次劳动教育社会实践活动中，有 8 人选择了参与志愿服务的形式。在这 8 位同学身上，充分展现了"我志愿我自豪，为民服务在所不辞"的精神品质，牺牲自我的小利，而为大我服务，宣传志愿文化，发扬志愿精神，也激励着更多的同学参与到志愿活动之中。

黄同学谈及参与小区垃圾分类志愿活动的心得体会时说道："垃圾分类从来都不是一件小事，而是解决垃圾围城问题的重要环节和关键领域，它影响着城市的可持续发展，垃圾分类不仅需要我们的重视还需要全社会的参与。作为小区的居民，我很高兴能参与社区志愿活动，可以为推动垃圾分类的实施做一些事情，宣传相关知识，为创造更好的小区环境、城市环境而努力着。做垃圾分类，就是做城市文明，我希望每个人都能竭尽全力为城市文明做出贡献。"通过参加劳动教育活动，大学生们更加深刻地认识到了自己作为新时代青年应该承担的社会责任，进一步增强了社会责任感，提升了劳动精神品质。

**3. 实际操作锤炼技能，提高劳动能力**

通过参与职场实习，学生们深入了解了职场文化，提高了自己的职业道德素养。学生们了解到各行各业的发展现状和未来趋势，总结了自己在工作中的缺点和不足，学习了前辈身上的优点，不仅锻炼自己的人际交往能力，而且在团队协作中学会了沟通、协调、解决问题，掌握了专业技能，为未来的就业和创业奠定了基础，为自己的择业和创业提供了有益的参考。许多学生也在实践中发现了自己的兴趣和潜能，为未来的职业发展找到了方向。

有同学表示,自己假期在一家教育机构工作,通过实践体会到了当老师的不易,更加广泛的接触到了社会,了解了社会的需要,加深对社会的认识,增强对社会的适应性,将自己融入社会中去,培养了自己的实践能力,完成了自身从一名大学生到一名社会工作人员之间思想上的转换,缩短了心理上的差距,为毕业后走向社会打好了基础,并且学会了如何思考问题、发现问题和解决问题,更好地提高了自身的综合运用能力。

## 三、经验与思考

劳动淬炼成长,实践创造幸福。通过"扬德学勤劳动·绽放青春芳华"大学生劳动教育社会实践活动,班级全体同学都在劳动教育实践中收获了成长,体验了不一样的假期。实践活动使同学们崇尚劳动、尊重劳动,更加热爱家庭,培养了学生的职业道德、职业技能和谋生能力,为学生的未来发展奠定了坚实的基础,也给"三全育人"背景下辅导员如何提高劳动教育成效一些启示。

### (一)提高素质能力,承担劳动教育"全员育人"责任

劳动教育是一项系统的育人工程,需要高校各职能部门、教职员工的共同倾心付出,而如何使自己可以快速而合格地担起劳动教育的重任,则需要教育者不断提高自身素质能力,具备坚定的政治立场、过硬的思想素质、丰富的知识储备、充沛的体力精力、较强的学习能力和任劳任怨的职业精神。

### (二)创新工作方法,保障劳动教育"全过程育人"实效

在各年级各环节创新劳动教育工作方法,以保障劳动教育"全过程育人"实效,就辅导员而言可以做到以下四个方面。

第一,在第二课堂实践活动的设计中,辅导员应结合学生的兴趣和专业特点,提供多样化的实践项目,确保学生能够找到合适的实践机会,以取得更大的收获和成长。

第二,在实践活动中以身作则,注重对学生的培训和指导。辅导员可以通过主题班会、一对一谈心谈话、实地走访、电话访谈等多种形式进行集中和分散跟踪指导,帮助学生提高职业道德、职业技能和团队协作能力。当学生在实践过程中遇到难以解决的矛盾时,辅导员要及时传达信息、传递建议以及缓和矛盾,以帮助实践的顺利完成。

第三,借助第二课堂提前做好学生职业规划与就业创业指导。辅导员九大主要工作职责之一便是为学生提供科学的职业生涯规划和就业指导以及相关服务,帮助学生树立正确的就业观念,引导学生到基层、到西部、到祖国最需要的地方建功立业。在实

践中,应从长远的眼光出发,与学生探讨最为适合的生涯规划方案,利用假期的实践试错,同时,也要关注学生实践期间的生活和安全问题。

第四,辅导员作为学生思想教育工作一线的组织者和承担者,也是学生最为直接、最为经常的指导,要重视对于劳动教育效果的评估和考核。对于实践设计是否科学,学生是否能够顺利完成实践并大有收获,各参与方是否满意,辅导员可以及时掌握各方一手信息,在评估改进中给出关键意见。实践活动的成果展示是提高学生参与积极性和收获认可的重要环节,应该给予足够的重视,必要时设置表彰环节。

### (三)加强协同作战,实现劳动教育"全方位育人"格局

劳动教育"全方位育人"格局的形成应该重视不同育人载体、育人资源的系统整合,作为辅导员要加强与各部门的协同作战。在"三全育人"理念指导下,辅导员既可以做教育信息传递的枢纽,把学校的政策、管理者的想法、课程设计、教师的期望阐释给学生,同时把大学生希望劳动教育如何开展等信息传递给顶层设计者,又可以做学校、老师、学生、家长、公司之间关系的润滑剂和矛盾冲突的缓解者,了解学生在开展劳动教育过程中的意见、需求与困难,在评估改进中给出关键意见。

诚然,在神州大地上,有千千万万的劳动者勤恳付出,在各自的岗位上挥洒汗水,汇聚成推动历史车轮滚滚向前的磅礴伟力。新时代下促进学生的"德智体美劳全面发展"不是一朝一夕的,辅导员需要在"三全育人"理念的指导下,在劳动教育与思政教育协同育人过程中主动承担起立德树人的历史重任,积极配合学校、配合社会创新育人机制,持续培养学生具备良好的劳动品质,掌握丰富的劳动知识,练就过硬的劳动技能,努力成长为堪当民族复兴重任的时代新人。

# "大思政课"视域下粤港澳大湾区红色文化育人价值与实践进路

广州工商学院马克思主义学院　张辉名师工作室　江振刚

2021 年 3 月 6 日,习近平总书记看望参加全国政协会议的医药卫生界教育界委员时强调,"'大思政课'我们要善用之,一定要跟现实结合起来"①。2022 年 7 月,教育部等十部门印发《全面推进"大思政课"建设的工作方案》(教社科〔2022〕3 号)指出,建设"大思政课"要拓展课堂教学内容,"各地各校围绕新时代的伟大实践,充分挖掘地方红色文化、校史资源"。2022 年 8 月 16 日至 17 日习近平总书记在辽宁考察时的讲话指出,"要弘扬中华优秀传统文化,用好红色文化,发展社会主义先进文化,丰富人民精神文化生活"。因此,传承红色基因,赓续红色血脉,用好红色文化,深挖红色文化育人价值,助力"大思政课"建设,健全"三全育人"体系,落实立德树人根本任务,意义重大。

## 一、粤港澳大湾区"大思政课"建设与红色文化的耦合联系

### (一)粤港澳大湾区"大思政课"建设与红色文化内涵分析

"大思政课"是目前学界研讨的一个热门话题。就其内涵而言,"大思政课"核心在于"大",就是要开门办思政课,充分调动全社会的力量和资源,建设"大课堂"、搭建"大平台"、建好"大师资"②,具有"视野开阔性""时空延展性""内容针对性""方法开

---

① 《"大思政课"我们要善用之(微镜头·习近平总书记两会"下团组"·两会现场观察)》,《人民日报》2021 年 3 月 7 日,第 1 版。

② 《教育部等十部门关于印发〈全面推进"大思政课"建设的工作方案〉的通知》,http://www.moe.gov.cn/srcsite/A13/moe_772/202208/t20220818_653672.html。

放性"的特点①。"大思政课"的灵魂在于理论与实践相结合,突出实践导向,推动思政小课堂与社会大课堂相结合,推动各类课程与思政课同向同行,教育引导学生坚定"四个自信",成为堪当民族复兴重任的时代新人。"大思政课"是破解当前思政课建设突出问题的有效路径,注重全员育人新形态,倡导全过程育人新格局,强调全方位育人新实践,是推进"三全育人"理念的创新性实践,代表思政课改革创新的方向与趋势②。粤港澳大湾区先后印发《广东省学校思想政治理论课建设行动计划》《关于加强新时代马克思主义学院建设的若干措施》《统筹推进大中小学思想政治理论课一体化建设的工作措施》等文件,积极推动"大思政课"建设。

红色文化,是中国共产党带领中国人民在新民主主义革命时期、社会主义革命和建设时期、改革开放和社会主义现代化建设新时期、中国特色社会主义新时代四个历史时期革命斗争中形成的精神精华,是中国特色社会主义先进文化的形象表达,是对中华优秀传统文化的继承与发展。红色文化分为有形文化与无形文化,有形文化即物质文化,指展现内涵精神价值的物质资源,如革命遗址、革命博物馆、革命遗物、名人故居等;无形文化即精神文化,如改革开放精神、建党精神、延安精神、西柏坡精神等。

粤港澳大湾区的红色文化即在大湾区的地理范畴内,中国共产党领导中国人民在四个历史时期形成的物质和精神文化的总和。粤港澳大湾区包括香港特别行政区、澳门特别行政区和广东省广州市、深圳市、珠海市、佛山市、惠州市、东莞市、中山市、江门市、肇庆市,总面积5.6万平方公里,为中国开放程度最高、经济活力最强的区域之一,亦是世界四大湾区之一。粤港澳大湾区作为国家开放创新,全面深化改革的国家战略,不仅是一个经济范畴,亦是一个文化概念,蕴藏丰富的红色文化资源。

## (二)粤港澳大湾区"大思政课"建设与红色文化的耦合联系

粤港澳大湾区"大思政课"建设为大湾区红色文化发扬提供新机遇。随着教育部等十部门印发《全面推进"大思政课"建设的工作方案》,"大思政课"建设备受关注。全面推进"大思政课"建设核心要义之一在于挖掘"大资源",在于"进一步深度挖掘、有效组织,持续推进开放多元的"大思政课"教学资源体系建设,最大限度地将全社会各方面的育人自觉充分调动起来,将全社会各类型的育人资源充分激活起来"③。借助大湾区"大思政课"建设的背景,湾区的红色资源价值将进一步凸显,湾区红色资源与"大思政课"建设深度融合成为必要举措,这也是湾区赓续红色血脉、传承红色基因

① 燕连福:《"大思政课"建设的基本内涵、历史回顾与未来着力点》,《高校马克思主义理论研究》2021年第7期,第120页。

② 徐志萍:《"大思政课"的理论内涵、现实价值与实践路径》,《中学生政治教学参考》2023年第47期,第41页。

③ 沈壮海:《把准全面推进"大思政课"建设的关键点》,《人民教育》2022年第18期,第7页。

的必要措施,因此,湾区的红色文化会得到进一步发扬。

粤港澳大湾区红色文化为大湾区"大思政课"建设提供所需的"大资源"。粤港澳大湾区红色文化资源丰富,是一座资源宝库。粤港澳大湾区见证了中国近代史的发展;引领了中国改革开放的潮流,成为中国改革开放排头兵;成为新时代的伟大工程,促进港澳融入中国大陆。可以说大湾区红色文化发展的历史就是我们党百年奋斗史的一个缩影,成为粤港澳大湾区"大思政课"建设大资源宝库。

在"大思政课"建设背景之下,粤港澳大湾区红色文化资源助力湾区"大思政课"建设,深化"三全育人"格局,落实立德树人根本育人目标;借助"大思政课"建设机遇,大湾区的红色文化将进一步得以发扬与传承。二者相辅相成,耦合联系,为粤港澳大湾区红色文化融入"大思政课"建设提供支撑。

## 二、大思政课视域下粤港澳大湾区红色文化育人的价值意蕴

习近平总书记在学校思想政治理论课教师座谈会中强调:"中华民族几千年来形成了博大精深的优秀传统文化,我们党带领人民在革命、建设、改革过程中锻造的革命文化和社会主义先进文化,为思政课建设提供了深厚力量。"党在革命、建设、改革过程中锻造的革命文化和社会主义先进文化就是红色文化。粤港澳大湾区红色文化具有鲜明的叙事价值、说理价值及铸魂价值,为湾区新时代"大思政课"建设提供深厚力量。

(一)叙事价值:讲好中国故事,赓续红色血脉

"红色是中国共产党、中华人民共和国最鲜亮的底色"[1],红色文化是中国共产党百年历史的浓缩精华。"每一个历史事件、每一位革命英雄、每一种革命精神、每一件革命文物,都代表着我们党走过的光辉历程、取得的重大成就,展现了我们党的梦想和追求、情怀和担当、牺牲和奉献,汇聚成我们党的红色血脉"[2],成为中华民族伟大复兴用之不竭的精神力量。

粤港澳大湾区红色文化资源丰富,见证了中华民族伟大复兴的历史进程,助力创新湾区"大思政课"的历史叙事。广东省东莞市虎门镇林则徐纪念馆,见证了中国近代屈辱史的开端——鸦片战争;三元里人民抗英斗争纪念馆、澳门镜湖医院,显示了中国人民不屈不挠的反抗精神,展现了中华民族的觉醒;黄埔军校,是第一次国共合作进

---

[1] 习近平:《用好红色资源 赓续红色血脉 努力创造无愧于历史和人民的新业绩》,《求是》2021年第19期,第1页。

[2] 同上。

行大革命的历史见证;"香港抗日第一家"——罗家大屋,是广东游击队进入香港后的首个落脚点,亦是港九独立大队的活动基地和交通站,见证了香港的抗日战争历程;广州解放纪念像成为广州解放的一个纪念性地标;澳门南光公司募集物资支援解放区人民,成为中国共产党解放战争历史的展现;中国进出口商品交易会,又称广交会,创办于 1957 年春,成为广东社会主义革命和建设时期的伟大成就之一;深圳的世界之窗,展现了广东与世界的接轨,见证了中国改革开放和社会主义现代化建设新时期的伟大历史;港珠澳大桥,连接香港、澳门与内地,成为新时代中国特色社会主义的伟大工程。粤港澳大湾区的红色文化资源,记录了中国共产党在南粤大地的百年奋斗历程,"其形可观,其质可触,其神可感,引导学生与历史对话、与英雄对话、与信仰对话,达到教育人、激励人、塑造人的目的"①,有助于讲好中国故事和中国共产党红色故事内涵,有助于讲好中华民族伟大复兴的历史,有助于弘扬爱国主义精神,传承红色基因,赓续红色血脉,引导学生在民族复兴过程中担当大任,胸怀国之大者。

(二)说理价值:注入鲜活教材,讲深讲透道理

"大思政课"作为思政课,"本质是讲道理,要注重方式方法,把道理讲深、讲透、讲活"②。如何将中国共产党为什么能、马克思主义为什么行、中国特色社会主义为什么好的道理讲清楚呢? 粤港澳大湾区红色资源成为"大思政"建设的优质教学资源宝库,为"大思政课"建设注入鲜活历史文化教材,帮助思政教师将道理讲清、讲深、讲透、讲活,提升"大思政课"育人实效。

粤港澳大湾区红色文化资源有助于将"大思政课"道理讲全。"红色资源以人物、地点、事件为基本单元,其核心素材是时代语境下个人的选择与行动,所传达出的内容兼具时代之理与人生之理"③。粤港澳大湾区红色文化历史,是中国共产党百年历史的一个反映,折射出其中蕴含的中国共产党执政规律、社会主义建设规律等时代之理,同时也反映出大时代之下红色人物的选择的人生观与价值观,全面反映了思政课的道理。粤港澳大湾区红色文化资源助力大思政将道理讲深。将大思政课道理讲深,则需要让"大思政课"鲜活起来,将抽象化为形象,将历史与现实相结合,做到史论结合。粤港澳大湾区红色文化资源作为思政课的鲜活教材,受到党史、新中国史、改革开放史、社会主义发展史、中华民族发展史的孕育滋养,厚重而丰富,能够帮助学生从

---

① 冯淑萍:《红色资源融入高校"大思政课"的价值意蕴与实践进路》,《思想理论教育导刊》2023 年第 7 期,第 111 页。

② 习近平:《习近平在中国人民大学考察时强调:坚持党的领导传承红色基因扎根中国大地走出一条建设中国特色世界一流大学新路》,《人民日报》2022 年 4 月 26 日,第 1 版。

③ 冯淑萍:《红色资源融入高校"大思政课"的价值意蕴与实践进路》,《思想理论教育导刊》2023 年第 7 期,第 111 页。

红色历史文化中汲取智慧,史论结合,转抽象为形象,让深奥的道理通俗易懂。粤港澳大湾区红色文化资源能够将"大思政课"道理讲透。讲透道理的关键在于与现实结合,在比较中辩证呈现理论实践全貌。粤港澳大湾区红色文化资源有助于推动大思政实践教学,让学生将思政小课堂与社会大课堂结合起来,利用虚拟现实技术拓宽实践教学的现实场域与虚拟场域,让学生在历史情境体验中感悟道理,思考道理,理解道理,提升觉悟。粤港澳大湾区红色文化资源能够将"大思政课"道理讲活。"大思政课"讲活道理的核心要义在于鲜活的场景。粤港澳大湾区的红色文化资源,以博物馆、革命纪年馆、革命文物等为现实载体,借助于数字媒体技术,构建历史场景,让历史与现实鲜活起来。

### (三)铸魂价值:增强铸魂育人,塑造时代新人

红色文化的形式在于物质遗存,灵魂在于无形的精神与基因。"中国革命历史是最好的营养剂,重温这部伟大历史能够受到党的初心使命、性质宗旨、理想信念的生动教育。"①充分利用红色历史文化融入"大思政课",用红色基因铸魂育人,塑造民族复兴的时代新人,是时代需要,是当前落实立德树人教育目标的中心任务。

粤港澳大湾区红色文化筑牢理想信念。陈铁军与周文雍英勇就义时举行刑场上的婚礼,高喊"当我们把自己的青春生命都献给党的时候,我们就要举行婚礼了。让反动派的枪声,来做我们结婚的礼炮吧!",淋漓尽致展现了中国共产党的初心与使命,展现了社会主义和共产主义的远大理想与信念,帮助大学生树立远大理想,坚定共产主义信念。粤港澳大湾区红色文化弘扬中国精神。深圳作为改革开放试验田,走在全国改革开放前头,形成了敢闯敢试、敢为人先、埋头苦干的特区精神,特区精神蕴含了爱国与创新为核心要素的中国精神。粤港澳大湾区红色文化融入"大思政课"有助于弘扬以爱国主义为核心的民族精神和以改革创新为核心的时代精神。粤港澳大湾区红色文化发扬斗争精神。敢于斗争、善于斗争是中国共产党鲜明的政治品格。港珠澳大桥作为新时代中国特色社会主义伟大工程,是中国共产党领导中国人民奋斗的结果;香港由乱至兴,更进一步融入内地,是中国共产党运用"一国两制"斗争实践的结果。粤港澳大湾区红色文化融入思政课有助于激发学生的斗争精神,教育学生敢于奋斗,善于斗争。在中华民族伟大复兴进入不可逆转的关键时期,运用粤港澳大湾区红色文化融入湾区"大思政课",筑牢学生的理想信念,弘扬中国精神,发扬奋斗精神,增强做中国人的志气、骨气、底气,以红色文化激发历史主动精神,勇于担当民族复兴大任,争做德智体美劳五育并举的时代新人。

---

① 习近平:《在党史学习教育动员大会上的讲话》,人民出版社,2021,第3-4页。

# 三、"大思政课"视域下粤港澳大湾区红色文化育人的实践进路

## (一)故事育人:发掘与保护红色资源,传承与发扬红色文化,以文育人, 提升全过程育人实效

就红色文化资源而言,包括发掘、保护、传承、发扬,发掘与保护有形红色文化资源,传承与发扬无形的红色文化,以文育人,凸显其育人价值。"红色资源是我们党艰辛而辉煌奋斗历程的见证,是最宝贵的精神财富,一定要用心用情用力保护好、管理好、运用好","红色资源是不可再生、不可替代的珍贵资源,保护是首要任务"。[①] 推进粤港澳大湾区红色文化融入"大思政课"需要我们充分挖掘和保护大湾区的红色文化资源,推进红色遗存数字化、信息化,加大红色文化资源研究,传承和发扬粤港澳大湾区红色文化中的红色基因,挖掘红色文化资源蕴含的历史文化,创新湾区红色文化叙事表达,宣扬红色文化背后的中国故事,推进红色文化融入大中小学一体化建设,加强大中小学就红色文化资源融入思政的交流与展示,积极传播红色歌曲、舞蹈等非遗资源,营造红色文化氛围,以文育人,提升全过程育人实效。

## (二)说理育人:把握红色文化融入重点,搭建红色实践教学基地,助力 "大思政课"格局建设,提升全方位育人实效

推进粤港澳大湾区红色文化融入大思政课建设关键在于把握红色文化融入的内容,"要将红色资源中展陈的历史成就、呈现的英雄形象、蕴含的建党精神、绘就的精神谱系作为重点,自觉融入'大思政课',增强广大青年学子对中国共产党百年奋斗的政治认同、思想认同和情感认同,激励青年学子坚持弘扬红色优良传统,赓续红色精神血脉"[②]。粤港澳大湾区在建设"大思政课"过程中要把握理论与实际相结合的灵魂,开门办思政课,依托社会大课堂,充分利用湾区红色文化物质载体,如博物馆、革命纪念馆等,搭建实践育人平台。广东革命历史博物馆、孙中山故居纪念馆、中共三大会址纪念馆、深圳改革开放展览馆入选首批453家"大思政课"实践教学基地。通过"大思政课"实践教学基地,自觉展现中国共产党在粤港澳大湾区四个历史时期创造的伟大成就,要用党史中湾区英雄人物激励青年学生,用与湾区相关的精神谱系鼓舞学

---

① 习近平:《用好红色资源 赓续红色血脉 努力创造无愧于历史和人民的新业绩》,《求是》2021年第19期,第1页。

② 骆郁廷、余焰琳:《"大思政课"视域下红色资源育人探究》,《思想政治教育研究》2023年第3期。

生,将深澳的道理形象化与具体化,让"大思政课"生动形象起来。粤港澳大湾区"大思政课"建设过程中,依托湾区红色文化资源,组建红色文化资源案例库,搭建网络资源平台,网络课堂平台,借助虚拟现实技术加强与实践教育平台联动,用数字技术助力大思政建设,挖掘湾区红色文化资源的说理价值,助力湾区大思政格局构建,提升高校、社会、家庭全方位育人实效。

### (三)铸魂育人:激活各方主体立体联动,强化"大思政课"育人合力,提升全员育人实效

粤港澳大湾区红色文化融入"大思政课"建设,根本目的在于铸魂育人。实现红色文化铸魂育人,需激发各方主体,形成育人合力,提升全员育人实效。"大思政课"作为一门社会大课,推动粤港澳大湾区红色文化融入"大思政课"建设,不仅要激活高校思政教师的主体地位,还要推动社会各方主体积极参与、立体联动,形成思政育人合力。完善培养"大师资",全员育人。转变高校思政教育队伍意识,重视红色文化资源,加强红色文化资源研究,营造用好红色资源、传承红色基因的教育氛围,优化高校师资队伍结构,专兼结合,聘请革命纪念馆、博物馆、红色教育基地等讲解员、英雄模范、革命老兵进入校园担任兼职思政教师,实现全员育人。形成红色文化资源融入"大思政课"体制机制,各方立体联动,形成"三全育人"合力,助力"大思政课"建设,提升"三全育人"实效。

# 厚植文化承载，推动"文化+"党建育人工作

广州工商学院马克思主义学院　陈雯菁

## 一、背景与理念

扎实推进主题教育，深入学习宣传贯彻习近平新时代中国特色社会主义思想和党的二十大精神，以习近平文化思想为引领，贯彻落实全国高校思想政治工作会议、《教育部办公厅关于开展"三全育人"综合改革试点工作的通知》《"三全育人"综合改革试点工作建设要求和管理办法》等要求，全面总结工作创新经验与成效是当前"三全育人"工作的重中之重，亦是应有之义。

在"大思政"理念推进下，广州工商学院马克思主义学院教师第三党支部以持续提高育人质量为主线，围绕落实立德树人根本任务，主动担负新的文化使命，深化党建与文化育人融合，积极推进党建与思政教育的同向同行，推动以文化人、以文育人，打造出"一支部一品牌"的"三全育人"新模式。

文化浸润，彰显党建引领。增强创先争优意识，推动基层党组织党建工作纵深发展，把党的组织优势转化为发展优势，厚植文化承载，探索教育本质、追求教育质量，增强党的向心力、凝聚力，以文化育人全力支持支部党建工作，成为马克思主义学院教师第三党支部的共同信条。

思政铸魂，党建和学科建设相辅相成、密不可分。党建工作要结合专业特色和学科优势的经验，马克思主义学院教师第三党支部勤勉认真、勇于创新，与不同部门及不同学院学科专业师生展开文化育人活动，为支部党建工作带来新面貌、新气象。

坚持思想建党、理论强党。这是中国共产党的优良传统和独特优势。马克思主义学院教师第三党支部结合马克思主义学院支部发展实际，将教师第三党支部发展理念总结为"作风优良、战斗力强、团结奋进、铁打支部"。坚持理论自信与文化自信相结合，教育引导支部党员教师深入挖掘思政理论与文化育人深度融合元素，推动"文化+"党建的育人工作。

# 二、举措与特色

## (一)"文化+"党建,培育文化育人"新沃土"

马克思主义学院形成党总支统一领导,各支部齐抓共管,思政教育贯穿人才培养全过程的协同育人局面,形成一支部一品牌特色。

坚持党的领导,构建"三全育人"组织保障。在马克思主义学院党总支的领导下,教师第三党支部组织结构日益完善,已设立支部委员会,包括支部书记、组织委员和宣传委员,形成由形势与政策教研室与思政课实践教学教研室共二十余人的支部大家庭,保证了全天候"文化+"党建育人的顺畅运行,切实实现了全员、全方位的育人理念。扎实推进主题教育,坚持思想建党、理论强党、思政铸魂,党建和学科建设相结合,从组织保障、管理体制、队伍建设、党内政治生活、师生思政活动各方位实践文化育人理念。每次党内政治生活,全员预习学习内容,全员发言讨论,每次文化育人活动,全员都是参与者,保障文化育人体系有效运作。

抓牢制度与队伍,健全"三全育人"管理体制。在推进文化育人工作中,支部一手抓制度管理、一手抓队伍建设,扎实开展党建各项活动工作,真正把党建工作纳入重要议事日程,开展批评与自我批评,责任到人,召开新入职教师谈心谈话关怀会,构建起上下同心、齐抓党建的良好运行机制,贯穿全程、联动全员、布局全方位,提高文化育人实效。着力解决思政建设中基础性、关键性和前瞻性问题,为思政教育提供组织、制度、人员等各方面保障,培育好文化育人沃土,打牢文化育人的根基。

## (二)"文化+"思政,共创理论引领"同心圆"

强化培训,抓好意识形态,创新载体,通过学习"两学一做""三会一课"、党史学习教育等主题教育,使马克思主义学院教师第三党支部教师共创理论引领"同心圆",达到文化育人成效。

严肃党内政治生活,增强党组织文化活力,严格党员教育管理监督,马克思主义学院教师第三支部采取个人自学与集中学习相结合的方式,召开主题教育专题组织生活会,组织党员认真学习党的二十大和二十届一中全会精神。开展《习近平新时代中国特色社会主义思想的世界观和方法论专题摘编》等专题学习,支部书记蔡书记为支部成员精心准备了《党的二十大原文摘录》《推进文化自信自强,铸就社会主义文化新辉煌》语句集以及《100个刑法经典案例集》等学习资料。支部集中学习习近平新时代中国特色社会主义思想的世界观和方法论,辩证唯物主义和历史唯物主义在中国特色社会主义新时代的创新发展。老师们对学习体会进行交流并展开热烈讨论,掌握了党的创新理论蕴含的领导方法、思想方法、工作方法。教师第三党支部通过进一步的强化政治理论学习，充分发挥党支部的战斗堡垒和党员的先锋模范作用，激发"敢为、敢闯、敢干、敢首创"的斗志，凝心聚力，强化责任，狠抓落实，在真抓真改上持续用力，激发基层党建新活力，见实效，出成果，逐步形成内涵过硬、文化育人特色鲜明的党支部。

推进文化育人理论与实践相结合，优化实践教学，弘扬志愿服务精神，践行社会正能量，树立先进典型榜样。按照学校党委、学院党总支统一部署，教师第三党支部的各位志愿者闻令而动，栉风沐雨，奋战一线，用信念信心，大爱大义，共同诠释了抗疫精神，体现了崇高的奉献精神，支部对在 2022 年学校抗疫工作中表现突出的抗疫志愿者致以真诚的感谢和表彰。

### （三）"文化+"阵地，拓展铸魂育人"新天地"

马克思主义学院教师第三党支部坚持用好思政课堂育人主渠道，推进党建与思政课程同向同行，持续推进全过程文化育人。抓好意识形态，打造文化党支部。通过马克思主义学院官网、微信公众号加强主流意识形态的宣传教育。马克思主义学院教师第三党支部组织开展活动 10 次，新闻稿发布 7 篇，实时记录活动开展情况，发挥反馈作用，提升育人效果。

夯实强基固本，增强"文化+"党建与思政课教学共同育人阵地优势，大力推动习近平新时代中国特色社会主义思想进教材、进课堂、进头脑，优化实践教学，拓宽实践育人路径，践行我校"德学"教育思想与"五进"教育实践活动，突出思政课教学应用性，激发学生自育蜕变，让学生在思政课及其活动等不同阵地中体验、感悟与成长。其中，师生书画艺术展发挥了特色文化作用，巩固拓展了支部品牌文化育人的成果。

为深入学习贯彻党的二十大精神，落实立德树人根本任务，传承中华优秀传统文化，增强民族文化自信，用鲜活的书画艺术形式歌颂中国共产党的伟大历程和丰功伟绩，进一步推动学校美育建设，展示师生艺术风采，引领学校师生成为中国传统文化的研习者、传承者和发扬者，马克思主义学院教师第三党支部主办，会计学院学生第四党支部协办"翰墨丹青写初心，踔厉奋发谱华章"师生书画艺术展活动，通过思政课堂宣传与指导学生参加活动。

此次书画艺术作品大赛发挥"文化+"党建的育人阵地作用，搭建学校基层党建联系协同联动育人，依托马克思主义学院思政课堂主渠道，凝聚多元力量，从课堂到实践，从党内政治生活到师生教学发展，为全过程文化育人增添色彩。参赛者们围绕"翰墨丹青写初心，踔厉奋发谱华章"主题，以党的二十大报告金句为创作内容展开创作。大赛分为书法、绘画及工艺三大类作品进行评比。参赛师生热情高涨，经过为期一周的作品征集，共收集到硬笔 313 份，毛笔 63 份，绘画 46 份，手工 17 份，共计收集各类作品四百余件（幅）。在马克思主义学院教师第三党支部与会计学院学生第四党支部的积极协同筹备下,在图书馆的大力支持下,书画艺术作品展从参赛作品中选出160 余幅立意新颖、审美独到、运笔灵动、特色鲜明的作品于 2023 年 4 月 27 日至 5 月中旬在三水校区图书馆一楼进行展出,形成良好的效应。芳墨点点,笔锋蕴心意;丹青皴染,青绿藏深情。本次师生书画展主题鲜明、题材丰富,体现了深切的家国情怀,讴歌了新时代社会的发展与变化,学校师生们以高水平的艺术创作能力,用实际行动学习贯彻习近平新时代中国特色社会主义思想。师生们以多样的艺术表现形式营造浓厚的校园美育文化氛围。

丹青溢彩迎盛事,墨翰飘香书华章。学校领导高度重视本次活动,各位参赛师生大力支持与踊跃参与。学校师生以优秀的书画作品学习贯彻党的二十大精神,歌颂伟大的党和祖国,弘扬中华民族优秀传统文化,从书画艺术中汲取积极向上的养料,坚定文化自信,增强爱国热情,记录新气象,讴歌新时代,书写新篇章!本次活动的圆满开展,充分发挥了文化育人阵地新功能,拓展了"三全育人"新天地。

# 三、经验与思考

## (一)理论学习不间断

依托于"两学一做""三会一课"、党史学习教育等主题教育,以组织生活会为契机,不断强化支部政治功能、组织功能和文化功能,努力打造一个作风优良、战斗力强、团结奋进的铁打支部,坚持理论自信与文化自信相结合,切实把组织生活会的文化育人积极成果转化为助力马克思主义学院及学校高质量发展的强大动力。

## (二)活动成果见成效

基于党建工作的创造性开展,文化育人成效明显。在"翰墨丹青写初心,踔厉奋发谱华章"师生书画艺术展活动中,专家评委组从书画卷面、字形结构、布局立意等方面综合评审,历经三轮筛选,最终评选出一等奖 2 名,二等奖 4 名,三等奖 6 名(具体获奖情况见表1)。

表1　"翰墨丹青写初心,踔厉奋发谱华章"师生书画比赛活动获奖名单

| 序号 | 姓名 | 作品名称 | 作品形式 | 奖项 |
|---|---|---|---|---|
| 1 | 钟聪颖 | 《传承红色基因,书写华彩青春》 | 软笔书法 | 一等奖 |
| 2 | 许婷燕 | 《人民至上,生命至上》 | 硬笔书法 | 一等奖 |
| 3 | 黄悦希 | 《踔厉奋发,勇毅前行》 | 软笔书法 | 二等奖 |

续表1

| 序号 | 姓名 | 作品名称 | 作品形式 | 奖项 |
|---|---|---|---|---|
| 4 | 李庆浩 | 《党的二十大金句》 | 硬笔书法 | 二等奖 |
| 5 | 江岚 | 《竹》 | 绘画 | 二等奖 |
| 6 | 黄婧雄 | 《在新征程奋楫扬帆》 | 软笔书法 | 二等奖 |
| 7 | 郭颖妍 | 《推动绿色发展促进人与自然和谐共生节选》 | 软笔书法 | 三等奖 |
| 8 | 余达明 | 《党的二十大报告节选》 | 软笔书法 | 三等奖 |
| 9 | 郭敏娜 | 《永远跟党走，奋进新征程》 | 硬笔书法 | 三等奖 |
| 10 | 罗晴阳 | 《青山绿水》 | 绘画 | 三等奖 |
| 11 | 纪弟 | 《奋斗百年路，启航新征程》 | 绘画 | 三等奖 |
| 12 | 李莹 | 《旗下的青春》 | 手工 | 三等奖 |

本次活动的顺利开展，有效发挥了校园文化活动的育人功能，马克思主义学院教师第三党支部以此契机结合样板党支部建设高标准高质量继续深化支部品牌建设，以多彩的艺术形式深入贯彻学习习近平新时代中国特色社会主义思想，推动主题教育走深走实，坚持以习近平文化思想为引领，担当新的文化使命。

（三）反思与改进："三全育人"理念贯彻尚需深入

虽然马克思主义学院教师第三党支部文化育人成果显著，与此同时仍存在不足，"三全育人"理念贯彻不够深入，全员、全方位、全过程育人落实不够彻底，还需完善。主要体现在：

（1）育人主体较为单一、力量尚不雄厚。育人主体主要为支部书记、支部委员及骨干教师，其他任课教师带头作用发挥不明显、家庭成员等缺乏实质性参与。

（2）育人工作存在漏洞，整体效应不够。文化育人协作体系、组织结构、队伍建设还需完善，协同联动育人体系需要深入拓展，需要加强整体设计，提高文化育人体系运作效率。

结合马克思主义学院工作发展实际，教师第三党支部还将需要不断梳理"一支部一品牌"任务落实、支部支委职责、党建工作计划与工作成就及优秀经验、存在问题等多项事宜，明确方向，继续打造作风优良、战斗力强、团结奋进的铁打支部，坚持抓党建创品牌，抓队伍强基层，抓文化融育人，引导教师党员坚守初心担使命，潜心育人谱新篇，以高质量"文化+"党建的育人工作推动马克思主义学院及学校各项工作的全面发展。

# 以文育人，以艺载道

## ——"外语文化节"中"三全育人"理念的深度融合

广州工商学院外语学院　孙畅泽

## 一、背景与理念

外语文化节由外语学院举办，旨在通过讲座、比赛、演出等多种形式丰富我院学生学习外语的途径，增强学生的外语运用能力和表达能力，为学生提供更多展示外语风采的平台。外语文化节在多年的举办过程中，已逐步发展并完善成为符合外语学院学生特点的高质量活动，并且坚持与时俱进，结合新中国成立70周年、科技强国、建党100周年、二十大精神等时事为历年的活动主题，力将思想政治教育全面渗透到校园文化活动中，从而提升学生的德学修养，营造生动、活跃的学习氛围。

外语文化节自开展以来，充分体现了"以文育人，以艺载道"的理念。"以文育人"是指通过传承文化、传播知识、培养人格来促进学生的全面发展和素质提高，为此我们举办了外语等级考试系列讲座、外语角、外语交流会等系列活动，在建党100周年之际，我们更是特别推出了为党献礼的"三行情诗"特色活动来表达同学们对党和国家的深刻情感；"以艺载道"是指通过艺术活动来提升学生的道德品质和文化内涵，在这方面，我们开展了外文手抄报大赛、外文话剧大赛和外文歌唱大赛等，今年，我们还举办了"用外文讲好中国故事"的主题征集活动，希望同学们能通过外文演讲的形式，在增强专业技能的同时，坚定理想信念，提升爱国情怀。

外语文化节面向外语学院全体学生，活动主题突出且贯穿始终，活动种类涵盖听、说、读、写、演、唱等多个领域，实现了全员育人、全过程育人、全方位育人的目标。因此，将校园文化活动同"三全育人"结合起来具有一定的必要性，不仅可以丰富校园文化活动的内涵，更是为"三全育人"理念提供了更广阔的实施平台。

# 二、做法与经过

"文"和"艺"作为外语文化节活动中开展"三全育人"的主要载体，二者相辅相成，以全员参与、全程推进、全域覆盖的模式，实现价值塑造、知识探究、能力培养的目标。

## （一）强化德育内涵，坚持全员育人

教育的内涵是育人，育人的核心在德育，德育的主体即学生。德育的重要性决定了高校必须逐步建立以学生成长成才需要为中心的全员育人工作体系，实现教育主体最大化。外语文化节在"全员育人"理念中很好地实现了学校层面的组织育人、管理育人等。

组织育人主要是建立校党委横向协调、院党委纵向实施、团学组织覆盖延伸的工作机制，并以党组织和团组织的先进性来深化德育的内涵、丰富德育的内容。2021年外文话剧大赛冠军作品《趋光》，用日语的形式给大家讲述了中国共产党成立的过程，致敬了党的百年华诞；2022年外语文化节闭幕式上，四位学生党员代表为我们带来了英文朗诵"Believe in China"，他们用铿锵有力的声音、坚定宏伟的气势，生动地歌颂了中国的强大，充分发挥了党员的先锋模范作用。这些优秀的作品不仅可以提升学生的思想觉悟，激发学生的爱国热情，还能够培养学生的团队协作和沟通交流的能力。

管理育人体现在三个方面：一是外语文化节的严谨性，每次举办前我们都会完整地制定出所有活动的策划方案，并编印成册，作为各项活动的实施标准，不仅可以保证活动顺利进行，还可以用规范、协调的管理制度影响学生的日常行为；二是全体性，以2022年为例，整个外语文化节的参与人数达2500余人，约占全院人数的四分之三，其中包括领导、教师、学生工作人员和参加活动的学生，覆盖面较为广泛；三是有效性，在各项活动前夕，我们会对活动的管理者进行培训，首先是要深入了解活动对象，其次要更新管理观念，遵循管理道德，还要改进管理态度、管理方法和管理作风，提高管理质量，以身作则，发挥出管理育人最理想的效果，提升参与者的自我约束能力和制度意识。

## （二）加强德育渗透，推进全过程育人

德育是高校思想政治工作的重点，但它也是一种比较抽象的教育，若将德育渗透在校园文化活动中，以生动、活泼的形式体现出来，可以有效提升高校德育工作的质量。外语文化节作为校园文化品牌活动，在全过程育人中巧妙结合了课程育人和实践育人的渗透作用。

课程育人是德育的主要形式,在外语文化节中,我们开展了讲座、交流会、外语角等活动,以学术知识提升专业水平、以经验交流促进语言学习、以趣味活动拓展文化认知。2021 年的"感恩节"英语角活动,依托节日气氛在户外开展了大型盛典,参与人数超 500 人次,同学们在各个环节中都表现出了高涨的热情。活动结束后,有些同学第一时间去感谢父母和老师,有些同学留言道"学会珍惜,学会爱",也有些同学激动地说"保持对生活的热爱",此场活动使同学们在锻炼了英语口语的同时,更懂得了感恩的意义,起到了良好的道德教育,达到了圆满的效果。

实践育人强调通过实践活动提升学生的能力和素养,因此实践的过程是尤为重要的。外语文化节根据学情更有针对性地推出了许多富有外语特色的实践教育活动,2017 年"外音之魅,天声绝配"外文配音大赛决赛以线上网络直播的形式进行,比赛结果由观看直播的大众评审(我院师生)投票决定;2024 年,我们还全新推出了"好物分享"比赛,即外文电商直播分享。这些活动生动结合了我院商务英语专业的特点,将专业知识技能运用于实践,在开展过程中提升学生的专业能力和思考能力。

### (三)创新德育载体,突出全面育人

中国传统文化是民族文化的灵魂,同时也是道德教育的根基,德育搭载多种文化,不但可以使育人内容更加丰富,还能增加育人的全面性。显而易见,外语文化节就是以文化育人为主要特色的校园活动。

文化育人是指利用各种文化形式或载体,将德育内容融入学生的行为之中。2022 年外文戏剧大赛获奖作品《半床棉被》中,表演者用精湛的演技为我们诠释了"红军精神";同年外语文化节闭幕式上,全体学生及工作人员带来的舞台剧《小幸运》回顾了整个外语文化节的点点滴滴,宣扬了无私奉献、团结友爱、互帮互助的精神;2024 年开展的"我爱我校"外文手抄报大赛,一定程度上加深了同学们爱校荣校的意识。

在各项活动中,我们不仅关注学生的专业、知识和能力的提升,更注重学生的道德、心理、涵养等综合素质的培育和发展,不论是演出还是参赛,我们都尽力为学生营造出浓厚的文化气氛,使得他们潜移默化地受到全面的教育。

# 三、经验与思考

### (一)经验与成效

外语文化节活动丰富多彩,举办期间,浓厚的学习氛围、高涨的学习热情、独特的异域风土人情、别具风味的文化视听盛宴都给大家留下了深刻印象,获得了广大师生

的一致好评。如今，外语文化节的平台效应日益扩大，外文歌唱大赛、手抄报大赛等活动也吸引了其他学院的学生参加，彰显了我院一直致力于开展符合当代大学生特点和需求的专业技能竞赛、文化艺术活动的决心，展现出我院在校园文化建设中的优秀成果，同时有力促进了我校良好校风、教风和学风的形成。

### （二）不足与思考

尽管外语文化节效果显著，但也存在一些问题，基于历年的经验，我们将从以下几个方面改进。

#### 1. 扩大活动空间

由于校区限制，外语文化节只在花都校区开展，不能满足两个校区全体学生的参与欲望。日后，我们将结合当今社会的发展特点，积极利用网络空间，提升更多学生的参与度，同时，也要在活动中实现网络育人的目标。

#### 2. 增长活动时间

由于每学期只有四个月左右的时间，各项活动的宣传期、收集作品及评选的时间都比较紧张，还得同时开展几项活动，某种程度上影响了活动的质量。以后我们计划将外语文化节的周期变为一学年，使得各项活动办得更加出彩。

#### 3. 拓展活动种类

外语文化节每年的活动都与上一年有部分重复，导致报名群体多集中于大一新生。对此，我们要持续推陈出新，探索更多适用于全校师生的活动，将外语文化节的育人模式推广、育人范围扩大。

## 四、结语

外语文化节作为经典的校园文化活动，有着举足轻重的育人功能，对提高大学生的综合素养起到了不可替代的促进作用。各类活动不光体现了外语文化节"以文育人，以艺载道"的特色，还强调了"三全育人"理念的内涵，更重要的是验证了"三全育人"理念融入外语文化节、融入校园文化活动的合理性。

# 关于学生对某市火灾事故发表错误言论的处理和思考

## 一、案例概述

2022 年 11 月 24 日某市火灾事故引发舆情,部分学生在抖音、微信朋友圈、班级微信群等网络平台转发各网络大 V 的负面评论,后面发现所转发的链接内容被删除。平常在网络上较关注时事并喜欢发表看法的几位学生,在班级群里讨论了该事件,发表了"我们不配拥有言论自由""谁谋杀了他们""一言不合就被和谐"等不当言论,并大谈"西方民主与自由"的优越性。班干部发现此事后,报告给了辅导员。

## 二、案例定性

当今国际国内形势的深刻变化,使得大学生面临着大量西方文化思潮和价值观念的冲击,一些大学生不同程度地存在政治信仰模糊、价值取向扭曲等问题。该案例中,学生关注时事,发表时事言论,但不掌握言论自由的边界,也不理解事件的真实情况等。因此,从表面上看是学生发表了不当言论:在网络平台上转发一些未经证实、有损国家形象的言论;在班级群内表达自己的错误价值观念,言辞偏激。但深究现象背后的问题,本质上是学生思想认识出现偏差、政治意识形态教育缺失,属于思想政治教育范畴。综上所述,该案例可以定性为思想政治教育与价值引领的问题。

## 三、解决思路

解决该问题主要采取"从近到远、由表及里、以点带面"的思路。首先,从近到远。[忄],即当下最需要迫切解决的,避免演变成危机事件。作为学生的思想政治教育者和管理者,辅导员需要第一时间找到这部分学生,指出他们随意转发未经证实的视频及在班级群里肆意发表错误言论是错误的行为,引导他们删除或者撤销不当言论,最大程度消除不良影响,并注意引导其他同学正确发声,占领思想政治教育阵地。远,即从长远来考虑,我们要根据当下发生的事情,反思我们日后的工作,做好统筹规划,弥补工作短板。其次,由表及里。辅导员需要透过现象看本质。该案例中表面上看是学生言论不当,本质上则是学生的思想政治教育与价值引领方面出现了问题,需"攻心为上",并辅之以行为纠偏,把危机扼杀在摇篮里。同时,辅导员乃至全校应深思日后该如何加强学生的思想政治教育,做到"三全育人"。最后,以点带面。解决该个例后,我们需整合各方资源,采取多种手段和方法,在学生当中进行整体层面的思想价值引领,占领思想政治教育主阵地,为国家培养又红又专的社会主义接班人。

# 四、实施办法

## (一)全面掌握基本信息,迅速出击,稳定学生情绪

在班干部把此事上报给辅导员后,辅导员第一时间报备给上级领导,做好危机研判,提醒其他辅导员老师密切关注所带班级中有无出现类似言论,谨防演变成舆论危机。当天晚上,辅导员通过走访宿舍,深入学生群体,了解学生的真实想法,从而做到有的放矢。

在走访学生宿舍之前,辅导员先跟班干部详细了解在班级群里发表不当言论的学生近况和状态。此外,辅导员翻阅了"一表一信"。一表,即"学生信息登记表",里面详细记录了学生的家庭成员信息、从事的行业、具体单位等,从中可以了解学生的家庭成长背景。一信,即新生入学时,辅导员组织学生写给未来自己的一封信。在信里面,很多学生回忆了自己的成长史,也展望未来。不打无备之战,通过前期的充分了解,为后续的对话沟通做好准备。这样,在谈心谈话的时候,辅导员最大限度与学生在情感上、心灵上、思想上达到同频共振,以达到育人效果。

下到宿舍后,辅导员采取了"解决个体的紧要问题→解决思想这一关键问题"的谈话办法。首先,通过拉家常的聊天方式,关心她们最近上课的状态,有没有遇到什么困难,需要老师帮忙解决的。随着聊天内容的深入,进而循序渐进谈到今天班级群里发生的事,倾听她们的想法,让她们的情绪得以释放,同时也梳理她们观点中的漏洞。因此,辅导员肯定了她们关注时事,勇于表达内心想法的行为。但也同时批评了她们今天在网络平台、班级群里的非理性思考和发言,且明确指出,作为大学生,我们必须具有辨析能力。尤其对于网络上各大媒体的信息,要进行甄别,理性审视,不随意转发,如转发不实言论,对他人对社会造成重大影响的要负法律责任。通过谈话,引导她

们清楚知道网络无形、规矩有形,增强法律意识。接着围绕西方所谓的"自由、平等、民主"这一价值要点和她们进行探讨,拨开学生成长迷雾,同时结合身边发生的抗疫感人事件等,引出"四个自信"。最后,鼓励她们提高政治站位,做一名有情怀、有时代担当的中国青年。

### (二)精心组织主题班会,培育家国情怀,加强制度自信教育

在主题班会前,辅导员在学生中做了调研,掌握学生目前的思想状况。班会上,辅导员以"抗疫"为主题,首先分享了自己之前因疫情被封控隔离在家两星期期间,所遇到的暖心事、暖心人,如社区工作人员组织志愿者送物资上门,解决民众的生活需求,医生大白穿着厚厚的防护门上门做核酸等。辅导员用亲身经历和自身感受,让同学们感受到生在华夏,是件何其幸福的事!同时,辅导员也邀请了同是一线抗议工作者的亲人朋友,跟学生讲述了抗击疫情实际过程中的所见所闻所想,让学生深刻体会到从2020年初疫情暴发以来,全国人民上下一心抗击疫情的过程,就是一场需要我们凝聚共识,舍小我为大我的主动担当的过程。这一过程中,可能有不同的声音出现,这是正常的,但我们始终要警惕,切勿被别有用心的境外势力带偏了节奏,成为网络谣言的传播者,影响自己今后发展。

另外,聚焦问题,精准出击,不避重就轻,做到"守土有责"。班会上,辅导员组织学生一起探讨"疫情之下的人权与自由"。辅导员讲到,中国抗疫的这场人民战争,从人权角度来看,就是一场关乎人的生命权和健康权的保卫战,这场战争之波澜壮阔,超乎想象。但我们国家始终把人民的生命权和健康权放在第一位,这是毋庸置疑的。国家为了我们负重前行,而我们仅仅因为隔离在家或者仅仅因为出不去外面娱乐就认为失去自由,失去了人权,是否妥当?接着,邀请学生讲一讲,他所理解的所谓自由、平等与民主,到底有哪些具体体现。辅导员此时需要把握的原则是,如果学生讲概念,辅导员则可以从具体事例中找突破,学生如果在细节上有疑惑,辅导员则从宏观上做阐述,讲清楚社会主义核心价值观为什么符合中国的国情和特点,中国特色社会主义民主与西方自由主义民主的根本区别是什么,即中国民主是集体主义的民主,西方是自由主义的民主,两者的逻辑起点不一样,西方的民主是掌握在少数人手里的,需要我们理性看待。继而讲到从中国国情出发,现有的社会主义制度是最适合我们国家的,如火速修建"火神山""雷神山","一方有难八方支援",这些就是社会主义制度的优越性之体现,从而引导学生坚定"道路自信、理论自信、制度自信、文化自信"。通过结合疫情防控所彰显的众志成城、万众一心、共克时艰的真实案例,让学生深切领悟社会主义国家,集中力量办大事的制度优势,明白了中国共产党的领导是集中力量办大事的根本政治保证,要打赢这场疫情攻坚战,我们必须坚定不移拥护党的各项方针政策。真理越辩越明晰,通过此次主题班会,将"四个自信"的种子撒播在学生心里,我们每

个人都应从"小我"做起,树立"大我"意识。

（三）全面构建网络思政教育,加强思想引导,掌握舆论话语权

此事发生后,辅导员组织学生党员、入党积极分子、班干部等,通过微信朋友圈、抖音、校园交互社区等师生访问频繁、关注度高的网络平台及时跟帖、发帖,运用网民易于接受的方式和语言引导网上热点,努力掌握网上舆论的话语权。如在学院的公众号、各老师的微信朋友圈发布正能量推文,吸引同学们浏览、点击和评论,引导网络舆情。辅导员要善于培养、带领一支正能量队伍,统一发声,形成有的放矢的全媒体工作矩阵,吸引广大学生参与、沟通、对话,提高大学生的政治认识,营造良好的网络文化环境。

此外,以活动为载体,寓思政于活动之中。学工办联合团委,组织了一系列活动,以拍摄短视频、撰写诗文等方式,鼓励学生结合相关主题,进行拍摄、撰写诗文、制作微电影,激发共情共鸣,激发同学们的爱国情怀,壮大正面舆论,做到统一思想,使主流文化真正内化成为大学生的价值观,从而上升为青年大学生的共同意志。

（四）开设讲座,加大网络法治宣传与教育的力度

该案例折射出当代大学生,对言论自由及相关法律知识认识不深。辅导员在所带班级做了一个调查问卷,在问卷中设置了一个问题,"你认为在网络空间中,所言话语是否要负法律责任?"对于这一问题,有21%的学生认为不用负责任,还有43%的学生认为"无所谓"。因此,学院邀请了法学专业的老师,开设了一场关于"互联网时代言论自由的法律边界"的讲座,主要内容为言论自由的相关概念、公民言论自由的边界、对言论自由的规制等。主讲老师明确指出,公民的言论自由不意味着可以随心所欲地发表自己的言论,任何权利都需要有一定的限制,否则很有可能会给社会造成混乱,因此同学们在自由发表言论的时候,需要把握好尺度和底线,任何损害国家安全和稳定、损害他人和社会利益的行为都是要负法律责任的。此外,老师还向同学们讲解了网络谣言的特征以及分类,帮助同学们厘清网络谣言与言论自由之间的界限。

# 五、经验启示

（一）培养网络舆情监测队伍,增强工作抓手

该案例中,由于班干部及时反映情况,让辅导员能在第一时间关注、跟踪、干预负面舆情,从而迅速行动,避免了舆情大面积扩散,避免演变为舆情危机。因此,日常学生管理中,辅导员要注重学生干部、学生党员的培养,以便能及时掌握学生的动态,尤其是很多学生的朋友圈,屏蔽了辅导员或者设置了分组,很多信息辅导员不能及时接

收到。辅导员必须建立自己的"情报"系统,建立"网络红军"队伍,保证能够在第一时间掌握学生动态,接收到有效的反馈信息,实现"运筹帷幄"。

### (二)准确判定主次矛盾,要严防小切口,掀起大风浪

现在00后的大学生,不再是围墙内的花朵,而是网络舆论战中的主力军。现在是人人都自带麦克风的时代,会让看似极小的事情,掀起大风浪。尤其涉及意识形态,如果不警惕,不严防,不提升我们的政治灵敏度,这些负面信息一旦经过发酵传播,在网民群体中形成某种情绪、意愿、态度和意见交错的舆论,就可能会对国家的治理造成重大影响。因此,对于高校管理者而言,我们要增强阵地意识和斗争精神,多方联动,整合资源,充分发挥网上班级主渠道作用,占领网上网下两个阵地,营造良好育人氛围。

### (三)掌握谈心谈话技巧

在学生管理工作中,尤其是在对学生进行批评教育的时候,要分清楚学生是"明知故犯"还是"不明而犯"。本案例中,通过深入了解,学生是受限于认识问题、知识储备、人生阅历,加上此前学习生活的内心积郁,从而在班级群里吐槽、映射。如果辅导员一进宿舍就是讲大道理,猛批评,就把自己架在了学生的对立面,学生是非常反感的。对学生所发生的问题,我们首先要关注其背后的需求,这是非常关键的。在此次事件中,辅导员循循善诱,逐步切入主题,了解学生的看法与认识,分析问题,使得双方谈心谈话增加了黏性,学生也心服口服接受了老师的批评教育。所以,遇到问题,有时候不妨退而织网。

### (四)多方联动,强化网络思想政治教育

辅导员是思政教育的重要一环,但不是唯一的一环。由于思政教育的长期性和动态发展性,决定了不可能靠辅导员单打独斗去完成思政教育,而是要多方联动,营造良好的育人环境。这要求辅导员不仅要关注社会时政热点和国家大事要闻,与时俱进,深入把握当前大学生的思想特点和心理特征,借助网络载体,引领主流价值观,更要学会利用各方面资源,如学校的易班发展中心、学院微信公众号、辅导员工作室等,形成育人合力。在学生党员和学生骨干这一"关键少数",我们日常要善于培养,在关键时刻,他们可以以朋辈的身份对其他学生进行朋辈帮扶,比我们老师更容易走进学生心灵深处。

辅导员除了要利用传统线下课堂开展主题班会、主题团日活动等,也要借助微信、微博、抖音等网络平台,通过发帖、网文等形式,深入细腻地剖析小故事蕴含的大道理,运用真实的故事案例启发学生,引领学生积极评论转载,形成正面的网络舆论效应。

# 网络育人"入心田",思政引领"正学风"
## ——广州工商学院学生工作部(处)融媒体中心工作案例

广州工商学院学生工作部(处)　何　巧　徐　达

## 一、项目概述

　　广州工商学院在创建特色鲜明的高水平应用型大学,实现办学质量内涵式跨越发展的进程中,牢牢把握立德树人根本任务,践行"德学"育人理念,深化"五进"教育实践,以学生发展为中心,创新推动网络育人,引导师生弘扬网络主旋律,传播网络正能量。学生工作部(处)融媒体中心作为推动全校网络育人深入贯彻落实的重要力量,坚持因事而化、因时而进、因势而新,抓住思政教育关键点,用好思政引领融媒体,积极探索新时代大学生网络思想政治教育新途径,打造全新网络教育体系、发声矩阵(图1)。

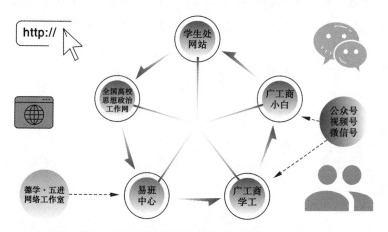

图1　学生工作部(处)校园融媒体中心教育体系、发声矩阵

学生工作部(处)融媒体中心是学校学生工作部(处)领导下的以思想政治教育中心青年教师和学生团队为主体的融媒体实践组织,致力于建设打造一支敢打硬仗、能打胜仗的校园网络育人队伍,下设办公室、文字编辑部、摄影部、运营部、技术部等部门,目前共有指导老师3名,总成员40余人。

自成立以来,学生工作部(处)融媒体中心坚持一线耕耘,贴近师生实际,守正创新。主要负责全力打造"广工商学工""广工商小白"公众号及视频号、全国高校思想政治工作网、易班中心(德学·五进网络工作室)、学生工作部(处)官网等平台,共计设立精品栏目40余个,已逐渐形成了系统完善、操作规范、资源优质的校园网络多平台媒体矩阵。旨在创新传播方式,打造学生喜闻乐见的原创作品,深入学生中心,讲好校园故事,传播校园文化,塑造优良学风,服务全体师生。此外,融媒体中心还负责校园网络舆情监测及管理等工作,多措并举,抓范围、重监管、强引导,营造了清朗健康、积极向上的校园网络空间。

# 二、项目主题

习近平总书记强调:"我们必须科学认识网络传播规律,提高用网治网水平,使互联网这个最大变量变成事业发展的最大增量。"新传播技术的发展使社会加速迎来一个全媒体时代,全程媒体、全员媒体、全息媒体和全效媒体的传播格局不仅塑造了新的传播生态,也使得网络意识形态斗争进入更加复杂的阶段。2023年,学校为应对互联网技术快速迭代、意识形态"主战场"转移对高校思想政治工作带来的新挑战,特将原学生工作部(处)学生管理中心转设为思想政治教育中心,统筹负责全校网络思想政治教育工作。中心在成立之初即以《"三全育人"综合改革试点工作建设要求管理办法》为指导,围绕网络育人的教育机制、平台建设、成果评价三个重点,积极探索新时代网络思想政治教育新途径,打造具有学校特色的网络育人新格局。

# 三、项目思路(图2)

学生工作部（处）融媒体中心工作思路

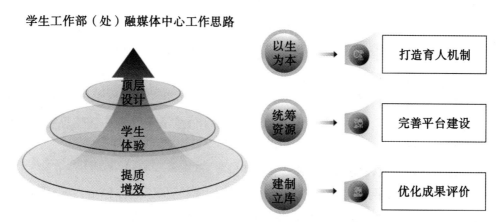

图2　学生工作部(处)融媒体中心工作思路

**1. 注重顶层设计,以生为本,打造育人机制**

(1)坚持以习近平新时代中国特色社会主义思想为指导,以立德树人为根本任务,以"整体布局、共同发声、互相促进"为建设思路,形成"点—线—面"同频共振、线上线下全覆盖的学生工作部(处)网络思想政治教育新矩阵,实现网络育人由"条块分割"到"协同育人"的局面转换。突出学生主体地位,让学生真正成为网络文化建设的主人,营造清朗的校园网络空间氛围,打造网络思政育人新高地。

(2)完善长效机制,推动形成学生工作部(处)官网领衔,广工商学工、广工商小白、易班中心、全国高校思想政治工作网等平台互补联动,师生栏目多元支撑的网络思想政治教育立体矩阵。一是由学生工作部(处)老师牵头,统筹组织学生团体定期开展网络素质能力提升讨论会,强化网络意识,促进建网用网管网能力提升。二是细化学生工作部(处)官方网站及融媒体发声矩阵工作内容,做好时事热点信息发布、主题教育内容交流和学生数据分析,进一步强化思想政治工作的"共建、共享、共融"。三是重视网络文明建设,加强师生网络素养教育,针对性做好素质能力提升工作,如定期召开主题线上培训会议等。引导师生增强网络安全意识,抓住各重大节假日节点,发布相关主题教育推文,强化社群运营的内容实效,推进师生遵守网络行为规范,养成文明网络生活方式。

**2. 注重学生体验,统筹资源,完善平台建设**

(1)融合创新手段升级学生体验,围绕时代热点和精神,研发学生喜闻乐见、形式多样的优质新媒体文化产品,开展线上线下联动活动,凝练特色,力求将网络育人工作浸入学生的心田。因时而进,因势而新,紧跟学生成长成才的规律和节奏,统筹教育资源,做好舆情防控。把握好网络思政育人的时、度、效,打造兼具特色和吸引力的网络平台体系,用好德学·五进网络工作室,坚持正面宣传与舆论引导、风险防范与应急预控相结合,使网络育人这个最大变量变成最大增量。

(2)积极参与高校思想政治教育工作网、易班网和中国大学生在线全国共建。建好学生工作部(处)网络融媒体矩阵,依托现有网络矩阵做好主题教育和线上发声工作,如"最美班级评选""优秀笔记展示""优秀校友分享会"等思想政治教育活动及其宣传推广。丰富网络文化,开展"广东高校网络媒体展示节"等网络文化建设活动,组织学生观看红色电影、举办网络知识竞赛等,让学生在实践和体验中接受思想政治教育,提高思想觉悟。

### 3.注重提质增效,建制立库,优化成果评价

(1)针对优秀的网络文学作品、网络文化建设成果,探索建立包括内容、形式、效果等方面在内的量化指标体系,结合外部专家评审、校内问卷调查、网络舆情分析等评价方法进行评价。将优秀网络文化作品纳入科研、教学成果统计,最终的评价结果适当作为教师职务职称评聘的条件、师生评奖评优的依据。

(2)学校学生工作部(处)通过建立合作机制、搭建交流平台、开展培训活动、设立奖励机制等方式,联合各二级学院专任教师参与网络育人工作,特别是学界教授、教学名师、优秀导师等。旨在协同专任教师及辅导员、班主任等建设一支政治强、业务精、作风硬的网络育人队伍。培育各方网络育人力量,做好平台建设,推动网络育人工作深入开展,提升学校网络文化的质量和影响力。

## 四、项目实施方法(图3)

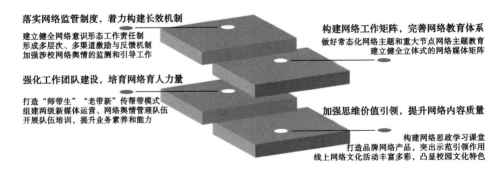

图3　学生工作部(处)融媒体中心实施办法

### 1.落实网络监管制度,着力构建长效机制

(1)学生工作部(处)融媒体中心按照"谁主管谁负责,谁主办谁负责"的原则,建

立健全网络意识形态工作责任制。严格执行《广州工商学院新媒体联盟章程》《广州工商学院新媒体联盟实施细则》,落实落细《广州工商学院新媒体监管办法》,进一步加强网络平台的建设与管理、审核与发布、运行与安全,严格执行"先批后建""先审后发"的制度。

(2)加强对学生工作部(处)各类网站、新媒体平台等校园媒体的考核评比,形成多层次、多渠道激励与反馈机制。融媒体中心师生负责日常定期浏览检查各网站和新媒体平台,查看运营维护情况,及时反馈并解决检查中发现的问题。通过广东高校网络媒体展示节等,选树先进典型,激发校院两级网络育人的积极性和主动性,提升官方网站和新媒体平台的建设与运营水平。

(3)加强涉校网络舆情的监测和引导工作,建立网络舆情监测反馈队伍。融媒体学生团队常态化实时监测各大网络平台,扩大对本地抖音、微博、微信、QQ群及其他各类自媒体账号的舆情监测。认真甄别涉校舆情,关注舆情动态,及时发声并加强正面引导,做好舆情的反馈沟通、应对处置并及时上报舆情信息,确保涉校舆情的平稳。针对学生关注的资助事宜热点问题,2023年学校学生工作部(处)制定《广州工商学院学生资助热点舆情应对实施细则》,维护网络传播秩序,构建风清气正、健康和谐的网络育人环境。

**2.强化工作团队建设,培育网络育人力量**

(1)融媒体中心不仅在内部打造"师带生""老带新"的"传帮带"模式,还牵头组建了部门和各中心融媒体队伍间的两级新媒体运营、网络舆情管理队伍。重点建设以青年思政教师和学生骨干为主体,其余各中心教师及学生团队配合的网络工作队伍,充分发挥教师队伍引领、学生骨干队伍协同的作用,加强上下联动、横向互动,提升育人实效。

(2)学生工作部(处)融媒体中心开展多角度、全方位队伍培训,提升业务素养和能力。针对学生团队,每周按时召开主题例会,细化每周工作安排。同步发挥学生工作部(处)青年教师力量,定期面向学生举办"大学生编辑与写作""新媒体运营技术""意识形态话语权"等专题培训,旨在提升学生团队业务能力,尤其是面对网络舆情如何讲好广工商故事以及摄影摄像、微信编辑制作等。针对教师队伍,不仅内部学习网络育人相关条例和文件,还邀请专家举办"大学生思想政治教育暨就业指导"等专题培训,进一步增强教师网络安全意识,提升对网络舆论的引领力和管控力,推进校园网络文明建设。

**3.构建网络工作矩阵,完善网络教育体系**

(1)贯彻落实教育部关于"三全育人"试点改革建设中关于网络育人工作的统一部署,依据学生工作部(处)思想政治教育中心工作实际,融媒体中心负责加强网上正面宣传,开展好常态化网络主题教育和重大节点网络主题教育。积极组织开展广东高校网络媒体作品推选展示活动、国家消防安全宣传月活动、国家网络安全教育宣传系列活动,持续加大对优秀作品和先进典型的宣传推广力度。依托各二级学院开展相关网络文化精品活动,打造兼具校园文化特色和专业特色的校园网络文化品牌,推动师生积极参加网络产品的创作。

(2)融媒体中心整合学生工作部(处)各级各类网站、微信、抖音、公众号等网络媒体资源,建立健全立体式的网络媒体矩阵,充分发挥各类媒体传播特色,推动多种媒体融合发展,实现资源共建共享,信息互通互助。推动构建"学生工作部(处)—各中心单位—学生团队—班级—个人自媒体"五级新媒体矩阵,联通网络育人平台,形成同向发力、内容共建、资源共享、特色发展的工作格局,努力实现对学校学风建设与师生指导服务的全覆盖。

**4. 加强思想价值引领,提升网络内容质量**

(1)构建网络思政学习课堂,延伸学生线上自我学习和实践的渠道。依托官方微信公众号"广工商学工",开设"党史学习""青年大学习"等专栏,深入推进习近平新时代中国特色社会主义思想入脑入心,打造师生网上精神家园。依托易班发展中心,建设"易"起同心、"易"起引领、"全景德学展厅""全景易班中心""一站式线上失物招领"五个线上园区,打造网络思政教育服务平台,网络育人和服务育人并举,助力学生成长成才。

(2)打造品牌网络产品,突出示范引领作用。官方微信号"广工商小白"打造集热点、活动、福利、周边、美食、趣闻为一体的原创品牌栏目,将视角对准一线师生、对准基层,讲好校园故事、宣传好师生典型;紧密结合开学季、迎新季和毕业季特殊时段,推出"招生季""毕业季"等专题内容。"广工商学工"官方视频号开设"国家网络安全宣传周""三下乡社会实践""辅导员队伍宣传"等特色视频栏目,广受师生喜爱。"广工商小白"官方视频号开设新生采访、毕业典礼、运动会、军训、校园文化活动、传统节假日等视频专栏,增进交流互动,拉近与学生的距离。官方微信号紧密关注时政热点,每日发布与青年学生学习、生活息息相关的动态,以简洁明了、深入浅出的方式将"大道理"转化为"微话语",以便更好地与学生沟通交流。

(3)抓牢关键教育节点,塑造校园特色网络文化。开展"广东高校网络媒体展示节"等关键网络文化建设活动,联合各二级学院,依托"一院一品"系列活动挖掘兼具学校和专业特色的师生网络文化产品,做好宣传推广。通过线上主题教育等形式,强化网络意识形态管理、网络舆情管控。依托网络多媒体技术,丰富校园文化的传播主题和形式,打破时空限制,增强校园文化活动的吸引力、传播力和辐射力。紧跟时事热点,抓住各个特殊节日开展线上教育,如2023年10月24日通过的《中华人民共和国爱国主义教育法》内容普及教育、国家公祭日主题教育等,引导广大师生增强对新时代爱国主义精神内涵的理解。

# 五、项目成果展示

**1. 以"共建、共享、共融"为支点,推动网络思政服务"一体化"发展(图4)**

(1)2023 年学生工作部(处)官网完成升级改版工作,网站囊括部门概况、规章制度、德学教育、思政中心、一站式社区、资助中心、心理中心、网络工作室等 8 个板块(图5)。通过构建网上学习组织架构实现有组织、有指导、有管理、有服务的学习教育引导,打造校园网络学习阵地和思想文化聚合平台,带动学习型校园建设。内容整合上对原有栏目进行梳理调整,在各类学生服务栏目的基础上突出特色亮点栏目,还增加思政中心、网络工作室等新栏目,并将中国共产党新闻网、中国高等教育学会学生工作研究分会、全国高校辅导员工作研究会、南粤辅导员等有机融入,进一步加强网上思想文化阵地建设;形式排版上以视觉美感为主导,通过添加图片和视频元素,突出校园文化和学工特色。平均每年发布各类新闻信息要闻 1000 余条,切实发挥网站的言论疏导实效。

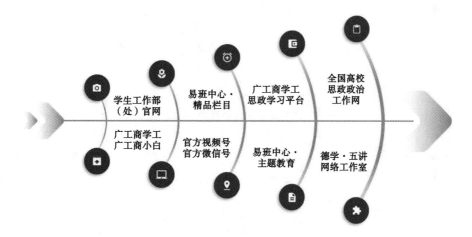

**图4 学生工作部(处)融媒体中心成果展示**

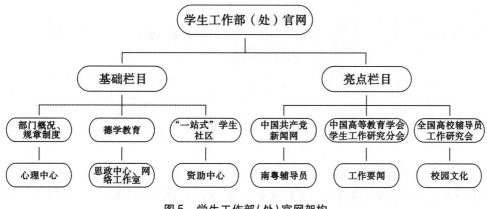

**图5 学生工作部(处)官网架构**

（2）建好广州工商学院·易班中心，目前设有"爱国同行""绿色校园行""辅导员评选""消防知识学习""三水一站式""花都一站式"等13个精品栏目（图6）。围绕与学生息息相关的线上指导与服务，思政引领为先，强化"熟人世界中的集体教育"，做好"师生关系场所中的舆论引导"。

图6　广州工商学院易班中心精品栏目

（3）依托"广工商学工"上线"党史百年·天天读""青年大学习"等学习资源，拓展思政线上学习园地（图7）。累计线上点击人数超过5000人次，进一步激发学生线上学习的主动性和积极性，营造浓厚思政氛围。

图7　"广工商学工"学习平台

（4）依托全国高校思想政治工作网做好育人号的学生服务与指导（图8）。以"一站式"学生社区综合管理模式云平台为主体，嵌入社区风采展示活动、社区讲堂、书香社区、社区团队、工作案例、成果展示、一站式直播等7个板块，扎实做好三个"1"工程:"1 个学生党建前沿阵地""1 个三全育人实践基地""1 个平安校园样板高地",赋能学校网络育人工作提质增效。

图 8  全国高校思想政治工作网

**2. 以学生工作部(处)融媒体矩阵为核心,持续强化网络好声音影响力**

(1)整合学生工作部(处)各类网站、公众号、视频号等媒体资源,建立健全立体化、融合式的校园媒体矩阵。目前共运营 5 个学生工作部(处)官方新媒体平台,与校内其余新媒体平台实现资源共享、信息互通、融合发展。

(2)官方微信公众号"广工商学工"(图 9)"广工商小白"(图 10)坚持深耕细作,增强思想引领,提升影响力。粉丝数超 7.8 万,年均发布推文 170 余条,年均总阅读量超 180 万,累计阅读量超过 2200 万。针对"新学期""毕业季""招生季"等主题,做好"新生攻略""校园服务""心理咨询""智能报修""意见反馈""学校通知"等精品栏目,扩大宣传力、影响力。

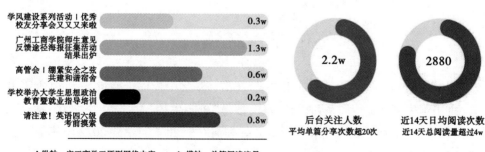

图 9  "广工商学工"内容分析

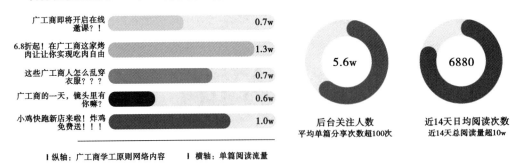

图10 "广工商小白"内容分析

此外,"广工商小白"由2015年创办的"GGS 校园小白"演变而来,作为广工商青年的聚集地,自2015年创办运营以来获多项荣誉(图11)。2017年获得 KAB 全国推广办公室颁发的"大学生 KAB 创业俱乐部牌匾";2018年在全国大学生微创业行动评选中获得银奖;2019年在广东省大学生营销挑战赛中荣获优秀合作组织;2022年从"GGS 校园小白"变更为"广工商小白"。

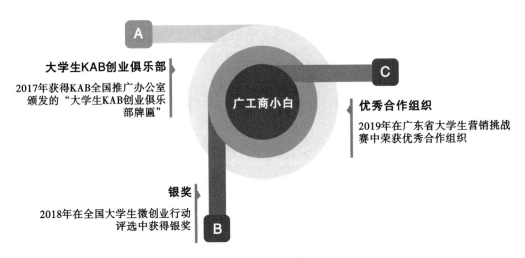

图11 "广工商小白"获奖展示

(3)官方视频号致力于凝聚师生力量,在潜移默化中传播正能量、传递真善美(图12)。推出国家网络宣传周系列视频,积极参与"校园生活""大学生"等官方活动,其中原创"2022级新生军训总结表彰大会方阵表演""广州工商学院2022年毕业典礼"等视频,单条浏览量均突破2万。

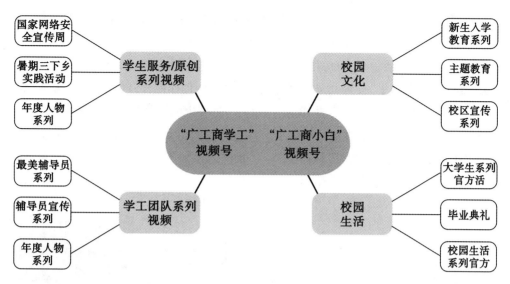

图 12 "广工商学工""广工商小白"视频号栏目

(4)易班中心坚持以生为本,切实做好优质学生网络服务供给,网络育人形象深入人心(图13)。学校各类主题教育的开展,如禁毒、反诈、爱国爱校等主题教育均依托易班中心同步开发系列线上服务。比如,2023 年 11 月,学生工作部(处)积极响应广东省关于开展依托咪酯法制科普宣传工作,利用易班平台轻应用制作禁毒线上展览,共有 3682 人次学生浏览学习,反响热烈,增强了同学们的自我保护意识和社会责任感。还以易班平台为依托开展禁毒知识线上答题活动,共有 6469 人次进行线上答题,学生网络思想政治教育获得感得到有效提升。

图 13 易班中心育人平台

(5)持续发挥德学·五进网络工作室效用,强化网络思政育人新模式(图14)。"德学·五进"网络工作室是第一批广东高校网络文化示范工作室共建培育项目,该项目依托于易班发展中心,以应用型"德学五进"特色文化为抓手,以学生网络文化社团为建设主体,专注于"校警共建""校企合作"微视频创作制作,网络思政视频成果丰硕。工作室近年来共获省级奖项10余个,其中《防疫中的数学模型》在省网络思想政治中心官方微信公众号上展播。网络工作室与合益派出所举办共建座谈会暨签约授牌仪式新闻得到广东省教育厅报道,工作室制作的系列反诈视频在教育部易班APP的闪屏轻应用上展播。

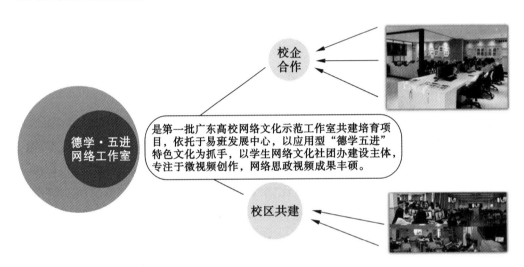

图14 德学·五进网络工作室育人模式

# 六、下一步重点

广州工商学院学生工作部(处)融媒体中心将致力于推进网络育人工作,以提高思想政治工作的针对性、时效性和亲和力。积极落实"三全育人"改革中网络育人相关标准,适应网络发展要求,利用网络带来的机遇,改进思想政治工作手段,创新人才培养方式,丰富育人内容和载体。同时,加强校园网络安全管理,引导师生增强网络安全意识,提高网络素养,赋能校园网络舆情监控和舆论引导能力提升,净化网络空间,营造风清气正的校园网络环境。始终坚持"正德厚生,励志修能"的广工商校训精神,着力打造指尖上的思政教育,让青年学生成为网络文化建设的主人,让网络成为传播核心价值观的高地。

# 七、下一步目标

持续聚焦"立德树人"这一工作主线,弘扬我校"勤学敏思,求实创新"的优良学风,秉持学生工作部(处)"厚植情怀、涵养品格、浸润学风、领航成长"的学生工作理念,抓牢思政工作主动权,让网络育人新阵地"靠得住";筑牢青年理想信念根基,夯实思政铸魂育人的教育阵地,培养担当民族复兴大任的时代新人。

# 八、下一步实施路径(图15)

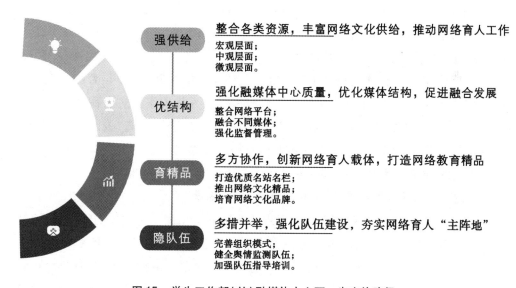

图15 学生工作部(处)融媒体中心下一步实施路径

**1. 整合各类资源,丰富网络文化供给,推动网络育人工作**

在宏观层面,与学校党委宣传部紧密合作,共同制定网络育人政策和方案,将网络育人意识融入日常思政。在中观层面,注重探索网络育人在学生实践、服务、管理、课程、科创、就业等方面的作用,创新网络育人途径,培育网络育人新形态,提升网络育人的效果和质量。在微观层面,与学生工作部(处)各中心以及各二级学院保持密切联系,深入挖掘各项工作中蕴含的网络育人元素,依托学院教学科研特色和优势,不断创新专业育人"小逻辑",逐步实现网络育人"大目标",致力于打造积极、健康的网络育人环境,引导学生健康成长。

**2. 强化融媒体中心质量,优化媒体结构,促进融合发展**

随着互联网技术不断进步和新媒体快速发展,推动媒体融合发展已成为当前媒体发展的必然趋势。为适应这一趋势,将进一步整合完善学生工作部(处)各类网络平台,包括主题性教育讲座网站、专题性学术资源网站、互动性师生研讨社群等。此外,协同党委宣传部和马克思主义学院等二级学院构建兼具影响力和引领力的思想政治工作网。在推动媒体融合发展的过程中,充分发挥各类媒体传播特色,推动多种媒体融合发展,利用媒介载体,将广播、电视、报纸等既有共同点又存在互补性的不同媒体,在人力、内容、宣传等方面进行全面整合,实现"资源通融、内容兼融、宣传互融、利益共融",强化融媒体中心平台质量,构建学生工作部(处)各级各类媒体平台融合发展工作体系。同时,加强对学生工作部(处)各中心网站与新媒体平台等的管理监督。通过制定规范、加强培训、定期检查等方式,确保平台的规范运营和信息安全。

**3. 多方协作,创新网络育人载体,打造网络教育精品**

一是推进学生工作部(处)官方微信公众号、视频号等平台的建设,打造优质名站名栏。二是推出网络文化精品。推动广大师生积极参与网络产品创作,夯实易班共建,坚持"内容与特色并举",依托德学·五进网络工作室,打造"爆款""出圈""亮点"产品,推广展示一批"网络名篇名作",丰富网上精神文化生活。三是培育网络文化品牌。积极组织开展"大学生网络文化节""高校网络育人优秀作品推选展示""网络文明进校园""广东高校网络媒体展示节"等网络文化建设活动;评选"校园好网民",落实"网络教育名师培育支持计划",挖掘师生身边的优秀人物和事迹,发挥其示范引领作用。将思想政治教育融入校园网络文化活动中,丰富校园正面舆论。

**4. 多措并举,强化队伍建设,夯实网络育人"主阵地"**

首先,完善组织模式。探索并改进以青年教师和学生团队为主体的组织模式,打造"核心引领,骨干支撑,基础稳固"的三级网络育人队伍,制定相关政策激励措施,依托德学·五进网络工作室建设,全面实施"视频优创计划",共同打造网络教育精品。其次,建立健全学生工作部(处)三级网络舆情监测队伍,做好网络思政信息员、网络评论员、技术员队伍建设,深入师生周边,做好网上价值引领和舆论导向工作。同时,以年龄结构、知识体系、学科背景为重点,持续优化队伍舆情监测队伍质量,围绕舆情监测关键领域,精心培养一支政治素养过硬、业务能力精湛、学风作风严谨、覆盖面辐射面广的校园"网络军"。最后,加强队伍的指导培训工作,实施系统性的队伍培训计划,定期召开专题培训学习会议和讲座,持续增强队伍的网络认知能力、自我行为管束能力等,筑牢网络安全防线,进一步夯实网络育人"主阵地"。

# 向阳花开
## ——积极心理视域下家庭经济困难生"心理扶贫"案例

广州工商学院会计学院　钟晓燕

小 A,女,广东某县人,父母长期在家务农,收入不稳定。刚进入大学时,她性格比较内向,语言表达能力不足,平时生活很简朴,衣服只有简单的两套换洗,电子产品使用最简约的通信手机,有时为省钱甚至一天只吃一顿饭。小 A 几乎不参加学院、班级和宿舍组织的任何活动,抗拒与老师和同学过多交流,独来独往,表现孤僻,除了正常休息,其余时间都是在埋头学习,班委班级相关工作也难联系上她。对于此类情况辅导员积极关注,主动与她交流,一开始她不愿意与辅导员有过多的交流,在经过多次的尝试摄入性谈话之后,该生与辅导员建立了一定的信任关系,了解到她父母文化程度低,家庭经济收入低,与父母之间交流较少,自己考入学费较贵的民办本科学校已经掏空了家里的积蓄,并跟亲戚借了一大笔钱,内心愧疚又自责,不想再花费家里一分钱。在入学前一个月,她父亲突发脑出血,进行了手术治疗,这需要一笔不小的费用,原本就不富裕的家庭遭遇变故变得更加困难,因此小 A 也更加封闭自我,自卑又自尊,无法调整,每天通过默默低头苦读来麻痹自己。

# 一、产生的主要心理问题

## (一)经济压力大,自卑又自尊,内心孤独感强

"物质基础决定上层建筑",小 A 进入大学校园生活中跟同龄人之间免不了进行物质基础上的比较,在这个过程中小 A 因家庭经济困难产生自卑心理,且越来越重,渐渐的除了学习之外,不参加任何活动,避免接触其他同学以免经济上对比,比如消费方式和生活方式等。小 A 因家庭经济困难,导致其生活压力大,上大学后的生活都成问题,其对自己的生活标准已降到了最低限度,因此采取了一天只吃一顿饭来减少花销。对于正常个体,小 A 同样存在渴望被他人肯定与尊重的正常心理,当这种心

理需求强烈累积的时候,就会形成复杂的心理冲突,产生强烈的内心孤独感。当小 A 内心自卑又自尊的心理累积到一定的程度,导致她不自信,内心世界封锁,不愿意、不主动参与社交,自我封闭。

### (二)思维定式,思维反刍,自我压抑负性情绪

思维定式是由先前的活动造成的一种对活动的特殊的心理准备状态,或活动的倾向性。在情境发生变化时,它则会妨碍人采用新的方法。消极的思维定式是束缚创造性思维的枷锁。由此可见,小 A 在遭遇负性生活事件时,固定的思维模式认为自己只要埋头学习就不会愧疚,其他会变好;因此她变得更加沉默,不愿与他人交流,不断地压抑事件和自身产生的消极情绪,这种思维模式无疑会强化消极情绪的影响,同时阻碍问题的解决。小 A 在学校表现得更加孤僻,有时一天都没有跟他人有一句交流,情绪低落,学习效果并不理想,容易走向极端。

## 二、分析产生心理问题的原因

### (一)家庭方面

经济的压力和家庭的变故使小 A 在心理上产生重大挫折,对自己持有过低的自我评价和消极的情感体验。家庭经济困难的现实情况,以及家庭所能提供给她的物质资源和精神资源都非常少,导致她经常性地压抑部分合理的欲望与需求,当需求感不能得到满足时,其他的负性情绪也随之产生。因此小 A 在集体性的场合都会沉默,显得犹豫、困惑和不自信,甚至避免参加任何群体性场合。

### (二)个人方面

小 A 从小形成的人格特质上敏感多疑较为突出,她表现的过于自尊、自卑心理,以及对于正常社交的排斥行为,均体现出其对自我存在不合理的认知。这种不合理的自我认知在其成长过程中逐步积累,到了成年阶段个体的人格特质已经基本定型,同时不合理的认知影响社会生存和人际交往的各方面,在遭遇挫折时易产生各种心理问题。

### (三)学校方面

对于家庭经济困难学生的帮扶,更多是注重在经济资助上的帮扶,较少地对这一群体进行具有针对性的心理健康教育。对家庭经济困难学生的认定与各类资助政策在操作的过程中,会要求其提供自身家庭状况相关的证明。小 A 对于暴露自己的家

庭情况是不舒服和觉得有伤害感的,因此,一开始小 A 不愿与辅导员交流家里的相关困难情况,不愿表达自己内心的想法,在程序上给予困难认定和经济上的补助形成阻碍。

### (四)社会层面

家庭经济困难学生由于家庭经济条件限制,无法享受到与富裕家庭学生同等的教育资源,包括优质的教育环境、丰富的课外活动和充足的学习资料等。这种不平等导致他们在学业上更容易落后,从而产生自卑、焦虑等心理问题。另外,在当前社会环境中,成功和财富被过分强调,人们往往将个人的价值与其经济状况挂钩。这种价值观导致家庭经济困难学生感到自卑和挫败,认为自己无法融入主流社会,从而产生心理问题。

## 三、具体措施

### (一)情绪疏通:打破思维定式,进行积极心理辅导

对于家庭经济困难学生在物质上进行帮助很重要,在心理上的教育辅导也十分紧迫。在本案例中,辅导员首先把握机会对小 A 进行谈心谈话,了解她存在的困难问题和情绪状态,排除心理危机情况,并进一步引导她正确地看待问题,及时排解不良情绪。小 A 对于家里付出昂贵的学费供自己上民办本科学校愧疚又自责,并认为自己只有成绩突出这一条路,而忽视了全面发展自我。"扶贫先扶志",个人的观念是人生道路上指引方向的灯塔。辅导员在谈心谈话中帮助她正确面对贫穷,科学分析困难,培养她自信、自立、自尊、自强的思想意识,打破局限,做好大学规划,进行及时的自我调整,积极参加活动和社交,全面发展自我。另一方面,辅导员要积极宣传心理健康知识,加强心理健康教育,培养家庭经济困难学生健康心理意识和健全人格,预防心理疾病。小 A 在遇到家庭困难时封闭自我,是不健康的心理反应机制。此时,辅导员利用班团干部,组织开展宿舍文化主题活动和心理健康团体辅导活动,营造轻松的班级团体氛围,缓解心理压力,释放压抑情绪,开展社会交往,引导其健康发展。

### (二)经济支持:加大助学政策宣读,提供经济帮扶

小 A 的困境主要是来源于现实家庭经济压力,也是影响她全身心投入学习生活的最大制约性因素,要使她放下心理包袱,首先要在经济上采取有效措施进行帮扶。辅导员与其家人联系得知她的情况之后,一方面,主动找到小 A 同学为她讲解现有的助学政策,分析她所遇到的情况可以获得的经济上的帮助有哪些,协助她进行家庭经

济困难认定,顺利获得了助学贷款和助学金。另一方面,小A在生活上非常节俭,辅导员将她的家庭情况形成报告向勤工助学相关部门反映,第一时间为其申请了勤工助学的岗位,为其接下来的大学生活提供了经济来源基本保障。小A十分珍惜这份工作,对学校和老师不再那么封闭,利用课余时间怀着感恩之心勤勤恳恳地完成工作任务。对靠自己的双手获得一定的劳动报酬充满期待和信心。

(三)环境改造:营造良好环境氛围,塑造积极品质

小A上大学之后,明显感觉到自己与身边同龄人之间的不相容,不管是文化见识还是物质生活都没有共同的话题,渐渐地越来越重的自卑感令她无所适从。良好的校园文化环境对大学生的人生观、价值观和心理健康有着重要的导向作用,从小团体到大团体的环境营造对于打破小A自我封闭的内心有重要的作用。辅导员找到其舍友了解她在宿舍的状态,跟舍友分析其情况和原因,帮助舍友接纳和理解她,并给予恰当的支持。积极发挥学生班干作用,在特定的节日开展各种爱心活动,营造团结友爱、相互关心、和谐融洽的学习生活环境,使小A在学校不觉得心里孤独、压抑和自卑。同时,鼓励她积极参与集体活动,培养爱好,发挥专长,结识朋友,融入校园大家庭中,在做出贡献的同时,增进独立自信。深入了解学生的家庭环境和经济状况,为学校和家庭共同制定帮扶措施提供依据。同时,增进家校沟通、形成教育合力的有效手段;强化家庭成员间的情感纽带,让学生在困难时期感受到来自家庭的温暖和支持,增强他们的心理韧性。在良好的环境中,多方的支持下使她的注意力不是聚焦在与别人各方面的比较上,而是放在努力学习、掌握人际交往技能、服务他人之上。

(四)认知调整:增强自我效能感,改变不良认知

小A来到大学这个有社会缩影的群体当中,因家庭经济困难原因,复杂而敏感的消极情绪一直都在内心涌动,而性格内向沉默寡言的她更加压抑自我。在跟小A的个体辅导当中,主要是分析应对挫折和消极情绪时应采取恰当的情绪调节,正视并应对家庭经济困难及其带来的各种消极影响。帮助其分析现有的情况和个人的认知结构,走出自我局限,参与到社会交往中去,提高适应能力,完善自我意识,塑造健康的人格和品格。在鼓励小A参加集体活动的过程中,辅导员和同学们都给予及时的关注,指导她掌握一定的自我调适技巧,正确对待挫折,面对困境积极寻求解决途径,事后及时总结经验教训。在经历过几次的认知改善后,小A对困难和挫折有了正确的认识,以积极的态度面对学习和生活,正确认识问题,找到合适的方式解决生活中的困难。

## 四、教育成效

在本案例的介入和干预过程中,辅导员通过对小 A 的积极关注和谈心谈话,并为其争取勤工助学的岗位,构建了良好的平等信任的关系,进一步帮助她打开心理防御,走出心理困境,思想上得到极大的转变,学会积极看待问题。通过宿舍和班级营造的互相包容和理解的社会支持系统,帮助小 A 扩大自己的交往圈子,在遇到问题时能有寻求帮助的对象,进而提高了解决问题的能力,学会合理规划未来发展。在生活中,小 A 积极参加勤工助学活动,通过自己的努力挣得报酬,不仅锻炼自己的能力,也增强对自我的认同。在良好的环境和氛围中,在人际交往中和社会锻炼中获得了积极的品质,愉快地成长和发展。辅导员定期谈心谈话,参与到她的发展过程中,为其分析现状,解决困惑,改变不良认知,找到目标和方向。至今为止,小 A 的状态非常积极向上,人际关系得到极大改善,参加了多项比赛活动并获得了不错的成绩,撰写发表了科研论文。

# 五、经验与启示

美国心理学会主席 Sligman 认为积极心理学的研究对象为普通人,主张研究人类积极的品质,充分挖掘人固有的潜在的具有建设性的力量,促进个人和社会的发展,使人类走向幸福;要求要用一种更加温暖、包容、理解的眼光看待人类的潜能、动机和能力等,主要以主观、个人、群体三个层面为研究对象,具体内容包含积极主观体验、积极个人特质、公民美德。

### (一)个体思想认识的转变,形成积极的主观体验

家庭经济困难生因成长环境的局限性,对自我没有一个正确的认识,或存在过低的评价,在面对挫折的过程中,容易产生不合理认知,引起心理上的贫困。在进行家庭经济困难生教育时,需要引导家庭经济困难生以积极的思维方式看待问题,体验更多的积极情绪,获得心理能量,以便能够促进其他能力的提高。辅导员在进行个体辅导时,帮助家庭经济困难生进行积极的认知结构调整,引导家庭经济困难生走出不良情绪、不良心理的困惑,得到心理的成长。在群体中定期组织具有经济困难共性的学生融合起来开展主体性的团体辅导,每月设立不同主题的心理健康教育活动,帮助家庭经济困难生在团建过程中发泄情绪、积极关注自己的内在成长,增强自身的力量,转变悲观的思想认识。以积极长远的眼光看待问题,把消极情绪转变成内在动力,培养自己坚强的意志力和耐挫能力,积极进取,让自己成长为一个健康向上,内心充满幸福感的人才。

## (二)提升人际交往能力,培养积极的人格特质

在人际交往过程中,家庭经济困难生常常处于一种戒备状态,自我保护意识强烈,这不利于人际关系的建立和维系。在积极心理学的引导下,积极引导家庭经济困难生找到适合自己的交际圈,在交往中以他人为"镜",寻找自己的优势和不足,取长补短,培养优秀的品质,建立较稳定的人际关系。具体可以从以下两个方面进行:一方面,可以在家庭经济困难生群体中开展有效的、符合其特点的技能教育培训,提高学生的自信心,增强他们的群体竞争力。另一方面,可充分发挥学生干部骨干作用,建立小组,组织帮扶关爱活动,积极推动普通学生与家庭经济困难生的互助行动,形成一种互相包容接纳的班级氛围。此外,还可以鼓励家庭经济困难生参加各类社团活动,积极参加社会实践,在实践锻炼中获得不同的心理体验,形成一些良好的心理品质。

## (三)完善相关制度建设,营造积极的校园文化氛围

在经济帮扶过程中,注重优化资助政策维护学生自尊,对家庭经济困难认定的流程进行优化,减少困难学生申请认定的时间与精力,不仅维护了学生的隐私,同时也保护到了部分心理敏感的困难学生。对于家庭经济困难群体还可以通过讲座、讨论分享会、团体辅导、心理能量提升训练等形式进行心理帮扶,帮助其积极关注自己潜在的能力和挖掘优秀的品质,使个体的潜能得到最大的发挥,同时培养正确价值观。在高校培养人才目标上,完善相关教育系统和制度建设,致力于培养一个全面发展、积极向上、健康幸福的大学生,需要在校园里营造民主、平等、和谐、向上的校园氛围,为家庭经济困难生全面发展提供健康的土壤。

## (四)加强亲情关系纽带,打造理解支持的家庭合力

家庭经济困难往往伴随着诸多生活压力和挑战,学习上学生往往面临更多的教育障碍,家庭成员能够以积极、乐观的态度面对,学生便能在困境中学会坚韧和勇敢。父母的言传身教、正确的价值导向,都能为学生提供心灵的庇护,帮助他们在面对困难时保持平和的心态。家庭能够提供无条件的爱和支持,孩子将更有信心面对外界的偏见和压力,从而减轻心理负担。家长积极与学校沟通合作,共同为孩子制订合适的学习计划和职业规划,孩子将更有可能突破困境,实现自我价值的最大化。

**参考文献:**

[1]蔡裕聪.心理资本视域下高校家庭经济困难生"心理扶贫"的教育探析[J].人文天下,2020(08).

[2]黄伟庆.贫困大学生积极心理品质培养路径探讨[J].产业与科技论坛,2020,19(20).

[3]赵书栋,刘远君.积极心理学视域下家庭经济困难大学生精神帮扶研究[J].黑龙江教育(高教研究与评估),2018(10).

# 从"危"到"机",家校同心助力学生健康成长

## ——关于学生偷取快递突发事件的应急处理案例

广州工商学院工学院　吴玉丽

## 一、案例背景与概述

　　杨某,男,某学院大一新生,家庭条件优渥,父母均在深圳做生意,其父亲为传统父亲,以说教为主,杨某从小跟随父母一起生活,性格内向,话少,俗称"高冷"。家中还有一个弟弟和一个妹妹。该生有一自高中就在一起的异地恋女朋友,目前对方在北京某高校就读,女友家境同样优渥。该生每个月均会隐瞒家长独自前往北京与女友相约,该行为所产生的月消费远远超过家长每月固定所给生活费。对于生活费,家长每个月固定给予学生 3000 元,但当学生有需要,向家长索要的时候,家长对其生活费并不设置上限,最高一月可达 13 000 元。

　　某日下午,杨某主动联系我,反馈到他因近期连续顺走快递站多个包裹,工作人员要求我到现场为其做担保人员方同意他离开,该生与我电话联系时,语气比较轻松,甚至是在我询问他为什么要偷快递的时候,会控制不住发出笑声。后期,经过快递站工作人员反馈,该生已经在四天内连续偷取 7 件快递,所偷取物品主要有两大类:某网站跑步纪念牌和女性内衣。一直到快递站工作人员多次被投诉快递丢失,工作人员查完监控,随即在朋友圈发布相关寻人信息之后,该生才停止偷盗行为并第一时间前往快递站承认错误。

## 二、关键点分析

　　本案例是一个由于学生心理健康问题、法治意识薄弱、价值观不端正、消费观不正确、与父母沟通失效、恋爱观不完善等复合问题引起的突发事件,这是一例典型的学生心理健康教育和日常事务管理相交织的案例,如果不及时进行干预和调解,极有可能

会导致该生做出更严重的违反法律法规行为和养成难以矫正的偷窃癖。

在与该生和家长、快递站工作人员谈话之后,分析该生出现以上行为的原因有以下几个方面:

一是法律意识薄弱,社会道德感偏低。这是杨某该行为产生的主要原因,其明知不可为,却依旧为之。在谈话过程,杨某有意识地说,从小没有做过违反法律和道德的行为,想尝试一下,该生没有深刻意识到偷窃行为会带来的后果和犯错的成本,是法律意识缺乏和道德感低的表现。

二是家庭沟通不畅,青春期心理敏感。直接导致该行为产生的主要心理原因之一是因为家庭教育同频不共振,当70后遇上00后,家长采取单向输出的教育方式,青春期的少年敏感且又倔强。经了解,家长多次就学生感情问题给予的意见是不要开展异地恋,不要过于投入恋情中,而当学生多次收到家长传达出的否定信号,于是决定隐瞒家长,选择另辟蹊径,独行千里求爱。同时,青春期虽已成年但经济无法独立,则人格无法完全独立,学生每次伸手向父母索要生活费都会产生强烈的羞耻感,加上他隐瞒父母多次独自约见女友,不断产生高消费,负罪感加深,最终出现认知偏差,导致剑走偏锋。

三是性心理发生偏差,恋爱观不完善。案例中第二关键点是偷女性内衣,"性偏差"、恋爱观问题和生理发展因素是产生该行为的主要心理原因之一。处于青春期的少年,有女朋友且有过性行为,但是依旧偷取内衣,一定程度上反映了该生性认知出现了"偏差",对性方面充满好奇,又羞于表达,转而选择偷取他人的内衣。在恋人面前,杨某自尊心和虚荣心较强,在恋爱过程中,为了表达对对方的重视和展示自己的男性力量,其不敢向对方真诚地表达自己内心的真实想法,选择隐瞒,故其恋爱观有待继续完善。

四是心理健康亮红线,精神层面不满足。深挖其内心存在的隐藏性心理问题,杨某作为家中长子,生活在传统家庭,家长对其很少进行表扬,长期得不到肯定和认同,精神层面的需求欠缺,缺乏自信。在这段感情中,杨某经常因为及时完成"KPI"而得到女友的肯定,内心产生更多需求,因此在女友给予需要长期才能完成的新任务——获得某网站跑步纪念牌时,杨某没有正视自己的实际情况和短板,想要快速完成,剑走偏锋选择了偷盗。同时,当杨某第一次偷取快递没有被发现时,内心有莫名快感和莫大的刺激,其自制力失控,导致后面出现多次偷盗行为。

五是消费观不正确,生活经验较缺乏。生活常识缺失也是杨某产生偷窃行为的一个原因,该生生活费由固定部分加父母不定时补充组成,相对充足。但由于自小没有消费规划方面的锻炼,消费缺少合理的规划,导致生活费经常出现断层式紧张,更容易引起心理问题。

# 三、解决思路及措施

解决所有问题的出发点都是以教育为主要目的,我们必须要坚持解决思想问题和心理问题与实际问题相结合的原则去解决问题,加强学生心理健康教育、思想道德价值教育与法治意识,构建多维并进、互补互动、综合融通的"三全育人"体系,要全方面将教育贯穿到学生的整个教育生涯,延长其教育时间线与提升教育质量。针对杨某这一情况,我采取以下四步走:认真调查了解情况,真诚沟通找原因,科学分析定性质,多措并举促引导。

## (一)时间为王,稳定局面,降低影响

直接陪同杨某一起前往快递站处理该事件,降低影响。与快递站工作人员全面了解以下几个维度的信息:①杨某偷取快递事件前后故事线和杨某偷取快递的数量、日期、物品类型;②该事件影响范围,是否存在第三方投诉者介入协调;③工作人员对于该事件的处理态度;④最终给快递站造成的损失。同时,通过与学生谈话,了解学生的诉求和感受,帮助学生厘清事情真实情况,在全面了解问题后,第一时间联系家长前往学校,处理赔偿道歉事宜。"爱是教育的前提",在处理突发事件时,我们需要从第一步开始就不断融合全员育人的力量,当获取快递站负责人的原谅之后,我们在稳定好学生的基础上,引导学生对工作人员产生感激之情,让其深刻体验到学校的教育初衷是育人成长,使杨某更加珍惜本次机会。

## (二)深入沟通,全面厘清,强化反馈

厘清机制如图1所示。本着"真理越辩越明"的态度,我将杨某作为独立成年青年进行平等交流,用积极的心态和正向的观点影响其看待世界的角度,改变其内耗,引导杨某正视自身内心健康问题,挖掘自身的闪光点,学会自爱,增强内心和提高自控力,同时引导学生树立正确的法律观、道德感、恋爱观、消费观,以及学会表达自己感受的技巧。"内外兼修,知行合一",我与其父母商定,近期要寻找专业心理医生介入,提供专业指导。从长期发展角度,家庭教育需要弱化对其形式化的外在监督,了解其思想动态,建立"良师益友型"的父子关系,纠正否定性教育,及时给予肯定和表扬,沟通方式多采用非暴力沟通,在其需要帮助时提出思路但不直接给出答案,培养学生的独立精神,将来自外界的帮助作为助力剂。全员育人离不开专业任课老师的参与,在多方了解该生感兴趣的课程之后,与相应老师沟通,希望在日常教学过程中,能多给予杨某肯定和关注。

图 1　厘清学生产生偷窃行为的机制流程图

（三）因事而化，因势利导，助生成才

通过与杨某的沟通，发现他比较内向，但是比较细心，因此我请他与家长共同协商，让杨某积极主动参与家庭生活费管理，在寒假期间负责分管家庭采购、出纳、支出登记等，时间范围由一周逐渐扩展到一个月，用实践增强该生的经费管理能力，提高家庭责任感。同时，为了切实抓实全过程育人环节，深度融合专业教育与就业工作前置，提高学生获得感，充实学生内心，还需打造学生实现自我的平台。在对话过程中我发现该生对产品设计和建模感兴趣，结合学院举办的学术型比赛实际情况，推荐学生积极参加比赛，鼓励学生以赛促学，加深学生对专业的认可度，并积极为其推荐指导老师。同时其家庭有资源能为其提供技能性、专业性的发展，因此，我请家长根据学生所学专业和家庭资源，以兼职形式，在自家企业完成对应的见习实习，以提高学生的专业认可度，增强家庭责任感，收获额外的劳动经济成果。

（四）举一反三，全面覆盖，教育引导

"教育就是要氛围"，而全方位育人，就是要从多维度完成"立德树人"的这个根本任务。在此事之后，我积极与专业团队心理咨询老师联系，开展"很开心认识你""与自己和解"的青春期心理常识培训和"嘿，恋爱的技巧你掌握了吗？"青少年恋爱观教育科普系列讲座，以及活动性、参与性、互动性强的多主题沙龙，组建学生信息队伍，定期召开班委会议，对出现心理或者行为异常表现的同学大范围摸排。结合宪法法律法规与相关会议精神营造"学习宪法我光荣"的浓厚氛围，让"宪法进教室""宪法进校园"，通过邀请法学专业背景专家、驻校民警等专业人士开展普法专题教育讲座，组织宪法学习竞赛、课前 5 分钟宣读、案例学习、海报设计和网络宣传等方式多维度宣传宪法；同时还需要"宪法进宿舍进社区"，发挥宿舍阵地作用，做到学习宪法无人员缺席无宣传盲区和死角。结合学生成长规律，开展一对一详细访谈，分类建档，构建家校线上线下合作平台，提供最适合的个性化教育与引导。

# 四、案例反思与启示

"危机"与"机会"只是差一个字,我们要学会从紧急突发事件中找出教育学生的突破口,在这件事中我认识到,要特别注重提高学生心理素质,增强学生自信心,培养学生的底线意识,用社会主义核心价值观增强学生道德,促进学生德才兼备全面发展。

## (一)要注重因事而化,搭建师生情感桥梁,完善危机预警机制

本次危机突发案例中,依托前期较为全面的立体学生档案,才能客观评估学生的心理活动,同时,也是基于对老师的信任,学生才会向辅导员及时敞开心扉,主动第一时间与辅导员反馈该事件,防止事件过度扩散。后期我们还要持续完善"宿舍—班级—辅导员—分管领导"四级有效的信息收集和分析系统的危机识别和预警机制,做到尽早发现和评估潜在的管理危机,及时处理和消除隐患,防范事件扩散和恶化。

## (二)要强化思想政治教育,将价值观内化于心,外化于行

无法正视自己的短板并无法将其与伴侣沟通以及学习动力不强的一个深层原因是内心空虚,缺乏远大理想。我们充分利用社会主义优秀文化教育引导学生,通过线上线下多维度创建多样化思想政治教育课程与活动,帮助学生树立正确人生观、世界观、价值观,把个人意义与社会意义结合起来。专业课中隐藏着巨大的思想政治教育资源,我们要紧密与专业教师联系,引导学生把个人理想与建设社会主义现代化强国理想相统一,引导学生正确认识时代责任与历史使命,激发学生强烈的社会使命感。

## (三)要改善社会支持系统,整合线上线下,搭建全员全方位育人平台

在危机事件的背后,学生一般伴随着自身无法化解的消极心理活动,同时也映射出"三全育人"体系仍需完善,其中全员育人"网络网"需不断织密,全过程育人"教育线"需抓牢关键点,全方位育人"氛围感"需深度丰富。心理学中认为"一切心理问题本质上都是人际问题"。我们可以着手于学生的家人、舍友、朋友、班主任、任课老师等人际关系,分析其消极心理活动产生的根源,做好全员育人,方可做到"对症下药"。当学生获得来自身边人的肯定与理解、尊重、信任,有利于他们从根本上化解心理困惑与消除消极心理观念,有效改善他们的整体生活质量,增强学生的个人自信心。于此同时,在网络高速发展的时代,我们必须结合学生特点,积极搭建线上咨询平台,做到线上线下相结合,打造全方面多渠道沟通与反馈路径,最终做到全员育人、全过程育人、全方位育人,有态度、有深度和有广度。

## (四)要搭建自我实现平台,创建丰富多彩的活动,营造浓厚的校园文化氛围

马斯洛曾提出,自我实现是人的需求中最高级的层次,是追求自我正面向上发展的内在需求。新时代大学生接收着巨量的、碎片化的知识,知识储备体量同比增大,他们有想法且表现欲强,对于自我实现有更深的渴望。应充分发挥辅导员中介者身份,利用校内外已有资源,结合学生实际心理活动特点和实际需求,搭建平台,通过开展专业学科竞赛、社会调研、文娱体育活动等覆盖德智体美劳的丰富活动,积极联系专业指导老师,致力于专业化体系化平台的搭建,为学生提供锻炼、交流和展示的空间和机会,在促进学生身心健康发展上发挥重要作用。同时,我们以平常心看待危机事件的发生,抓牢危机背后的教育突破口,要学会欣赏每一位学生,宽容学生的过错。作为一名教师我们需要有爱心,而学会欣赏学生、宽容学生就是爱心的具体体现。

# "三全育人"理念下探索校企合作新模式

## ——民办高校信息化人才培养工作案例

广州工商学院继续教育学院    张辉名师工作室    王兆麒

# 一、案例背景

在校企合作关系中,近年来存在一些突出问题,这些问题主要包括以下几个方面:

一是缺乏深度合作。部分校企合作停留在表面层次,缺乏深度的合作内容和实质性的成果。双方缺乏有效的沟通机制,甚至只是为了应付了事,这显然严重违背了我们的人才培养理念。

二是资源配置不足。在校企合作中,有时会出现资源配置不足的情况,这可能导致合作难以持续或者效果不佳。

三是缺乏长期规划。部分校企合作项目缺乏长期规划,导致合作无法取得持续进展。

四是沟通不畅。在校企合作中,可能由于双方的工作语言、沟通方式和文化背景存在差异等原因,导致常常出现沟通不畅的情况。

五是缺乏信任与合作意识。有时校企双方缺乏信任和合作意识,导致合作难以推进。

六是利益分配不合理。在某些具有一定盈利能力的项目合作中,可能会出现事先没有约定,获利后出现利益分配不合理的情况。这有可能导致双方的合作意愿降低,甚至导致合作破裂。

因此,我们在 2021 年 9 月开展的校企合作中,特别重视合作企业的甄选、规章制度的建立、各项流程的设置等环节,在维护高校、企业和学生三方利益的前提下,紧密围绕"三全育人"理念,重视人才培养,真正做到全员育人、全过程育人、全方位育人。

## (一)企业概况

社培科技(广东)有限公司(以下简称社培科技)成立于 2019 年,是广州工商学院社会服务培训学院孵化成立的校创国家高新技术企业。现有员工 30 余名,主要为技术研发中心人员,负责技术开发工作。公司坐落在广州工商学院三水校区旁,区位优势明显,交通便利。

公司植根高校、服务高校,提供覆盖高校信息化、继续教育智慧化、课程建设等多个板块服务,坚持技术创新与产学研深度融合,为学校、教育机构、教师、学生和社会人士提供教育信息化综合解决方案。

### (二)学校概况

校方合作主体为广州工商学院工学院,工学院目前开设有电子信息工程、通信工程、人工智能、软件工程、网络工程、数字媒体技术、数据科学与大数据技术、食品质量与安全、食品营养与检验教育共 9 个本科专业,主要涉及电子科学与技术、计算机科学与技术、食品科学与工程等一级学科。

### (三)学生需求概述

自 2021 年 9 月建立校企合作关系至今,已有近百名学生参与了社培科技提供的实践、实习机会。参与毕业实习的应届毕业生涵盖 2022—2024 届学生,涉及人工智能、网络工程、软件工程、数字媒体技术等专业。参与兼职实习的在校生涵盖 2021—2023 级学生,涉及数据科学与大数据技术、软件工程、网络工程等专业。

应届毕业生主要需求为:①岗位设置或主要工作内容与所学专业相符;②工资达到或超过市场平均水平;③有一定上升空间,有人引导或教授相关知识及应用技巧;④工作环境好,双休。

在校生主要需求为:①兼职地点距离近,环境好;②工作时间灵活,可以居家(或在宿舍)完成工作任务;③能够学到一定专业知识,为将来择业提供参考;④能够提供毕业实习机会,提前感受社会工作环境。

## 二、主要做法:围绕"三全育人"理念构建信息化人才梯队培养模式

### (一)全员育人

在人才培养过程中,校企双方需要密切合作,确保学生在各个环节都能得到充分的指导和支持。具体而言,思想政治辅导员负责引导学生的价值观念和道德品质,帮助他们树立正确的世界观、人生观和价值观。学院专业工作室的指导老师则负责学生在课堂内的专业知识和技能传授,引导他们掌握扎实的理论基础。同时,企业中的人事主管和技术研发中心的主任也会参与学生的培养过程,提供实践机会和指导,帮助

学生将理论知识应用于实际工作中。此外,项目组组长将负责指导学生在真实项目中的实践,培养他们的实践能力和团队协作精神。

除了校企双方的导师指导外,家庭在人才培养过程中也起着举足轻重的作用。家庭是学生成长的摇篮,家长的言传身教、家庭氛围的营造等都会对学生的成长产生深远影响。因此,在人才培养过程中,我们需要充分考虑家庭的作用,与家长保持密切沟通,共同关注学生的成长和发展,形成家校共育的良好局面。

通过校企双方和家庭的共同努力,我们可以确保学生在理论学习、实践操作和团队协作等方面得到全面、系统的培养,激发他们的学习兴趣和自主思考能力,为适应社会对信息化人才的全面要求打下坚实基础。

## (二)全过程育人

构建信息化人才梯队的理念,高度符合全过程育人的要求。从学生进入大学一年级开始,社培科技会联合工学院组织宣讲会,紧密结合行业发展现状及趋势,让学生尽早了解自己所学专业有哪些重点、难点,将来有哪些就业或创业的可能性和优势。使学生在大一就明确方向,朝着自己感兴趣的方向重点突破,有的放矢。

大一、大二阶段通过兼职实习,积累专业实操经验、参与真实项目,并有计划地学习特定方向的技术参数或语言,为将来学习更加复杂的技术打下牢固的基础。

到了大三年级,大部分学生基本已经有了明确的兴趣或者特长,如大数据、人工智能、大语言模型等具体的方向,这个时候社培科技就会结合工作实际,安排资深工程师一对一指导,在实际系统开发、运维、测试等不同岗位真实参与项目,并及时对成果给予反馈,在这个阶段,往往学生会有非常明显的进步。

到了大四年级实习的时候,当班里其他同学还在幻想着去深圳大厂(如华为、腾讯)发光发热的时候,通过信息化人才梯队培养了两到三年的同学,已经能够很成熟地评估自己的水平和规划自己的未来了。(图 1 为测试工程师的晋升路径)

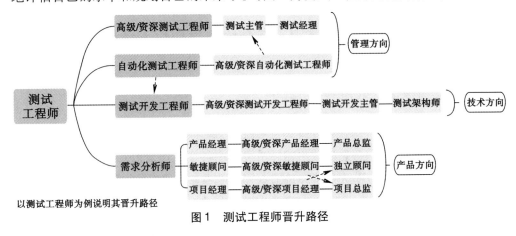

图1 测试工程师晋升路径

## （三）全方位育人

社培科技紧密围绕国家、学校制定各项育人方针,制定符合全方位育人的培养计划,使学生在真正踏入社会前,就在德、智、体、美、劳等方面获得全面发展。

德育方面,学生在深刻领悟践行"正德厚生 励志修能"校训的同时,也受到社培科技秉承的"真诚正直、进取担当、专业专注、细致高效"价值观的熏陶,更加明确自身定位,进一步树立主人翁意识,思想道德水平得到一定提升。

智育方面,通过科学教育、技术教育和知识教育,充分培养学生智力水平、创新能力和实际问题解决能力,使其成为具有一技之长,同时具备较高综合素质的信息化人才。公司鼓励并支持学生积极参与软件著作权、实用新型专利等成果的开发和申报;鼓励学生参与各类、各层次大学生竞赛,如"三创杯""大创项目""互联网+"等知名赛事。

体育方面,在学校体系化的体育课程基础上,社培科技不定期举办或参与各类体育竞技比赛,如篮球赛、足球赛等。使学生在满足个人兴趣的同时得到锻炼。

美育方面,主要在校企合作过程中,培养学生审美能力、文化素养和创造力。具体如参加产品 UI、VI 设计,海报创作,易拉宝及户外宣传品设计等工作,在具体项目和活动中得到磨炼,提升水平。

劳动教育方面,通过在真实岗位、真实工作、真实项目中的劳动付出,使学生领悟劳动之艰辛,价值之可贵。更有学生表示,来社培科技实习之前,每个月都要跟父母拿 3000 元左右的生活费,现在知道赚钱不易,每个月减少到了 1500 元,并表示会一步步用自己的双手养活自己、孝敬父母。

# 三、实施效果

通过近三年时间的实践及总结,主要从以下三个方面取得了一定成果:

首先,学生综合素质提升。通过信息化人才梯队的构建,对信息化人才的培养起到了关键作用,学生通过兼职、实习等过程,综合素质得到提升。

其次,就业竞争力提升。学生通过半年至三年时间的工作实践,将理论与实际工作深度结合,对于真正进入社会建立了良好的基础,无论是毕业后离开社培科技,去往深圳广州的公司发展,还是毕业后留在社培科技不断深耕,都是个人能力积累和提升的体现。

最后,公司品牌形象提升。社培科技自与工学院建立合作关系以来,品牌形象获得不断提升,源源不断的学生来兼职、实习的同时,也有不少老师选择在社培科技参加企业顶岗实践,并收获颇丰。此外,还有老师在与社培科技深入接触的过程中,发现了项目潜力,实施落地了多项纵向、横向课题及科研项目,均按预期圆满完成。

# 四、经验启示

上述校企合作模式,对其他公司及院校有一定借鉴意义,什么是好的校企合作关系?那就是在多维度、多层次、多项目上有着稳定、创新、双赢的合作,克服了传统合作模式中存在的各种弊病和问题,不断用新理念指导新工作,获得新收益。

好的校企合作关系一定要把培养人放在第一位,通过构建信息化人才梯队,工学院和社培科技真正将"三全育人"理念与实际工作紧密结合。从学生出发,从实际环境出发,真正建立实效性强、有自身特色的人才培养模式,着力培养创新型人才,促进产学研一体化,增强学生就业竞争力和推动地方经济发展。

## 参考文献:

[1]杨萌.基于"三全育人"理念的计算机综合人才教育的探索与实践[J].科技风,2024(04):58-60.

[2]吴琼,吴铮."三全育人"视角下高职院校辅导员思想政治教育工作能力提升路径探讨[J].武夷学院学报,2024,43(01):89-92.

[3]朱时艺.三全育人视域下"三导师制"的社会工作人才培养路径探析[J].湖北开放职业学院学报,2024,37(02):36-38.

[4]黄瑞,王映梅.校企"无缝对接"的应用型技术人才培养策略[J].四川劳动保障,2024(01):76-77.

# 探索国际教育学院"三全育人"模式建设思路的思考及实施路径

## ——以广州工商学院国际教育学院为例

广州工商学院国际教育学院　肖润民　彭斯萍

## 一、案例选题

国际教育学院"三全育人"模式建设思路的思考及实施路径。

## 二、案例背景

"三全育人"的形成是新时期对高校教育工作提出的新要求、新任务,其内涵包括育人主体、育人过程和育人空间三个维度,当前在国际教育学院实施中存在育人目标"弥散"、育人过程"断裂"、育人空间"分割"等问题。以国际教育学院育人模式为例,通过凝聚共识,营造育人氛围;完善平台,建立协调育人机制;优化育人过程,实现全程育人等措施,构建高校二级学院"三全育人"模式,推动长效机制的建立。

## 三、案例定性分析

当前,高校二级学院"三全育人"模式建设正处在由点及面、快速发展、全面铺开的重要阶段,各高校围绕建设目标,结合学校实际,多以"书院制""住宿学院制""智慧校园""结构化整合"等形式积极探索"三全育人"学生社区的建设实践。国际教育学院"三全育人"的建设是一项系统工程,需进一步加强党的领导,明确"培养什么样的人,怎样培养人,为谁培养人"这一核心思想,坚持问题导向,建好科学系统的制度体系和评估体系。

# 四、问题关键点

探索国际教育学院"三全育人"模式是我院学生思想政治教育守正创新和课程思政创新发展的一种战略性选择,新时期国际教育学院"三全育人"思路要围绕"立德树人"这一根本任务展开,科学、系统和全面考虑,结合育人主体、育人时间和育人空间三个维度建立育人体系。

## (一)全员育人主要强调育人主体

全员育人是指学校、家庭和社会共同参与,共同育人的一种教育模式,是"三全育人"的人员保障,在"三全育人"体系构建中居于主体地位。全员育人主要包括学校党政干部、共青团干部、思想政治理论课教师、专业课教师、辅导员、班主任等与教学、管理和服务相关的人员。当然,"全员育人"不仅仅是强调所有参与教育工作的人员都应该承担起育人的责任和义务,因此除了学校内部的工作人员外,家庭也是培养学生的重要环境之一。家庭可以从小开始对孩子进行道德教育、情感教育等方面的培育,帮助孩子养成良好的行为习惯和价值观念,从而更好地配合学校的育人工作。

## (二)全过程育人主要强调"三全育人"的时间性

全过程育人是指在学生大一到大四的整个阶段,将教学、管理和服务工作融入大学思想政治教育过程,贯穿教育教学的全过程。学生入学后,要对其进行全面的素质教育,包括德、智、体、美、劳等方面的培养,使学生全面发展;在学生毕业后,要对其进行继续教育和终身教育,使其在工作和生活中不断学习和进步。

全过程育人的时间性要求我们在学生成长的每个阶段都要关注其成长和发展,制定相应的教育计划和措施,确保学生在不同阶段都能得到全面、系统的教育。这样,我们才能培养出德、智、体、美、劳全面发展的人才,为国家和社会做出贡献。

## (三)全方位育人要强调"三全育人"的空间性

空间包括现实的空间和虚拟的空间两部分,具有全面性和多样性的特点。首先,全员育人是指在学校中,所有的教职工都要参与到学生的教育过程中,包括教师、行政人员、后勤人员等。他们不仅要在课堂上进行教学,还要在课下进行辅导和指导,帮助学生解决学习和生活中的问题。全员育人强调的是教育的全员参与,每个人都是教育者,每个人都有责任和义务参与到学生的教育过程中。

其次,全过程育人是指在学生的学习过程中,从入学到毕业,都要进行全方位的教育。这包括学习知识的过程,也包括培养能力和素质的过程。全过程育人强调的是教育的连续性和系统性,要确保学生在整个学习过程中都能得到全面的教育和培养。同时围绕增加第二课堂等主线展开阐述全方位育人,通过丰富多样的教育活动,如社团活动、实践活动、竞赛活动等,为学生提供更多的学习和发展的机会,使他们在学习知识的同时,也能培养自己的能力和素质,实现全面发展。同时,也要注重利用第二课堂等平台,加强师生之间的交流和互动,提高教育的有效性和针对性。

最后,全方位育人是指在教育过程中,要注重培养学生的各方面能力和素质,包括知识、技能、情感、态度、价值观等。全方位育人强调的是教育的全面性,要确保学生在各个方面都能得到全面的发展和提升。

## 五、解决思路和实施办法(以广州工商学院国际教育学院为例)

国际教育学院旨在通过"1359"总体规划模式构建全面、系统和立体的教育理念的"三全育人"思路,即围绕"一条主线",聚焦学生社区"三大功能",依托"五项工程",组建"九支队伍",建成了具有国际教育学院特色的"三全育人"模式。实现学生生活、学习和教育的一体化与常态化,促进学生成长成才,助力学校建设发展,培养具有国际视野、跨文化交际能力和创新精神的高素质人才。

### (一)一条主线

围绕"时代新人培养工程"主线落实立德树人根本任务,聚焦"五育并举"育人理念,切实打通新时代高校育人工作的最后一公里,构建"三全育人"大思政格局。

### (二)三大功能

聚焦党建引领核心功能、学生管理服务功能、数字思政育人功能,提升学生社区思政工作吸引力、影响力。

(1)聚焦党建引领核心功能,发挥"三个中心",彰显党建育人成效。凸显党建思政中心、运用党员活动中心和拓展党建文化中心。

(2)聚焦学生管理服务功能,依托"三个站",提升管理服务水平。建设和完善综合服务站、心理健康教育站和就业创业加油站。

(3)聚焦数字思政育人功能,构建信息化"三朵云",彰显学校特色。构建个性化"云档案"——建立学生"一张表",形成学生德智体美劳全过程电子档案,多维度描绘学生成长雷达图;构建共性化"云图像"——大数据分析简历群像分析,引导学生改善发展路径,优化成长模式,提升自我教育能力;构建精准化"云预警"——建立数据门户,提供"云预警"信息,科学指导、及时开展相关工作,提升育人成效。

## （三）五项工程

全方位育人是一种教育理念，旨在培养学生全面发展的能力和素质。为了实现这一目标，教育部门提出了"德育铸魂""智育固本""体育健身""美育浸润"和"劳育淬炼"五项工程。这五项工程之间存在着紧密的关联逻辑关系，共同构成了全方位育人的教育体系。

（1）德育铸魂：德育是教育的根本，是培养学生健全人格、树立正确价值观的基础。通过德育铸魂工程，学校将注重培养学生的道德品质、社会责任感和公民意识，使学生在道德层面得到全面发展。

（2）智育固本：智育是培养学生智力、创新能力和综合素质的关键。通过智育固本工程，学校将加强学科教学，提高学生的学术水平和创新能力，为学生的未来学习和职业生涯打下坚实基础。

（3）体育健身：体育锻炼是培养学生身体素质、增强体魄的重要途径。通过体育健身工程，学校将加强体育课程设置，提高学生的体育技能和兴趣，使学生在体育锻炼中得到全面发展。

（4）美育浸润：美育是培养学生审美情趣、丰富精神生活的有效手段。通过美育浸润工程，学校将开展丰富多彩的艺术活动，提高学生的艺术素养和审美能力，使学生在美育中得到全面发展。

（5）劳育淬炼：劳动教育是培养学生实践能力、培养艰苦奋斗精神的重要途径。通过劳育淬炼工程，学校将加强劳动教育课程设置，提高学生的劳动技能和实践能力，使学生在劳动中得到全面发展。

总之，这五项工程相互关联、相互促进，共同构成了全方位育人的教育体系。通过实施这五项工程，学校将全面提高学生的德、智、体、美、劳各方面的素质，为培养具有全面发展能力的社会主义建设者和接班人奠定坚实基础。

## （四）九支队伍

切实落实领导干部队伍、党务队伍、辅导员队伍、专任教师队伍、思想品德教师队伍、就业指导教师队伍、心理健康教育队伍、后勤服务保障队伍、学生队伍入驻社区，形成全员协同的育人机制和保障体系。以队伍为保障，将学校优势资源、队伍和特色"全员"地覆盖到社区学生成长当中。

### 1. 学校领导进学生社区

学校、部处、学院领导干部常态化深入学生社区，了解学生思想状态、学习状况、生活需求及发展需求，切实解决学生实际问题。

### 2. 党务队伍进学生社区

学校各党支部抽调优秀成员组成党务工作队伍，把党的建设贯穿于社区管理当中,充分发挥学生党支部先锋模范作用,以榜样育人。

### 3.专职辅导员队伍进学生社区

学生社区为专职辅导员设置办公场所和住宿空间,专职辅导员轮流进驻学生社区办公场所内上班,深入开展日常思想政治教育,与学生同吃同住同生活,做到全员覆盖、全时保障。

### 4.专任教师队伍进学生社区

根据学生社区实际情况配备相关专业教师担任学生学业导师,辅导学生学业,为学生解决学习难题,提高学生学业水平。

### 5.思想品德教师队伍进学生社区

组织马克思主义学院青年教师和专职辅导员进学生社区,依托思想政治教育平台,结合重要时间节点、时政热点,对社区学生进行思想理论教育、思想品德教育和人文素质教育,助力学生成长成才。

### 6.就业指导教师队伍进学生社区

组织专职辅导员和专任教师进学生社区,指导学生做好生涯规划,为准毕业生提供就业指导服务,引导学生正确进行自我认知和积极探索,合理构建人生发展路径。

### 7.心理健康教育队伍进学生社区

由校级心理咨询中心主导,院部二级心理辅导员组织心理咨询中心老师"下沉一线",深入学生社区开展心理疏导、心理咨询工作,开展形式多样的心理文化活动,促进学生心灵成长。

### 8.后勤服务保障队伍进学生社区

由后勤部门组建学生社区后勤服务队伍,为学生社区提供保洁、水电、家电等服务保障,提升学生社区服务质量和水平。

### 9.学生宿舍管理委员会队伍进学生社区

由校学生宿舍管理委员会、楼长、层长组成学生自我管理组织体系,实现学生社区网格化管理,积极开展宿舍文化活动,在学生自我教育管理服务、社区文化建设等方面发挥带头作用。

# 六、经验与启示

虽然学院注重培养学生的道德品质,但在实际操作中,德育教育往往被忽视或者流于形式,学生的道德素质和公民意识培养不够深入,缺乏对社会责任感和使命感的认识;过于强调学术成绩和专业技能的培养,忽视了学生的创新能力、批判性思维和综合素质的培养。此外,课程设置过于理论化,缺乏实践性和针对性,导致学生在实际工作中难以运用所学知识。

为此,学院努力探索和创新"三全育人"模式,以学生为中心,注重学生的全面发展,努力推动国际教育学院的课程改革、教学方法创新、教学资源整合等方面的发展,进而促进整个育人体系的改革,提高学生的综合素质和创新能力,增强学生的社会竞争力,从而提高学院的教育质量,培养知识面广、技术技能娴熟、身心健康、具有高尚道德品质的人才,符合21世纪全球教育的人才培养目标要求。

## 参考文献:

[1]习近平总书记在全国高校思想政治工作会议上讲话[N].人民日报,2016-12-09.

[2]何少群,程东海.高校思想政治工作"三全育人"模式研究[J].教育理论与实践,2019,39(21):56-58.

[3]刘献君,张俊超,吴洪富.大学教师对于教学与科研关系的认识和处理调查研究[J].高等工程教育研究,2010(02):35-42.

[4]杨晓慧.高等教育"三全育人":理论意蕴、现实难题与实践路径[J].中国高等教育,2018(18):4-8.

[5]冯刚,成黎明.治理视域下高校思想政治工作体系构建的逻辑与路径[J].思想理论教育,2020(08):11-16.

# "三全育人"聚合力 档案管理添新意

## ——会计学院毕业生党员档案管理的实践探索

广州工商学院会计学院 朱瑞雪

高等学校学生党员档案管理是学校思想政治教育与党建工作的重要内容。当前,高等学校学生党员档案管理中存在一些问题,影响学生党员档案功能的发挥。"三全育人"理念对学生党员档案管理工作提出了新的标准与要求,高等学校要主动作为,努力构建全员参与、全过程贯穿、全方位融通的学生党员档案管理新格局,提升学生党员档案管理质量,使其更好地服务于学校思想政治教育和党建工作。

# 一、背景与起因

2018年5月2日,习近平总书记在北京大学师生座谈会上指出,要把立德树人的成效作为检验学校一切工作的根本标准。立德树人是高校育人的中心环节,学校的各项工作都应紧紧围绕这一中心环节展开。中共教育部党组印发的《高校思想政治工作质量提升工程实施纲要》中提出,要形成全员全过程全方位育人格局。对高等学校而言,唯有重视思想政治工作,把思想价值引领贯穿教育教学全过程和各环节,将育人工作落实至各细微之处,才能构建高等学校"三全育人"新格局,为党培养推进社会主义现代化建设的人才。

新形势下,高等学校既要面对学生党员档案管理数量快速增长所带来的工作压力,又要切实提高学生党员档案管理质量。高校学生党员档案,又称入党材料,是记录学生党员发展的一手资料,既是确认学生党员身份的重要凭证,又是学校开展思想政治教育工作的重要载体。本案例以毕业生党员档案管理为切入点,研究"三全育人"视角下广州工商学院会计学院毕业生党员档案管理的优化路径。广州工商学院会计学院2023届毕业生中分别有:入党积极分子71名,发展对象96名,党员(含预备党员)79名。其中,72名党员同志根据毕业去向需转出党组织关系,7名党员同志党组织关系暂留在学校。对于即将毕业的入党积极分子和发展对象而言,发展党员过程中档案的整理对于完善个人人事档案有重要意义,而对于毕业生党员而言,档案管理对于党员的组织关系顺利转出是不可忽视的重要前提。

# 二、做法与经过

## (一)全员参与,分工协作

"全员参与"是指充分动员入党积极分子、发展对象、学生党员等档案所有者以及学生干部、辅导员、学工老师等各相关主体积极参与毕业生党员档案管理工作,以高度重视的思想态度、尽职尽责的工作作风和无私奉献的精神底色,按照各方工作责任与工作内容,各司其职、分工协作,共同促进毕业生党员档案管理工作提质增效。

一是自检,把好源头关。2022年9月21日,会计学院学生第三党支部分别组建了"各期入党积极分子/发展对象"微信工作群和"2023届毕业生党员"微信工作群,并在各毕业生顺利进群后,按照人员名单逐一核实确认,为之后的工作开展做好准备。2022年10月27日开始,毕业生按照班级分批次到档案管理室检查个人档案材料,根据党支部组织委员提前制作的《档案材料核对内容与标准明细表》对自身档案内材料的数量和内容进行核对。与此同时,党支部还安排了两名经过培训考核的学生党员干部进行现场答疑与指导,保证检查过程中发现的问题得到及时解决。2023年4月25日,在学生返校进行论文答辩前,党支部组织委员在微信工作群中提醒所有入党积极分子和发展对象根据前期检查发现的问题,提前准备好相应材料,以便返校后及时完成档案整理。2023年5月12日至5月23日,各毕业生在值班党员的指导下,对前期检查存在的问题进行更正补充。

二是他检,把好复核关。在各毕业生完成党员档案的自检并对存在的问题进行修正后,党支部统一安排学生干部和党支部组织委员进行他检。党务站学生干部根据党支部组织的党员档案整理专题培训会要求,通过普检的方式对各毕业生党员的档案进行逐一检查,特别是填写内容的时间逻辑和填写标准,通过在线链接将检查中发现的问题进行标注,并标明检查人、检查时间、修改时间、处理人以及完成进度等详细内容,再由毕业生根据明细对存在的问题进行补正。在此基础上,党支部组织委员和相关辅导员对以上毕业生党员档案进行抽检,对存在的极个别问题进行针对解决,把好最后一道保险关,确保各毕业生党员档案内容准确无误,为下一步档案转出打好扎实基础。

## (二)全过程贯穿,无缝管理

"全过程"旨在将档案管理工作贯穿到学生党员发展的全流程中,根据不同阶段的不同特点有针对性地开展档案管理工作,实现无缝管理。结合高校学生党员发展工作流程,可以简单将毕业生党员档案管理工作分为"发展党员时期""培养预备党员时期"以及"党员档案转出时期"三个阶段。各时期的党员发展工作侧重点不同,相应的党员档案管理工作也要有的放矢、无缝衔接。

发展党员时期,包括递交入党申请书、备案成为入党积极分子、备案成为发展对象等主要流程,属于学生党员档案管理工作的前期。这一阶段是学生全面、系统、深入地认识与了解中国共产党的阶段,是入党的入门阶段,重点关注学生的思想动态,端正其入党动机。党支部按程序确定入党积极分子和发展对象,组织积极分子党校培训并开展考核,培养联系人结合学生提交的思想汇报进行谈心谈话并做好记录,做好《入党积极分子考察登记表》《发展对象审查登记表》、思想汇报等相关材料的整理。

培养党员时期,即成为预备党员以及通过考察转正后,这属于学生党员档案管理工作的中期。这一阶段是学生通过培训考察经审批转正成为正式党员的关键时期,要加强对学生政治素养、思想动态、群众关系、品行素质等方面的考察,严格按照发展程序做好《入党志愿书》《预备党员考察表》等材料的整理。在这一阶段,党支部开展了档案材料"老带新"活动,让老党员为新接收的党员提供填写指导与档案审核,通过悉心严谨的指导和规范严肃审核形成完备的学生党员档案。这一过程不仅能够展现老党员对新同志的重视,同时充满仪式感的流程也能够让新同志倍感敬畏,潜移默化地影响并教育着新同志,使其充分认识到入党是神圣且值得自豪的,也传递了无私奉献、互帮互助、担当实干的优良作风。

党员转出时期,主要是根据毕业生就业去向做好党员档案的转接,属于学生党员档案管理工作的后期。这一阶段因学生入党的发展进度不同,对应的党员档案转接工作也有所不同。首先是通过上文的全员参与模式对所有党员档案进行整理,确保材料完整准确,然后进行分类处理。其一是毕业生中入党积极分子和发展对象的档案,党支部通过集中会议和分班指导等方式对其加强组织纪律、党性观念教育,要求他们及时向接收单位(居住地)党组织转交培养教育考察材料。其二是党员(含预备党员)的档案,对已落实就业单位和暂未落实就业单位转回居住地的毕业生党员,由党支部组织委员按收集的转入党支部规范全称通过全国党员管理信息系统进行转接;对暂未落实就业单位暂时保留在学校党支部的,做好备案登记和后续持续更新,待确认了转接党组织后及时完成转出。同时,党支部在召开毕业生党员档案转接工作专题会中,除了明确相关转接流程和规范要求外,号召各毕业生在毕业后以高标准、严要求持续发挥先锋模范作用,持续做好党史学习,不断提高个人思想水平和政治素养,对于暂未就业的学生,要积极落实就业单位,在社会实践中不断磨炼提升自我,成为合格的社会主义建设者和接班人。

(三)全方位融通,提质增效

"全方位"旨在通过综合融通不同层次、形式的实践活动,促进有机联动、互补互动、稳步发展的党员档案管理工作新局面,实现党员管理工作的提质增效。

学习培训明标准。会计学院党委、学生党支部持续组织学生党员发展和档案管理工作学习培训,开展了党务干部培训班、党员档案整理及党组织关系转接专题会等学习培训,通过政策解读、现场答疑、互动交流,明确了相关工作标准,提高了干部队伍工作水平,促进了发展党员和档案管理工作的规范化、标准化。

党课竞赛提兴趣。为了提升思想政治教育的时效性、趣味性,会计学院党委、学生党支部组织开展了党史知识竞赛、视频微党课等多种形式的活动,在活动中既增强了师生对党史国情的了解,激发了师生自主学习的兴趣,也为档案管理工作的有序开展与顺利完成提供了有力支持。

实践参观促实干。本着理论与实践相结合的原则,会计学院党委多次组织师生到高明红色廉政教育基地等党建示范点参观,通过现场学习英雄榜样的先进事迹,深刻领悟党为人民服务的宗旨以及党员为共产主义事业奋斗终身的铿锵誓言,从而激发师生勇于担当、乐于奉献的实干动力,这也为全员参与的档案管理工作打下坚实基础。

通过开展学生党员档案管理主题会议、高校党建"双创"工作专题培训、党史知识竞赛、红色教育基地参观学习等多样化、多层次、多种类的主题活动,有效提升了师生做好档案管理工作、持续加强思想学习、践行为人民服务的源动力,为高质高效做好档案管理工作和高校党建工作添加了新动力。

# 三、成效与反响

在"三全育人"理念引领下,会计学院学生党支部探索了"全员参与、全过程贯穿、全方位融通"的学生党员档案管理新模式,从规章制度、人才队伍等方面提升了学生党员档案管理质量,同时给党建工作的开展提供了新抓手,为党建成效的展现提供了新窗口。

## (一)档案管理更规范

会计学院学生党支部将"三全育人"理念贯穿到学生党员档案管理的全过程,"全员参与"让学生、组织委员、学工老师等相关方在工作过程中增强了档案管理意识;"全过程贯穿"提高了师生对档案管理全流程的了解并实现管理无缝衔接;"全方位融通"不仅明确了制度标准,更激发了师生自主、有序、合规参与档案管理工作的积极性,最终保证档案整理工作高效有序完成,提升了档案管理规范化水平。

## (二)工作队伍更专业

在"全方位融通"的过程中,通过档案管理专题学习培训、党务干部培训班、兄弟院校参观学习等多样化、全方位的活动形式，厘清了高校学生党员发展及档案管理各流程环节的注意事项，明确了相关标准要求，提高了党务站学生干部和相关党务教师的工作能力，提升了工作队伍的专业化水平。

### （三）党建工作更具象

学生党员档案包含入党申请书、思想汇报、考察登记表等材料，可以帮助党组织了解学生党员发展过程中的思想动态和成长经历，为提升学生党员政治素养和服务群众能力提供一手材料，是高校学生党建工作的有力抓手。同时，学生党员档案管理也是学校思想政治教育工作的重要组成部分，档案管理的规范性与完整性在一定程度上也反映了高校学生党员管理水平与学校基层党组织建设的水平，是展现高校党建水平的具象化窗口。

# 四、思考启示

高校学生党员档案的齐全、准确、规范事关高校发展党员工作的标准化，事关《普通高等学校学生党建工作》文件精神的贯彻落实。构建全员参与、全过程贯穿、全方位融通的学生党员档案管理新格局，要结合"三全育人"理念，提升学生党员档案管理的质量，更好地服务于学校思想政治教育和党建工作。

一要抓育人。党中央要求高校要发动各方力量，实现全员、全过程、全方位育人，党员档案也应充分发挥育人功能。学生党员档案管理不仅限于简单的静态式档案管理，会计学院毕业生党员档案管理应打破固有的工作范式，融入新的工作理念与工作方法，提高管理水平以提升整个学院的党建水平。党员档案的建设要注重内容的全面性，通过动态化的建设实现对发展对象的全方位考察。通过档案项目的设置、展示，强化党员的身份意识，为学生的努力与发展提供引导方向，激发学生的成长动力，挖掘学生的发展潜力，营造你追我赶、争做先进的浓郁氛围，以点带面，推动大学生更好更快地成长成才。

二要增活力。基层党委、党支部应充分利用党员档案建设的契机，围绕入党申请、民主评议、政治考察等各培养环节，丰富党员教育的内容与形式，严格落实执行"三会两制一课"制度，聚焦"两学一做"学习教育、"不忘初心、牢记使命"主题教育、我为群众办实事等主题活动，充分激发党员和积极分子的爱国爱党热情，补足精神之钙，调动他们渴望学习和成长的内生动力，为他们搭建自我服务、自我磨炼、自我成长的平台，充分展示优秀青年学子的想象力与创造力，切实增强基层党组织的活力，开创基层党建工作的新局面。

三要促发展。在党员档案管理工作中，要结合发挥榜样力量，加强先进事迹的宣传与学习,营造比学赶超的浓厚氛围,促进高校党建工作走深走实。党员档案中的相关材料,可以在合规前提下进行一定范围的展示和公开,如在党员发展过程中,可以创新发展对象公示的形式,通过网络推送、集中展览、现场答辩等方式,展示优秀学子的先进事迹,接受广大群众的评议。如此一来,一方面可以通过公示激励入党积极分子和发展对象更好地做好本职工作,发挥示范与引领作用;另一方面也可以更加公开、公平、公正地推进党员发展,做到优中选优,使党员发展工作更加规范有序。

# 五、总结

"三全育人"既对学生党员档案管理工作提出了更高标准、更严要求,也为我院学生党员档案管理工作提供了新思路与新方向。党务工作人员要以此为标准,审查学生党员发展工作中的各环节是否规范,发展过程中党员档案的材料是否准确完整。要从育人的角度拓展党员档案管理工作的广度与深度,发挥档案管理工作的党建抓手作用,不断提升我院学生党员的党性修养,培养德智体美劳全面发展的社会主义建设者和接班人,为实现中华民族伟大复兴的中国梦贡献青春力量。

# 弦歌不辍，芳华待灼

## ——助力"二次入学"男孩重返校园生活

广州工商学院　刘唐成（工学院辅导员）　徐　达（学生工作部部长）
罗　俊（工学院副院长）　胡伟芳（国际教育学院辅导员）

蔡元培先生说："教育者，养成人格之事业也。"良好的教育应如空山新雨，浸润求知若渴的心灵；如晚来秋意，拂去年少的莽撞；如松间明月，拨开前路的迷茫；如石上清泉，奏响沁心的音律。而绝非铲除学生异于常人之想法的一把铁锹，斩断个性，也斩断了独立之思想，自由之精神。

高校辅导员是高校学生日常思想政治教育和管理工作的组织者、实施者、指导者。高校坚持落实立德树人根本任务，以道德教育作为培养人才的重要根基，坚持培育学生健全人格，培养学生积极的心理品质和乐观向上的品格，帮助学生学会创造幸福、分享快乐；关注学生的内心世界，加强学生的心理辅导，重视对学生的人文关怀，营造良好的师生、同学关系，为培育学生健全人格提供良好氛围。这是每一位高校辅导员的初心使命，也是他们必须践行的教育评价观。

## 一、案例介绍

阿泽，男，身高180 cm，体重55 kg。几年前因患上"肠系膜上动脉压迫综合征"的罕见病，该疾病导致阿泽肠系膜上动脉与腹主动脉间的夹角仅仅为8°（正常为40°～60°），食物无法顺利从胃通过十二指肠水平端流入肠道，造成淤堵，进一步造成一系列不良症状，如全天持续性腹胀、间接性腹痛、便秘、消化不良、嗳气、反酸呕吐等，阿泽常伴有胃下垂，胡桃夹综合征。除了成功案例极少、风险极高的手术之外，其余治疗方案只有一种：保守增重。即通过增肥来增加腹内尤其是内脏周围的脂肪，以撑开肠系膜上动脉与腹主动脉之间的夹角，达到消除淤积，缓解病症的目的。但是，对于本身因淤堵而无法正常进食、进食量小的患者来说，通过多吃来增肥，该治疗方案无疑是荒唐而矛盾的。

然而,对阿泽来说,全力配合增重是他唯一能做的事。于是,常驻营养科室,饭后通过保持特殊体位来帮助食物抵达肠道,配合服用益生菌、消化酶、各种维生素片、肠内营养制剂,调整饮食结构、改善肠道菌群,改善睡眠帮助消化吸收,排气排便等成了家常便饭。几年间,症状不但未见好转,庞杂多样的检查和药物费用使得阿泽家里面临着巨大的经济和精神压力,父母虽然没有明面上抱怨,但阿泽很明显能够感受到他们的压力……

一方面,阿泽必须忍受着消化不良与不断进食之间的矛盾所带来的剧烈饱胀感,严重便秘所导致的无法继续进食,进而消瘦、低血糖、虚弱、晕厥;另一方面,尽管苦苦支撑,但长期不断、时时刻刻的恶性循环,导致阿泽度过了无数个自暴自弃自残、自我了断、自我安慰和自我开导的日日夜夜。然而,咬牙坚持之下,最令阿泽恐惧和迷茫的是:"是否有那么一天,阿泽会真正康复,开始他新的人生,去好好爱所有爱他的人,去做他原本想做但一直没能做的事情,抑或是在经历种种折腾之后,彻底失败,因无法忍受这样的痛苦选择在某一处不为人知的角落离开这美丽却不公的世界?"

作为辅导员,在第一次见到休学半年又复学的阿泽时,我能感觉到这个孩子眼神中的复杂、坚毅、自卑、孤独和强烈的防御感,通过对其复学资料的了解,我明白要想给阿泽这类二次入学的学生开展思想教育和心理教育,突破其防御心理,让他慢慢打开心扉,愿意相信他人,再次融入集体生活,是一件非常有挑战性的事情。

# 二、案例分析

随着"传统闭塞象牙塔式教育"的消失,高等学校开放程度的提高,大学生由于心理问题、身体疾病、创业就业、参军入伍、婚孕等休学复学的情况越来越多,得益于高校管理水平的提高,休学复学的程序并不复杂,然而休学复学后的学生管理工作也随着原因多样化的趋势愈发复杂。此案例表面看是学生由于身体疾病、过往经历所引发的对人生丧失希望,难以开始新生活的心理危机干预及价值观重构的案例,本质上却是休学复学大学生对新环境感到陌生,难以信任他人、放下心防融入集体生活的"二次入学"群体重返校园适应难的问题。解决问题关键在于如何在"三全育人"的视角下从学习方法指导、人际交往需要、自信心重构、确定自我人生目标等多角度,协助学生做好各项准备,帮助学生解决各项难题,让二次入学大学生尽快适应新环境。

## (一)基于文化适应理论和社会支持理论的分析

本案例从文化适应理论及社会支持理论视角下,分析关于二次入学学生校园适应难问题。根据文化适应理论,二次入学学生所面临的如社会文化、部队文化等与校园文化之间存在异质性,足以使得二次入学的大学生群体区别于其他大学生群体。因而学术界已经开始将文化适应理论应用于二次入学学生群体的校园适应问题。文化适应理论认为文化冲击会导致个体与人沟通时产生震惊、焦虑、不安等情绪。比彻斯特(Bichrest)认为,二次入学大学生与学校其他人员存在文化与视角的差异,进入校园意味着部队文化、社会文化等与校园文化间会进行不同层次的交互。这些不同层次的交互,会使这类学生在校园生活适应过程中产生一系列问题。根据布里尔(1997)的观点,一般大学生和二次入学的大学生适应取向是否一致会导致"和谐、问题和冲突"三种人际或群际关系。而社会支持理论的观点对于构造和谐的人际、群际关系有着十分重要的意义和作用。社会支持理论认为如果个体拥有很好的社会支持网络,就能够更容易地应对外界环境的挑战。而社会支持网络的缺失,会让二次入学的大学生群体产生一定程度的焦虑和孤独。因而良好的社会支持将会帮助二次入学的大学生群体更好地适应校园生活。Caplan(1981)将社会支持分为认知支持(提供建议,有用的信息指导)、情感支持(理解关怀、精神支持)、行动支持(提供实际的帮助和行为上的支持),基于文化适应理论和社会支持理论,本案例将从以下几个方面分析二次入学大学生群体适应校园生活的相关问题及解决方案,最终形成一定的经验启示。

## (二)支持匮乏下的信息获取问题

阿泽在复学前较长一段时期内,通过各种途径获取新入学班级的相关信息,并希望在复学成功前提前与学校、老师进行联络,过程中多次提出先加入班级群。不同于新生入学,身边的同伴均面对同一文化氛围,对于阿泽这样二次入学的学生来说,他们需要适应两种文化异质性的问题,他们期待了解新环境的各种信息,包括接下来修读的课程、加入班级、住宿环境等。如有军旅体验的退役复学学生将面对相对封闭的文化转换到相对自由的文化环境中,而因病休学或因心理问题等休学复学的学生将面对从更加自由的文化环境切换至相对自由的环境。由于面对的是曾经熟悉的环境,但却不得不建立新的同伴关系,二次入学的大学生存在一定程度的支持匮乏,因此这类学生更急于消除自身的不安和焦虑,对于信息的交流和反馈要求会更高,用于打破和平衡自身的不安情绪。当代大学生都有着强烈的个人意识和表达自己的主体愿望的特点,面临二次入学这种关系到自身事务的问题时,他们会主动搜寻信息,在遇到问题时会积极寻找解决方法,但在找寻方案的过程中,他们常常缺乏坚定的理想信念和心理调适能力。二次入学的学生群体更多的心理状态是期望和焦虑并存,他们急于了解信息,在面临各种问题时需要得到及时的反馈和解决。当信息反馈没有达到这类群体的心理预期时,高校可能会面临着问题的集中爆发,引起学生情绪集中反映,甚至有个别学生会通过网络平台发表一些不理性的言论,容易引发舆论,扰乱二次入学期间的既定工作安排。

### （三）身份转换下的思想认识和心理健康问题

在后续和阿泽谈心谈话以及同其父母沟通的过程中，阿泽谈到高中时期的自己全校前十，就读先锋班，那时的他是如此的出类拔萃，然而病痛的到来，打破了美好的一切，他的成绩开始断崖式下滑、体重骤减、腰肌劳损、只能穿宽松的内裤和裤子，不停地吃西药、中药，接收病危通知书等。与此同时，每当深夜，在舍友们熟睡的呼吸声中，阿泽在和过去的美好及舍友之间的对比中产生巨大的心理落差，也逐渐恐惧和迷茫。在家休学一年半的时间里，父母因考虑其自尊心，住另一套房子，而要强敏感的阿泽一个人独居调养，与世隔绝。再次面对集体生活时，阿泽表现为局促不安，自我防御意识极强。需要比较长的一段时间适应。

对于阿泽这类二次入学的"特殊群体"，身份的转换使得他们的思想认识和心理都有不同的反应。一部分学生群体由于在休学阶段长期与父母生活，导致一定程度的厌烦心理，他们想要早日挣脱父母的约束，渴望融入新的班集体，进而会希望通过多种渠道提前了解入学信息，憧憬着新环境的学习和个人发展。而另外一部分学生并没有很高的期望值，这部分学生可能有安土重迁心理，因为一段时间的"社会生活"和个人感情因素等使得他们反而产生逃避或者抗拒的情绪。还有另外一部分像阿泽这样需要重点关注的学生面临着不同程度的心理问题，新的学习生活环境可能会对个人产生负面的心理影响，而由于对新环境的适应能力不同，新环境可能会加重这部分学生的心理问题。

### （四）自我区隔下的学风建设和思政教育转移问题

二次入学的学生在休学期间的教育和管理工作主要都是由家庭来做，复学后，学生的教育管理工作则主要由学校来做。由于学生在外长达一两年时间里，与学校老师联系很少，复学后，他已经不是原来我们所认识的他：他的思想和行为可能更加成人化、社会化。同时，这类群体和同伴之间还缺乏一定的经历见证，周围的同学年龄均比他们小一两岁。进入熟悉又陌生的校园，他们往往会产生自我区隔，在学业衔接、人际关系、职业规划等方面都感受到一定的弱势感、被排斥感和无助感。而这种变化加大了对其思想政治教育和帮扶工作的挑战性。在这种情况下，如何帮助学生尽快熟悉新环境，尽快组织好、动员好、发挥好像退役复学等有组织纪律性的学生群体在新班级学风建设上的作用也需要进行专门研究和探索。

### （五）自我效能优越的安全意识松懈问题

二次入学的学生经历了一定时期的"社会生活"，一部分同学自我效能十分优越，对于独立生活有了更强的信心和能力，一部分同学复学后由于特殊性需要办理校外住宿等手续,但是在对待安全问题上这两类学生都有所松懈,甚至很多学生在休学期间从未接受过系统全面的安全教育,安全意识也开始变得淡薄。学生二次入学后在新环境中,新的安全问题如人身安全、财产安全、突发事件安全、运动安全、心理健康安全等会有增多的趋势。此外,新形势下大学生面临的国家安全形势更加严峻,网络安全问题更加突出,各类安全问题都需要引起重视。针对这些情况,高校必须利用二次入学的机会对学生再次进行系统的安全教育,提高学生的安全意识,增强学生的安全责任。

### (六)人际支持断裂的辅导员工作连续性问题

当学生休学复学后,面对的是新的辅导员,对于双方来说,都需要重新认识和磨合。从学生的角度来说,最熟悉和依赖的辅导员不再作为自己的引路人,这意味着在形式上,这类学生将面对人际的断裂。辅导员的性格和能力,能否为自己提供生活、学习各方面指导等是他们所关注的。从辅导员角度来讲,他们除了了解休学复学的相关手续外,更重要的是他们要熟悉这类学生复学前的基本情况,以及在这一阶段学生的性格特点及相应的管理办法。这个阶段的学生对辅导员的工作有更高的需求和期待,既不希望辅导员特殊关注的同时,又期望辅导员能够根据这类学生的特点给予专业的指导和帮助。因此辅导员如何与学生尽快、尽早建立起新的管理和服务之间的关系,承担起工作职责,让学生能尽快适应新环境和新环境下的管理方式,需要提前计划和安排。

### (七)全方位社会支持下的协同育人问题

根据社会支持理论,Caplan(1981)将社会支持分为认知支持(提供建议,有用的信息指导)、情感支持(理解关怀、精神支持)、行动支持(提供实际的帮助和行为上的支持)。由于学生休学原因的多样性以及复学管理的复杂性,二次入学的学生在学习和生活的方方面面更加需要高校坚持"三全育人"教育理念,实实在在做到积极的社会支持,从认知、情感、行动上保障学生从入学到顺利毕业走向社会的过程中无论是在学籍异动等日常事务办理还是在思想政治教育、心理健康教育等方面都能够得到指导和帮助。对二次入学学生的教育和管理,如何发挥高校各职能部门、党政干部、共青团干部、教研室、辅导员、班主任及群团组织等队伍的协同育人作用也是落实"三全育人"教育理念的重要抓手。

# 三、案例解决方案

## (一)主动沟通,及时反馈——拉近心与心的距离

对于阿泽这类二次入学的学生群体,在学生入住新班级前通过及时的信息发布满足学生对信息了解的需求,为学生顺利入住新班级、快速适应新环境提供有益的帮助,也能通过信息反馈机制拉近与学生之间心与心的距离。

首先,办理过休学手续的辅导员要在开学前准备的过程中通过核查清单的方式确认开学后即将到期或者有意向复学的学生名单及相关材料和手续,在学生开学搬到新班级新宿舍前梳理清晰,从复学计划安排、班级、住宿、教学、生活、就医等全面介绍入学后的基本情况,作为协助学生快速适应新环境、顺利开展学习生活的指导手册。部分在开学前即可准备的内容可以通过 QQ 群消息和微信等全方位、多渠道、多频次的方式及时传达到每名学生。在学生复学的第一时间,学院将指导手册或相关安排的信息传达给每个班级,确保每名二次入学的学生都及时准确收到信息。

其次,建立多种渠道的信息反馈机制和畅通的信息反馈渠道,包括公布院长信箱、设立院领导接待日、定期开展意见和建议沟通会、建立班级联络员制度,让班级学生的意见及时向上反馈,学生的诉求和情绪有一个承接的出口。

最后,在建立信息反馈渠道的基础上还要调动更广泛的资源,对学生合理的需求第一时间满足,反馈的问题第一时间解决,通过建立定期信息发布机制将问题解决的进度及时公布,让学生看到问题的处理进度及预期结果,让学生了解到学校所做工作的积极态度和所取得的成效。

## (二)心理排查,健康教育——产生心与心的共鸣

在取得信任后,针对复学安排持有不同态度的学生应该提前开展沟通疏导工作,对像阿泽这样重点关注学生通过开展一对一谈话的方式来进行沟通,做到不同情况学生的因材施教。由于阿泽情况特殊,虽然有过心理健康问题史,但其现阶段身体状况和心态有所稳定,他更需要克服在面对集体生活时的恐惧心理。笔者先着手解决阿泽由于其特殊体位消化食物以及一天多餐的作息差异产生的问题,笔者向校领导递交了阿泽的情况报告,并为其争取了校外住宿,这样一来,阿泽的畏难心理得到缓解。接下来笔者在征得阿泽及其家人同意后,找到各学科任课老师,及时向他们反馈阿泽的身体状况,并鼓励其和各位老师交流,解决他在课堂上无法久坐,偶尔需要站起来活动四肢的尴尬,最后笔者鼓励阿泽在这些问题得以解决的过程中一步一步融入班集体,并在身体允许的情况下积极参加学院或班级组织的各类活动,并对他所取得的成

绩及时表扬。通过大学生职业生涯、宿舍文化节等比赛，阿泽不仅与任课老师关系进一步融洽，也与班级同学更加熟络。休学独居后与集体脱节的心理，在丰富的校园生活中逐渐被击破。

针对二次入学的学生辅导员应该在复学前就开展相关工作，提前排查清楚班级学生情况，将重点学生按照一人一册的方式做好记录，及时关注学生的焦虑和心理不适。在沟通中通过介绍在新的学习生活环境下的积极因素、校园环境带来的更有利的学习条件、更多的学习及实习实践就业的机会、更广阔优良的平台以及有新的机会重新选择志同道合的室友等方面来减轻学生的心理担忧。针对沟通过程中学生反馈出来的担心和问题要直截了当地出具针对性的可操作性解决方案，可以有效地缓解这部分学生的焦虑。还可以通过开展往届学生的经验分享活动，用师兄师姐的亲身经历增加说服力。在这个过程中还可以借助相关的心理健康测评系统或者平台，对学生进行心理测评，利用学校、学院、班级、宿舍四级心理健康教育网络来及时跟进学生状态，对发现的部分心理有问题的学生要进行及时干预，建立好重点学生心理健康管理台账，做好一对一心理辅导和沟通，及时和学校的心理中心做好沟通和备案，避免因为复学到新环境导致这部分学生出现更严重的心理危机。

### （三）积极开展思政教育，学风建设活动——促进心与心的成长

针对二次入学的学生群体，除了在班级召开"开学第一课"等相关主题班会外。可以针对二次入学学生开展相关温情讲座或思政专项座谈会等帮助他们在思想上、心理安全上尽快适应新环境。在专业实习实践活动方面，结合二次入学学生特点，开展选课及如何衔接好相关课程学习的活动，例如开展班级学习小组讨论会，按照专业召开复学学生学习方法交流会等，在此过程中利用课程思政的方法，增加专业实际科研中的案例，提高学生对专业的认知度和忠诚度。还要利用学院相关科研资源开展专业领域的专家讲座，邀请如院士、学术带头人做学术讲座，为学生提供丰富的交流和学习机会。在日常的文体活动组织中需要有效调动学生会、各个班团组织的力量，进行广泛宣传，动员全部学生积极参加，开展有益身心健康的读书分享会、趣味运动会、志愿者活动等来丰富学生的课外时间。

### （四）安全育人，加强安全防范——筑牢心与心的防线

在新学期开学后，对二次入学学生根据实际情况再次开展全方位的安全教育能够有效地提升学生的安全意识，提高学生应对安全问题的基本能力，更好地落实学校的安全责任，为学生安全学习和生活提供保障。新学期的安全教育内容应覆盖安全教育的全部内容，重点要针对二次入学学生开展安全意识教育、责任教育、技能教育，完善二次入学学生的安全管理措施。针对网络安全教育要采用因地制宜的方式，可以邀请

属地公安系统的网络诈骗防范专家来开展讲座,通过案例和体验式教育来增加大学生防范网络诈骗的意识,具有十分突出的意义。另外,还要提高学生的生物安全防控意识,让学生遵守各项规定,确保校园安全工作的顺利开展。

**(五)完善工作机制,加强辅导员工作的连续性——搭建心与心的桥梁**

首先,新接手的辅导员应该在学生休学复学前就利用各种工作机会,加强同专业各年级之间交流的机会,让各年级学生对自己本身有一个初步印象。其次,在复学前,原班级辅导员可以提前和新班级辅导员进行简要沟通和情况介绍,在复学前可以提前与他们建立联系,更多地了解学生,在二次入学学生进入新班级后就不会面对一个完全陌生的辅导员,辅导员开展后期的工作也就会有群众基础,更顺利地做好工作延续。具体来说,辅导员要做到以下几个方面:①在分担某项具体工作时就要积极与各年级的学生产生交集,在工作中积极融入各班级集体,要让学生认识到辅导员一直在参与到各项学生工作中。②不同校区之间的辅导员要经常互相交流,通过各种学工例会、交流及座谈会或者沙龙的形式开展经验分享,让个人掌握的信息和学生动态能够分享给其他辅导员,这样能够让辅导员提升个人开展学生工作的能力,掌握负责工作的信息,还能够通过多来源的信息渠道获取学生的情况,在面对一些问题时也能及时准确地找到解决方案。③新学期接手二次入学学生的辅导员应该有意识、有计划地协助原辅导员办理相关复学手续,并与原辅导员多交流和沟通,尽可能了解到更多的学生思想、心理、学习及生活状况。④辅导员还要将班级学生的学习成绩档案、各种奖助档案、心理健康档案、谈话记录档案等资料全部梳理清楚并接手,做好档案的分析并记录重点学生情况,为后期工作提供支撑。

**(六)协同育人,构建四方合力——支撑心与心的力量**

辅导员作为学生一线管理服务者,在学生二次入学过程中需要提前沟通和交流、调研分析、提前计划、提前解决问题。与此同时,面对二次入学的问题,高校更应该发挥协同育人的作用,通过调动学校武装、后勤、心理健康等部门的资源和力量,调动分管领导、班主任、学业导师等人力资源力量来协同开展工作,积极作为,做好信息沟通传达、心理健康教育、安全教育、思政教育、全员协同育人等工作,为学生快速融入新环境,开始专业的学习和科研做好管理和服务,为保障学生全面发展贡献力量。

# 四、经验与启示

经过近一年的教育引导,阿泽能够慢慢与自己的这次经历和解,他开始积极配合治疗、积极参加学校课余活动,尽管申请了校外住宿,但他仍然积极与辅导员沟通,团结同学,在班级工作中,能够积极参与班级管理,保质保量完成班主任安排的工作任务,具有很强的韧性,专业课学习状态也越来越好,获得任课老师多次表扬。

对于特殊群体,辅导员要保持一定的敏锐性和耐心,利用各种渠道、恰当的方式,将特殊性群体转化为一般性群体,进而开展思想政治教育工作。在这种转化的过程中,要学会寻找合适的契机,运用合适的方法,在和学生成为知心朋友的前提下再发挥人生导师的作用,方能取得事半功倍的成效。

高等学校在面对二次入学学生群体的教育和管理问题时,更应该认真贯彻全员全过程全方位的"三全育人"管理理念,坚持以人为本、贴近实际、学生全面发展的目标,努力提高对二次入学学生群体教育与管理的针对性、实效性。坚持做到:①健全信息交流反馈机制,以心换心,做学生健康生活的知心朋友。②构建教育教学、实践活动、咨询服务、预防干预、平台保障"五位一体"的心理健康教育平台,将育心与育德相结合。③坚持把思想政治教育摆在首位,将教书与育人相结合,做学生成长成才的人生导师。④加强安全教育,多措并举构建大学生安全教育体系。⑤坚持教育与管理相结合,针对二次入学学生群体建档备案立册,完善辅导员连续性工作机制。⑥坚持"三全育人",发挥协同育人的作用,各方联动,全员参与,为二次入学学生健康成长、舒心学习保驾护航。⑦形成典型,加强工作队伍理论与实践培训,成立专门二次入学学生管理方案办法管理委员会,定期对相关辅导员进行理论与实践培训,保障辅导员队伍不断学习、不断成长。

# 五、写在最后

弦歌不辍,芳华待灼,砥砺深耕,履践致远。教育从来就不是一个可以一蹴而就的工程。相反的,教育是一项长期、复杂且艰辛的活动。"十年种树,百年育人"。高校辅导员作为与学生接触最为密切的教育者,更应该时刻不忘初心、牢记使命,坚持"立德树人"教育理念,为祖国培育社会主义合格建设者和可靠接班人而努力奋斗!

**参考文献:**

[1]金丹,李艳霞,王慧.基于合理情绪疗法的1例大学生人际交往问题心理咨询案例[J].心理月刊,2023,18(09):190-192,199.

[2] BICHREST M. A formal literature review of veteran acculturation in higher education[J]. Rivier Academic Journal,2013,9(2):1-12.

[3]罗荣宁,蒋慧玥.合理情绪疗法在抑郁症咨询中的应用:1例大学生抑郁症的个案咨询报告[J].心理月刊,2023,18(04):196-198.

[4]李强.社会支持与个体心理健康[J].天津社会科学,1998(01):66-69.

[5]宋萍,郑娇,陈靓,等.与心理健康问题相关的休学复学鉴定分析[J].中国法医学杂志,2022,37(04):404-406.

[6]刘晓,黄迎.高校"孤儿"学生的教育与管理[J].济南职业学院学报,2017(01):44-46.

[7]颜亮.1例合理情绪疗法治疗大学生面试焦虑问题的咨询报告[J].中国校医,2016,26(10):734-735.

[8]张再云,栾正伟,张和峰.认同与区隔:退役复学大学生的人际关系适应研究[J].青年研究,2021(04):74-84.

[9]阿德勒.超越自卑[M].黄国光,译.北京:国际文化出版公司,2005.

# "高校+社区"双载体的公益服务路径探究

## ——以广州工商学院缘梦公益团队社区服务为例

广州工商学院会计学院　张圣荧

## 一、背景与理念

中共中央总书记、国家主席、中央军委主席习近平在庆祝中国共产党成立 100 周年大会上的讲话中提及，"未来属于青年，希望寄予青年。一百年前，一群新青年高举马克思主义思想火炬，在风雨如晦的中国苦苦探寻民族复兴的前途。一百年来，在中国共产党的旗帜下，一代代中国青年把青春奋斗融入党和人民事业，成为实现中华民族伟大复兴的先锋力量。新时代的中国青年要以实现中华民族伟大复兴为己任，增强做中国人的志气、骨气、底气，不负时代，不负韶华，不负党和人民的殷切期望！"

回顾百年奋斗历程，青年一代的使命和担当始终与党和国家的发展并肩同行。从革命年代的漫漫长征路而"为中华崛起而读书"，到新中国成立初期的开赴"北大荒"、改革开放时高喊的"团结起来，振兴中华"，再到现今扎根基层一线奋斗于乡村振兴的"大学生村官"。高校是广大青年聚集的育人空间和人生价值观培育的"培养基"以及众多仁人志士展翅飞翔的"鸟巢"，为此，人才培养、科学研究、服务社会、文化传承与创新已然成为高校育人的四大基本功能，而服务社会更是培养高校青年学子融入社会的有效渠道。

基于"培养什么样的人，如何培养人，为谁培养人"的教育理念和视角，结合广州工商学院"以德为行，以学为上"的教育思想和"五进"教育实践活动的育人特色，广州工商学院会计学院于 2012 年成立以在校大学生为主的大学生志愿服务组织——缘梦公益团队，多年来已与佛山市三水区张边等邻近社区服务中心或党群服务站等社会平台建立"高校公益团队+社区"的志愿服务模式，高校团队聚集和发挥青年志愿力量，充分利用和发掘社区资源。团队前期调研了解当地社区基本情况，捕捉社区可开拓服务的着眼点，锁定所服务人群目标，根据人群特点组织有针对性的公益服务项目及活动。

# 二、举措与特色

## (一)"党团共建":构建以党员和团员学生为团队成员的社区公益服务团队

广州工商学院缘梦公益团队以"公益缘梦,青春洋溢;心有梦,梦行动"为工作理念,以"心心之火,点燃梦想"为口号,践行"奉献,友爱,互助,进步"的志愿服务精神,团队现已开启第十年的服务之路,不断完善建立学校教育、家庭教育、社区教育综合教育平台,不断推动高校学生组织服务社会的工作落实落地。

近年来,在全国党建工作的引领和带动下,缘梦公益团队坚持党的领导,牢牢把握党的助手和后备军这一根本定位,充分发挥好党建带团建的制度优势,切实筑牢广大团员青年听党话、跟党走的思想根基。坚持发挥党建带团建带队建的联动共建优势,由会计学院学生第五党支部书记、会计学院团委书记、学生会学生干部等成员形成"党团队"联动共建队伍格局,不断拓宽成员覆盖面,主要成员除本团队原有学生骨干力量之外,更是涵盖会计学院各基层学生党支部入党积极分子、发展对象、预备党员和党员、班级团支书等主力群体,已构建起"党团联动"的大学生校外社区公益服务团队,为在校学生党员及团员的培养和发展提供锻炼考察的平台。

## (二)"校社联动":开展"小记者培训公益班"(儿童)和"智享乐——手机教程公益班"(老年群体)服务项目

自2016年以来,缘梦公益团队与佛山市三水区西南街道张边社区融爱家庭服务中心搭建"高校+社区"公益服务合作模式,公益服务始终把"为社区群众解决实实在在的民生问题"作为出发点和落脚点,不断在实践中探索总结,构想创新。2020年,经走访调研,了解和发现当地居民以小孩和中老年人为主,且社区及周边政府组织开展的周末公益活动较少。缘梦公益团队结合实际情况,利用周末课后时间,积极主动与张边社区融爱家庭服务中心面向社区小孩和中老年人开展社区公益共建项目——"小记者培训公益班"和"智享乐——手机教程公益班"。社区项目实施流程如下。

**1. 项目成员招募**

项目成员由"领袖成员"(以缘梦公益团队骨干学生干部为主)和"志愿成员"(以各党支部学生党员、团支部学生团员志愿者为主)组成。通过线下线上的方式,提前一周在官方微信公众号"缘梦公益"及会计学院各二级学生党支部发布招募志愿者信息。

**2. 项目任务分解**

提前将每周末开展的社区公益服务项目("小记者培训公益班""智享乐——手机

教程公益班")进行任务分解,根据项目成员的个人能力和性格特征进行任务分工。

**3. 项目成员培训与试讲**

缘梦公益团队指导老师、社区义工分小组定期对参与社区公益服务的成员进行培训,利用"朋辈"的力量,安排"领袖成员"采取"一对一"的形式带动"志愿成员"参与项目培训,并在校内开展试讲演练。

**4. 项目实施流程**

以"主题引入—课程教学—活动互动—课后反馈"为公益服务项目的实践主线,各志愿者学生按部就班开展公益服务。

**5. 项目调查改进**

每场公益活动结束后,当场由志愿者向服务对象征集活动收获与感想,收集所提出的建议或意见;缘梦公益团队负责成员汇总整理后,利用每月例会进行项目反思并根据实际情况及时改进。

## (三)"青年成长":搭建"青马培训"社会实践平台,夯实学生干部综合素质能力提升工程

高校是马克思主义者的重要培养基地,也是培养青年马克思主义工作者的摇篮。高校担负着培养中国特色社会主义事业合格建设者和可靠接班人的使命与责任,教育当代大学生要认真学习,以习近平新时代中国特色社会主义思想为指导,立志成为青年马克思主义者。

开展"青马工程",目的是通过深入高校的理论及实践学习,推动高校学生干部队伍的建设和发展,提升高校学生干部综合素质及工作能力,满足社会对人才的需要。通过与当地社区的联结,会计学院将"青马工程"培训班实践平台迁移至社区,让学生干部在社区中走近社会,提升实践能力,增强服务意识。截至2023年5月,共有300余人次"青马工程"培训班学生干部参与社区志愿服务活动。

# 三、经验与思考

缘梦公益团队为佛山市三水区周边社区儿童提供"小记者培训公益班"的"第二课堂"课程累计已达到十余期;面向中老年群体累计开展四期的智能手机运用公益班,采用"一对一"的教学模式耐心为退休中老年人介绍和教授使用智能手机的方法,如日常社交应用、线上社会服务小程序等功能的应用、操作及网络安全防诈骗宣讲等。目前两个项目累计已服务对象超500人次,志愿者学生为活动尽心准备的热情和主动性时常获得服务对象的肯定和赞誉,公众对公益项目的实施满意度达到98%。

## （一）注重前期调研，深入社区提供精准需求服务

公益服务的核心在于满足社区的真实需求，而深入的前期调研是确保服务精准性和有效性的关键。志愿服务团队通过社区实地走访，与居委会负责人、当地居民进行面对面的交流，了解他们的日常生活、困难与需求。以此直接获取第一手资料，为后续的服务策划提供真实依据。此外，利用问卷调查、社区座谈会等调研途径，针对不同年龄、职业和背景的居民进行调查，听取他们对社区问题的看法和建议，以获取更全面的数据。同时，在数据分析中找出社区的痛点和需求，为服务内容提供决策支持。广州工商学院缘梦公益团队在为社区提供服务时，高度重视前期调研工作，了解到三水区张边社区的外来务工子女和退休老人的整体人口数量占据社区总人口的75%，"如何做好社区儿童和老人的服务"成为该社区开展群众服务工作的重点。

## （二）加强资源整合，提供个性化服务方案

志愿服务团队在关注社区需求的同时，更需要努力整合资源，为社区提供个性化服务方案。团队充分利用广州工商学院的优势资源，如志愿者、专业知识、场地等，为社区提供多样化的公益服务。同时，与社区建立紧密的合作关系，共享资源，形成共赢局面。针对不同社区和群体，团队制定个性化的服务方案。例如，为老年人提供健康普及、电信安全等公益讲座，为儿童提供课外辅导和兴趣班等，服务方式更贴近居民的实际需求，提高了公益服务的针对性和有效性。此外，重视志愿者队伍建设，通过宣传招募在校学生骨干，对志愿者进行定期培训和年度考核，确保志愿者能够更好地为社区服务。经过近几年的实践，缘梦公益团队已形成了一系列志愿者招募—培训—再培训的团队建设模式，探索出具有主题化的社区"第二课堂"活动，确保每一项服务都能贴近居民的实际需求。

## （三）持续沟通与反馈，动态调整服务内容

在社区服务过程中，持续的沟通与反馈是确保服务质量和效果的关键。志愿服务团队成员需与社区居民保持密切沟通，建立有效的沟通渠道，如面对面交流、电话访问、社交媒体互动等，确保信息的及时传递和有效沟通，以此及时了解服务效果和居民反馈。根据反馈调整服务内容和方式，确保公益服务的质量和效果。团队通过多种渠道收集居民的反馈意见，包括满意度调查、座谈会、个别访谈等，通过收集反馈—分析反馈—反馈处理"三步走"的有效沟通，团队及时处理居民的意见和建议，调整服务内容和方式，以便更好地了解他们的需求和期望。缘梦公益团队深知这一点，团队在提供服务时注重与社区居民的沟通，并根据反馈动态调整服务内容，取得了良好的实践效果。

# 四、创新意义与价值

缘梦公益团队以"校园+社区"模式打造的大学生志愿公益服务团队,通过大学生"进社区"参与公益服务,逐步引导学生走向社会、服务社会,在社会实践中提升自我价值和收获认同感,同时通过发挥高校青年对公益志愿活动的力量,丰富和深化社区为群众办实事的服务内涵,增强社区服务效能。

## (一)深化"三全育人""五育并举"新理念

全国教育大会召开之后,构建"三全育人""五育并举"的教育体系已成为各高校的共识和努力的方向。"五育并举"是指德智体美劳全面发展,让学生树立正确的人生观、价值观,做社会主义可靠的接班人,德智体美劳不是分立的教育内容,而是互相渗透、相互融合的有机整体,是你中有我我中有你的关系。"三全育人"的出发点是培养人,中心在"育",重心在"全"。彼此缺一不可,互相联系,共同构成育人的统一体,是造就德智体美劳全面发展的合格大学生的创造性举措。

缘梦公益团队结合服务理念,进一步将"进社会"活动着眼于社区公益服务,丰富"进社会"的活动形式,扩宽我校学生"进社会"的途径和平台,将社会服务有针对性地落实在大学生"进社会"的实践全过程。

## (二)利用社区公益服务主阵地资源,发挥高校青年志愿力量

社区是志愿服务的主场景,是青年志愿者参与基层社会治理的重要渠道。为认真落实共青团中央有关工作部署,精心组织"青年志愿者服务社区行动",广泛动员青年志愿者深入基层一线,走进城乡社区,积极参与基层社区治理,不断强化志愿服务实践育人功能,大力弘扬志愿精神,与城市基层共青团改革和"社区青春行动"相协同,助力基层团组织提升引领力、组织力、服务力和大局贡献度。同时,高校将公益志愿服务拓展到社会,需要得到社会各方资源的支持。

以社区公益服务为例,通过实地走访和调研,了解当地社区群众的生活环境和习性,根据当地的民生问题对症下药,借助当地社区的政府资源和宣传渠道,结合高校青年志愿服务团队志愿者人力资源丰富等服务优势和志愿者年轻气盛、精力充沛等自身的特长,因地制宜,有针对性地组织策划实用性强、覆盖面广、可长期推广的社区服务项目。通过项目的实施,促使高校青年志愿的力量得以充分发挥,在社区志愿服务主阵地中畅响青春之歌。

## (三)培养当代大学生服务和奉献意识

大学生时期是道德观念形成的重要阶段,也是世界观、人生观、价值观逐步形成和

完善的阶段,高校是培养大学生奉献精神的主阵地。因此,高校应掌握大学生成长阶段的心理特征,有效地进行大学生奉献精神的培养工作。在传授好政治课程内容的基础上,尽量多元化培育内容,按照循序渐进的原则,根据大学生的年龄阶段特点,重点从大学生对于奉献精神的理解入手,通过开展内容大讨论、征文比赛以及征集宣传稿等活动,使课堂内容丰富,内涵容易接受,记忆更加深刻,从而培养大学生自身潜在的奉献精神。

### (四)营造和谐友好的社会主义新风尚

把社会主义思想政治工作融入教书育人全过程,引导青年学生系好人生"第一粒扣子"。新时代大学生应秉持向上向善、知行合一的态度参与道德实践,应积极参与志愿服务活动。大学生实现自我价值是属务实的理性选择,实现社会价值是志愿精神的核心思想,两者的有机结合是志愿行为得以延续的动因之一。大学生参与社会志愿服务,是实现自我价值和社会价值的重要途径。对社会而言,志愿公益活动具有以下积极意义:一是传递爱心,传播文明,志愿者在把关怀带给社会的同时,也传递了爱心与文明,并汇聚成一股强大的社会暖流;二是有助于建立和谐的社会环境,志愿工作,提供了社交和互相帮助的机会,加强了人与人之间的交往及关怀,降低彼此间的疏远感,以此推动社会和谐发展。志愿公益正是鼓励越来越多的人特别是青年人参与到服务社会的行列中来,借助个人的力量增强当地社区乃至整个社会的服务效能,提高群众对生活人文环境的满意度和幸福感。

**参考文献:**

[1]为"共同缔造"注入青年志愿动力:以青年志愿服务融入社区治理提升共青团"三力一度"[J].中国共青团,2022(24):18-19.

[2]夏建中.从参与社区服务到参与社区治理:论青年志愿者的工作转型[J].青年学报,2019(03):72-79.

[3]陈前.高校青年志愿者参与社区志愿服务现状与路径探析:以肇庆市 Q 社区为例[J].黑河学刊,2016(04):188-189,192.

[4]崔静.高校志愿者参与社区服务的长效机制研究[J].淮海工学院学报(人文社会科学版),2012,10(15):4-6.

[5]钱志群,程莉.基于社会志愿服务开拓思政教育新思路解析[J].佳木斯职业学院学报,2024,40(01):25-27.

# "三全育人"理念在"一站式"学生社区建设中的应用
## ——以 H.O.M.E."一站式"学生社区为例

广州工商学院国际教育学院　毕　媛

## 一、背景与理念

高校学生社区是大学生学习生活和思想政治教育的重要场所,在新时代背景下具有独特而丰富的内涵价值,而"一站式"学生社区作为整合高校育人资源的重要载体,自 2019 年开始就已经逐渐成为当前各高校重点建设的项目之一。"三全育人"即全员、全过程、全方位育人理念,作为高校德育工作的重要方法,能够协同大学育人力量形成育人合力,达成育人共识,围绕大学生在校期间成长的全过程,从大学生学习、生活和实践各个方面着手,推动大学生的全面成长成才。因此,在"一站式"学生社区探索实践"三全育人"理念的运用,是落实立德树人根本任务的必然要求。

广州工商学院 H.O.M.E."一站式"学生社区在这样的背景下以试点单位建设成功。该社区自落地起在建设"一站式"综合服务平台实现社区全面育人功能上不断进行探索,结合"三全育人"理念,从空间改造、平台搭建到组织制度制定和管理队伍建设等四个层面入手,推进社区"一站式、全过程、全方位、全员"育人功能打造。

在实践探索中,由于 H.O.M.E."一站式"学生社区是隶属于院级之下的学生社区,且该社区所依托的院部成立时间较短,受客观因素制约,该社区在推行"一站式"学生社区建设和落实"三全育人"教育理念等方面均存在着巨大挑战,无论是在社区服务内容的提供还是社区入驻导师队伍的组成,抑或是社区管理制度的制定等方面均面临着诸多比较现实的问题,经过综合分析和整理,主要表现有以下三点:

(1)该社区学生人数少,学生积极性不高,且由于学生普遍属于"00 后",生在互联网时代,受互联网以及由此衍生的参差不齐的价值观影响等,学生集体责任感和荣誉感较为淡薄,学生对社区建设热衷度不高。此外,学生社区的育人工作更多表现出来的是管理工作,即事务性多、教育性少。

（2）该社区依托的单位师资力量有限，育人队伍组成较为单一，"一站式"服务提供难度较大，不能实现学生在校事务全覆盖的目的；同时社区育人工作较为分散，且多以任务式推进形式来完成；社区育人工作统领性不强，社区育人工作内容单一、形式呆板，缺乏主动性和创新性，立德树人的内在含义未能在社区得以有效阐述和践行。

（3）社区育人理念不能凸显，育人模式不明晰，社区建设和发展无明确思路，未能形成适合自身成长的长效提升机制；社区学生对辅导员的依赖性很强，自我管理、自我服务和自我教育能力不足；社区多数学生对学业和生活的管理缺乏主观认识，自我定位不清晰。

# 二、解决思路及举措

基于以上问题，该社区创新建设思路，形成并落实学生社区"13553"育人模式的推进，即围绕"一站式"学生社区一个中心，以"三全育人"理念为核心将全员育人、全过程育人、全方位育人贯穿于社区建设的所有学生工作，以此打造"初心、强基、铸魂、筑梦、释心"五大育人平台，推动社区"德育、智育、体育、美育和劳育""五育并举"融合育人功能建设，培育学生"自我教育、自我管理、自我服务""三自育人"能力，推动学生全面成长成才长效育人机制的建设。

## （一）创新举措

在育人实践进路的探索中，该社区紧紧围绕"13553"育人模式的推进，在具体实践中整合育人资源，完成了"一站式"学生社区的空间改造、平台搭建和实践模式创新。

**1. 社区结合"三全育人"理念要求，通过"一站式"空间改造，发挥环境育人新功能**

社区建设了集学生学习、生活、休闲、运动与事务为一体的学生活动空间和服务平台，包含学生宿舍和教职工宿舍共计250余间，以及课室、自习室、党团活动室、健身房、教职工办公室、心理咨询室和"一站式"学生综合服务大厅等，满足了社区学生的多元化、个性化的学习和生活需求。此外，社区设置了师生课外讨论区、休闲阅读区以及班级绿植领养区，充分利用并发挥了学生社区的环境育人新功能。

**2. 社区通过平台搭建，打造"三全五位一体"育人新格局**

社区融合"三全育人"理念，搭建了"初心""强基""铸魂""筑梦""释心"五大育人平台，以"初心"为引领，专注于思想政治教育；以"强基"为核心，侧重学业和专业教育；以"铸魂"为重点，着力文化自信建设；以"筑梦"为动力，助力职业生涯规划与发展；以"释心"为基础，培育学生健康心理素质，形成"三全五位一体"育人新格局。

**3. 社区通过"三自育人"创新,发挥"三全育人"主体能动性,探索"五育并举"融合育人新模式**

社区通过学生服务团队建设,以社区服务实践和志愿服务行动为中心,构建了涵盖国际文化与国际视野、传统文化与文化传承、专业学科与社会实践、职业教育与生涯规划、红色研学与志愿服务等五大育人体系,通过社区劳动实践,创新"三自育人"形式,发挥育人主体能动性,探索"五育并举"融合育人新模式。

(二)实践举措

在前面的基础上,社区围绕"三全育人"理念,以育人平台为依托,不断进行实践探索。

**1. 实现全员育人实践布局**

社区通过育人平台组织开展了"初心"系列,包括二级党支部党员宿舍挂牌活动、二级"一站式"服务大厅建设和学生党团活动室设计;"释心"系列,包括二级心理站站名征集和站徽设计活动等。组织党支部书记、辅导员、班主任、专业课教师入社区担任导师指导学生进行学生服务和开展学生活动,从空间上和人员上保证"一站式"学生社区全员育人功能,推动全员育人实践总体设计布局。

**2. 畅通全过程育人实践进路**

社区通过"强基"和"筑梦"系列平台组织开展了新生入学教育、习惯养成打卡活动、读书沙龙、读书分享会、跨年级交流会、英语角、毕业生毕业就业教育等活动,将育人工作贯穿到学生从入校到离校的全过程,推进社区全过程育人目标实现,推动全过程育人实践进路畅通。

**3. 打造全方位育人实践模板**

社区通过"初心""铸魂"和"筑梦"系列平台组织开展了"敬老孝亲"志愿服务行动和红色实地研学活动,社区学科竞赛和专业技能竞赛,社区职业生涯规划讲座、竞赛和生涯规划下午茶,社区文化游园会和文化节,社区羽毛球赛、篮球赛和心理疗愈音乐会,社区国际文化展和留学讲座等,从学生思想提升、学业成长、就业指导、文化熏陶、身心健康和国际视野等方面推进全方位育人功能的实现,打造全方位育人多维度实践模板。

# 三、经验启示

"三全育人"理念在 H. O. M. E. "一站式"学生社区建设中的运用的实践经验启示可总结为以下两点:

(1)要准确把握政策文件与实际条件的交叉点,落实"三全育人"+"一站式"建设模式对社区的空间结构、组织架构和育人平台建设的要求,并进行合理规划。社区要了解"三全育人"的内涵,并将其融入社区的空间建设和布局中,同时要明确社区空间所能承载的物理性和实践性育人功能及育人活动,打造社区育人理念、育人模式和育人平台在"一站式"服务模式下的具体表现形式和可延伸发展的途径,做好在"一站式"学生社区推行"三全育人"理念落地这项重要工作的顶层设计,推进空间布局、思想文化、组织架构和育人平台的建设。在本案例中 H. O. M. E. "一站式"学生社区通过空间改造和平台搭建,为社区实现全员导师队伍入驻、全过程活动空间提供和全方位育人平台搭建创造了可实现的基础条件,为育人工作的开展提供了有力保障。

(2)因地制宜,将"三全育人"理念落实到实际管理流程中,充分利用"一站式"学生社区在管理工作上的常规性和在学生活动上的灵便性特点,组建学生自治管理队伍,制定自治制度,从制度上实现学生的"自我管理、自我服务和自我教育"工作的推进,实现学生通过"三自育人"实践明确自我在社区建设与发展中的主体责任担当。此外,要深入剖析"立德树人"在社会主义新时代的内涵,找到社区育人工作的基点,不断丰富和深化育人功能在社区的实践形式,提升社区综合育人能力。本案例中 H. O. M. E. "一站式"学生社区通过"三自育人"创新,探索"五育并举"融合育人实践路径,把大学生主体纳入全员育人队伍,充分发挥学生主体能动性,为育人工作的实现创造了有利环境。

### 参考文献:

[1]毕媛."三全育人"背景下高校"一站式"学生社区育人模式建设的实践研究:以广州工商学院某学生社区为例[J].教师专业发展与创新教育研究,2023(05):73-74.

[2]崔小凡."三全育人"视阈下一站式大学生服务中心建设路径研究[J].公关世界,2023(01):66-67.

# 帮困扶志，助力学生顺利就业

## ——对资助育人促就业模式的思考

广州工商学院美术学院　范许哲　孙　音

## 一、背景与理念

　　小木(化名)是2016级视觉传达设计专业本科生,来自广东省南端的一个小渔村,村里交通不方便,系广东省原建档立卡贫困家庭成员,从小母亲改嫁,跟随父亲长大。由于家庭原因,自身比同龄人晚两年入学,学习刻苦。原本计划考入一所公办高职院校,减轻家庭的经济负担,但是父亲坚持让其读一个本科学校。小木于2016年9月考入我校,在校进行家庭经济困难认定时发现其家庭经济困难,最后困难等级被上级认定为特别困难。

　　鉴于该生家庭比较特殊,作为学院资助经办负责人,我及时与该生进行了交谈,并通过该生辅导员和同学了解她的日常学习生活情况。在得知她有强烈意愿申请勤工俭学岗位后,我立刻向学院汇报该生情况。根据学校学生勤工俭学管理办法和学校资助管理中心的相关规定,申请将该生作为二级学院资助经办人的助理,每月可按勤工俭学的标准给予学生一定的补贴,当作生活费补助,该帮扶一直持续了3年。三年期间,该同学刻苦学习、就业工作,能力得到了较快的提升,大四下学期很快找到了实习岗位。

　　不仅如此,小木同学还十分懂得感恩,课余时间经常到辅导员办公室帮忙,我经常跟该生谈心谈话,并鼓励她学好专业知识,积极参加一些校内外活动,争取拿到国家励志奖学金和校级奖学金。同时,我还鼓励她不要自卑,家庭困难只是暂时的,只要自己努力,毕业后找到工作就可以孝敬父亲,也可以慢慢还清助学贷款。在勤工俭学的同时要主动学会熟练使用常用的办公软件,学会把资料正确归档处理。

　　到了大四,考虑到学生对专业的兴趣和自身性格特点,我们建议学生升学,但该生想本科毕业后选择就业。大四下学期,我们学院领导和辅导员有意帮其推荐工作,一所技工院校到我院招行政实习人员,要求设计类专业毕业,我第一时间推荐小木同学,最后由于她的出色办公能力被录用,表现很好,受到了该单位的认可,实习期过后也如愿继续留在那里工作,目前是一名教务员,在该单位工作两年后还清了4年的助学贷款,也时常回到我们学院看望老师。

在平时的接触交流中,小木的说话方式和谈话内容让人感受到她的不自信和小心翼翼,生活仍然十分简朴,每个月会计划好自己的生活费,甚至规定了早中晚餐的价格上限,基本不买零食,也不用化妆品。根据马斯洛需求层次理论,在满足生存性需求的同时,还要关注发展性需求。家庭经济困难学生因为受到成长环境、家庭因素等影响,更需要获得尊重和心理呵护,也更容易受到外界环境影响,产生自卑等不良情绪。因此对该生做出以下判断:

(1)该生属于广东省建档立卡家庭经济困难学生,虽然国家给予学费资助,自己也申请了国家助学贷款,但是由于家庭经济异常困难,面对相对高昂的民办高校学费,家中仅靠60多岁的父亲捕鱼所得的微薄收入,的确是无力承担。日常生活费需要学生本人在课余时间赚取,因此这是导致该生省吃俭用的根源。

(2)该生学习基础较薄弱。这是该生在大学学习期间面临的又一个问题。该生只有高中3个月的专业美术训练,绘画基础薄弱。众所周知,大学的自主学习性强,自主学习资源十分丰富,对学生学习的参与度要求越来越高,加之该生对设计类专业学习的难度和强度心理准备不足,自卑的心态导致其专业学习有一定的困难。

(3)学生自我评价自身专业知识学得不够扎实、不自信,导致其职业规划比较迷茫。以社会学家布尔迪厄文化再生产理论对其教育过程进行分析,家庭经济困难学生的文化资本尤为薄弱,在国家和学校资助下得以在一定程度上提高其在教育过程中的经济资本和文化资本,在大学受教育过程中会竭尽所能地激活自身周围的资本,逐步增强了其走出原有阶层的动力。小木通过高考进入本科院校就读,离不开国家生源地助学贷款、国家助学金和学校的资助,但将资助资本转变成文化资本,积累更多优势资源,并将通过教育所获得的文化资本转化为物质、经济等其他资本,合理地得到一份高于原有家庭收入的工作,对小木来说依然相对困难,需要有持续的帮助和干预。

综合以上分析,资助育人是"十大育人"工程体系中重要的组成部分。资助工作应认真贯彻落实"资助与育人相结合"的工作理念,实现发展型资助育人。对家庭经济困难学生进行资助的同时,更需要"助心""助信""助志"和"助能",即帮助受资助同学克服自卑心理、树立信心、坚定理想信念及提升就业能力。

# 二、举措与特色

习近平总书记曾指出:扶贫先扶志;扶贫必扶智。扶志就是扶思想、扶观念、扶信心;扶智就是扶知识、扶技能、扶方法。有了奋斗的强烈愿望和坚强意志,扶起来的困难学生才能硬得起腰杆、迈得开脚步,通过努力去实现自己的理想。针对小木这种对自己不自信、对未来迷茫的学生,我将辅导计划分为三个部分。

**1.关爱学生暖心陪伴,耐心引导破除自卑**

大学生正处在心理发展不成熟的成长阶段,特别是家庭功能不完善、经济条件较差的困难生,自尊心较强并且内心较为敏感。辅导员与学生建立起信任的关系,成为学生值得信赖的师长是开展工作的第一步。我经常邀请小木同学来辅导员办公室,让其因助理工作经常与更多的老师和学生接触,锻炼其人际交往能力,有效缩短师生之间的距离感,在较为轻松的环境下,她吐露了自己的困扰:身边的同学家庭条件较好,经常约饭或者出去玩,由于家境影响,自己只能勉强解决吃饭问题,担心同学们知道了自己的家境瞧不起自己,也害怕总不参加同学聚会的自己会被孤立。我经常以自己的亲身经历和所见所闻开导并鼓励她,家庭条件并不会成为评价任何一位同学的标准,鼓励其积极参加志愿活动,融入不同的集体,在集体活动中获得价值感和同学们的认同。

**2.解读国家资助政策,提供经济支持**

用足用好国家资助政策,解决学生的生活难题。学生能够自食其力解决生活困难,心理负担会减轻很多。辅导员当面开展资助政策宣传,通过多种方式全面深入解读学生资助政策,通过身边的感恩励志典型,引导学生树立自立自强、知恩感恩的精神品质。并提醒学生警惕电信诈骗和不良校园贷,提高学生的安全意识和甄别能力。

每年暑假提醒小木向当地教育局学生资助管理中心申请生源地信用助学贷款。入学时,学校开通了新生入学"绿色通道",家庭经济困难学生即使没有筹齐学费,也可以通过"绿色通道"办理入学手续。入学后每学年提醒学生办理学费缓交,可以延迟两个月缴清学费。

**3.发挥团队力量,做好精准帮扶**

家庭经济困难往往会对学生的心理产生一定的影响,可能会影响学生的人际交往和学业成就,因此针对经济困难学生的帮扶应该要做到全面、精准。学院辅导员团队积极帮扶,帮助学生做好职业规划,让学生能够立足光明未来,引导帮助其做好人生职业规划的第一步。在帮她分析了考研前后的利弊后,考虑到自身对专业能力和英语的掌握程度,小木同学想早点出去工作赚钱减轻家庭负担,我们也尽量帮她找一些相对比较稳定的工作。对家庭经济困难学生做到精准帮扶,引导他们把贫困和挫折转化为努力奋斗的动力和实现美好未来的助推器。

# 三、经验与思考

当前学生资助工作正处在从"保障型"资助向"发展型"资助拓展的关键期,高校辅导员在日常学生事务管理工作中,需深刻理解资助育人内涵,在受助学生的身心发展、道德品质培养、学业帮扶、就业指导等方面给予更多关怀和帮助。

大学生正处于心理发展迅速走向成熟但又未完全成熟的水平上,家庭经济困难学生这类特殊群体可能出现千变万化的心理特点和问题,辅导员要学会用更加细致的关怀、更加高超的沟通技巧、更加创新的思政工作方法和思路来帮助他们克服心理自卑。通过小木的案例,对于深度辅导工作,我有以下思考。

**1. 坚持资助育人与心理健康教育有机结合**

帮困扶志,助学立人。资助育人,不仅仅是帮助学生解决家庭经济困难,更需要做好育人工作,从政策宣讲到具体实施,再到后期的跟踪反馈和经验分享,资助工作应当始终围绕思想价值塑造,将国家和民族对青年的希望在每一个资助过程中讲透。辅导员要着力培养学生自信自强、知恩感恩的高尚品质。引导学生学有所获、学有所得,拒绝"躺平",做好大学的努力方向和职业规划。

辅导员不能通过单纯的说教形式与学生沟通,在开展工作时需要站在与学生平等的角度,应遵循学生的心理发展规律。通过开展心理健康教育,让学生掌握心理学知识,并使其有能力利用这些知识对心理问题进行调节。

**2. 加大协同育人效能,精准落实"三全育人"**

学校的二级学院、学生资助管理中心、就业指导部门及心理健康咨询中心等需形成联合机制,授人以鱼,不如授人以渔。作为校内外资源的交汇点,辅导员应充分发挥资源枢纽作用,统筹专业课教师和班主任形成合力,从家庭经济困难学生入学就有针对性地开展经济资助、生涯规划和规划教育,引导和帮助家庭经济困难学生朝着自己的目标逐步前进,让其克服自卑和毕业焦虑,从容面对毕业和就业的问题。

**3. 提供锻炼平台和榜样激励,强化育人效果**

我们为家庭经济困难的学生提供经济帮扶的同时,更要提供锻炼的平台,利用多种途径帮助他们在学习和生活中产生获得感,树立自信心,培养他们健康的心理。榜样于人生如同黑夜之火炬,在日常的资助政策宣传和育人工作中,要发挥榜样的力量,宣传资助典型案例,鼓励大家自立自强,奋力前行。

**参考文献:**

[1]周密.高校发展型资助育人促就业模式探究:基于辅导员工作案例分析[J].教育观察,2023(13):26-28.

[2]李健文.高校资助育人工作案例分析与经验启示[J].现代商贸工业,2020(12):165.

[3]吕宝.高校资助育人工作案例:以一名来自贫困地区"建档立卡"学生资助工作为例[J].新西部,2020(05):94-95.

[4]陶珊珊,杨勇.情系贫困学子助力"三全育人":高校辅导员工作案例分析[J].现代商贸工业,2023(10):120-122.

# 多措并举推进资助育人,构建资助育人长效机制

## ——广州工商学院资助育人案例

广州工商学院学生工作部(处)　朱建丽　李树溶

　　高校资助工作不仅是一项重要的保民生和暖民心工程,也是促进社会公平的重要内容和关键举措。经过十来年的不断探索与实践,我国高校已经建立了比较完善的学生资助体系。2017 年 12 月,教育部党组印发了《高校思想政治工作质量提升工程实施纲要》明确将资助育人纳入提升高校思想政治工作质量的"十大育人"体系,强调要全面推进资助育人,不断深化服务育人。2020 年 4 月,教育部等八部门联合印发的《关于加快构建高校思想政治工作体系的意见》明确提出"完善精准资助育人"目标任务。可见,资助育人已成为高校资助工作的新内涵、新使命。这意味着资助育人不仅在于"资助",而且在于"育人"。如何"资助育人"成为资助工作中的重点部分。

# 一、学校资助育人工作格局

　　党的二十大报告提出"完善覆盖全学段学生资助体系",学校认真落实立德树人根本任务,将育人作为资助工作的出发点和落脚点。从健全工作机制、提升服务质量、落实精准帮扶、强化励志教育、强化宣传引导、丰富育人平台等举措入手,努力构建资助育人长效机制,助力学生全面发展、全面成才。完善全员全过程全方位的学生资助工作体系,让资助育人更有温度、更有智慧、更有内涵。

　　(一)以全程物质保障为基础,保障学生"成长无忧"

　　构建资助对象、资助标准、资金分配、资金发放、监督管理协调联动的精准资助工作体系。切实将奖、助、贷、勤、减、免、补、偿等学生资助政策落到实处,实现家庭经济困难学生资助全覆盖,保障家庭经济困难学生顺利入学并完成学业。面向家庭经济困难学生,实施多种形式资助暖心工程,畅通"绿色通道",保障困难新生无忧入学;为困难学生发放路费补贴、生活补助、爱心大礼包、临时困难补助、学费减免等多种方式并

举的资助服务,确保困难学生安心就学;家校共建,开展"暖心家访,温情沟通"家访慰问活动,提升困难学生幸福感;充分发动学校和社会力量,积极拓展纾困助学渠道,进一步提升资助工作多样性与实效性,增强困难学生获得感。

### (二)以发展型资助为落脚点,助力学生"发展无忧"

开展资助育人实践探索,多措并举有力推进资助育人,构建物质帮助、道德浸润、能力拓展、精神激励有效融合的资助育人长效机制。注重"扶困""扶智""扶志"并举,将资助育人融入"三全育人"大格局中,将资助育人工作贯穿学生入学到毕业离校的教育教学各领域、各环节。入学阶段,宣传学生资助政策,开通资助热线,确保学生对资助政策"应知尽知";畅通"绿色通道",确保学生顺利入学。适应阶段,精准认定,建立家庭经济困难学生信息数据库,探索"一人一档""一生一策"新路径,实行个性化精准资助,提供及时有效的经济支持。融入阶段,加强资助人文关怀,开展"感恩资助,伴我成长"座谈会,主动关心学生的学习、生活、情感,为学生排忧解难,帮助学生融入新环境,激发学生的学习兴趣。发展阶段,设立各项奖学金,完善综合测评体系,开展"国家奖学金评选会"、勤工助学"自强之星"评选等,使学生朝品学兼优、学业突出、全面发展的方向迈进;将重心转向对学生专业技能、就业技能的提升。离校阶段,重视资助反馈,进行荣校意识培养,让学生树立社会责任意识和担当奉献精神,形成"解困—育人—成才—回馈"的良性循环。

## 二、学校资助育人工作主要举措

### (一)健全资助机构,确保资助育人工作高效运行

学校历来重视学生资助工作机构的建设,逐步完善"学校—学生工作部—学生资助管理中心—二级学院—班级"五级资助管理体系。成立由分管学生工作的副校长担任组长的学生资助工作领导小组,全面统筹、规划和领导学校的学生资助工作;成立学生资助管理中心(设于学生工作部),作为学生资助工作的职能部门,负责学生资助工作,协调、指导全校学生资助工作的开展;各二级学院成立学生资助工作组以及班级民主评议小组,具体负责学生资助工作,形成了层级分明、职责明确、分工有序、责任到人的资助工作管理系统,有效保障资助育人工作的高效运行。

### (二)加强队伍建设,提升资助育人管理服务水平

学校十分注重加强学生资助队伍建设,选优训强学生资助工作骨干队伍,重视资助骨干选拔,高标准、严要求选配资助工作专职队伍。同时,学校也重视资助队伍的培

训培养,高频次、高质量举办在岗培训,多形式组织开展学生资助业务及信息系统培训会,每学年开展十多场培训会,如家庭经济困难认定、服兵役国家教育资助、国家奖助学金等专项工作培训会,做到资助人员全覆盖、资助工作内容全覆盖,提高学生资助工作队伍的政策理论、业务水平和服务能力。

### (三)完善资助制度,推动资助育人规范化常态化

不断完善一系列的学生资助管理意见及办法,严格规范"奖、助、贷、勤、减、免、补、偿"相关的资助对象、条件、标准、申请办法、评审程序、公示、申诉渠道、监管责任。明确学生资助工作岗位职责,确保责任到岗、责任到人。确保学生资助工作有章可循,有规可依,保障学生合理受奖助权益,推动学校资助工作规范化、制度化、常态化。同时,学校还制定具体操作流程图,明确任务措施,细化工作步骤,以确保学生资助工作更好、更顺利地进行。

### (四)丰富宣传手段,扩大资助政策成效宣传力度

全方位、多角度、多形式开展学生资助宣传工作,丰富宣传手段,强化宣传效果。一是充分发挥网站、公众号等新兴媒体和宣传栏、报刊、宣传手册等传统媒体的宣传作用,深入解读资助政策,展示资助成效,提升宣传力度。二是利用各项活动加强宣传。开展"学生资助宣传大使""学生资助政策下乡行"等政策宣传和调研活动,讲好资助故事,传播资助好声音,提升宣传效果。三是抓好招生、录取、开学、毕业等关键时点全方位宣传,确保有资助需求的学生、家庭对资助政策"应知尽知"。四是印发资助政策简介,开通资助热线,一对一做好政策咨询及解答。

### (五)强化精准资助,实现困难学生资助全面覆盖

精准认定是资助育人工作的首要任务和前提。学校通过科学制定家庭经济困难学生认定办法,采用家庭情况36项指标分析法、民主评议法、互评法、信息共享法、线上与线下认定结合等方法对家庭经济困难学生进行综合认定。学校以"全国学生资助管理系统"为基础,实现数据共享与分析,锁定原建档立卡贫困家庭学生、脱贫不稳定家庭学生、孤儿学生、残疾学生等重点关注人群,做到动态管理、动态更新,提升认定精准度,实行分类型、分档次、个性化资助,确保经济困难学生应助尽助。

### (六)加强信息建设,提升资助育人的智能化水平

进一步加强学校"学生综合服务平台"系统建设,提高资助工作效率和精准度;加强全国学生资助管理信息系统应用,提高系统应用率和精准度,提升学生资助从申报、资格审核、评定、资金发放的全流程智能化管理水平。组织开展学生资助信息系统、国

家奖学金评审系统应用培训，准确掌握线上操作方法，确保学生资助工作高质量完成。

### (七)深化资助育人，助力经济困难学生梦想起航

深化资助育人理念，加强资助育人工作，将资助工作从"保障型"资助向"发展型"资助延伸。

一是思想引领，凝心铸魂。将思想政治教育融入资助育人全过程，强化思想引领、道德浸润。开展"励志成长、爱心传递"活动，通过发放"爱心礼包"、爱心传递倡议、收集感恩祝福语、资助知识有奖竞答等内容，塑造学生讲诚信、知感恩、甘奉献的良好人格品质；开展"诚信感恩"系列活动，通过普及征信知识、诚信视频宣传、诚信宣讲等形式，深化学生诚信意识、契约精神；开展"追寻英雄足迹，继承先烈遗迹""汲取奋进力量，筑梦前行之路"红色之旅资助育人研学活动，通过回顾历史、缅怀先烈、参观党员讲习所和校史馆等，厚植家国情怀，凝聚奋进力量。

二是多元赋能，助力成长。支持各学院自主开展或者承办多种形式的资助育人活动，鼓励学院持续实施"发展型资助的育人行动计划""家庭经济困难学生能力素养培育计划"，凝练特色活动成果，打造"一院一品"资助育人品牌。为学生搭建勤工助学实践平台，开展相关岗位业务、技能培训，引导学生"自我教育、自我管理、自我服务"，以勤工助学专业化管理提升学生的职业能力和职业素养；开展"助学·筑梦·铸人"主题系列活动，通过短视频、摄影、征文、宣传画、音频大赛，展现新一代大学生的青春奋斗风采，激励受助学生奋发自强、立志成才；开展"暖心家访，温情沟通"活动，更好地了解学生学习生活情况，全力为学生的健康成长和全面发展保驾护航。开展"励志成长，筑梦未来素质拓展"活动，培养学生正确认识自我，树立积极向上的心态。

三是榜样领航，励志笃行。深入发掘资助育人典型，开展"我是国奖生"宣讲会暨颁奖典礼、国家奖学金获得者专访，在学业提升、励志引领、实践锻炼、学术认知、素养培育、志愿服务等方面进行宣讲，为榜样提供出彩舞台，激励广大学生立大志、求卓越，强化典礼育人功能，发挥榜样示范引领作用；大力宣传受助学生典型，使学生自强有榜样，开展"励志成长成才典型评选"、勤工助学"自强之星"评选、"国家奖学金展示评选会"等主题活动，让学生在评选中强化奋发争先的意识，展现自强自立的成长经历，为广大学生树立良好的榜样。

### (八)构建评价体系，增强科学评估资助育人效果

在资助育人过程中，学校始终围绕学生资助制度体系的完善程度、资助育人工作的规范性、资助政策的落实情况、资助育人效果等方面进行资助育人工作绩效评价。以评促改，以评促建，不断完善和优化学校的资助育人工作，切实提高资助育人工作的质量。

# 三、学校资助育人工作成效

## (一)资助工作扎实推进,资助目标得以实现

学校各项学生资助申请程序合理、科学,发放及时、足额,各项国家资助政策按照规定得到落实。实现家庭经济困难学生资助全面覆盖;满足家庭经济困难学生基本学习生活需要;激励学生朝品学兼优、学业突出、全面发展的方向迈进;激励引导学生应征入伍,提升退役士兵就业竞争力。

## (二)受助学生"长势喜人",资助育人成效凸显

受助学生平均成绩相对更高。学校资助育人工作不仅发挥了基本保障功能,减轻了学生经济压力和焦虑,促使学生投入更多的时间安心学习,从而提升学习成绩;还发挥了激励作用,激发了学生的荣誉感和自豪感,促进了学业成绩和综合素质的提高,受助学生获得国家奖学金率比较高,受助学生必修课平均成绩高于全校学生平均成绩,促进了教育结果的公平。

受助学生就业情况相对更好。学校为学生搭建勤工助学实践平台,开展相关岗位业务、技能培训,提升学生的职业能力和职业素养;积极为受助学生提供精准就业帮扶,引导学生顺利就业,有效提升了受助学生的就业能力,受助学生就业率高于全校毕业生平均水平。

受助学生广泛获得诸多奖项。学校资助育人工作坚持把"扶困"与"扶智""扶志"结合起来,不断地调动受助学生的积极性、主动性、创造性,为他们提供丰富的能力发展、实践锻炼机会和平台。受助学生奋发向上,积极进取,获得了诸多奖项。受助学生参加专业竞赛获奖率比较高,如受助学生林镇国同学获得第七届全国大学生物理实验竞赛三等奖;林泽欢同学获得第五届中青杯全国大学生数学建模竞赛本科生组三等奖。

受助学生创新创业成长成才。学校资助育人工作有效提升了受助学生的创新创业能力,帮助他们实现成长成才、改变命运、服务社会的追求和梦想。如受助学生梁燕珍同学获得第十六届"挑战杯"广东省大学生课外学术科技作品竞赛二等奖;许霖芳同学获得第八届中国国际"互联网+"大学生创新创业大赛广东省分赛"青年红色筑梦之旅"赛道银奖。

在资助育人过程中,学校涌现出一批又一批榜样学子,如郑樱子同学获得2022年度广东省"国家资助和助学贷款政策下乡行"活动"优秀实践队员";陈丽娟、谢汶彤获评为"广东省2022年度励志学生成长成才典型"。一个好的典型就是一面旗帜,他们

有的不畏艰难,勇于拼搏;有的无私奉献,懂得感恩,传递爱心;有的不忘初心,扎根基层,服务人民。

### （三）资助工作原则性强,资助育人业绩突出

学校始终坚持公开、公正、公平原则,努力做好资助育人工作,及时、足额发放各项资助资金;在校园网、公众号等公布有关投诉电话、信箱,自觉接受社会、家长、学生的监督。根据麦可思报告显示,学生对资助育人工作总体满意度较高。

学校学生资助工作者深入贯彻党的教育方针,认真落实国家资助政策,辛勤奋战在学生资助一线,涌现出了一批先进个人,得到上级部门的认可和肯定,共有19人次获得广东省高校学生资助工作先进工作者、广东省高校助学贷款先进个人、广东省首届百佳学生资助工作者典型。

### （四）资助团队砥砺奋进,资助育人佳绩频传

学校全面落实国家和省的各项学生资助政策,坚持精准资助与资助育人相结合,积极探索、勇于创新、砥砺奋进,在资助育人工作中取得了可喜的成绩,被评为广东省高校助学贷款先进单位;广东省教育厅首届"百佳学生资助工作单位典型";"广东省高校学生工作优秀团队";在广东省助学贷款工作考核中被评为"优秀等级";在广东省学生资助工作绩效考评中被评为"优秀等级";获得广东"送金融活动进校园"活动优秀组织奖;《感恩无言,朗读传情》案例获选为"广东省2022年度学生资助工作案例典型"等。

# 四、结语

学校将紧紧围绕党和国家新时代学生资助育人工作要求,推进精准资助育人与发展型资助育人协同共进,坚持不懈强化资助育人实践创新,不断挖掘资助育人的新内涵,打造资助育人新项目、新品牌,孜孜追求学生的全面发展、成长平等,助其志,扶其能,让他们拥有更足的获得感与幸福感。

# 创新志愿服务新方法,实现管理育人新突破

广州工商学院党委办公室　张辉名师工作室　郑文凤　奚少敏

## 一、案例简介

广州工商学院党委办公室按照"围绕中心抓党建、抓好党建促发展"的要求,着力探索创新党员志愿服务工作新方法,实现管理育人新突破。实施"常态化、规范化、专项化"三项工程,并以此为基础,破解基层党组织志愿服务工作"边缘化"、工作机制"形式化"、工作方法"简单化",以及党员斗争精神"弱化"、服务意识"淡化"等问题,引导党员干部在高质量完成疫情防控志愿服务工作中共筑堡垒、发挥先锋模范作用,持续推动"我为群众办实事"走深走实、党建基础工作更加精细精准、党建品牌集群效应更加凸显。

新冠肺炎疫情防控工作期间,学校坚决贯彻落实习近平总书记关于疫情防控工作的重要指示批示精神和中央有关决策部署,根据教育主管部门和属地政府要求,向全体党员、干部发出召集令,成立"党员突击队",逐步健全完善人员配置、技能培训、激励举措、后勤保障、宣传典型等机制,形成教师志愿者"守卫一线",学生志愿者"安定后方"的稳定格局,在常态化疫情防控工作中起到重要作用,创新了特定情境下党员管理、志愿服务新方式。不仅引导党员干部在高质量完成疫情防控志愿服务工作中发挥战斗堡垒和先锋模范作用,更进一步增强了基层党组织的凝聚力和战斗力。

## 二、主要做法

### (一)"常态化"守好疫情防控责任田

#### 1.成立疫情防控工作组

根据上级部门指示指导校园疫情防控工作、构建学校各部门联防联控机制的同

时,加强意识形态工作分析研判,做好舆论导向,共同营造"学校师生配合防疫、志愿队员齐心抗疫、后勤部门暖心护岗"的良好氛围。

**2. 设置院级志愿服务管理员**

协助学校党员突击队、志愿服务队的统筹管理,专项负责所属单位疫情防控志愿服务任务下发及人员组织等,分工更加明确、细致,能够有效提升工作效率。

**3. 进一步提升服务意识、看齐意识和大局意识**

根据防控工作的严峻程度,针对不同群体,分阶段分层次发布多封"倡议书",号召全体教师党员要在关键时刻冲得上去、危难关头豁得出来,彰显共产党人的本色,增强战胜疫情的信心与责任感,同时推动疫情防控志愿服务工作与基层党组织评优评先、个人评价考核等相挂钩。

**4. 激发基层活力**

鼓励各二级党组织在保证师生安全的前提下,开展多样化的疫情防控宣传及志愿服务,发动更多力量助力校园疫情防控工作,让"每个人都是自身安全的第一责任人"的自律观念深入人心。

**5. 丰富服务内容与形式,扩大服务范围**

将校园疫情防控志愿服务工作与迎新送往、社会实践、社团活动等串联起来,如新生入学期间,会计学院教师自发组建接送车志愿服务队伍,根据校园疫情防控工作要求,在谢绝学生家长入校之后,负责连通校门到宿舍的"最后一公里",让家长放心,让学生暖心。又如2020年毕业季,因学生无法返校,组织宿管科工作人员与辅导员教师团队一同打包学生行李、并协助学生邮寄回家等。

## (二)"规范化"建好抗疫志愿服务队

### 1. 以"1+N"支志愿服务队,织密疫情防控保护网

学校结合疫情防控工作实际组建一支校级疫情防控党员志愿服务队,明确队伍架构与职责,成立"三个工作组",协同做好综合协调、安全执勤、关爱帮扶等工作;各二级党组织选派优秀师生党员加入校级志愿服务队,同时以支部为单位成立N支院级志愿服务队,常态化设立党员服务岗,以"一支部一服务一党员一班岗"的形式,织密疫情防控保护网。

### 2. 以"金字塔"管理模式,压实防控一线志愿服务工作责任田

学校两委委员带头参与指挥校园疫情防控一线志愿服务工作,二级党组织负责人积极组织动员教师党员、突击队队员和优秀学生干部自愿加入常态化疫情防控工作之中;学生工作部、辅导员队伍、心理站教师负责管理学生日常生活及心理疏导工作,确保校园生活安定、平稳、有序。一经发现特殊情况,立即拉响警报,在岗教师自动转化为志愿服务队员,领导班子带领广大党员、干部冲到一线,守土有责、守土担责、守土尽责。

### 3. 多位一体展开培训，点燃志愿服务长效动能

通过线上、线下结合的方式，加强理论学习引燃内外驱动。先后多次开展疫情防控知识培训、疫情防控志愿服务队伍技能培训、核酸采样工作专项培训等培训工作，通过不断温故、累获新知、良性竞学等方式，提升党员突击队志愿者的理论储备与服务水平；建立个人学习档案，开展定期考核，确保先结业，再上岗；依托线上平台，搭建课程资源库，根据官方更新的学习资源，满足"自助式"学习需求，形成常态化培训、经常化研讨、阶段化交流机制，并将疫情防控一线作为演兵战场，通过实践锤炼技能，用实际行动践行初心与使命，彰显高境界的思想格局。

### 4. 动态调整防控志愿服务队伍结构，灵活开展多样化志愿服务

根据疫情防控愈发严峻的发展态势对队伍进行战略化调整，首先优化升级"志愿服务队"为"志愿突击队"，集结教师党员坚守"一线"，自主完成两校区校园常态化疫情防控工作，并协助医护人员做好秩序维护、核酸检测、信息采集、安全引导等工作；其次学生党员志愿者安守"后方"，为抗疫一线人员子女开展"云辅导"，解决其后顾之忧。师生党员联手抗疫，筑牢师生健康安全防线，共同守护校园生活平稳有序，形成师生上下一心、同心抗疫的生动局面，形成志愿服务时长 3 万多小时；最后积极响应地方疫情防控工作，及时派遣师生团队前往属地社区、村镇进行支援。

### 5. 做好抗疫志愿服务队伍管理工作

建立专项台账，每次志愿服务工作结束后，将由二级党组织管理员人工记录服务时长、登记服务次数，做到"一人一列表，一次一登记"；同时做到党员突击队队员"i 志愿"注册全覆盖，严格执行签到、签退制度，将服务记录同步上传到后台。建立定期通报机制，设置志愿服务"动态榜"，根据校园疫情防控要求，每两月通报一次志愿服务工作参与情况，总结工作成效、找出存在问题、提出解决方案，同时，表扬先进、勉励后进、及时跟进、督促改进，并将通报内容上报学校董事会、抄送人事部门，健全完善疫情防控志愿服务工作长效机制。

## (三)"专项化"落实疫情防控志愿服务保障激励机制

### 1. 进行专项评选

学校党委在"七一"表彰中设立"优秀党员志愿者"，共有 49 名党员荣获此项殊荣，将疫情防控志愿服务工作的组织情况作为评选先进基层党组织的重要标准之一，将参与一线志愿服务工作情况作为评选优秀党务工作者、优秀共产党员的重要指标之一，进一步提升党员参与志愿服务的自觉性与责任感，推动"自主化"志愿服务机制的形成。

### 2. 设立专项经费

用于购买酒精、消毒液、口罩、防护服等防疫物品，全力做好疫情防控志愿服务队、

突击队的后勤保障工作,并为参与校园疫情防控一线工作的志愿者提供盒饭、饮用水及必备防疫物资,保证志愿者身体健康。统一定制分发志愿服务队服,让"党旗红"和"志愿红"交相辉映,激励人心、鼓舞士气。

# 三、工作成效

## (一)实现管理育人新突破

推进党建引领基层治理。通过疫情防控常态化志愿服务完善校园网格化管理、精细化服务、信息化支撑等,更加精准有力服务好师生群众,不断扩大党在志愿服务的号召力、凝聚力、影响力,引导师生充分认识疫情防控形势的复杂性、紧迫性的同时,增强疫情防控工作责任意识,主动扛起疫情防控大旗,带领全体党员充分发挥先锋模范带头作用,形成全校师生积极响应,上下一心,同心抗疫的生动局面。

## (二)推动志愿结构模式转化

学校鼓励各级志愿服务团队尝试更加多样化的志愿服务途径,在拓宽服务领域的同时,组织形式、保障也更加合理化。在打赢校园疫情防控保卫战的同时,促进了志愿结构模式转化,逐步引导志愿突击队员自觉承担责任、投身一线,切实做到用实际行动践行"奉献、友爱、互助、进步"的志愿服务精神。

## (三)健全志愿服务管理机制

各基层党组织报名志愿突击队、切实参与疫情防控一线的工作情况,直接反映了教师党员担当精神、宗旨意识的强弱,侧面反映出各党组织书记对党员干部思想引领的情况及日常党员教育管理的成效,通过定期通报,有效加强对志愿者的教育管理,积极推进了志愿者服务队伍整体化,有效提升了教师党员参与志愿服务工作的积极性。

## (四)推动校园志愿服务一体化

形成疫情防控工作领导组指挥、校级疫情防控志愿服务工作管理人员统筹、二级党组织志愿服务工作管理员辅助的联动机制,从志愿注册到从事志愿服务以及后期的激励制度等,学校党员突击队的志愿者所有流程都通过线上线下一体化完成,改变传统的单线联络、开展志愿服务的模式。

## (五)完善激励保障制度

志愿服务激励方式发生转变,改变了以往单一的表彰奖励,将激励机制融入各个环节中去,如建立志愿服务"动态榜",激发师生积极服务、干事创业的良好氛围;又如以参与校园疫情防控志愿服务工作为重要参考条件评选先进集体与个人,给予志愿者"精神奖励",在学校范围内起到榜样示范激励作用,并给予一定的奖金激励,有效带动师生党员参与志愿服务的积极性。

# 四、经验启示

## (一)要进一步优化志愿服务工作管理机制

习近平总书记强调"既要在战略上布好局,也要在关键处落好子",这就要求学校要提前做好志愿服务发展规划方案,指导各类师生组织与志愿服务团队建立完善的机构部门,推动其可以自行运作。在不过多干预志愿团队管理运作的基础上,成立专门的部门管理校园志愿服务系统,有助于整合资源,形成同向而行的"协同效应",拓宽志愿服务渠道,根据不同的服务需求进行统一调配,提供专业、定向的志愿服务,为品牌化建设打下基础。

## (二)要持续推动志愿服务常态化运行机制

实现广州市志愿服务"双报到"、志愿服务内容围绕"三参与"、党员参与做到"四覆盖"、志愿服务活动做到"五个一",实现在人数和服务时间上的不断增长,推动志愿服务机制在第二象限无限延伸,并尝试不同领域的志愿服务内容,实现无限可能。

## (三)要进一步加强志愿者队伍管理与建设

学校要在广泛招募师生志愿者的同时,提升志愿者专业服务的水平。为各有所长的志愿者提供可以发挥专业技能的志愿服务交流平台,形成优势互补,创先争优的良好氛围;注重培育储备力量,加强对青年大学生志愿服务精神的培育与引导,提供适当的志愿服务参与渠道和交流平台,在学习工作与提升技能的同时,强化社会责任意识。同时,志愿者的专业培训机制也需进一步完善,比如成立志愿者学院、志愿者学习俱乐部、线上志愿服务交流群等平台,让队伍更加专业化,更具有凝聚力,逐步解决志愿服务人才缺乏、志愿者年龄结构不均衡等问题。

## (四)要创建校园志愿服务品牌工程

疫情防控志愿服务工作虽取得飞跃式胜利,并已告一段落,但学校志愿服务机制才刚刚起步,还没有形成特色品牌。需趁热打铁,进一步结合学校实际,结合区域特色,立足于当地优秀的传统文化,为优化志愿服务工作环境创新工作思路,打造符合区域特色的志愿服务新模式，不断提高区域志愿服务质量，推动志愿服务工作出特色、出亮点，更受群众欢迎。

## （五）要持续完善宣传机制，强化典型示范引领作用

如在疫情防控志愿服务工作中挖掘先进典型，跟踪报道，对校园抗疫先锋的专访、回访等。同时强化舆论宣传，优化展示推广的平台与机制，拓宽传播渠道，提升特色志愿服务品牌的影响力，发挥抖音、哔哩哔哩等新型网络媒体作用，扩大宣传覆盖范围，提高传播效果，推动学校服务地方社会经济发展的同时，提升学校知名度。

**参考文献：**

［1］郑立元.疫情防控视域下大学生志愿服务实践育人研究［J］.辽宁高职学报，2023（11）:98-100.

［2］中国志愿服务研究中心课题组，郭冉，王露瑶.从疫情防控志愿服务到常态化志愿服务:志愿服务制度与工作体系建设的海南经验［J］.中国志愿服务研究，2023（02）:165-230.

［3］葛静.高校党员教师志愿服务的问题与对策:以南京某高校防疫志愿服务为例［J］.江苏经贸职业技术学院学报，2023（02）:34-45.

# 构建"4+5"体系,助力"党建+"育人新模式

广州工商学院会计学院　张林柏　廖媚媚　古菲红

为了深入学习习近平新时代中国特色社会主义思想,学习贯彻落实党的二十大精神,深刻领悟"两个确立"的决定性意义,增强"四个意识",坚定"四个自信",做到"两个维护"。学生第四党支部(简称支部)在建设过程中,通过不断地分析、优化、整改、总结,逐步凝练出"4+5"体系,打造出"党建+"育人新模式,增强党支部品牌建设影响力。

## 一、基本情况

支部现有教师正式党员3人,学生发展对象1人,学生入党积极分子75人。支部由会计学、财务管理、审计学三个专业组成。获得省市级以上奖项8项,省厅级课题6项,校级荣誉累计获得80余人次。

支部深入学习贯彻习近平新时代中国特色社会主义思想和党的二十大精神,贯彻落实新时代党的建设总要求和新时代党的组织路线,以党的政治建设为统领,不断创新党建工作理念思路、制度机制和方式方法,推动发挥党组织战斗堡垒作用和党员先锋模范作用,榜样引领,以党建创新作为解决难题的"灯塔",为群众办实事,使支部党建取得新的成效。

## 二、主要做法

支部在党建工作中逐渐形成了"4+5"体系,助力"党建+"育人新模式。"4+5"体系即以党建为引领的"'上进文化(4个团)'建设+",以"学·训·知·体·践"为主线的"党建+"育人模式。

（一）以党建为引领的"上进文化（4个团）"建设

### 1. 点赞团——欣赏他人

为深化政治理论知识的学习,立足于中华民族精神、党史教育、主题教育、重大会议专项学习以及个人学习成长等模块来供支部同志们选择,扎实开展支部活动。以精品活动"颂英模·记英雄·成自我"为主题,引导同志们爱国、爱校、爱自己,开展讲故事、说成长、明理事等一系列专题活动。撰写心得体会共计696篇,评选出优秀作品120篇,出版心得体会专刊1本。

### 2. 分享团——影响他人

支部组织支委开会讨论确立思辨主题,紧扣时政要点,突出学习的政治性与时效性。让发展对象和入党积极分子能够系统梳理,全盘思考,认真对待,增强党员的理想信念,共计分享主题12项,累计分享936余次。支部深化思辨能力培养,创建"党建+"分享组,共设10个分享小组,每组成员8人以上,以党建作为引领,坚定党员理想信念,累计选拔8人次参与校院级微党课比赛,取得了不错的成绩。

### 3. 帮帮团——服务他人

在疫情防控期间,支部成立"先锋服务岗",累计服务时长达380余小时,用实际行动助力学校疫情防控工作。响应学校图书馆号召,把支部78名同志按不同时间段分成若干志愿服务小分队,走进图书馆做志愿服务。支部根据省委宣传部、省文明办、团省委、省教育厅、省学联联合下发《关于开展2023年广东大中专学生志愿者暑期文化科技卫生"三下乡"社会实践活动暨广东青年大学生"百千万工程"突击队行动的通知》,组织动员支部学生开展暑期"三下乡"社会实践和积极投身"百县千镇万村高质量发展工程"建设。采用线上与线下相结合,对参加的同志进行"考竞说绩汇"考核,组建了"丹心振乡"突击队。组织支部党员走出校园,深入基层,充分发挥支部党员先锋模范作用,为群众办实事。突击队共计深入基层调研8余次,开展乡村志愿服务活动6余场,政治理论学习2余次,形成调研报告2篇,被官方网站及权威公众号报道9次,收到感谢信2封。

### 4. 跑跑团——带动他人

支部创建党员跑团小组,以打卡积分制为原则,积极组织支部同志每天跑1.2千米,跑身体、舒心情、拓人脉,跑深悟透,领悟真理。书记带头跑,党员跟着跑,团员参与跑。跑团小组累计组织跑团30余次,覆盖学院696余人。同时,结合当时的真实情景书写感悟心得,写精写实,写到实际工作学习生活中去,增强党员的党性修养。

（二）构建"学·训·需·体·践"五位一体,推动"党建+"育人新模式

#### 1. 以专业课堂为抓手,深化"党建+"课程育人

支部充分运用专业课堂为抓手,学好专业知识,学以致用,服务社会。将党史教

育、二十大精神以及主题教育融入课堂当中,打造"大思政"课程。支部联合专任教师,利用课间 10 分钟,让主题教育、专题宣讲等走进课堂,深入广大学生的心中,充分打造"党建+"课程育人新模式。

同时,支部党员带头指导学生做好人生职业生涯规划,让学生的科学探索,并运用到学习工作生活上去,共召开主题班会 12 余次,累计参与人员 696 余人,并推选 4 人参加院职业规划成长赛道。通过理论的学习,付诸实践。探索建立起"党员在课堂""党员在实践"等课程思政模式。

**2. 以模拟实训为主线,打造"党建+"实践育人**

充分运用学校实训室,结合支部会计专业的优势,推出"党建+"实践育人新模式。支部与班主任和任课老师相关联,打造一组规范的模拟企业现场,为学生的模拟实践提供样板的参考。

同时,积极组织支部同志参与各类专业学科竞赛,以赛促学,以赛促练,用所学的理论与实践相融合,促进实践能力的提升。通过以模拟实训为主线,深化支部专业实践育人,推动"党建+"实践育人取得新的成效。

**3. 以社会需求为阵地,构建"党建+"服务育人**

支部形成了以社会需求为阵地,以专业协会(财务管理协会、会计学协会、审计学协会)为抓手,为学校师生提供会计、财税法规等援助,始终坚持以师生为中心,为师生办实事。

支部与会计律师事务所进行联合,走出校园,深入基层,组建"以法护民"的法律援助党员先锋队,为当地居民提供会计咨询服务,为人民群众解决实际困难。同时,通过演绎普法情景剧、拍摄普法视频、发放宣传手册等方式来推动普法宣传进社区,普法宣传进学校,普法宣传进课堂。

**4. 以拓宽视野为基础,构建"党建+"学习育人**

充分利用学校图书馆的资源,走进知识的海洋,感受知识的厚度,领略知识的魅力,养成"腹有诗书气自华"的气度。每人每月要借书 5 本以上,撰写一篇读书心得,从各班评选出每月"阅读之星"。

举办丰富多彩的第二课堂活动,如读书笔记大赛、手抄报、励志格言大赛、读书角等,培养同学们爱学习、会学习、懂学习,养成勤做笔记的好习惯。

**5. 以强健体魄为保障,构建"党建+"素质育人**

加大对"校园跑"的监管力度,把"校园跑"工作落到实处,不是为了完成打卡,要从思想上解决根源所在。把每学期的体测成绩纳入评优评先的考核中,科学化和公开化。

同时,鼓励同学们积极参加各项体育比赛,加入学校体育类社团,掌握一项以上体育类项目,在运动中思考、沟通、交流、放松、收获。

# 三、工作成效

支部坚持以党建为引领,深化"四个维度"建设,构建"学·训·需·体·践"五位一体,推动支部"党建+"育人新模式。支部在工作推进中,统一思想,不忘初心使命,坚持理论与实际相结合,坚持党的领导,坚定理想信念,取得了一定的工作成效。主要成效如下。

以项目建设为引擎,开拓育人模式,支部与教师保持密切联系,坚持专业导向,构建党建科研平台,取得一些成效。课题"党史学习背景下红色基因传承路径研究——以高校宿舍文化建设为例"获批2021年广东省大学生创新创业训练计划项目;辅导员主持的项目"以活促思,以思促建,做先锋模范人"在广州工商学院2020年"七一"表彰评选中被评为党建工作创新案例;"以活促思,以思促建,争做先锋模范"工作案例收录到《新时代民办高校党建与思想政治教育创新研究》一书。

以赛促学,筑牢理论基础。2020年微视频作品《五四精神传薪火,激扬青春献祖国》在"易"起为祖国庆生微视频征集大赛中荣获一等奖(广东高校网络思想政治工作中心颁发);在"抓好主题教育,讲好中国故事"广州工商学院第四届"微党课"比赛中荣获二等奖;在"奋进新征程,建功新时代"广州工商学院会计学院"微党课"比赛中荣获一等奖和二等奖;在以"学习百年党史,追随星光之火"为主题的第六届学的基础知识竞赛中荣获第二名。

以实践为载体,辐射带动效果好。"丹心振乡"突击队参评了广州工商学院暑期"三下乡"社会实践活动优秀团队,3名队员申请了广州工商学院暑期"三下乡"社会实践活动先进个人,5名队员被评为广州工商学院会计学院2023年暑期社会实践活动先进个人。

以成果展示为动力,取得丰硕成果。支部党员累计获奖26余项,主持校级课题1项,指导校级以上创新创业训练项目15项(其中省级项目3项),参与校级以上课题6项,公开发表论文15篇。指导学生累计获奖32余项,发表论文28篇。在学院微信公众号上发表推文20余篇。支部品牌活动"颂英模·记英雄·成自我"第一辑专刊受到学院党委高度表扬,成为其他支部学习的榜样。

# 以"一核四维"构建党建带团建新模式

广州工商学院校团委　严晓君

为学习贯彻习近平新时代中国特色社会主义思想,将"学思想、强党性、重实践、建新功"的主题教育总要求融入思想育人的全过程,坚持"党建带团建"一个核心,"四维引领"四个方向,构建"一核四维"党建带团建新模式,在思想引领、组织引领、实践引领、价值引领上做文章。

## 一、新时代高校党建带团建机制现实要求与必要性

国家的希望在青年,民族的未来在青年。高校是青年人才的主要聚集地。进入新时代,高校青年群体思想动态和价值需求发生了变化。

### (一)思政教育单一性,青年对组织认同感归属感缺失

思政教育单一性。主要表现为照本宣科灌输式的思政教育方式,再加上日常工作中,缺少对党支部与团支部有机结合机制探索,脱离青年学生学习生活,党团活动缺少对文体活动、创新创业、志愿服务有机融入,已经不能够适配当今青年的实际需求,找不到组织归属感,难以融入党、团组织家庭。

### (二)社会思潮多元化,引领凝聚青年面临新挑战

在信息爆炸的时代,社会思想思潮的各种交会、交锋和交融,历史虚无主义、自由主义、极端个人主义等思潮,容易对正处于"拔节孕穗期"的青年大学生认知造成巨大的冲击,对"党建带团建"提出了更高的要求。

# 二、"一核四维"党建带团建新模式实践路径

## （一）引领思政育人，创新教育形式，把稳"青春航向"

用党的最新理论培根铸魂。搭建"灯塔领学、青马研学、竞赛比学"的学习体系，推动理论主动走向青年，促进理论宣讲"深、精、实"。

### 1. 开展灯塔学习会

紧扣红色基因、国家大事、时政热点等内容，以思政微课、榜样分享、文艺展演等青年喜闻乐见的形式，邀请学校党委书记张振超，学校党委副书记朱特戟，广东省青年讲师团成员、广东省五四宣讲团成员王乌兰，团学党总支书记洪卫烈等专家教授为青年团员开展微党课；组织优秀青年党员成立青年宣讲团，以朋辈的力量分享青春故事；此外，灯塔会上改编历史剧、红歌合唱等文艺节目，把思政课搬到"大舞台"，赋予思政课新鲜感、活力、吸引力，全年累计开展了4次，通过网络和现场收看渠道，吸引青年团员近1.5万人收看。

### 2. 开办"青马工程"研学班

采用"书记领着学，党员、团干带着学，团员青年愿意学"的思路，依托青年马克思主义者培养工程的课程，开办"青马工程"研学班。一是培养政治骨干。以校、院两级学生骨干、班级团干为研学对象，通过实践+理论的方式，制定研学课程，研学路线，实践历练等内容开展学习研讨会。带动青年政治骨干深入思考学，交流研讨学，联系实际学，加强调研学。二是组建青马宣讲团。充分发挥"点亮一盏灯照亮一大片"的作用，发动青马班学员深入班级团支部进行理论宣讲，带领团员读原著、学原文、悟原理，以读、研、讲、论为载体，深入讲习习近平新时代中国特色社会主义思想的主要观点、思想精髓和科学体系，让宣讲更有时代味和青年味。

### 3. 举办党史知识竞赛

举办学校党委春季、秋季的党史知识竞赛，通过竞赛答题的方式，营造"以赛促学、以学促知、以知促行"的氛围，发动全校72个党支部，累计组织了144支师生团队进行比拼，参与师生达1000人，形成比学赶超的局面，思政教育的吸引力和实效性显著提高。

## （二）引领组织育人，构建育人链条，校准"青春航标"

立足"七个有力"的标准，聚焦"党建带团建"示范品牌建设，以党建带团建，以团建促党建。一是完善组织架构。以党支部牵头，团支部为单元，建立党支部和团支部的广泛联系，明确对象、共建内容、考核制度等，以党员教育的"三会一课"完善共青团

"三会两制一课"。二是党员教育带动团员教育。充分发挥党建带团建推优入党机制,把牢党员发展质量的"入口关"作用,举办"青年马克思主义者培养工程"培训班,注重从优秀团学干部中吸纳和发展党员,共发展团学干部 300 余人,做好党团衔接跟进教育。

(三)引领价值育人,争做先锋模范,走好"青春航道"

立足共青团主责主业,服务青年成长,做到联通内外,学用结合。一是服务师生"有温度"。组织开展了"我为师生办实事"活动 50 余场,举办学生代表大会,畅通学生权益维护渠道;新生入学期间设立党员服务岗为新生入学护航;开展全年常态化食堂检查,保障同学们舌尖上的"安全"等。二是文化熏陶"有广度"。组织开展学术科技季和校园文体艺术季活动,举办活动涵盖思想引领、学术科技、文体艺术类 50 余项。三是弘扬正气"有深度"。构建媒体矩阵,做好榜样示范,将学生党员的故事,设计成海报、故事集,展示人物事迹案例,传递青春奋斗"好故事";设置主题团日、党日活动,思想领航,学在工商,社会观察等专栏,持续在重要节点发声,推进党建带团建"进网络"。

(四)引领实践育人,淬炼担当本领,加快"青春航速"

聚焦"国之大者",带动青年用专业知识赋能时代发展大局。在"百千万工程"中建新功。聚焦"百县千镇万村高质量发展工程"的重点领域。由党员带领团员青年,组建"百千万工程"青年突击队,以解决基层实际问题为导向,深入广东茂名沙琅镇、阳江潭水镇、韶关九峰镇、梅州新铺镇等四个乡镇,开展人文村居改造,直播助农,以专题调研、新媒体赋能等方式,服务乡村高质量发展,服务群众 5 万人,创造经济价值近 5 万元。在志愿服务中显担当,党员带领大学生志愿服务团队以村、社区为主场景,结合专业学习和社会实践走进基层,围绕社会治理、文体活动、支教助学、环保公益、科普宣传等主题,开展校外志愿服务 143 场;配合区委、区政府、团区委,承担了全国乒乓球大赛、中国两轮出行产业大会等大型赛事。在创新创业中走前列,以"挑战杯"为龙头,构建"前端培育、中端实践、后端孵化、跟踪研究"大学生创新创业成长全链条服务体系,优化实施"攀登计划",培养有实力、有能力、有胆量、有前途的"硬核"青年。

# 三、"一核四维"构建党建带团建新模式思考

构建一个核心(党建带团建)、四个引领(思想引领、组织引领、实践引领、价值引领)的引领方法。坚持守正创新,开展形式丰富、载体多样、渠道多元的活动,以青年喜闻乐见的方式,真正将习近平新时代中国特色社会主义思想入耳、入脑、入心。

（一）实施路径"共融"

以样板党支部"七个有力"的标准，着力提升共青团"三力一度"，构建党建带团建，团建促党建的良好生态。

一是探索工作机制共融。将共青团工作纳入学校党建和思政工作总体格局，落实在学校和二级党委的工作规划、年度计划和考核内容，完善研究决定共青团重大事项的工作制度，实现同部署、同推进、同考核。二是深化培养体系共融。构建分类培训、分级培养、联段链接、层层递进的科学培养体系。从组织机制、课程设置、考核评价进行全面对接，以党校带团校的教育质量，落实高校党课、团课教育指导大纲。通过学术视野讲座、思政第一课、深化青马工程、灯塔学习会等多种集中形式，党组织领学、团组织跟学、小组讨论学、个人积极学等分组学形式，把握青年特点，向青年解释好党的路线、方针、政策，历史发展成就的政治逻辑、理论逻辑与实践逻辑；同时，注重团员"推优入党"，把握好入团标准、入团质量、入团后培训等关键阶段，引导团员走在热爱党、拥护党的前列，走在爱国报国的前列。

（二）引领方法"出新"

共建活动品牌，在重要的党日、团日活动中统一策划、分工合作、联合开展，探索党支部指导、团组织参与活动开展的长效机制。

一是以红色资源为抓手。组织党员青年、团员青年到农民运动讲习所、东江纵队、广州起义烈士陵园、中共三大会址等红色遗址，开展仪式教育、红色研学、理论宣讲等形式多样的活动，将日常熟悉的红色地标作为思想引领的鲜活教材，更能让青年群体接受、体会、感悟，切实增强思想教育实效性。二是创新教育形式。把握好"时"和"式"。将主题团日活动和主题党日活动有机联系起来，从重要节日和节点切入。如清明节，开展"缅怀革命先烈，赓续精神血脉"清明扫墓活动；雷锋月，开展"传承雷锋精神，弘扬时代新风"系列志愿活动；五四青年节，开展"接续青春荣光，奋进时代征程"主题党日活动等，帮助团员青年在系列活动中感悟初心，树立好坚定与党同行、跟党奋斗的信仰。三是利用互联网平台打造线上线下联动宣传教育模式，推进网络文化产品战略，坚持内容为王，设置主题团日、党日活动，打造思想领航、学在工商、社会观察等专栏，构建新媒介全使用、学生全覆盖的全媒体矩阵，打造一批网络思政品牌，将党的大政方针用青年学生喜闻乐见的形式呈现，让思想政治教育春风化雨、润物无声，运用网络提升思想政治引领能力和水平，提升带建效果。

## （三）品牌特色"走实"

围绕国家发展大局,地区发展中心任务,学校党政工作中心,将党建任务规划到青年成长成才、青年服务担当本领上。推动青年发挥专业所能参与基层治理、乡村振兴、创新创业等任务,提高党建带团建贡献度。

一是打造服务地区战略党建品牌。围绕"百千万工程""绿美广东"等战略,组建大学生党员青年突击队,动员党员、团员争当"领头羊""排头兵",激发先锋模范力量,将"小我"融入"大我",培养有理想、敢担当、能吃苦、肯奋斗的新时代好青年;二是打造社区治理志愿服务品牌。以党员带团员的方式,成立专业化社区大学生党员志愿服务队,深化"百校百号行"志愿项目,结对省级"青年文明号",开展"爱心义诊""未成年人普法""医保宣讲"等专业志愿活动;培育和孵化"冬日暖阳"为环卫工送温暖、"大拇指"工程等多项别出心裁的爱心志愿服务,用奉献社会来践行跟党走的理想追求。

党建带团建,"党"是核心,"带"是关键,"建"是根本。党建带团建工作是高校工作重要组成部分,新时代为这项工作赋予了更多价值意义和现实需求。构建"一核四维"党建带团建新模式,推动党建带团建,团建促党建,将党建和团建紧密结合起来,做到共同进步,共同发展。不断深化和完善党建带团建的机制,扎实推进新模式的落实落地,见行见效,提高团组织的引领力、组织力、服务力,凝聚引领青年自觉听从党的召唤,努力为学校高质量发展贡献力量,以中国式现代化展现青春作为。

## 参考文献:

[1]李静,胡术恒.论新时代"大思政"格局下高校党建带团建的新路径[J].北京教育(高教),2022(04):85-88.

[2]李思雨."历史跨越"与"时代融合":高校党建带团建工作实践路径探析[J].连云港师范高等专科学校学报,2023,40(04):53-57.

[3]穆闯录,胡颖,刘丽娜.新时代高校党建带团建工作机制优化的探讨[J].黑龙江教育(高教研究与评估),2024(01):97-100.

[4]闫瑾.高校党建带团建工作品牌化建设的探索与实践[J].南方论刊,2023(06):56-58.